本书为中国人民大学科学研究基金项目成果
（项目批准号：23XNLG07）

《吴玉章全集》
编纂工作委员会

顾　问：吴本立　吴本渊　吴本浔　吴本蓉
总主编：张东刚　林尚立
主　编：王学军　周　石
委　员：吴付来　郑水泉　杜　鹏　朱信凯　齐鹏飞
　　　　王　轶　胡百精　王　易　叶康涛　青格勒图
　　　　杨伟国　罗建晖　杨　东　林　晨　支晓强
　　　　刘后滨　李家福　王　丹　李贞实　李永强
　　　　楚艳红　于　波　吕远红　马秀芹　王宏霞

《吴玉章全集》
编纂课题工作组

（以姓氏笔画为序）

于　波　马秀芹　王　丹　王宏霞　王学军　吕鹏军

刘春荣　李　珣　李贞实　李家福　杨　默　张立波

陈　卓　周　石　蒋利华　楚艳红

"中国人民大学校史文库"总序
致敬这所以"中国人民"命名的大学

2022 年 4 月 25 日，习近平总书记在中国人民大学考察调研时强调，中国人民大学在抗日烽火中诞生，在党的关怀下发展壮大，具有光荣的革命传统和鲜明的红色基因。一定要把这一光荣传统和红色基因传承好，守好党的这块重要阵地。要加强校史资料的挖掘、整理和研究，讲好中国共产党的故事，讲好党创办人民大学的故事，激励广大师生继承优良传统，赓续红色血脉。

为深入贯彻落实习近平总书记在学校考察调研时重要讲话精神，学校全面实施"'走出一条建设中国特色、世界一流大学的新路'十大工程"。其中，编写出版"中国人民大学校史文库"项目作为高等教育红色基因传承和精神品格弘扬工程的重要组成部分，包括校史编研专题、校史人物专题、学科史和院史专题等，将以正史、口述史、文集等形式，全方位、多角度展现中国共产党创办的第一所新型正规大学的艰辛与辉煌，生动再现几代人大人为中国革命、建设和改革开放事业，为中国新型高等教育的建立和发展，为新时代探索走出一条建设中国特色、世界一流大学新路所作出的独特贡献。

这是一所具有光荣革命传统和鲜明红色基因，与党和国家同呼吸、共命运的大学。中国人民大学的前身是 1937 年诞生于抗日战争烽火中的陕北公学，以及后来的华北联合大学和北方大学、华北大学。学校自陕北公学创办之始就探索建立了党团领导下的校长负责制，全面加强党的领导，履行"为党育人、为国育才"的初心使命。毛泽东曾深情地说："中国不会亡，因为有陕公。"爱国人士李公朴称赞华北联合大学是"插在敌人心脏上的一把剑"。很多校友用青春和热血诠释了"为有牺牲多壮志，敢教日月换新天"的凌云壮志。从陕北公学学员孔迈一句"妈，把我献给祖国吧"，到众多踊跃参军、南下或去西北奔赴解放战场的华北大学毕业生，这所来自战火中的大学所独有的革命传统和牺牲精神，已成为日后"万千建国干部"和"国民表率、社会栋梁"的鲜亮底色，化作全面建设社会主义现代化国家新征程中"勇当开路先锋、争当事业闯将"的勇气与信念。

这是一所在党的几代领导集体的关怀下发展壮大，担负着特殊使命的大学。毛泽东同志曾先后十次到陕北公学授课，先后六次为陕北公学题词，要求造就"革命的先锋队"。刘少奇同志出席中国人民大学开学典礼并发表讲话，指出中国人民大学"是我们中国第一个办起来的新式的大学……中国将来的许多大学都要学习我们中国人民大学的经验"。1977年秋，在人民大学复校的关键时刻，邓小平同志给予了特别关怀，并强调了中国人民大学的定位："主要培养财贸、经济管理干部和马列主义理论工作者"。江泽民同志于2002年来校考察调研，强调发展繁荣哲学社会科学与自然科学同样重要，勉励学校努力成为以人文社会科学为主的世界知名的一流大学。胡锦涛同志于2008年、2010年来校出席活动、考察学校，要求学校弘扬光荣传统，"办出特色、办出水平"，努力创建"人民满意、世界一流"大学。习近平同志曾于2005年、2006年、2009年、2012年、2022年先后五次到学校出席活动、考察工作。2017年，习近平总书记致信祝贺学校建校80周年，充分肯定学校的办学成绩，明确指出中国人民大学在"我国人文社会科学领域独树一帜"，并殷切希望学校"围绕解决好为谁培养人、培养什么样的人、怎样培养人这个根本问题，坚持立德树人，遵循教育规律，弘扬优良传统，扎根中国大地办大学，努力建设世界一流大学和一流学科"。2022年4月25日，习近平总书记专程到学校考察调研并发表重要讲话，充分肯定学校85年的办学成绩，对学校未来发展提出了重要的政治嘱托，要求学校坚持党的领导，坚持马克思主义指导地位，坚持为党和人民事业服务，落实立德树人根本任务，传承红色基因，扎根中国大地办大学，走出一条建设中国特色、世界一流大学的新路。

这是一所为中国革命、建设和改革开放事业作出突出贡献，在我国人文社会科学领域"独树一帜"的大学。中国人民大学在长期的办学实践中形成了"人民共和国建设者"的摇篮、人文社会科学高等教育的重镇、马克思主义教学与研究的高地的办学特色，为我国人文社会科学繁荣发展作出了奠基性、引领性贡献，新中国的经济学、法学、新闻学、马克思主义理论等诸多学科由中国人民大学首先创立并走向全国。从1950年至今，国家历次确立重点大学，中国人民大学始终位居其中；在国家历次重点学科和一级学科评估中，学校都取得了骄人的成绩。学校是国家"985工程""211工程"重点建设大学，2017年入选国家"双一流"建设高校，14个学科入选"双一流"建设学科。从陕北公学时期至今，学校共培养了37万余名高水平建设者和各行各业优秀人才，成为中国共产党探索创办新型高等教育、扎根中国大地办大学的典范和缩影。

这是一所一代代革命教育家、红色教育家、人民教育家筚路蓝缕、接续奋斗，"人师""经师"云集的大学。吴玉章、成仿吾、郭影秋等老一辈无产阶级革命家为学校的创立、发展殚精竭虑、夙兴夜寐，范文澜、李景汉、何思敬、吴景超、尚钺、许孟雄、何干之、戴世光、艾思奇、缪朗山、庞景仁、何洛、陈余年、宋涛、袁宝华、甘惜分、石峻、吴大琨、苗力田、吴宝康、佟柔、高鸿业、胡华、刘佩弦、王传纶、邬沧萍、萨师煊、孟氧、塞风、萧前、彭明、徐禾、黄达、孙国华、查瑞传、黄顺基、方生、卫兴华、钟契夫、刘再兴、彦奇、钟宇人、戴逸、方汉奇、高放、陈共、阎金锷、许征帆、周诚、何沁、罗国杰、李占祥、周升业、高铭暄、王作富、胡均、阎达五、许崇德、庄福龄、蓝鸿文、赵中孚、严瑞珍、林茂生、王思治、刘铮、赵履宽、林文益、陈先达、李秀林、夏甄陶、李文海、吴易风、方立天、胡乃武、周新城、张立文、曾宪义、郑杭生等一大批"经师"与"人师"相统一的"大先生"为党和人民的教育事业，为学校的学科发展、学术繁荣和人才培养作出了重大贡献。他们无论是在革命的战壕中，还是在教育战线上，所有的牺牲与奋斗的出发点与最终目标，都是为了祖国和人民，这是中国人民大学的鲜明特色和优良治学传统。进入新时代，全国高等教育领域仅有的两位"人民教育家"国家荣誉称号获得者卫兴华教授和高铭暄教授均出自中国人民大学。

"党办的大学让党放心、人民的大学不负人民"。如果不了解中国人民大学独特的办学历史与光荣传统，就不会理解人大人的忠诚、艰苦奋斗与实事求是的价值取向和精神追求。如果不了解中国人民大学在中国高等教育史上的独特地位和开创性贡献，就不会理解今天学校培养"复兴栋梁、强国先锋"、走出"一条建设中国特色、世界一流大学的新路"的底气与担当。

翻开人大校史，迎面而来的不单单是一所学校的发展历史和一段段感人至深的文字，还有在中国历史发生翻天覆地变化的百年间，感应时代之变、回应时代之问的一个特殊群体的贡献和一所学校所铸就的功勋。在这里，珍藏着不同时代的鲜活印记，矗立着一座座须仰视的丰碑，引人思考，催人奋进，带给我们坚定前行的力量。

校党委书记　张东刚　　校长　林尚立

2023 年 6 月 1 日

《吴玉章全集》序言
"一辈子做好事"

高山仰止，景行行止。

在中国近现代史上，有一位立德、立功、立言"三不朽"，近乎完人的人，即"延安五老"之一的吴玉章。1940 年 1 月 15 日，毛泽东同志在中共中央为吴玉章补办的六十寿辰庆祝会上有感而发讲了这样一段话，对吴玉章作了高度评价："一个人做点好事并不难，难的是一辈子做好事，不做坏事，一贯的有益于广大群众，一贯的有益于青年，一贯的有益于革命，艰苦奋斗几十年如一日，这才是最难最难的啊！""我们的吴玉章老同志就是这样一个几十年如一日的人。"

吴玉章，原名永珊，字树人，1878 年 12 月 30 日出生，四川荣县人，我国杰出的无产阶级革命家、教育家、历史学家和语言文字学家。他一生追求真理、献身革命，为中国人民的解放事业、为共产主义伟大理想，始终不渝、奋斗不止，贡献了自己的全部精力。从早年追随孙中山先生开展旧民主主义革命，到后来加入中国共产党，投身于伟大的新民主主义革命和社会主义革命与建设，吴玉章在中国近现代史上每一个转折关头，都站在革命的进步的一面，始终奋进在时代的最前列，被誉为"一部活的中国革命史的缩影"。

吴玉章是民主革命的伟大"先驱者"。生于外忧内患的年代，吴玉章从小对国家前途、民族命运忧心如焚，积极寻找救亡图存的道路。1903年东渡日本，1905 年加入孙中山领导的中国同盟会，积极组织反抗清政府的武装起义。1911 年，他奉命回四川领导四川人民的保路运动，发动了荣县独立和内江起义，建立了中国第一个县级革命政权，这也是同盟会真正组织和领导的第一次成功的起义，比武昌起义还早 15 天。

吴玉章是共产主义事业的忠诚"奋斗者"。他于 1925 年加入中国共产党，在中国共产党领导下，为争取民主主义和社会主义革命的胜利、为实现共产主义而不懈斗争。他参加过南昌起义并担任革命委员会委员兼前敌委员会秘书厅秘书长，起义失败后被派往苏联、法国等欧洲国家工作，参加过共产国际第七次代表大会等。1938 年回国后，担任陕甘宁边区文化工作委员会主任、鲁迅艺术学院院长等职。1945 年 12 月，随周恩来去重庆，参加政治协商会议，为新民主主义革命作出了卓越的贡献。1938年底在一次与蒋介石的会面中，蒋介石对他说：你是老同盟会、国民党的老前辈，还是回到国民党来吧。吴玉章明确表示："我加入共产党是相信马克思列宁主义的科学真理，深知只有共产主义才是社会发展的唯一正确道路，对于这一点，我是不动摇的，决不会二三其德，毫无气节的！"

吴玉章是新型文教事业的坚定"开拓者"。他笃信教育振兴中华的理念，曾表示"我一生都乐于办学校，愿为国家培养人才作贡献"。他早年倡导并组织留法俭学会，后在法国发起创办勤工俭学会和华法教育会。吴玉章青年时代就立志于文字改革，在苏联期间认真研究中国文字拼音化方案，在延安时期积极研究和推行新文字运动，新中国成立后，他领导全国的文字改革工作，制定并实施了《汉字简化方案》《汉语拼音方案》，推广普通话，成为我国文字改革的先驱，为新中国文字改革作出了开创性贡献。

吴玉章是中国人民大学的卓越"缔造者"。1937 年，党中央决定创办陕北公学，专门培养抗战人才，吴玉章深以为然并积极为其奔走筹备，是陕北公学筹备委员会的重要成员，对如何办好陕北公学提了许多宝贵意见。1948年，华北大学组建成立，周恩来致信商请吴玉章担任校长。新中国成立后，中央人民政府以华北大学为基础创办中国人民大学，毛泽东同志签发任命书请吴玉章担任校长。吴玉章担任中国人民大学首任校长达17年之久，为中国人民大学奠定的坚实基础、留下的光荣传统、形成的优良校风、塑造的办学风格，始终激励着一代又一代的人大师生不断砥砺奋进。1960年5月他以80多岁的高龄，写下一首"自励诗"："春蚕到死丝方尽，人至期颐亦不休。一息尚存须努力，留作青年好范畴。"他是这样说的，也是这样做的。88岁高龄的他还时常登上讲台给中国人民大学师生讲党史。

2022年4月25日，习近平总书记在中国人民大学考察调研并发表重要讲话，强调"要加强校史资料的挖掘、整理和研究，讲好中国共产党的故事，讲好党创办人民大学的故事，激励广大师生继承优良传统，赓续红色血脉"。今年是吴玉章同志诞辰145周年，我们特组织力量，以时为序，分类编排，广泛搜集，辑为《吴玉章全集》。所收资料起自吴玉章留学日本时期，迄止1966年去世，包括吴玉章所撰写的著述，以及由别人代笔而经他或修改、或寓目、或署名之文，乃至别人记录的演说词和谈话等，分为论著、往来函电、诗词歌赋、对联题词挽幛等。对存在不同版本的论著，予以辨析。出版《吴玉章全集》，全面反映吴玉章老校长一生追求革命、追求光明、追求真理的奋斗实践，建设新型高等教育的探索实践，领导新中国语言文字改革的创新实践，对于推进党史和校史研究，传承红色基因、赓续红色血脉，走好建设中国特色世界一流大学新路具有重要的意义。

《吴玉章全集》分6卷，分期和专题如下：第1卷，从1904年至1938年完成《救国时报》工作任务回国前（1904年5月14日—1938年）；第2卷，从1938年到武汉新华日报社工作至1946年底（1939年8月

23 日—1946 年）；第 3 卷，从 1947 年初至 1954 年出席党的七届四中全
会（1947 年 1 月 1 日—1954 年 2 月 6 日）；第 4 卷，从纪念《中苏友好
同盟互助条约》四周年至撰文回忆"五四"前后（1954 年 2 月 14 日—
1959 年 4 月 3 日）；第 5 卷，从出席中国人民大学第七次科学讨论会至
去世前的谈话（1959 年 5 月 4 日—1966 年 10 月底）；第 6 卷，往来函电、
诗词歌赋、对联题词挽幛卷。

吴玉章的文稿，很多是在他的革命实践和教育实践中创作的。战争
年代，吴玉章为革命事业而辗转各地，文稿亦随之散落于各处，由于漫
长的时间和各种历史原因，许多已经散佚。此次中国人民大学启动编纂
《吴玉章全集》后，编纂组尽最大可能广泛搜集了各个时期的材料，并充
分参考前人整理研究成果，但是仍有待进一步发掘，尤其是吴玉章早期
在苏联期间的文稿，不免还有遗漏。目前，学校正在通过多种方式积极
征集，如吴玉章老校长亲友、战友、同事、学生等相关人士手中仍保存
有吴玉章文稿，恳请赐赠原件或复印件，以便后续补充修订。

"文章合为时而著，歌诗合为事而作"，《全集》所收内容，突出表现
了吴玉章"一贯的有益于广大群众，一贯的有益于青年，一贯的有益于
革命"，"始终是站在时代的前面奋斗着"，代表了老一辈无产阶级革命家
心系百姓、关注现实、服务国家社会的优良传统，具有其独特的史料研
究价值。

吴玉章曾说，"能够献身于自己祖国的事业，为实现理想而斗争，这
是最光荣不过的事情了"。让我们重温吴玉章的光辉思想，传承发扬红色
教育家、人民教育家精神，"树雄心，立大志"，为强国建设、民族复兴
而努力奋斗。

《吴玉章全集》编纂课题工作组

2023 年 5 月

代序
一辈子做好事 一贯的有益于革命 *
——缅怀吴玉章同志

    吴玉章同志在我们党的历史以至中国近百年的历史上，是一位重要人物，他对祖国对人民有突出的功劳和卓越的贡献。他革命一生的光辉榜样，他的革命精神和高尚品德，永远是我们建设精神文明的师表。

    毛泽东同志在吴玉章同志六十寿辰的祝词中说："一个人做点好事并不难，难的是一辈子做好事，不做坏事，一贯的有益于广大群众，一贯的有益于青年，一贯的有益于革命，艰苦奋斗几十年如一日，……我们的吴玉章老同志就是这样一个几十年如一日的人。"吴老一辈子做好事，一贯的有益于革命，是我们党的光荣、革命的光荣！我有幸从少年时代起，就受到他的亲切教导。几十年来，他的身传言教，他的崇高形象，我目染耳濡，深深印在脑海里。他热爱人民，热爱青年，广大人民和青年将永远纪念他。

    吴老从真诚的爱国主义者，发展成为坚定的革命民主主义者，进而转变成为忠诚的共产主义者，这是我国许多杰出的老一辈无产阶级革命家所走过的共同道路。

    吴老是革命的先驱者，又是著名的马克思主义教育家、历史学家和

---

* 录自《人民日报》1984 年 4 月 4 日，第 5 版。

中国文字改革的倡导者。

吴老从青少年时代起，就是一位深切关心祖国兴亡的爱国主义者。吴老少年时代在四川自贡市读书时，出于强烈的爱国心，曾热烈拥护和宣传康、梁维新变法运动，被称为"时务大家"。吴老是孙中山领导的民主革命的积极参与者和领导骨干之一。在日本留学时，他结识了孙中山先生，成为真诚的革命民主主义者，被选为中国革命同盟会的评议员。他奋不顾身地参与了谋炸两江总督端方、谋炸珠江口水师提督李准和谋刺清朝摄政王载沣的活动，并策划和参与了 1911 年 3 月 29 日①的广州起义（黄花岗之役）。起义失败后，他潜回四川，参与领导了四川人民保路同志会的斗争。在武昌起义前两个月，他领导了四川荣县起义，宣布荣县独立。在 10 月 10 日武昌起义后，他领导了四川内江起义，成立内江军政府，任行政部长。随后到重庆，参与创建了蜀军政府。

1912 年，孙中山在南京成立中华民国临时政府，就任临时大总统，吴老受孙中山邀请，在总统府秘书处工作。

南北议和后，他拒绝了袁世凯许诺给他的高官厚禄，1913 年参加了孙中山领导的倒袁的二次革命。失败后，袁世凯下令通缉，他被迫流亡法国。1914 年，他进巴黎法科大学学习。同时，他同蔡元培、李石曾等发起组织华法教育会，积极倡导和推动留法勤工俭学运动，组织华工教育，争取华工权利，并继续进行反袁斗争。

袁世凯倒台后，吴老于 1916 年回国，随后参加孙中山组织的护法运动。1918 年受孙中山委派，作为孙中山的代表，到广州参加护法军政府的工作，同军政府中的南方地方军阀作不懈的斗争。

1920 年底，为了反对北洋军阀的"武力统一"的狂妄野心，他回四川组织和领导了四川"自治运动"。

———————————
① 此日期为农历。

从 1922 年开始，吴老从革命民主主义者开始转变为共产主义者。

1922 年，吴老担任成都高等师范学校校长。这时，他先后受到王维舟、恽代英的影响，拥护俄国的十月革命，开始信仰马克思主义，与杨闇公等二十多人，秘密创建"中国青年共产党"（即 YC 团），并创办了《赤心评论》，宣传革命思想。

那时，我在成都高师附中读书。当时高师是四川的高等学府，高师的校长有很高的社会地位，吴老也已经是一位德高望重的革命家和教育家了。但吴老却平易近人，积极支持进步师生的革命活动，把高师变成为一个革命中心。吴老经常到我家中找杨闇公商量工作。那时，他和杨闇公、王右木领导着成都地区的革命活动。我很尊敬他，称他"吴老伯"。他常常很和蔼亲切地给我讲一些革命道理，介绍一些革命书刊给我读，并让我为他们传书送信，当一个革命交通员。他是我的老师和革命的启蒙者。

1925 年初，中国共产党和国民党发动促成国民会议运动，孙中山为此北上。吴老和刘伯承同志也于 2 月间从四川到了北京，经赵世炎介绍正式加入了中国共产党。从此，他完成了由彻底的革命民主主义者向坚定的共产主义者的转变，成为老一辈的无产阶级革命家，对争取中国新民主主义革命的胜利，对社会主义革命和建设都作出了重要贡献。吴老入党后，成为中国共产党四川党组织的一位创建人，同时也是国共合作的中国国民党四川省党部的创建人，在第一次大革命中，他作为中国国民党中央的一位负责人，发挥了重大作用。

1925 年五卅运动后，党中央派他回四川重庆，创建、扩大四川党组织，并着手整顿四川国民党组织。他在重庆创办中法大学，作为我党的活动基地，又在莲花池组建了国民党四川省党部。这时，杨闇公和我也到了重庆，吴老和重庆的党团组织也常在我家开会，他们让我作会议的记录员，并参加文件的刻蜡版和油印等工作。吴老主持的中法大学，聘请杨闇公、漆树芬（南薰）、萧华清、杨伯恺等同志担任教职员，在师生中发展和培养了一批党团员。在四川我党的创建中，吴老、杨闇公、王右木都是创始人，杨闇公担任了第一任省委书记。吴老以他的声望和社会地位，对四川党的创建，功绩卓著。

1925 年秋，吴老和杨闇公等被选为四川省出席中国国民党第二次全国代表大会的代表，11 月到广州。1926 年 1 月，在国民党二大上，他被选为大会秘书长和中央执行委员，同国民党右派作了尖锐的斗争。吴老在延安时，曾对我讲起这段往事：国民党二大前夕，来广州开会的各省代表，稀稀拉拉到的不全，大会有开不成的样子。苏联顾问鲍罗廷同陈独秀商量，决定发挥我党的力量，把大会开起来，以发展国共合作。他们决定派吴老去筹办。吴老到国民党中央党部主持筹备工作后，依靠各省、市的共产党和国民党左派组织积极活动，很快选出了出席国民党二大的代表，大会得以胜利召开。这次大会，国民党左派占优势，战胜了西山会议派及戴季陶等右派，国共合作得到加强。

国民党二大后，他回四川。为准备北伐战争，他策动争取了川军两个旅、黔军两个师，后来编为国民革命军第九、十两军，攻下宜昌。

北伐出师后，吴老于 1926 年 7 月从四川经上海去广州。在上海逗留期间，他经常抽空到我党领导的上海大学看望师生们，对正在上海大学社会科学系学习的我和同志们多所鼓励，并带来闇公的嘱咐。吴老 8 月到广州，联合何香凝等左派同蒋介石的独裁倾向作斗争。他旋即随军到武汉。在武汉国民政府时期，他在国民党中央处于中枢地位，继续领导国共合作的北伐战争。他先是担任了国民党中央代替孙中山总理制的五人行动委员会成员。1927 年 3 月，在中国国民党二届三中全会上，他被选为中国国民党中央常委兼中央党部秘书长。在这次会议上，吴老执行我党中央意图，使这次会议通过决议，剥夺了蒋介石的中央执行委员会主席和军事委员会主席的职权。以后，他曾到宜昌为武汉国民政府筹款400万元，并保护贺龙部队开到武汉。他协助朱德、刘伯承同志发动了四川泸顺起义。这次起义是我党较早地由自己掌握一批军队的重要尝试。他在武汉截获在重庆制造"三三一"惨案同蒋介石勾结的凶手杨引之，交付革命法院处死。他在国民党中央党部，紧密联合国民党左派，为反对蒋介石和汪精卫的反动倾向和反动活动，作了坚持不懈的斗争。

在第二次国内革命战争时期，吴老参加了英雄的八一南昌起义，致力于国际共产主义运动和国际反法西斯斗争的宣传。

"七一五"汪精卫"分共"后，吴老奉党中央之命，赴九江，转南昌，参加八一南昌起义，在周恩来同志领导下，担任革命委员会委员兼秘书长。溽暑之中，千里转战，备极辛苦。起义军在潮、汕失利后，吴老等出走流沙，驾一叶之扁舟，渡浩渺之大海，漂流到香港，辗转到上海找党中央。

到上海后，党中央派吴老到苏联学习。他和林老、徐老等在莫斯科中山大学特别班学习。吴老勤奋攻读马列著作，进一步从思想上理论上武装自己。我那时也正在莫斯科中山大学学习，同吴老经常见面，继续得到他的教益。这时，他开始用马列主义观点研究中国历史，同托派展开关于中国社会性质和革命性质的论战。

1930年10月，吴老从特别班毕业，与林老等分配到海参崴远东工人列宁主义学校任教。他开始从事汉语拉丁化新文字的研究，与瞿秋白等同志对创制新文字方案作出了重要贡献。1933年夏，他调任莫斯科东方大学中国部主任，并参加驻共产国际中国代表团的工作。他在中国部讲授中国历史，编写《中国历史教程》等讲义，对中国史有许多独到的见解，对中国历史科学作出了许多贡献。

1935 年 8 月，共产国际举行第七次代表大会，吴老是中国代表团成员。在这期间，他参与起草了"八一宣言"，并在大会上作了长篇发言，报告了毛泽东同志领导的中国红军长征的英雄业绩和党的抗日民族统一战线政策。

共产国际第七次大会之后，他到巴黎创办中文的《救国时报》，宣传党的抗日民族统一战线政策。这个报纸利用国内《新生》周刊订户名单和地址，广泛寄到国内，推动了抗日统一战线，扩大了党的影响。当时上海和许多地方地下党的同志，同党中央失去联系，就是通过《救国时报》看到了我党抗日民族统一战线的纲领，才开始宣传的。

在抗日战争和解放战争时期，吴老在重庆、在武汉、在延安，为中国的民主革命事业同国民党反动派斗争，并在延安、在华北，从事党的培养干部的教育事业，积极从事文字改革工作。

七七事变爆发、国共第二次合作后，他与国民党政府代表张冲，作为中国政府代表在欧洲的巴黎、布鲁塞尔、伦敦等地，进行抗日反法西斯的国际宣传，使西欧各国支援中国抗战的运动有明显的发展。中国的抗日运动之所以能在国际上取得重大影响和热情支持，是与吴老的积极宣传分不开的。他在欧洲的演讲词，1938 年在武汉广为印行，书名是《吴玉章抗战言论选集》。

1938 年 4 月，他回到武汉，在周恩来同志领导下，先后在武汉、重庆、成都，从事抗日统一战线工作。同年 7 月，他是国民参政会的我党七名参政员之一。在 1938 和 1939 年，他先后在武汉和重庆与董必武同志等一起，同蒋介石的片面抗战路线和反共反人民的阴谋作斗争，同汪精卫的投降妥协阴谋作斗争。

1938 年 10 月，他参加了在延安召开的党的六届六中全会，被选为中央委员。

1939 年 11 月，吴老任延安宪政促进会会长。1940 年 1 月，党中央为他的六十寿辰补行盛大的庆祝会，上面讲过毛泽东同志在祝词中称赞他"一辈子做好事，不做坏事"，指出"特别要学习他对于革命的坚持性"。就在这时，我同吴老在延安再次相见，杨闇公等早已牺牲，中国革命历尽艰险，终于在毛泽东同志领导下胜利前进。在延安，我常去吴老住的窑洞里长谈，倍增亲切。

1940 年 11 月，他被选为陕甘宁边区新文字协会会长。

在延安期间，他还先后担任了鲁迅艺术学院院长、延安大学校长，为党的教育事业尽力，培养了大批干部。

延安整风期间，康生干了许多坏事。康生在莫斯科拥戴王明最积极，到延安后又摇身一变，把自己打扮成反王明的英雄。康生为了掩盖自己而恶意中伤吴老。吴老为人忠厚朴实，因在莫斯科时曾在王明领导下工作，感到说不清楚，背了黑锅，内心痛苦。在整风中，他还对这件事作过检查。建国后，1958 年中国人民大学反教条主义，也是康生挑起的，其目的还是为了打击吴老。

1945 年 4 月，吴老参加了党的第七次全国代表大会，被选为中央委员。

日本投降后，1945 年 12 月，吴老去重庆，与周恩来等同志参加政治协商会议，参与党的南方局的领导工作。以后，又担任了中共四川省委书记，在国民党反动派的心脏地区进行战斗，领导川、康、滇、黔人民的解放斗争。

1947 年 2 月 28 日，国民党反动派派兵包围了曾家岩中共四川省委驻地和红岩村新华日报社，吴老临危不惧，团结全体同志同反动派坚决斗争。他大义凛然地痛斥国民党反动派卖国内战的罪行，表现了无产阶级的浩然正气和英勇不屈的崇高气节。他的严正斗争，迫使反动派不得不有所收敛。他终于率中共驻渝全体同志胜利返回延安。

吴老撤回延安后，旋即到山西临县组织领导了四川干部训练班的工作，为解放大西南培养了大批骨干队伍。

1948年，吴老到了党中央所在地河北平山西柏坡。1949年3月，参加了党的七届二中全会。这时，吴老已是七十高龄，他还写信给毛主席"请缨杀敌"，要求中央军委允许他带一支队伍参加解放大西南的战斗！

1948年5月，吴老担任了华北大学校长。12月30日，当他七十寿辰时，党中央发来贺信，说："中国人民都敬爱你……这是你的光荣，也是中国人民的光荣。"华北大学召开了盛大的庆祝会。北平解放后，他参加了人民政治协商会议，参与创建新中国。以后他是历届政协的常委。

建国以后，1949年底，吴老担任中国人民大学校长，直到1966年12月12日他88岁逝世。吴老作为人民教育家，是留法勤工俭学运动的倡导者和组织者，从中培养了一大批党的干部，蔡和森、赵世炎、邓小平、陈毅、聂荣臻等老一辈革命家都是留法勤工俭学的学生。这以后，吴老在成都高师、重庆中法大学、海参崴远东工人学校和莫斯科东方大学、延安鲁迅艺术学院、延安大学，到华北大学和中国人民大学，又为革命培养了数以万计的学生，为党输送了好几代干部，真是桃李满天下。吴老确实是当代中国文化教育事业的杰出代表。吴老作为老一辈革命家、教育家、语言文字学家、历史学家，他的著述甚丰。建国以后，吴老在党的第八次全国代表大会上当选为中央委员，一、二、三届全国人民代表大会代表和常务委员。他又是全国文字改革委员会主任。他在二十年代末，就在苏联远东地区，试用北方话拉丁化新文字为中国华侨扫盲。四十年代，他在延安又主持并亲自用拼音文字在农村进行扫盲试验。建国后，他到各省积极试验，推行文字改革工作，不遗余力。

吴老为革命立下那么大的功劳，但却始终那样谦逊谨慎，艰苦朴素。

吴老是一个勤于思索而又慎于言行的人。在延安和北京参加中央各种会议时，他都是经过深思熟虑才发表意见。他爱同刘伯承等同志谈心。有时也同我谈一些，交流思想。他在生活上艰苦俭朴，进北京后依然保持着艰苦奋斗的作风。他对人民大学的师生无比关心，不顾自己高龄，还亲自去听课、讲课、查铺。我觉得他自奉太薄，过于辛劳，曾劝他说："您年岁太高，身体又不好，有些事可以少管些。"可是，他说："不去不行啊！心里放不下！"这是一位多么好的长者、师长啊！

吴老从参加辛亥革命起，一生坚持革命，总是站在革命斗争的最前列，不断跟着时代前进。他一生勤奋工作和学习，孜孜不倦，从不松懈。他作风民主，和蔼可亲，十分关心爱护干部。他全心全意为人民服务，一贯有益于革命，是我们的光辉榜样，是建设社会主义精神文明的楷模。他的名字将与人民同在。

杨尚昆

1984 年 4 月 4 日

凡　例

一、本全集所收，起吴玉章留学日本时期，迄 1966 年吴玉章去世，涵括迄今所见的吴玉章所撰写的著述，以及由别人代笔而经他或修改、或寓目、或署名之文，乃至别人记录的演说词和谈话等。

二、本全集包括论著、往来函电、诗词歌赋、对联题词挽幛等内容。

三、本全集所收，或录自手稿（含复印、影印件），或录自吴玉章手订、手校的较早出版品，或录自最早刊载其著作的书籍报刊，亦有录自后人所编结集。

四、本全集所收，一般依所据底本的标题，底本无标题的，则由编者根据内容酌加。

五、本全集所收，按时排序。首为撰写时间，凡有撰写时日可稽，或经查考大体可以确定的，以撰写时间为序。次为出版时间，发表在报刊上、公开出版的，按照出版时间编次。不能确定撰写、出版时间的，列于各部分之末。

六、本全集所收，一般不做他校；引文明显舛误影响句意的，校勘注明；无法辨认或缺字，以□标出。

七、本全集所收，均分段、标点。原文的繁体、古体和异体字，除有特殊含义者保留外，皆依通用规范汉字处理。

八、本全集内的外国国名、地名、人名及其他外来语的翻译，皆依所据底本照录。

目　录

日记一则 *

（1904 年 5 月 14 日）

　　5 月 14 日，晴。8 时上课，教习为中谷延治先生，系高等师范学校教师，所讲教育及所论中国学堂办法，甚有条理。传观学报一册，日本帝国文部省第二十九年报，自明治三十五年至三十五年①，所载日本学校甚详，惜非卖品，不能购阅。9 时毕讲。10 时，松本先生授日文法，11 时体操，12 时归。用午膳。

　　午后 1 时至竹村馆，晤日本人甲贺三郎，同往神保医院诊视前 10 日胁下打伤之症。医师为佐藤末男，以闻症皮筒遍听。伊云：三日内可好，仅取药价，不取外国人脉礼。日本医学之精，近日尤有进境。吾国当亟派学生入专门医科，庶将来寿域之庆，不徒致羡于东西各国也。

---

　　* 录自《吴玉章教育文集》，四川教育出版社 1989 年版，第 3 页。
　　① 原文如此。

《四川》发刊词*

（1908 年 1 月 5 日）

　　雷霆鞠轊，飞电环身。山岳崩颓，流石逼体。聋瞶者处斯，方且泰然悠然，弗觉厥险。证以吾里，胡相吻合。虽然洪波如沸，讵犹笑同舟；烈焰将焚，无暇嗤共室。聋瞶者固危如累卵，不聋瞶者讵安如磐石。醒其茫昧，共扶囏险，匪吾侪责，究将谁丐？度吾位，甄吾术，瘏吾口，贡吾心，庶几其有豸。然道亦甚歧，言每滋惑，脱有弗协，靡异随珠拯饥，卞玉救溺。吾将蕲橡菽修縓以为邵也。则且拟诸政谈，跃乎黄泉，超乎青天，一踊而张，一蹴以强，顾彼文竞，实乃声战。摩距厉吻，秃颖北楮。吁者、嘻者、呵者、嘘者，谓歔飔呵喘乎气；戛者、控者、乾者、口者，铿铿金冬谨乎聪。明达卓越士，摩挚焉，沈湎焉，嗫嚅瑟缩而摩所劝焉。矧蜀山巨灵，犹是疏仡循蜚哉。夫明镜照形，而盲以盖卮；玉笄饰首，而秃以挂找。彼暗不知，我病不能。循是而降，较其从违，则顺比滑泽哆乎华。鞭固慎完伦乎拙，连类比物丽乎虚，总微说约廦乎埒，妙远闳伟垮乎夸，纤微狭逼邻乎陋。是则司马将告巴蜀，韩非终悲说难矣。恶知乎荡于心，渍于血，厉乎气，联乎情，则积思成璞。搏膺陨霜，怀郁偃风，流血化碧，矧太白晖芒，兑禽夜喔，火精光盛，离畜晨惊，而谓哀者子弟，聆者父老，恶有弗气相通而感相应者与。而虑焉

---

* 录自《四川》杂志第 1 号 1908 年 1 月 5 日。

者有辞：蝼蚁哄穴，未能震山，蝇蚋鸣沟，不克响谷。渺兹学子，固尔
张皇，嗟彼蒙夫，犹安阉蔽。匪惟术穷，亦恐国倾。讵知纵蚓穿流，久
而成泽国，遗核弃地，渐而为邱陵。但使开隙以纳，胡虑所输者渺。絮
絖吾言，金石其胸。绵焉不绝，豁然终开。夫又奚虑，即日蒲泽俾明古
乡，数粒而炊，称薪以爨，沕穆其灵，褊啬其识。然使运巨灵掌劈太华，
说生公法醒顽石。安知睡蛇不绕其衷，梦蝶不翻其虑，若乃频频诸党甚
于口，求不供人炙烹，遑惜贼我粮食。由是以云，趋走既已定，敷陈果
何疑。嘻噫！一庚辰胡足驱群怪，聚芦灰宁能止滔水。不合内外，共贤
愚，集群材，鸠大力，非但世界文明不能输入，地方自治不能研究，藏
卫领土不能筹谋，路矿利源不能开拓，而我《四川》杂志亦将盲人瞎马
莫由适归矣。尚何言乎醒聋瞆！

我们要拯救祖国 *

——在辛亥内江独立群众大会上的演讲（大意）

（1911 年 11 月 26 日）

　　我们要摧毁满洲人统治，建立汉人的中国。只有八九百万人的满洲帝国是依赖于我们四万万同胞的，可是他竟统治了我们二百六十七年之久。我们汉人受尽了苦难。所有的高位都为满洲人占据，汉人得不到重要的位置。各地的一切损失都得由我们赔偿。举例说，满洲人攻打天主堂，抢劫教堂，由于他们怕欧洲人，同意赔款，这些钱都是汉人拿出来的。现在是一切都该完结的时候了！

　　我们要拯救祖国！

　　重庆与十四个省已获得胜利。今天整个四川必须属于我们。所有的陆军士兵都站在我们一边，只有巡防军还没有掉过头来，——我想，这也不会很久的。

　　我们自己选举一个"皇帝"，在每个县城里设六个管理处。

---

* 录自《吴玉章文集》上，重庆出版社 1987 年版，第 9 ～ 10 页。

四川光复始末记*

（1912 年 1 月 28、29 日，2 月 4、5 日）

　　四川自四月以来，铁路风潮，日急一日。成都先有同志会之设，蒲殿俊、罗纶、邓孝可等主之。继，重庆亦立同志协会，朱之洪、杨霖等主之。各州县亦设立分会以相应，一时全川骚动，而满清政府一再压迫，其初，伪护督王人文尚能不拂舆情，据理力争，乃不容于清廷。至六月，民贼赵尔丰接任后，横施压力，群情益愤。七月初，成都同志会见事机激迫，乃即发布传单，约各州县同时罢市罢课，而以抗捐抗粮为最后最激烈之办法。乃不数日，有激烈州县，竟实行抗纳粮捐，并发布《商榷书》倡言独立矣。声势汹汹，官吏屏息。七月十五日，赵屠遂诱捕蒲、罗等九人。蒲等本无独立思想，当风潮最急时，革命党人龙鸣剑询蒲今后办法，蒲曰：吾当借此联络英豪，组织政党。龙劝以举大事，蒲不可。龙遂归荣县故里，招集同志，外假同志会之名，内行革命之事，故荣县抗粮最早，举兵亦最速。

　　蒲等于罢市后，刊布光绪牌位，令人民遍贴门首，焚香致敬，以明非反抗清廷意也，有识者多羞之。而革命党人尤多不顾与闻同志会事，以其手段卑而志趣陋，不足以图大事也。中亦有少数党人，不惜贬损个人名誉，借以鼓动民心者，如龙鸣剑、李朝甫、陈孔伯、方朝桢、陈子

　　* 原连载于上海《民立报》1912 年 1 月 28、29 日，2 月 4、5 日，录自《重庆党史研究资料》1993 年第 2 期，第 13 ～ 16 页。

玉、王天杰诸人，皆投身同志会，极言"国有"弊巨，政府恶劣，使人人知清廷为不可恃，非改革不为功。一面激励人民，以协力同心反抗政府；一面联络同志，各地响应。迨蒲、罗等被逮后，攻省城者有数十万，占据州县至数十城者，实党人经营联络之力也。故四川所缺者，非人非财，唯器械耳。奈交通梗阻，转运维艰，实亦无法之事。

是时，人民捧光绪牌位，赴督署泣请释放蒲、罗，被赵贼开枪击毙者有数十人之多，尤有人大声疾呼，曰我同胞宜守秩序，毋得反抗者。故其时围督署之人民，莫不手足屏戢，仍守秩序，惟痛哭哀恳而已，委婉悱恻，冀以情动。盖蒲等日以妾妇之道勉人，毋怪有此现象也。吁！其状甚愚，其情亦可悯矣！然惟得同志会之能维持秩序如此，故始终毫无仇外殃民举动，岂非幸事。

省城自督署冲突而后，即日戒严，外州县来援者，不及三日而达数十万。执干戈，携枪炮，环攻省城，人民箪食壶浆来迎，与巡防军大小数十战，虽各有胜负，而省城终未易下。于是，东南两路同志军会议，先收复各州县，然后再攻成都。八月下旬，同志军遂分巡各州县，自荣县、威远、犍为以西，皆被同志军收复。川黔巡防军数千，东迎西击，扰攘不堪。至十月初重庆独立而后，战争始息。同志军统领秦载赓、陈孔伯辈，皆力战阵亡。民团死伤者以万计，巡防军数千亦所余无几。而居民之被防军杀戮劫夺者，更不可胜计矣。

溯自七月罢市以来，全省交通断绝，凡信函过境，必严加检查，而同志军之防范，尤为周密。从资州、富顺、泸州以南，为同志军之势力，以东，则满清官府之势力也。盖东路为蜀鄂要道，赵屠遣重兵扼守，端方又率师来援。加以重庆党人机关，方与各省联合，图谋大举，知同志会势不可假，屡戒党人毋轻举，以潜养势力。故川东一路，表面虽极静冷，筹备实力甚为忙迫。故重庆一呼，而数十州县即日光复，较之川南收功尤速者，以其有统系之计划，且名正言顺，易于号召也。

缘重庆本为党人西部重镇，本年三月，广州失败以后，党人愈愤愈励，各省分途派人联络，将谋大举。川特派员至渝，适逢罢市，道路梗阻，交通断绝，省城及各州县未能联合一气。仅就渝附近力所能及者，密为布置。九月末，事已成熟，会党人夏之时率新军数百人，在龙泉驿反正，由安岳来渝，十月初二，遂宣告独立。欢迎夏军入城，官吏俯首听命，绅商学界备极欢迎，兵不血刃，垂手而克服名城，虽时势使然，亦党人惨澹经营有以致之也。

重庆党人机关，素为张培爵、杨庶堪、谢持等经理。张为中学堂监学，学识闳通，胸襟阔大，学生咸敬爱之。办理党事数年，外人无知之者。杨任中学堂监督，气宇清华，才学宏博，官绅商学各界咸尊仰之。此次官吏之毫无反对，处置得宜者，皆渠力也。谢前在省城，与张致祥谋举事，失败，游吴楚燕秦，屡有所图，多不遂欲。坚忍沉毅，恺悌多智，诚恳朴质，有儒者风。当未举发时，以三君之才，合党人多数贤豪，热心布置，故川东上自内江，下至涪、忠各州县，皆吾党人于前后数日内，宣告独立。西北一带，久为同志军占据，一闻重庆独立，均纷纷来属，以其办事者亦多系同志也。

惟泸州伪道刘朝望，合余大鸿与徐某之巡防军数千人，闻重庆独立，亦随即宣告独立，自称都督，余为参谋。后以防军溃散，余率数百人来渝投降，势不可支，遂取消都督，电请渝派人接办。当即由重庆军政府派人前往办理。万县则由巡防军统领刘汉卿反正，虽曾称副都督，今亦自愿隶属重庆，取消都督。现四川全局大势称已定，惟成渝尚未联合耳。

今再述省城事略。当重庆宣告独立时（十月初二日），赵屠据成都，端方驻资州，民贼未除，生民涂炭，拟布署略定，即日出师讨贼，光复蜀都。初八日，闻鄂军已诛端方，省垣亦于初七日宣告独立，正都督为蒲殿俊，副都督为朱庆澜，众方庆全川光复，民贼已诛，可不再兴师动众矣。过三数日，忽传来蒲、赵密约三十条，有种种可羞可恼之条件，卑鄙无状，人人愤懑。复咸请出师，申罪致讨。布置甫定，消息更急，又闻十八日省城兵变，蒲、朱逃匿。新军、巡防营全体溃散，公财私严，掳掠一空。杀人纵火，糜烂不堪。于是，重庆军政府乃急出兵赴援，叛兵遂四散，而招抚来渝者亦不少。查省城扰乱之原因，以党人前因同志会围成都，赵贼戒备甚严，不易活动，故多去省城而各归故里，谋举大事。蒲、赵订约事原极秘密，及发表后，虽人人有反对之心，而党人留省城者甚少，势微力弱，亦无如之何。乃急遣人来渝请兵，一面联络同志，谋即日推倒之。留省城之党人，有尹昌衡、董修武、王禂昌、周炯伯、方声涛诸人，连日会议。蒲知党人反对甚力，自愿以军政、财政全交党人，己惟任民政事。众以赵贼未除，密约不破，难以言合。蒲本有才之人，惟此次处事，心志紊乱，所用多利禄卑鄙之徒，事事漫无头绪。独立后，许同志会数万民团入城，与众士兵皆放假十日，于是茶房酒店，妓馆歌台，备极混杂，甚至军政府门首亦有杀劫等事。而蒲、朱皆不敢过问。十八日，于东校场点名，兵士索要恩饷，未应，遂哗变。四出抢劫，无所不至。约计此次损失，不下二千万金。幸重庆早有兵四路防堵，尚未大扰外州县。计重庆出师分三路：一由泸州取道嘉定，至邛州，以防赵贼穿入西藏；一由自流井、资州到省；一由川北路到省。至于外省援兵，十月底，黔军至重庆者约二千人，将士官兵与渝办事人极为融洽。滇军冬月初至叙府者只一梯团，闻尚有大队续来，另有一支由宁远入川，叙府各处人民，多怀疑莫释。渝军政府乃宣告人民，以滇军为援川，实无恶意，群疑始解。且派员招待滇军，感情亦甚洽。鄂军在资州诛端方后，川人极感激，欲挽留整理蜀事。彼以武汉战事方殷，急欲回鄂助战，不果，沿途极受欢迎。此客军在川情形也。

省城十八日兵变后，扰乱至一昼夜，全城成无主治的状态。十九日，尹昌衡驰往凤凰山，招集新军数百人，涕泣誓师，众咸感激用命。乃复收集散亡，重整秩序，与方、董、王、周诸人组织一切，俾省垣重得光复。此又不幸中幸也。现在全川均已光复，前泸州、万县等处，虽暂时有称都督者，兹已全行取消，概归重庆军政府节制。重庆独立时称中华民国蜀军政府。时令川各地尚未宣告独立，故不得不建一军政府，以图进行，而谋统一。正都督为张培爵，副都督为夏之时。当蒲、朱宣告独立时称大汉四川军政府。及兵变后，经尹昌衡等光复，只称四川军政府，尹昌衡为正都督，罗纶副之，董修武、周炯伯、王�昌诸人均任要职。此刻全川之统治机关，仅存重庆、成都两军政府而已。大致东南各地，暂隶重庆军政府，西北各地，暂隶成都军政府。迩来两军政府，皆函欲联络，以靖内乱，而谋北伐。现正磋商合并办法，已有头绪。重庆蜀军政府拟合滇、黔援川军队，不日逾汉出秦，与我北伐南军会于中原，以扫穴犁庭，驱逐鞑虏。至于地方匪乱，已各地派有安抚使，随带军队，想不日可数平矣。西藏事早已筹划一切，但此时兵力财力两皆不逮，故不得不稍待后日之经营。以上所述，乃数月以来四川光复之大概情形也。总言之，四川因路事致全省人民摇动起义，各团体性质又极复杂，加以未能在省城发难，故发难早而收效迟，其办事之困难，及人民所受之苦痛，皆比各省尤巨。有识者自知之。

成都初定，尚在草创，某等未至省，不能具言其详。惟以十月十九日之回复秩序，十一月初三日之诛赵尔丰，及收满城军械等事推之，其措施颇称得当。至重庆军政府办事诸人，皆能同心同德，共维大局，张、夏两都督性极平和，虚心善纳，办事亦颇灵敏。如押缴林畏生回鄂，枪毙舒伯渊等四人，及捕杀伪营务处总办田征葵，遣散巡防军等事，皆能措置得宜，可称有勇知方。

兹再将重庆军政府及各州县之大概情形报告如下：

（一）独立之初，所派各州县联合代表未能尽属得人，时或与各地稍生恶感，现复各处派有妥人任安抚使，办理周详，民情欢洽。

（一）各州县党派不一，有不得志于地方者，或以个人资格，或以众人名义，来军政府痛言地方之糜烂，求军政府委以重任。既得公文，彼遂得为所欲为，故往往有州县本无事，或事尚未就绪，实无大坏败，借因军政府派非其人，反而大起冲突者。凡事在草创时，人才缺乏，急不暇择，往往生出流弊。不独此事，又不独四川已也。但能改良则佳耳。现今各州县皆已派有公正明达之代表来渝，组织参事会，会议要政。军政府并另派调查员往各处探访一切民情，决不再妄委人，此弊庶可免矣。

（一）各州县练兵过多，多者千余，少亦数百，购枪购械，耗费殊多。地方财政各欲自专，公款多者且欲据以自豪。商务滞塞、盐政梗阻。事未发时，人人逃避；一旦揭破，人人自号党人，个个皆是志士。以主张共和之故，不得不委曲求全，多谋位置，以致人浮于事，而事不理。当起义时，人不敷用，聊以备数。此辈一旦在位，则颇不易更换。迨有才有学者至，而反不得办事，有气节者，亦多望望然去之。此一般通弊，恐不只四川为然。

重庆蜀军政府屡次筹商补救之法，今由统一军政财政下手，军政则练兵加以限制，购械亦须认可。财政则划分地方财政、中央财政。复于重庆专立盐政一科，整顿盐厂，以振商务，而睿财源。自流井本乱地，今已得重庆派去之中军平定矣。并于各处清理银行，余事亦在次第举办。但内地在在需材，而才智之士，复多散处四方。甚愿吾乡热心志士，以济世救民为念，不图私利，不畏艰难，同心协力，矢遂宏愿，即速归里襄助，是则前途之幸也。

四川讲演总会欢迎慰问使纪略 *

（1912 年 9 月 10 日）

　　吾川因去年路事，扰攘半年，造成民国。虽革命前数十年即有，若不因川省发难，收效未有如此之速。故全国人民甚感激吾川。大总统因派弟同朱君回川慰问。但民国虽然成立，如何形状，请将全国现象为同胞报告。（中缺）因民国初成，各省解款一时未能解到，行政经费颇形支绌，故未能十分进行。于是乃向外国银行团借款，以救燃眉之急。又云：现在各处匪风未息，民不堪命。望政府选派贤良知事，以安人民。至社会有不良之处，亟宜改良。云云。

---

　　* 录自《吴玉章在四川》，自贡市、荣县纪念吴玉章同志诞辰一百一十周年活动筹备领导小组办公室编，荣教文准印字第 000157 号，1988 年版，第 14 页。

在宋教仁追悼大会上的讲话（节录）*

（1913 年 4 月 14 日）

　　本党本部已开追悼会于北京，今又开于沪，兄弟应有一言悼先生，与他人异。前所追悼者，系追悼先烈，一方面尚有革命成功乐观。追悼宋先生，则因先生之政策尚未实行。现中国政治革命尚未完全，所赖以完全者，惟赖有手腕经验之大政治家，非仅恃血气之勇，所能为力。前革命未成立时，吾人尝谓有破坏能力，无建设能力，故吾人应竭力珍护。宋先生乃猝被狙击，吾人自有无穷之悲观，但不得不有一种乐观。盖政治革命非从研究及全国民之注意不能成功。宋先生之被害，实为击触吾民起向政治革命之精神之机会。吾人最宜注意政治革命之痛苦，比种族革命更难，他日平民政治、政党内阁主义，非急起以继不可。

---

　　* 原载于《民立报》1913 年 4 月 14 日，录自《吴玉章文集》上，重庆出版社 1987 年版，第 14 页。

在北京留法俭学预备学校开学典礼上的演说 *

（1917 年 5 月 27 日）

永珊特为组织华法教育会事，自法归来。留法俭学会，亦该会应办事之一端，其历史，其精神，已由蔡、汪、李三先生发挥尽致，无庸再述。兹但就华法教育会之组织目的为诸君略言之。此会为蔡、汪、李诸先生及旅欧同人联合法国学者所组织而成，其目的约有四端：一曰扩张国民教育，二曰输入世界文明，三曰阐扬儒先哲理，四曰发达国民经济。

何谓扩张国民教育？我国甲午以前，留学外国者绝少，即壬寅、癸卯时代，于日本亦不过二三百人。其时爱国者盛倡自费留学，遍设招待机关，无何而留学日本者，数达二万以上，风气遂开，学说大变，而革命思潮遂滂沛而不可遏。壬癸以来，十余年耳，其思想之进化为何如？吾人试一回溯，能无隔世之感乎？今革命成功矣，革命事业非仅破坏已也，势必有极良之建设，而后革命之目的为得达。现我国政象之杌陧，民生之凋敝，言之滋痛，是皆因无术以善其后也。欲求利国福民之术，非学莫由。国内学术未备，势非留学不可。顾国人多欲留学东洋而鲜至欧西，虽限于经费，亦昧乎实情，或更误于日与我近适于国情之说。衷心以为日本亦一强国，苟能学步，亦足称雄。而讵知日人学术，步武欧西，中学以下之书，著者尚多，而高深者则甚鲜，且限于国情，自有取

---

* 录自《旅欧杂志》1917 年 10、11 第 24、25 期。

舍趋重之必要。有此数因，以致吾东亚人士，多未能洞悉世界学术思想变迁之大势。例如社会主义一名词，早已通行于世界，而东亚人士，尚有惴惴然惟恐其发生者，亦有援引而妄用者，殊不知今日为社会主义盛行时代，自德国之国家社会主义，以至俄国之共产主义，派别虽多，大约可分为二：一急烈，一平和。急烈者，为改造的，即欲打破旧社会之组织而建设一新社会者也；平和者，为进化的，即欲就旧社会之组织而改良之者也。其手段虽有不同，其认今日之社会为不良，则一也；其欲使今日经济分配不平之现象使之日趋于平，则一也。凡此皆经济学家之主张，苟不考其源流，而徒信道路之传闻，几何其不误会也。吾人处此开明时代，而眼光足迹仅限于一隅，若有物为之蔽者，岂非吾少年英俊之大恨事乎？同人甚愿吾国青年目光注于全世界，勇猛精进，必穷究世界学术之精微，由自主的择一自信者而力行之，而后为不虚生于此二十世纪，留法俭学会之设，即欲为国人作求学之津梁也。

何谓输入世界文明？吾国新学之勃兴殆四十年，而编译有名之著作，仅寥寥数卷，且转译日文者居多，或为陈腐之说，或属一家之言。夫近世学术昌明，日新月异，一学说出，恒有他学说以反对之，皆各持之有故，言之成理，苟不观其全而会其通，往往有激于一偏之弊。然欲求举国人士，皆通欧文，遍读新书，势必不能，故编译之事，亦为最要。本会有编译社之组织，其办法分二部，一则编译世界名著，绍介世界新书，条分缕晰，使人洞悉世界学术思想变迁之大势；一则发行一大杂志，将世界新事实，及时详载，使国人得察人文社会进化之趋向。

何谓阐扬儒先哲理？我国学术发达极早，而足以补益现世界者尤多，往以限于文字，故未大昌明。吾人拟择吾国儒先学术之精华，译为西文，以表彰我国之文明，俾中西学术之英精，融成一片，以促世界之进化。

何谓发达国民经济？我国今日穷困极矣，然据经济学家言，有土地，有人民，国绝不患贫，而我国地广人众，何竟至此？是必吾人处理未得其道也。致富之道，不外生众食寡，为疾用舒，今国内胥为分利之人，而又有外人刻削之，国安得不贫？即如对外贸易，年年输入，超过数万万，为一绝大漏卮。论者犹谓幸有华侨赢利，稍足补救，尚可无虞，而不知华侨之贸易，其足称为国际贸易者绝少，不过我旅居外国之同胞甚众，需用祖国之物品亦多，故大部分之侨商，不过赢得吾侨民之血汗数点而已。此后，吾人当谋直接输出我国出产于世界市场，与各国为经济之竞争，庶几可救贫困于万一。又自欧战以来，各国广招华工，如能因势利导，不但国民之生计得以一舒，且可培植一般实业人才。本会对于招工合同之改良，华工教育之织组，特为注意，以图国民经济势力之发展。以上诸件，为本会愿办诸事之大略，兹值俭学会开幕之机，特为诸君一陈。最后尚有一言，欲致留学诸君子。前清时代，留学外国者，多发扬蹈厉之气，坚苦卓绝之操，故能演出种种可歌可泣之事业，而革命遂以成功。民国成立以来，学风稍靡，似以为目的已达，更无须奋勉者。而不知环观世界，吾民国之幼稚，无异婴儿之在襁褓，而风云飘摇，又有大厦将倾之象，诚不可不痛自刻责，发奋为雄，以争生存于世界者也。此心此志，愿与诸君共勉云。

附一：

华法教育会公启 [①]

径启者：世运日新，学风丕变，吾国教育不能不兼容欧化，早为识者所公认。元培等留法较久，考察颇详。见其教育界思想之自由，主义之正大，与吾国儒先哲理类相契合。而学术明备，足以裨益吾人者尤多。间尝应求同志分类经营，如书报之传达，留学之推广，华工教育之组织，

---

① 录自《吴玉章教育文集》，四川教育出版社 1989 年版，第 22～24 页。

次第发起，历有年所。虽实力无多，成绩有限，而始简毕巨，希望甚奢。
迩者得彼国教育家之赞同，相与组织为华法教育会。前此发起诸事有资
于法国方面之助力者，得此机关益形便利。综吾人之计划，略有四端：

一曰扩张国民教育　二十世纪思潮之进化趋于大同，而不限于局部。
我国近时思想之发达，固一日千里，而微嫌其多为东亚的，而非世界的。
吾人生于此世界，固不能不与世界周旋。若孤守一隅，则进化常居人后。
故同人主张我国人宜多留学于欧洲者，亦欲我国民教育之进行无后于世
界也。世人多疑留学欧洲需费甚巨，然以留法俭学会之所经验，则节费
勤学自有其道。苟能多设预备学校，广布俭学机关，则凡抱留学欧洲之
志愿者，决不至裹足不前矣。此本会所当致力者一。

二曰输入世界文明　吾国提倡新学殆四十年，而西儒名著译者甚鲜，
苟非精通欧文无以揽其纲要。据一二不成统系之译本，以为彼方之道术
尽在，于是陈腐之说或诧为新奇，附赘之词或指为要点。信则肆意附会，
疑则横加驳难。既违实事求是之义，转助专己守残之焰。一经对勘，当
无不爽然自失者。同人拟编译世界学粹以绍介于国人，俾洞悉近世学术
思想变迁之大势。既可为深究之津梁，复可祛偏重之弊害。同时复发行
杂志，常以世界人文进化之趋势昭示国人，俾对于世事洞若观火，无隔
阂之患。此本会所当致力者二。

三曰阐扬儒先哲理　吾国文学、美术多优美一派，与拉丁民族相近。
而哲学家自周、秦以讫宋、明，率皆偏重理论，少含神秘思想，尤与法
国十八世纪以来之哲学相类。法国之伦理学家以自由、平等、博爱为根
本主义，皆吾国古书所已具。自由者，富贵不能淫，贫贱不能移，威武
不能屈，义也。平等者，己所不欲，勿施于人，恕也。博爱者，四海之
内皆兄弟，民吾同胞，仁也。春秋三世之说，由据乱世而升平世、而太
平世，即今日所谓社会进化之例。礼运大同之说，即今日所谓人道主义。

祭义规定，祀典有以死勤事及有功德于民诸条，与法儒孔德以人道教代旧教之意合。法国大学教授欧乐君谓：中国孔子与诸子本为法国革命之先觉，谅非过言。惟是吾国旧籍译成欧文者，其不成统系亦与吾国人所译之西籍相类。同人拟辑述儒先哲理，择其与最新思潮不相触背者译为西文，使彼都学者洞明我固有之文化，而互相证明。此本会所当致力者三。

四曰发达国民经济 我国今日大患，在多数之人无独立生计，而悉以分利之人为目的。游民载道，国安得而不贫？救济之道，舍扩充工商业莫由。而我国工商业又皆不本于学术经验，而一以侥幸心经营之，故鲜有不失败者。吾人当一面提倡实业，一面培植人才。适法国有大招华工之举，此正为我国民经济发展之机。而教导华工，俾有利而无弊，实为当务之急。已由会中建设华工学校一所于巴黎，国中此类学校亦拟次第创设。此外，通商、惠工之事当一一举行，务使国民生计得以大纾。此本会所当致力者四。

以上四端不过举其概要，其他欲办之事何啻千万！元培等自维能力薄弱，深惧不克竟其所志，切望诸君子大为赞助，俾利进行，前途幸甚！

附二：

北京留法俭学会简章——留法俭学会预备学校①

欲知本校之内容，不可不先知留法俭学会之性质及历史成绩与机关，兹先就此四端分述于左：

（一）俭学会之性质 俭学会乃一自由传达之机关，而非规章严密之组织，于义务能者为之，无会长等名目，经济由同志筹集，入会者无纳费之必须，凡欲自费留学，每年至少筹五六百元者，皆得为本会之同志。

---

① 录自《新青年》1917 年第 3 卷第 2 号，第 108 ～ 111 页。

会之对于会员，既不助资，亦不索偿，惟以言论或通信指导旅行、介绍学校之义务而已。以上之意，即节取于本会原定之会约，至设会之初旨，照录其缘起如下：

"改良社会首重教育，欲输世界文明于国内，必以留学泰西为要图，惟西国学费宿称耗大，其事至难普及。曾经同志筹思，拟兴苦学之风，广辟留欧学界。今共和初立，欲造成新社会新国民，更非留学莫济，而尤以民气先进之国为最宜。兹由同志组织'留法俭学会'，以兴尚俭乐学之风，而助其事之实行也。又如女学之进化，家庭之改良，与社会关系尤切，而尤非留学莫济，故同时组织'女子俭学会'与'居家俭学会'。时在民国元年。"

（二）俭学会之历史　民国元年，吴稚晖、汪精卫、李石曾、张溥泉、张静江、褚民谊、齐竺山诸君发起留法俭学会，并设预备学校于北京，齐如山、吴山诸君担任校中之组织，法文学家铎尔孟君担任教授。其时蔡孑民君为教育总长，力为提倡，并由部中假以校舍在方家胡同旧师范学校。无何，朱芾煌、吴玉章、沈兴白、黄复生、赵铁桥、刘天佐诸君发起四川俭学会，设预备学校于少城济川公学，吴稚晖、俞仲还、陈仲英、张静江诸君发起上海留英俭学会并附留法俭学会招待所。民国二年，李石曾君与法校梅朋君组织留法预班，至今犹存。当二次革命时，俭学会颇为专制政府所嫉视，北京预备学校舍为教育部收回，遂移之于皮库营四川学馆。政府仍多方巡察，以致全体解散。民国六年，华林君自法归，抱扩充俭学会之志愿，适值马景融君创设民国大学于京都，遂由华马二君与蔡公时、夏雷、白玉璘、江季子、时明莘、刘鼎生、罗伟章诸君重组北京留法俭学会预备学校。

（三）俭学会之成绩与经验　留法俭学会自民国元年至二年，一年之间入会入校而赴法者不下八十余人，其他亦抱俭学会之宗旨或留学或居家，自由汇集者亦不下四十余人，是俭学会一年所得之人数较十年公费之总数有过之无不及，此其成绩显然易见者也。以上之人数固足表明俭学会之成绩，然于将来之希望犹沧海之一粟耳，是故俭学之成绩不仅在已往而尤在将来。将来之成绩究能与希望相符与否，无他，惟视赴法俭学之法果能实行与否，俭学之组织果能便利与否，此种问题，前于发起俭学会时固已言及，然仍多出于理想。既经有俭学会百余人之经验，尤为确当，足以适用于将来之同志。此亦成绩之要端，撮述于后：（1）由西伯里亚火车赴法，发于京津，止于巴黎，途中换车共八九次，车行共二十日左右，至少每人百三十元，至多亦必在二百元以内。（2）既到法，先入客寓，次日即赴择定之校。已通法文者可独入一校，未通法文或法文太浅仍须预备者，则多人同入一校，以便特设专班，每日授一二钟法文。于专班之外，并可随校中原有之法文或科学各班，以资练习。此法已行于巴里近乡之蒙达尔、木兰、芳丹白露三邑之中学，每人每年学费及一切费用六百元尽可足用。（3）当欧战时，同学多避居西南各省，因得三梅桑邑之中学与望台省之高等小学，其费尤廉，每人每月原定五十佛郎，战时加至六十佛郎（计二十余元），一切在内。此等价廉之校，法国外省甚多，此诚极便于俭学同人者也。（4）农工商实习学校与高等小学为法校之特色，极便于俭学同人，其所教授皆学理与实习兼半，甚为切用。学期二三年，学费（食宿在内）每年不过五六百佛郎（计二百元左右，暑假两月在外）。此诸校毕业后可操其职业，亦可考入高等之校。但法国之高等小学与中国之高等小学迥殊（中国之高等小学乃法国之小学高等班，而非高等小学也），其中除设实业班外，并设师范班，毕业及格者，可充小学教员。此校实兼实业与师范之性质，学期不久，学费甚廉，极宜于俭学。（5）法国高等专门学校与大学之正科，学费皆较昂，合校外食宿各费，每年用款须在六百元以上。食宿之支配能否节俭，其伸缩自难预计，然每年所需由七百元至千元，当可足用。此虽过于俭学之预算预定之六百元，不能敷用，因所入学校与食宿在寻常俭学范围之外故也。（6）法国高等专门学校与大学亦有费廉者，如柏第业省大学中之农业、化学、电科等，又如各大学之文科及美术专校与巴黎之社会学专校等，皆高等教育之适于俭学者，加以校外食宿各费若支配得宜，每年六百元亦可足用。

以上数端，皆得之于数年来之实验与研究，战后有无更易，固难预料，然亦当无大异。由以上数端之参考，可为结论曰：赴法俭学之法果能实行，俭学之组织果能便利，多数同学赴法之事，定可扩充无疑也。

（四）俭学会之辅助机关　由国内出发时，有须预备旅行不可少之事。国内各大邑有预备学校者，即由校中指导担任，其他处当另设招待员。既至法国，如招待与介绍入校等亦必不可少之事，由华法教育会指导担任。俭学会会员入校与入会之事，请径与该校该会接洽（北京预备学校与巴黎华法教育会接洽手续列后），以免集中于俭学会反生周折不灵之弊也。至学费汇寄，临行时指定法国银行接洽一切。

北京预备学校条件

一、宗旨　本校为俭学会员赴法留学者而说。

二、学课　以法文为主科，附以留学须知之讲演，每日分上午下午两班（随时配定）。

三、地址　北京储库营民国大学。

四、职员　设干事一员并教员与讲演者若干员。

五、资格　凡欲赴法留学者，不拘程度、年龄、男女，皆可入校，惟必已通国文及普通知识，方能得留学之益，望学者自度之。

六、学额　无定额，至少必满二十方可开班。

七、学期　至少一年，多则二年，随学者自便。

八、学费 每月每班收现费二元。

九、出发 本校学生赴法出发时之指导，一切由本校担任，不另取资；校外之人有欲结伴同行，托本校指导及代领护照等事，每人纳费二元。

十、学会 未出发之前，由学会诸君自行组织同学会，以期出发时或到法后有互助共济之益。同学会之组织，由诸君自为，校中可允赞助，而不加干预。

巴黎华法教育会条件

一、宗旨 赖中法两国之交通，图以法国之教育，助中国之发展。

二、地址 在巴黎 Société Franco-Chinoise d'éducation. 8. rue Bugeand, Paris（France）。

三、组织人 中国方面为现在国内者，为吴稚晖、汪精卫、吴玉章、李石曾、张溥泉、蔡孑民等。

四、会中可助学会员之点 到法在车站客寓之接待，与觅居觅校之介绍，以及在公府报名社会交游之接洽等事。

五、俭学会员对于会中义务 赞成本会之宗旨，入名为会员，每年纳会费五佛郎（计约二元）。

六、新会员与会之接洽 出发前一个月，由同学会开列中西文对照名单三份，每人入会书交组织人之一寄法，火车将到巴黎之前，由同学会发电告以到巴之日期，俾会中招待员届时至车站接洽一切。

留法勤工俭学学生送别会演说词 *

（1919 年 3 月 15、16 日）

一、三月十五日的演说

今天寰球中国学生会为我们留法勤工俭学会学生开送别会，中法两国人士到会的很多，其热诚可感。鄙人亦倡办勤工俭学会的一人，理应为本会道谢。刚才各位演说，痛快淋漓，已极佩服。现在鄙人所欲说的是我们现在的感想与对于诸君的希望。现在的感想是怎么样呢？寰球学生会每年为出洋学生送别不只一次，出洋的学生亦不下数百人，但大都为官费或自费而资斧充足的，还莫有机会与留法俭学会的学生和那勤工俭学会的学生送别，这回是第一次。所以我们应该有一种感想。常人往往听说是俭学会与勤工俭学会的学生，就有一种观念，以为这等学生苦是很苦，志气是可嘉，然未必能有大成就。就是我们会里的学生或者也有这种观念，以为我们比那官费、自费的阔学生，觉得惭愧得多。其实不应该作如是想，为甚么呢？因为工是我们人人应该作的，学是我们人人应该求的，我们因为无多钱求学，才想出这一个俭学的法子。俭学尚且无力，又济之以勤工。凡人只要有志求学，勤工俭学的事是无一人办不到的。因为他生产消费都出在他一身，并无须仰给他人。这等人正

　　* 原载于《晨报》1919 年 4 月 10 日，录自《吴玉章文集》上，重庆出版社1987 年版，第 32 ～ 36 页。

是能自立自强，甚是可敬，并不是可耻的。至于说到他的精神志气，比那官费自费有钱的学生或者还要强些。你看历来自费生的成绩比官费生好，苦学生的成绩比纨袴子弟好，就可以想见了。所以我们崇拜势力的观念是要打破的，我们自尊自重的观念是要拿定的。这回赴法学生共有八十九人，大都是中学毕业，甚至有由大学退学前往的，其勇往精进的精神是很可尊贵的，这就是我们今天的感想了。对于诸君的希望是什么呢？我们试看现在世界的现象，是不是到处闹米荒粮贵呢？欧洲的面包问题、生计问题，因为此次大战，其恐慌尚在人意内。即我国各处米荒，也因内讧受许多影响。至于日本，则素来平静，因为欧战且大获奇利，何以也有闹米的风潮？可见全世界的生活困难是到处皆同了。全世界何以生活都困难？无非是生产消费不能供求相应。今要救这恐慌，仍必循生众食寡之道。其道何在？消极的在杜绝靡费，积极的在发达生产。杜绝靡费的方法现有两件事是应该急行的：第一件是去军备。军备为甚么要去呢？现在世界财赋之半都用在那军备，如以此人工来从事生产，则生产之收入将增一半；以此财力来供给人民，那人民的疾苦可减一半。有人曾算过，以现在世界的军费转作人民正当的消耗，没有不家给人足的。试问我们要这军备何用？必定有人说，为防乱。我想，那政治不良，政府恶劣，补救无方，人民起来革命，这是应该的，也不是军队所能防止的。至于普通的乱事，大半为生活艰难，穷民无告，铤而走险而起。然则我们如省下军费来，可以家给人足，不是去了乱事的原因吗？若说军备是拿来作国防，以备外人侵凌，所以无论如何穷困不能不要的，这纯是野心家欺人之言。我们试看，德国数十年扩充军备，闹得世界上人人自危，其实德国何尝是自卫，纯是那威廉第二有称雄称霸的野心，故不惜穷兵黩武。所以世界舆论多赞成联军去打破德国的军国主义。帝国主义欧战延到五年，加入英法联军的数十国，虽胜负迭见，终得最后的胜利。如今德国残破不可收拾，亦可见军备扩充不惟无益，而且有害了。现在欧洲和平会议虽不能说销兵，大概总要限制军备，将来世界定要做到去兵，方才得永久和平。至于保持治安，有保安警察足矣。第二件是去游民。"游民"二字，从严格的说起来，凡不从事生产的皆可谓之游民。至那兴风作浪操奇计赢的政客、奸商，把社会和金融时时搅得天翻地乱，彼却于中取利，这种人比游民的罪孽还重自不待论，必须锄去。即一般不正当的营业，如我国的钱铺利用币制不统一多方剥蚀以为生活，与那渔利的商人垄断一切，亦当算作游民，在所必去。去之之法在组合各种协社，以杜中间人之渔利，务期劳力与报酬得正当之分配，以符各尽所能，各取所需的主义。以上两事虽然做到，亦只算消极办法。至那积极的发达生产，则在改良农工商各种实业，这就不能不切望于诸君了。现在科学进步一日千里，我们不从速猛进，则无以自立于世界。诸君往法勤工俭学，所负的责任不小。我国近数十年来，每遇一次战争则风气为之一变。甲午中日战后，国人始注意留学；庚子变后，举国乃谋改革；日俄战后，革命风潮乃烈，民国遂得成立；此次世界大战而后，政治社会革新之声遍于全球，我们国人亦知顺此潮流研究改革。但是每次新潮发生，随后必有一番阻力。大约坏在两种人：一种是一知半解，或窃得一种绪余之说，以文其盗窃之行；一种是死顽固，恶新学如蛇蝎。有此两端极不相容的势力弥满于社会，反使那革新的志士仁人无从着手，徒增慨叹了。所以我们要认定这留学外国讲求新学，不是趋时附势学点皮毛，想窃得一头衔，以为终南捷径的；纯是我们想各尽所能，以谋个人的生存，即所以谋大多数人的幸福。使品端学粹，那顽固的也不敢轻视，阻力一销，自可稍收良果了。故鄙人希望诸君时时从人类应如何自励始无害于社会上着想，不愿诸君学得本事，从安福尊荣上着想。现在世界的新思想、新科学及此次世界和平会议皆在法国，诸君前往，不但能学得物质上文明，并可养成高尚的理想。将来归国以贡献于吾国社会，必能为社会开一新纪元，其功业自不可限量。这就是鄙人对诸君的临别赠言了。

二、三月十六日的演说

诸君此行鄙人所欲进言者：诸君须抱定宗旨，不可因客观的事实致起失望之心。何以故？第一，诸君登轮后，恐怕就有种种与诸君的预想不同的，这还很小的事。但是我们未到欧土以前，因为平时震惊于欧洲的文明，以为欧洲如天堂一般的乐土；及到了欧洲，看来也不过如是，与平日所揣想的差得很多，于是就发生一种失望，这是诸君最要注意的地方，须先有这种觉悟才好。第二，我们平时揣想，以为在欧洲留学一定与别的地方不同。因为欧洲是学术最进步、最发达的地方，我们留学只要一入学堂，就要学得很高深的学问；到了入学之后，校中所教的也是很平常，并不十分高深，就难免不大失望了。但是诸君须知道，我们只要潜心研究，学必有得，所得必能致用。学校不过替我们指一条路，还要我们自己去行，才能达到目的。这也是希望诸君先有一种觉悟的。最后尚有一层，就是由俭学会去的人往往有起初尚是俭学，渐渐与一般官费生或是经费优裕的自费生结识，见他们何等阔绰，自己家里不是拿不出钱，于是也就挥霍起来，再不俭学了，这岂不是背了初衷吗？所以鄙人希望诸君到了法国之后，总以避去都市，在乡下拣下一个学校，实行勤工俭学。诸君的初衷达到，国家社会就受福不浅了。

在欢送第二批赴法俭学学生大会上演说（要点）*

（1919 年 3 月 29 日）

　　法兰西之文明为世界第一。诸君旅法后于学业外，更宜注意于彼邦文化之精神，他日归国庶可以贡献于国人也，云云。

---

　　* 录自《申报》1919 年 3 月 30 日，第 10 版。1919 年 3 月 30 日，《申报》第三张载文报道"欢送留法第二批学生纪事"。上述"要点"前有文字如下：昨日午后三时，法国驻沪总领事韦尔登君，暨寰球中国学生会留法俭学会在法租界大马路大自鸣钟市政厅开欢送留法学生会。法人方面除总领事外，到者尚有副领事韩德威、魏伍达、雷伯利、来任达君等。华人方面有彭志云、吴玉章、朱少屏、钱新之、刁德仁、洪诚等。先由法总领事推朱少屏君为主席，即由朱君致开会词，次请法总领事韦尔登、副领事韩德威、法工部局董事雷伯利、华法矿务公司魏伍达君等相继演说。大致皆谓诸君出洋之后，虽身履友邦仍当心怀祖国，幸勿置国事于度外，云云。再次，彭志云、吴玉章、刁德仁、洪诚诸君先后致演说词。

在法文学校演词 *

（1919 年 12 月 23 日）

　　白领事、邓校长请兄弟来参观学校，并与诸君演说。兄弟来省不久，无暇参观各校，前日曾到留法勤工俭学预备学校，与各位略略一谈，今又得与诸君相见，在我们提倡留学法国的人总是异常高兴。我们为甚么主张多数人留学法国，因为法国和我们国体相同，人的性质活泼和蔼，和我们中国人一样，并且法与我为东西两文明古国，他的思想进化尤极相合。我们旧时极高尚的哲理思想，用法国新学说来证明的很多。比方我们《礼运》大同之说："大道之行也，天下为公，选贤与能，讲信修睦。故人不独亲其亲，不独子其子，使老有所终，壮有所用，幼有所长，鳏寡孤独废疾者皆有所养，男有分，女有归。货恶其弃于地也，不必藏于己；力恶其不出于身也，不必为己。是故谋闭而不兴，盗窃乱贼而不作，故外户而不闭，是谓大同。"这就是法国圣西门、路易布郎、符业、孔德等所倡的社会主义、人道主义、世界主义。其他学说和我国儒先哲理相合的很多，至于讲到法国学术的进步，自戴楷尔主张不迷信古人，倡怀疑学派以后，鹿化西有化学上大发明、把斯德有医学上的大发明，卢骚、孟德斯鸠、孔德等于社会政治上有极宏大的主张，为近代文明开一新纪元。美国独立、法国革命皆受卢骚《民约论》和孟德斯鸠

---

　　* 录自《戊午日报》1919 年 12 月 23 日，第 6 版。

《德意》的影响，就是欧洲各国及日本的革新和中国的革命也都是受他的感化。从这样看来，不但我们崇拜新思想的不可不一往，就是怀疑新思想的也不能不到新文明发源的地方考察他的得失，以定从违。我们人类好坏皆有连带的关系，万不能遗此独立。近来世界风气大变，我们应该出来看一看风势。并且法国从革命时就有人权宣言，以自由、平等、博爱三大主义为国是。现在有一种连带学派，法文叫"梭理达理士横"，把博爱的精神讲得极为切实。他以为人类社会人人都有连带的关系，助人就是助己。比方传染病一发，人人就想法子救护，并多方预防，邻家失火，马上就去设法扑灭，因为看得明白，这等灾害，不救就要连累及我了。世间上的事像这样的很多，不过不容易看得明白。假如我们能细心一推，就知道救人就是救己，这博爱的心思自然就发达了互助的精神，自然就生了互助的学说。俄人苦鲁巴特金用生物学的实验来说明，极为详尽，诸君如果拿他《互助论》一看就明白了。自从达尔文有生存竞争优胜劣败的学说，世人就误为凌弱暴寡的口实，其实生物界一面要强固他的体魄，磨炼他的精神，以抵抗天时人事不可抗的灾害，一面要互相扶助，互相亲爱，以促进文化的进步，必使弱的日进于强，毋使强的常欺凌弱。现今社会组织的不良好比田内播种的谷麦一样，稀密不匀，肥瘦各别，不经一翻移植灌溉，必不得好收成。但五谷的培植可望于农夫，我们人类社会的布置就不能不望我们自身，所以我们知道人类有连带的关系，必定要抱定互助的精神，然后才可达到自由、平等、博爱的希望。以后诸君到法，不但学得物质上的文明，并须求得精神上的特识。今天时间不早，要赴别的约会，可惜不能多谈，深望诸君发愤求学，改日到法必能得高深的学问，谨以此言奉祝。

在四川留法预备学校之演说 *

（1920 年 1 月 7 日）

    我们倡办留法俭学会、勤工俭学会已有几年，人数日见发达，这是最高兴的一件事。我们提倡留学的理想，以为学术是天下为公，无种界、国界、男女、贫富之分的。由这理想生出两种观念：第一是要认明学术进步是为大多数人求幸福的，不是为少数人享优先权、谋独占专利的。从前的人看这学问二字是一部分少数优秀的人所专有，欧洲古来有学问的大都属于教士，我国也有所谓士子的一阶级，因此生出贫富贵贱境遇的不同，就使社会上有学术的人为一部分人所独占，并且恃以骄人，不但不谋普及，且惟恐其普及，渐渐就失了学术进步的本旨，社会上对于他亦生一种嫉妒嫌厌之念。其实无论谁何，只要受适宜的教育，必可得相当的学识，岂能因他的境遇不同就定他的优劣。所以我们认定教育是当普及的，教育普及是可能的，所以时时谋教育普及。第二是要认明文明进化是后胜于前，不是一成不变的。从前的学者多以为古圣先贤是后人万不能及的。但是我们如果以人类进化的事物来比较，这个道理似乎不确。为什么呢？因为从人类学上看起来，人类是从高等动物进化而来，其文化也是由野蛮而文明的；由进化学理上说起来，应该是始终是一个趋势，后头比前头高，断没有某个时代进化已到极点，以后就往下落了。

---

    * 原载于《民国日报》副刊《觉悟》1920 年 1 月 7 日，录自《吴玉章教育文集》，四川教育出版社 1989 年版，第 30 ～ 33 页。

拿现在的物质文明，如汽船、火车、飞机、潜艇，是数百年或数十年前的人所未及见的，来细细一想，后人确比前人强。这不是菲薄古人，这是人文进化的阶级时会必由之径路，非贤否智愚的问题。欧洲十七世纪以前，也以为古人非今人所能及。自法人笛卡儿提倡怀疑学派，对于前人的学说非经确实证明不轻附合，从此科学革新，政治革命，因以产出十八、十九世纪的新文明。我辈生于现代，凡事不可盲从，必须经自身考察，决其合乎理性才能认为真理。现在世界开明，交通便利，新思潮像春潮怒发，我辈不可不亲身观察，以定从违。世人往往有主张一种学派，必强人人服从，否则入主出奴，互相谩骂；彼诋此为邪说，此诋彼为妖言，其实皆不免于偏狭。诸君青年，惟当本己之自信心周览世界之学术，必切实证明为真理，而后从而信之，才不负我辈生于今之世界。综合言之，约有两句扼要语：一作先觉的人不可有专制性；二作青年的人不可有奴隶性。同人本这精神，谋教育的普及、学术的进化，提倡种种办法，或译书报，或办学堂，尤以留学外国为切要，这也是因国内政治不良、学校不备的缘故。留学费巨，又设俭学之法；寒士俭学且不能，又倡勤工俭学的办法。这是为谋普及万不得已之举，如家计稍裕，仍以俭学会办法为宜。因以工求学，其事太苦，且亦不易。

现在且略述留学法国情形，以作诸君参考。从前官费生是每月四百佛郎，如果举动须宽裕，自然是仅仅足用，或者且不足用。若是俭省，每月贰百余佛郎亦勉强足用。至若格外刻苦，百余佛郎亦可敷衍。所以从前俭学会规定每年六百元，照前几年价约合佛郎一千五六百个；现在佛郎价跌，每一元可买佛郎十一二个，六百元约可买六千多佛郎。现在战后法国物价腾贵，但最近友人来信，每月三百佛郎亦可足用；是从前所规定的六百元一年，现在实觉有多无少。至于路费，由上海到马赛只须一百元，这是法政府特别减价以优待吾国俭学生的。治装费要一百元。

至于勤工俭学生，只须船费百元、治装费百元及到法后预备费二三百元。到工场后就可自食其力，工余略求一点学问，或是作工得一点钱再来求学。这是极辛苦的办法，虽然不是办不到，但总要知道是吃苦的，不是安乐的，以后到了法国才没有后悔的时候。并且在本国必要学语言技术，如金工、木工、石工及机械等普通知识，然后易于入工场；否则徒卖气力，是不能与欧人竞争的了。现在也有人说，不但勤工俭学不行，就是俭学会的六百元也不济事，这未免过激了。但是各人用什么主意留学，就要照什么办法，不要像从前有一二学生，本是俭学出去的，到了巴黎，他见官费生及有钱的学生这样阔绰，他就抱怨我们提倡俭学的人太与他把学费定少了。据兄弟考察，我国在巴黎的穷学生所费尚不及我们俭学生的一半。所以甚希望诸君要打定主意，然后到了巴黎才不失望。

我们何以提倡留学法国？因为法国是欧洲文明中心，世界学术发明多由法国，近又战胜德、奥，其人民性质与吾国颇相似。吾人留学不但专重学术，尤在取得其社会观感，以为本国改良之用。此时吾国混乱已极，学校几有停办之势。去岁湖南各校教习、学生到北京来预备勤工俭学者不下四百余人，彼等谓与其死于沟壑，毋宁往法作极苦之工。国内无良学校，可痛！国内无干净土，尤可痛！近来新思潮颇盛，因为这种时势，更易产生此等思想。俄国革命进步最快，是因为俄国有新党主政。俄国党人无不曾历法国。吾人欲察其发动之源，亦不可不一往考查。诸君遇着这举世混浊之时，新潮汹涌之会，不可不勇往直前，造最新的时势。前途远大，诸君勉之！

全川自治联合会宣言 *

（1921 年 3 月 3、4 日）

　　吾川人创巨矣！痛深矣！老弱转乎沟壑，壮者散而之四方者，不知其若千万人矣！士废学、农辍耕、工歇业、商罢于市、贾滞于途，无人不在水深火热之中。其将何术以解倒悬耶？曰：惟有自治而已。今使执农人而问曰：尔所苦者非追呼拉搕乎？莫不曰：然。何以解此？曰：惟自治。又使执小康之家而问曰：尔所苦者非拉肥绑票乎？莫不曰：然。何以解此？曰：惟自治。又使执商贾而问之曰：尔所苦者非勒捐苛税乎？莫不曰：然。何以解此？曰：惟自治。又使执夫役而问曰：尔所苦者非派差徭役乎？莫不曰：然。何以解此？曰：惟自治。又使执无告之人而问之曰：尔所苦者非饥寒冻馁乎？莫不曰：然。何以解此？曰：惟自治。自治者，济时圣药，救急之良方。诚如是，得不疑自治万能，非新奇则妄诞耶？然而非也。盖自治者，自制也。人之初生，本为自由的自然社会，无所谓人治。其后生齿日繁，人事日纷，往往有逞一己自由致妨害他人自由者。不能不有所限制。于是遏约个人之自由，当以不侵他人之自由为限。而虑其无以昭信守，乃各将其权利让与全群，组织一种道德的及聚合的团体以行社会的制裁，而维社会的秩序，以群众之力

　　* 原载于成都《国民公报》1921 年 3 月 3、4 日，录自《吴玉章在四川》，自贡市、荣县纪念吴玉章同志诞辰一百一十周年活动筹备领导小组办公室编，荣教文准印字第 000157 号，1988 年版，第 22～26 页。

还制群众。在道德的劝勉者，为礼义；在强制的禁止者，为法律。所谓礼禁未然之前，法施已然之后是也。在民德最淳之世，人人能用其权力，人人又能尊崇他人之权利，礼以治事，义以制心，无待外力之制裁；法备而不用，人人皆能自制，即人人皆能自治。古诗曰："日出而作，日入而息，凿井而饮，耕田而食，帝力于我何有哉！"又曰："不识不知，顺帝之则。"可想见唐虞盛教。故孔子言必称尧舜。又曰："无为而治者，其舜也欤！"又曰："大道之行也，天下为公，选贤与能，讲信修睦。故人不独亲其亲，不独子其子，使老有所终，壮有所用，幼有所长，鳏寡孤独废疾者皆有所养，男有分，女有归。货恶其弃于地也，不必藏于己；力恶其不出于身也，不必为己。是故谋闭而不兴，盗窃乱贼而不作，故外户而不闭，是谓大同。"迨其后，道德衰微，自制力衰，自治亦弛，禁乱除暴往往有借乎力，故谋用是作而兵由此起。于是，强者强以武力征服，盗窃社会公权，以作其威福，而人民遂降为奴隶，社会乃有治者被治者之分。狡黠者流更创为君权、神权之说，以愚黔首，遂使人民忘其初服，而甘为君主官僚作其牛马。虽有时执政之贤明亦得小康；而杀伐相寻，终难永靖。盖君主官僚皆厉民以自养，其武力稍杀则反侧频兴。此所以数千年来社会绝少安宁，皆由人民放弃主权，任人宰割所致。自卢骚创为民治论，以破君权神权之说，民治主义遂深中于人心。世界次第革命，以力图恢复民权及自治权。如法国 1789 年、1848 年、1871 年，三次革命皆欲恢复自治，实行民主主义，不惜绝大牺牲。其他各国犹难悉数。吾国感此潮流，亦去其数千年专制制度而建设共和，宜若可以恢复民权实行自治。而论者动以民智民德未进，发为激宕之言，谓天下事宜以少数人操其权，强多数者以服从，然后可收整齐划一之效。于是盛称克林威尔之所为以为可以效法。主张权宜集而不宜分。呜呼！此倒行逆施之论也！夫一群之进化，必有待于少数贤且智者提倡而指导之，此人群之所同，非特吾民为然。而吾同胞生于今日，非用急进主义，将无以与世界之文明同进。而以大多数之愚蒙，非得少数贤且智者为之扶掖，必不能以自达。然此少数者，为大多数者任其劳瘁，动其感化可也；若临之以强权，靳之以自动，则适为大多数者之敌。盖以感化为用者，其始也为少数者之独劳，其终也得大多数者之同化；以强权为用者，则少数者终于专制而已矣。强权之为物，与改进之事相背而驰，未闻人民处于专制之下，而可自由进化者也。向之诋毁革命者，每谓人民程度不及，故专制不可以已。吾辈恒应之曰：专制未去，人民之程度必无由进。乃者，专制去矣，人民之程度可以有进而愈上之机矣。

而论者又以此为言，是则不过易一人之专制以为少数人之专制。诚不意革命者之血，乃为此少数者溉其强权也！且少数者之用其强权，其所借口者，曰：为平民谋幸福也。曾亦思强权既行，彼专制者则翘然于平民之上，凭借之不同，感受之相反，必至于虐民以自肥不止。一旦大权旁落，窃据频兴，人民则宛转哀号而无告，政府则风雨飘摇而难存，全国悉陷于无政府状态。此今日所受中央集权少数专制之赐，诚可为痛哭流涕者也！故政治方面不能不亟图改革者，一也。抑不徒政治为然也。一国之政治操其权于少数人之手，与一国经济操其权于少数人之手，其为不均则同，而祸乃尤烈。欧美今日，经济问题嚣然不可以遏，以积重之故；瘁一世仁人君子之心力，犹猝不知所以解决。而吾同胞之贤且智者，于此问题漠然不以为忧。故今日之言经济革命，犹十余年前之言政治革命，有不掩耳而走者，且将斥以为狂。嗟夫！祸未萌而忽之，及其已萌则无以救，此天下之所以多事也！至于有识之士，则又往往为宽宕之辞，以谓吾国经济现状与欧美殊，贫富不均之害犹在幼稚，防止之已足，非有待于变更。虽然，吾国之经济现状与欧美殊者，特程度之殊，非性质之殊也。性质不殊，则其为民害审矣。今当仍此性质而使之发达

耶？抑当变其性质耶？如其当变，则不当以防止为已足矣。况夫今日有
震于欧美之富力者，以为非扶植资本家无以生存，不惜以大多数者之生
命与幸福为少数者之牺牲。而圆通者流，则又以为民生憔悴之余，非经
保护资本家之后，不能猝进于均富之制。谬悠之说，播为常谈。吾国之
经济现状，本以贫富不均为之基，而又有此二说以济之，其不至促大多
数人民入于憔悴呻吟之境不止，此其为患曾何减于政治之少数专制也！
今人一闻改革经济，则联想及于社会主义、无政府主义、波希维克主义
等等，若有不胜其忧惧者。夫社会主义等等，本无危险性质，因少数专
制者欲保其特权，不惜用种种激烈手段以压迫之，致有激烈之反动，而
生出种种之危险。若能稍稍容纳其意见，疏导其不平之气，则彼等方幸
社会得逐渐改良，何乐于破坏。而况吾人所主张者，不过改良社会政策。
各国久已行之，其和平为何如耶！若并此而亦靳之，必至涌而溃决，则
其危险真有不堪言状者矣！且此等主义非甚新奇，吾国本有一种社会主
义学说，如孔子曰："凡有国有家者不患寡而患不均，不患贫而患不安。
盖均无贫，和无寡，安无倾。"许行曰："贤者与民并耕而食，饔飧而
治。"孟子曰："乡田同井，出入相友，守望相助，疾病相扶持。""设为
庠序学校以教之。"《汉书》曰："民年二十受田，六十归田。七十以上，
上所养也；十岁以下，上所长也；十一以上，上所疆也。"又曰："一夫
不耕，或受其饥；一女不织，或受其寒。"此类学说随处皆是，其主义皆
与现在之新思潮极相吻合，则又何得惊为创闻也。盖政治之少数专制与
经济之少数专制，一言以蔽之：少数者之幸福，大多数者之痛苦也。吾
人革新之志，在以少数者之劳苦，博大多数者之幸福；决不愿以少数者
之幸福，增大多数者之痛苦。吾人欲贯彻此志于今日，所悉力以求之者，
在均人民之幸福而已。故经济方面亦不能不亟图改革者，二也。吾川连
遭祸变，痛定思痛，值此客军出境、举国纷纭之会，惟自治乃可以脱南

北漩涡；惟自治乃可以免客军蹂躏；惟自治乃可以肃清盗匪；惟自治乃可以整理庶政；惟自治乃可以改良经济；惟自治乃可以普及教育；惟自治乃可以振兴实业。而地方分权，全民政治之实现，亦将以此肇其端。请将吾人所祈望者条举于后。同人不敏，愿合全体人民求人类最大幸福，立此以为的，并力以赴之，百折而不挠，以期有一日之效。区区此志，愿共勉之。

在全川自治联合会成立大会上的报告 *

（1921 年 4 月 3 日）

    本日，全川自治联合会开成立大会，蒙中外来宾莅会，各界人士热心赞助，本会同人异常感谢。不佞忝为筹备处总务，复被推为主席，应将本会之性质与经过之情形及本会之主义与任务当众表明。

    本会之性质，乃空前的破天荒的，不特为川省历来所无，即以中国全国而论亦属创举。盖本会乃人民自动有系统、有主义、有办法的一种群众运动。此说或者以为夸大，其实不然。本会初由少数人自由倡导，以为解决时局，必须由吾人自决自动，以人民公意谋人民幸福，群众之事当由群众共治，亦即所谓群众自治。风声所播，全国翕然，不受何种命令，不受何方驱策，自然的集合而成一坚牢之团体。此非谁何一手一足之劳，尤非谁何用权用术所致，乃人类有理性有知识而又适合乎时势的要求。此自动之精神，非势力所能强，此第一特点也。但一种运动如无统系，势必易致混乱。本会乃由各县法团或各乡村及各团体之代表推出之代表所组织，现虽尚不完备，然系有系统之组织。此第二特点也。无主义之团体如以水搏沙，一时虽可掺合，水干则立解散；有主义之团体，则如分子化合，坚结不破。本会顺世界之潮流，应人民之需

---

    * 原载于成都《国民公报》1921 年 4 月 12 日，录自《吴玉章文集》上，重庆出版社 1987 年版，第 45 ～ 46 页。

要，以人道主义，世界主义为最大多数人谋最大幸福。此种主义最为正大。此第三特点也。理想高尚若不切于实用，则如画饼。本会主张，期于不悖主义，事事能行，不尚空谈。此第四特点也。本会之性质大约如此。

至于本会成立之经过，亦请约略述之。

去岁客军出境以后，川人鉴于经历之苦痛与潮流之趋向，知非实行自治不足救济。省议会与各军将领均先后主张自治，一般人士亦热心赞助。是以自治倡议，因多数人心理之趋向，而呼声益高。最初，重庆成立一自治期成会，各县人士加入者颇多。俟后复请各县派代表来渝加入，遂设一全川自治联合会，由全川各县选派代表组成。现各县代表到渝者已属多数，故于本日开成立大会。此本会之经过情形也。本会之主义，乃打破强权，铲除阶级，实行社会民主主义；对于政治经济亟图改革，以期建设平民政治，改造社会经济。因世间一切罪恶悉出于强权阶级，凡讲人道主义、社会主义，皆非打破强权铲除阶级不可也。

至本会主张应切实实行之事，即章程内列举者：

一、创立联省制度，实行职业的全民政治。

二、主张男女平权，实行直接的普通选举。

三、废除现有军制，实行画一的编练民军。

四、扫除司法弊害，实行切实的保障人权。

五、力谋教育普及，实行免费的强迫教育。

六、制定累进税率，实行公平的分配负担。

七、力图发展实业，实行协社的平民银行。

八、组织各种协社，实行经济的互相扶助。

九、减少无业游民，实行适宜的强迫劳动。

十、制定保工法律，实行公共的保险救恤。

十一、设立劳动机关，实行农工的改良补助。

十二、组织职业团体，实行坚牢的职业组合。

反对英日联盟*

（1921 年 7 月 12 日）

　　广东孙中山先生、北京徐菊人先生，暨参众两院各部院，各巡阅使，各省总司令、督军、省长、省议会，各都统、护军使、镇守使，各军师旅团营长，各报馆，各法团，各学校，各机关均鉴。吾国国际之地位，原神圣庄严之独立，为世界各国所公认，勿须他国之承认或保证，英日每次联盟均有承认或保证中国独立及领土安全字样，实侵害中国之主权，违反国际之正义。本年七月十三日为英日同盟第三次届满之期，日本遣派皇储驰赴英京，将续订同盟。英为希企远东势力之发展□□为图谋侵略政策之扩张，其中情形日见险恶，关系存亡，一发千钧。本会特开全体大会讨论公决，以为亟宜警惕英日两国，顾全邦交，维持正义。径电英日两国当轴暨顾使力争外，亟盼诸公以爱国热忱协力抗议，并望各界人民一致主张为相当之对付，以期达到英日续盟删除侵害中国主权之字样，则全国幸甚。全川自治联合会叩。

---

　　* 录自成都《国民公报》1921 年 7 月 12 日，第 6 版，原题为《全川自治会两电反对英日联盟》。

政治思想的无政府主义和独裁主义 *

——重庆联中自治成立大会演说稿

（1921 年 11 月 20 日）

一、政治思想的两极

政治思想是政治生活的人生观。认定种种政治状态的，是客观的条件；决定种种政治思想的，是主观的条件。无政府思想和独裁思想，是占政治思想底两极端底主观的态度，其中间底思想各有偏重的趋向。

社会生活底合理性和合法性，是社会自身最自然的状态，在这种状态底时候，社会最能完全发达。这是独裁思想底出发点。

无政府思想和独裁思想的异同，本来甚明。更一考其究竟，终难正确辩其异同，因为二者交错，迭为循环底原故。

社会底法制发生或废止，在无政府的思想，则以不阻止自然而支配社会底时候，发生或废止合理性合法性底法则。反之在独裁的思想则是由于贤明人底意识的强制发生和废止。然独裁强制执行，无政府也强制执行，在形势上实不能分。就独裁底政策主义、专制和无政府放任主义、自主主义也不过本质上底差别，所谓性善性恶之分而已。

＊ 原载于重庆《友声》1921 年第 1 卷第 1 号，录自荣县吴玉章故居陈列展档案。

二、自然状态与无政府和独裁

无政府思想底基础是自由，但不是形而上学——理想主义——的自由，是自然主义的自由。此意有二面：一社会的自然相，一个性的自然相。无政府底自由，不可不备述两面。

社会不是离个人而独立，社会不外是个人的共同生活（社会性）。因而社会的自由，不外个人底共同性的最自然发动。其对面个性的自由，是指个人的独自性（个性）的最自然的发动。通常无政府底用语，有指独自性的自由妨害共同性的自由状态。然而无政府的思想单是以独自性底自由为立脚点底时候，是为特别的个人主义的，乃至主我主义的无政府，普通的无政府思想，所谓他是社会的无政府。无政府思想之所谓社会，既然不外个人的共同生活，毕竟无政府的自由，仍归纳到个人自由。因为这种意思，所以无政府主义比社会主义倾向个人方面。

政府的自由观念，不能种自然的结果，所谓自然状态（国家以前的社会）与无政府有密切关系。自然状态是关于社会科学的知识不完全底时代——假想的原始社会的状态，人类未有强制组织以前的社会。与此正相反对底见解，一即卢梭底自然国家自由平和幸福的社会。一即霍布士底乱暴社会强者胜利不幸的社会。以今日科学的智识，想定自然状态，也不是想像的天国，也不是想像的地狱，以为这些皆无意义。因为这都不过是空想罢了，无政府的思想属于天国派，独裁思想属于地狱派。

无政府和独裁，依个人对于社会生活底心地而分。怎么样呢？原来人类底心地，因先天或后天的境遇而定，从而以生活的利害来规定利害的心地。超绝利害的心地是意外的人类。实际生活绝不如此。在动物底集合生活，据生物学者底发现，系管平和的共同生活，因之断定动物底生活是平和的，这是不错。不过遇着食物缺乏，性欲发生，猛烈从事于生存竞争，则为生活心地好战也是不错的。是心地本来不过为自存心底倾向。那吗，无政府和独裁两极端底政治的心地，毕竟不外人类生活两极端的状态，这是极端的说法，在事实上也莫有一绝对的事实发生。实际生活常在这两端之间，如振子往来，惟求平而已。

独裁是对于有政治以前的自然状态和以后的自然状态抱悲观的见地，以为政治的向上，在依赖少数高级底意识。这种思想在神话时代的社会，长者的神意政治即是代表，后以英雄政治代表他，这都不过个人或一阶级底利害有独裁的心地和必然的关系而生。若是把他底庞杂性从独裁心理排除，则为柏拉图底政治、尧舜底政治——全为乌托邦了。故独裁当然是个人的自我乃至阶级的自我拘束社会的自然，于是独裁有反社会性。无政府思想因为要求回复自然的社会性，本质上莫有反社会性底思想。通常称社会底混乱为无政府的时候，是预想无政府底反社会性，但是社会底混乱，由无政府的思想看来，这本不是社会底自然状态，是由于什么东西把自然破坏了卷起来底社会战争状态，绝非无政府所预想底自然和社会。

三、有机的作用与无政府和独裁

社会底实际情形，实往来于无政府和独裁底中间。在历史成立底时候，是由无政府中间发生独裁，独裁又被无政府破坏，循环进行。但是在历史上有独裁完全成立底时代，尚无有完全无政府成立底例子。

文明底推移，假定为神话时代，英雄时代，个人时代底三阶级，在神话时代既严重拘束社会而成长老的独裁。其时不思议的法律对于神底意志，人类无不服从。虽为神的独裁底形式而事实上不过人的独裁。英雄时代是英雄独裁与神战为得，于是便生疑问——因为人类渐渐有觉悟，这个人谋反即无政府底复活。通常法国革命，于政治谋个人的复活——

因这个革命，就是想把英雄或阶级加在他们上面的桎梏都一齐破坏，这就是无政府底警醒。彼等以自由平等博爱为标语，实无政府基调，但是这无政府又有他底自坏作用，彼等除去桎梏，无政府又到不来，反建设次一种底独裁，就是除去政治的桎梏，又来经济的桎梏，经济上底独裁又代政治上底独裁而生！这就是现在资本主义终归成为今日资本家底独裁政治。这样看去，现实底社会，大多数完成的是独裁，而非无政府。

然而他方面常见破坏独裁底有力行动，无论如何底独裁结局终归于破坏，且非破坏不可，这就是无政府底作用了。由这种意思看来，独裁是建设的，无政府是破坏的。破坏和建设这两程作用，就仿佛生物底组织，合化作用和分解作用底行动。组织的进化，要有这两种作用始能完就。所以从社会底组织看来，无政府底破坏作用和独裁的建设作用有同一的价值。

虽然原来文明这个东西，建设吗？破坏吗？都是一个问题。犹之生物底生活，合化作用吗？分解作用吗？双方都不能说。文明也是这样，建设不能说是文明，破坏也不能说是文明，但是生物底生活，合化比分解实要多发挥些。例如二人吸滋收养构成自体而行合化的生活，思索行动，则人底组织分解起，要此分解作用，人类始能生存，是文明也不可没有破坏而徒有建设。独裁为合化作用，无政府为分解作用，则文明是独裁因无政府而破坏底过程（即分合底进行）。实际独裁作底伟大文明是事实。但是文明不是一定的固定典型，路易底文化，拿破仑底文化皆伟大，其停滞的文明底有机作用已死，所以当时底破坏，是文明底进化，这个破坏不得不待无政府。

四、文明底分解和无政府与独裁

无政府是文明对合化作用底分解作用。生物底情形，合化旺盛则分解激烈。当着文明底程度比无政府思想更加强烈，就是个人或阶级底独裁的文明越发展，则无政府底思想越发生，这独裁的文明遂分解。

这个分解有两个动因：一是文明丧失其社会存在底理由，一是由文明自身发生自己底否定。就第一个看，独裁所产底文明越速，至于高级，越有非社会的倾向。怎么样呢，因为他越高级越同社会没有交涉。其所以致此底理由，第一，少数者底教养，其精神物质皆优生学的发达，这样特殊的境遇，造成少数人底文明。第二，多数者为反比例，无缘享文明幸福，教养、经济、时间皆和文明为别一世界。第三，属于独裁阶级底特权者，也不能理解他自己阶级产生底文明，于是从这阶级出来的也超绝于这阶级。

要之，独裁的文明产出底各高级物，就为谁存在也不明白了。这个时候，文明就失了社会存在底理由。就第二个看，其文明发生自己否定，这是艺术、哲学趣味，凡百生活者现都表现了，就是文明消费者底自身否定其文明底价值离了社会性成一种阶级底虚伪。风俗、习惯、趣味一切皆被侮蔑，而为厌的。有力的说明，就是享乐者间，发生自由精神，如像咒诅俄国文明的就是文明的产儿，巴枯宁、托尔斯太、克鲁泡特金皆是贵族。原来是建设而成正反对底破坏贵族来路多趋于此。文明因独裁而刻刻腐败，遂破坏独裁的文明，因之无政府思想反生建设的价值。

五、各种底社会主义和无政府与独裁

俄国过激派完全采用独裁主义。列宁是社会主义者，而社会主义对于现在底阶级的独裁社会组织，是采用无政府底态度。但如法国最建设最独裁的工团主义，与破坏最相反对，然对于现状仍主破坏，对于将来乃为建设；何以简直称他为建设的，因为他否认无政府。

成都高等师范学校教授训育及学生实习之状况 *

（1923 年 3 月）

    本校本科国文、英语、数理、博物各部三年级学生，自第三学期起，应照章实地练习教授法。本校三年级学生因仿照京鄂各高师办法，于毕业前派员率领赴长江各省及日本各处，实地考察教育状况，以资考镜，不能不将实习期间酌量减少。其实习学校，计附属中学九班，附属小学十班，分为二次实习。第一次、第二次均实习二周，附中附小先后更替，未实习时则分部参观教生教授，其教授批评除教员临时批评外，各部每周开批评会一次，批评时先由学生自述对于教案准备是否完善，次由参观之教生批评，最后再由教员批评。自经批评后，教生教法尚知逐渐改良。

    本校又以三年级生毕业在即，教授法应多为参考，乃于实习中择其暇日，由教职员率领参观省城各中小学校教授，借资比较。实习完毕，特派专员率领各三年级生，赴长江各省及日本各处考察教育状况，以便观摩。三年级生偕往者六十余人，因旅费未能筹得未往考察者实占少数。考察之结果，统计考察国内学校四十余所，国外学校三十余所，往返百有余日，各生颇有心得，较之囿于见闻不出国门一步者自有天渊之别，将来服务愈有把握。

---

    * 录自《吴玉章文集》上，重庆出版社 1987 年版，第 366 ～ 367 页。

又，十一年五月，由图画教员率领专修科一二两班学生，往灌县实地教授写生、图画，往返七日，灌县在省治西隅，距省一百二十里，丛峦叠嶂，绝妙天然图画，实地教授，真饶有兴趣也。

本校教授训育之实况：

本校教授历年均取自学辅导主义，凡对于一学科之基本原理，由教师讲授或实验，后由学生自行研究练习，以养成自动的理论为原则。其有研究不得解，实验无结果者，即向教师陈述，详为指导。本校因校款拮据，设备多未完善，至为扼腕。十年下期，向川省第二军军长杨森募得银一万元，以五千元辅助教职员薪水，以五千元添购图书仪器及欧美日本原文书籍，以供学生参考。至训育方面，仍取自治辅导主义，使学生对于校规有自发的猛省，养成共同遵守规律之习惯。学校规则之外，十年上期即由学生组织一群治会，分股办事，由学校予以指导，一面养成自治，一面接近社会，成绩至为可观。至学生十年上期组织之国文学会、英文学会、数理学会、博物学会、音乐学会、体育学会、教学研究会，均切实进行，撰拟杂志，分期出版。二三年级生复于课余分任本校附设平民夜课学校教员，以为教授之练习。至体育方面，除正课外，聘有拳术教习，暇时分组练习。每日并举行十分钟早操。十一年五月复举行夏季小运动会一次，举凡足以锻炼学生身体者，本校无不注重。而关于体育之蹴球、网球、徒步各种，本校均竭力提倡，以期养成健全之国民。此本校教授训育之大概也！

人类生活问题当如何解决 *

（1924 年 4 月 20 日）

　　我们人类社会的问题虽然是千差万别，但是总括起来不过两个：一是食，一是性。食，是现在生存的问题；性，是将来续嗣的问题，换句话说，就是一个是经济问题，一个是婚姻问题。论理，婚姻问题比经济问题尤为根本的、尤为重要的。但就解决的必要和目下的急务来说，当然是经济问题在先。因为它于人类生活上是有直接的关系。饥饿、死亡到了很危险的地方了，怎么办法呢？德国的学者宗巴特 Sombart 说道："人类的历史是为分配世界上的食物而战（社会的战争），和为食物的地方而战（国民的战争）。"人类的生活问题，自有史以来，没有象现在这样急迫的。

　　我譬如你是一个教育专家，想造成一般有学识，有气节的青年，或是办学校，或是当教员，这样清苦的事业，想来也不生什么问题，殊不知教育经费不按月给发，欠薪至一两年之多，你为生活所迫，不能不发愤起来作索薪运动。不在温饱的志，也不得不变了；箪瓢陋巷的乐，也不得不改了，你清夜自思，作什么感想呢？

　　又譬如你是一个农民，自食其力，并不仰给于人，很可以独立生活。但是官吏追呼的苦，兵匪拉搕的苦，预征借垫，苛派勒捐，不鬻妻卖子，

---

　　* 原载于《赤心评论》1924 年第 1、2 期，录自《重庆党史研究资料》1993 年第 2 期，第 9 ～ 13 页。

即当地典田，甚至耕牛被牵，农具被毁，家徒四壁，妻子流离。尝了这些苦况，你是什么感想呢？

又譬如你是一个工人，做小工业，或手工业。从前还可糊口养家。现在外货充斥，已经破产了。或是你是兵工厂，造币厂的工人，每天昼夜工作，劳苦不休，每月不过得五六元工资，还不按时发足，积欠到数个月。物价日贵，生计维艰，你对于这个生活是什么感想呢！

又譬如你是一个商人，小本营生，自从洋货输入，土货就不行销。何况道路不靖，兵匪横行，厘金关卡的盘剥留难，护商保险等格外费用，层层剥削，成本已高，何能敌一正税外畅行无阻，军民上下无敢留难的外货呢？！只有日渐亏本，坐等倒闭。你对于这样生活是什么感想呢？

又譬如你是一个政治家，有澄清天下的大志，但是你如何能得政权呢？想作议员，非有数千金运动选举不行；想作省长，非有百万贿买议会不行；想作总统，非有千万贿买国会不行。即幸而得掌大权，内有军阀专横，外有列强牵制，民穷财尽，借债为生；官吏政客，争权夺利；蝇营狗苟，贿赂公行。赏罚既无可言，是非更不必论，财政极紊乱，金融尤枯窘，闹饷索薪，触处皆是。你对于这借债生活，朝不保夕的政象，是什么感想呢？

又譬如你是一个有志军人，有扫荡群雄、廓清宇内之志，但是这遍地荆棘，盗匪纵横的世界，此击彼收，今日匪徒，明日司令，将军师长，如鲫如麻，暮楚朝秦，扶东倒西。想武力统一，则养兵购械，罗掘俱穷；想伏养生息，则一波未平，一波复起。财政既司农仰屋，闾阎又杼轴皆空。你对于这样情形是什么感想呢？

又譬如你是一个慈善家，见了沿街要钱的乞丐，你一问他，不是残废的军人，就是被军人拉伕折足断腕的平民；是遭战事转徙流离，兵匪拉劫，无家可归的农民。你对于他们是一种什么感想呢？

又譬如你是一个审判官，审问那城外抢锅魁的人。你问他："为什么要抢锅魁？这几天闹得不成事，官厅出示，抢者枪毙，你不知道吗？"他说："我饿慌了，不得不抢。虽然知道出有告示禁止，但是我想不抢锅魁就得饿死，抢了也不过一死；况且我看见许多军人把大路上的米车抢了进城，也未见他们枪毙。我为饥饿所迫，抢了一个锅魁，想也不至于要命。古人说'窃钩者诛，窃国者侯'。现在是民国，也不应该这样了。"你听了他这一席话，是什么感想呢？

又譬如你是一个军法官，审一个巨匪。你问他是什么人，为什么要当土匪？他说："我是农民，有田数亩，本是安分守己的。因为近年的兵连祸结，田不能种，苛派又多。几个儿子都因军队拉伕，死的死，逃的逃。官府又要派田捐，逼借垫。诉以家无半文，恳求减免，反把我监禁拷打，几番死而复生，逼得我上天无路，入地无门，比匪抢还厉害。因为匪不过把我现有的东西完全抢去，官吏则敲骨吸髓，卖了田地还不能了事。家中妇孺数口，竟自饿死。我愤极出而为匪。"你问他道："国家法令，为匪是犯死刑的，你不知道吗？"他说："知道的。但我为生活所迫，只想死里求生。况且匪的声势大了，还可望招安。现代的伟人，由匪出身的岂少吗？"你听了他这一席话，是什么感想呢？你又审一个逃兵，你问他："为什么要逃？现在犯了死罪知不知道呢？"他说："逃兵拿着枪毙，我是知道的，但是我的生活迫我不得不逃。因为我是乡下农民，家下还有妻室儿女，朝夕勤劳，还不至冻馁。军队拉伕又凶，官吏苛派又大，看见士兵们又歪又恶，个个都怕他；并且还可挣许多钱回来养家口，因此动了我的心。适逢某师来招兵，说粮饷有好多，格外还有奖励金，如果人聪明能干，升官发财是很容易的。我听热了，我就报名入伍，谁知入伍以来已两年多，仅仅领点火饷。自从开往战线打战，我们仅仅得几百草鞋钱；我们每天的伙食，叫我们在人民家里去征发。我们的兄弟趁火打劫，也有得些好处的，我是个乡下人，不忍心作丧德事，也只好忍饿受饥。向司务长要饷，他总说没有发下来。我想，我们每到一个地方，勒捐苛派，劫掠抄没，总不下几十万，为什么发我们这几个钱都没有呢？！或者真是军费浩繁，用费很多，也难怪他们不发饷。但是从我们的下级长官到我们的上级长官，莫有不买公馆，不讨小老婆，不嫖不赌，不抽洋烟的。这钱又是从那儿来的呢？听说他们高级长官，还几十万几十万的兑到上海，存在外国银行。这钱又是从那处来的呢？我们的下级长官在火线上打死，有时还要软埋；若是我们兄弟死了，更不用说，是无人收尸了；欠饷还不给，还说得上恤金吗！因此我也就灰心，就想请长假回家。谁知一请也不准，再请也不准，随后长官见我请得厌烦了，大发雷霆说：'国家养兵千日，用在一时。现在正是需人之际，你接接连连的来请假，你真是有意怠我的军心吗！'说罢叫拉去打一百军棍，打得我皮飞肉破，死去复苏。细细一想，我当兵三年，一文未兑回家，还不知妻子是生是死。而陷在此地，终久是不死也永是无翻梢的日子了。所以我不顾死活，才逃了出去，不想又被捉了回来。我是毫无恶意，不过想回家过我原来的苦生活罢了。"你听他这一些话，你又是什么感想呢？

上面所说种种生活困难情形，不及事实万分之一。这公私交困，民不聊生的现象，究是什么原因会到这样地步呢？或者是天灾？而连年风调雨顺，收获极丰，天又何能认咎；或者是人事？人谋诚有不臧，但天地生财，仍有比数，此绌必彼盈，何以上下交征利，而上下交困穷？

此必尚有别的原因。

我们外观世界大势，内察本国情形，才知道是因为国内的军阀盗窃国柄，使兵祸连结，变乱无已时；国外的列强攫取财权，使资本帝国主义盛行于中国。军阀依附列强而始得生存；列强即利用军阀而实行掠夺，故中国现在实处于半殖民地的状态。则中国人不应单为分配食物而行社会的战争；并须为食物的地方而行国民的战争。

社会的战争，是资产阶级专横，无产阶级受其压迫，起而谋经济的平等，如世界资本帝国主义的国家，劳动阶级所起的社会革命，属于此一类。国民的战争，一种是殖民地，经济权政治权完全操于宗主国之手，全民族的各阶级都在宗主国压迫之下，全民族各阶级共同起而谋政治、经济独立的国民革命，如印度，安南，朝鲜等属于此一类。一种是半殖民地，其经济权大部操诸外人之手；政治权形式上大部分尚操诸本国贵族军阀之手，全国资产阶级，无产阶级都在外国帝国主义者及本国贵族军阀压迫之下，有产、无产两阶级共同起来，对外谋经济的独立，对内谋民权的实现，国民的革命，如中国即属于此一类。国民革命含有对内的民主革命和对外的民族革命两种意义。

原来世界资本主义的发展，在十九世纪时已经形成世界的经济，渐渐撤毁一切民族的藩篱。因机器生产的发达，而各国自为一经济地位的状况遂不得不退让。因为资本主义的经济根据是在商品，商品必须有购买者，必须有市场。生产过剩，国内市场不能销售，遂从国内市场发展至国外市场，于是帝国主义就出现于地球之上，遂有所谓殖民地。帝国主义侵略殖民地的形式方法，是因时因地而异，然其最终目的，都在强合殖民地于其自己的经济机体，其普通性又总是反乎一切自由原则的强权。自军事的，政治的，以至于纯粹经济的。往往形式上愈和缓，而实际上愈狠毒。列强资本主义国家之商品生产日益扩张，其国内市场已觉不能消受，此处不单为本国内人口有限，买不了许多商品；而且因为资本主义自身惹出的种种社会病象，如经济恐慌，失业增多，民众破产等，所以本国内人民即使不少，亦大多数没有购买力，足以消受这样多的商品。同时托辣斯等大生产的方法，既减少国内的竞争，又大增商品制造的能力，于是，不得不求扩张市场于国外，实行侵略弱小民族，有时简直公然掠夺。而资本国家相互之间，因此市场而互相争斗；列强各自既不易侵犯，势亦不能不侵犯弱小民族。

中国有广大的肥美土地，多数的消费人口，多量的贱价原料，是一块肥美之肉，列强想夺取比较他国更优越的权利，遂不惜以军事占据领土，及强迫开辟商埠，如香港、缅甸、安南等地之被侵占；南洋、琉球、台湾等地之割让，五口通商之开辟，即是一例。

再则资本主义，不但要求投货于市场，并且必须取得原料的来源。生产愈发达，要求原料愈甚。自己国内原料往往不足供给，或者虽有原料而太贵，于是，资本主义国家必千方百计谋夺天产丰富而实业尚未发达的地方，或强行占据，或划入其势力范围，此等倾向亦为惹起列强互斗的原因。殖民地的占定，及势力范围之划出，一则为剥削该地起见，二则为防其它强国与之竞争，如列强于中国，以军事或外交手段占据势力范围，胶州及威海卫、大廉州、旅顺、大连等之租借军港；长江流域、东三省、云南省、两广、福建、山东等处，英俄法德日势力之划分，铁道、矿山之分配于各国，即其一例。

此时，列强的权利若已得其平，即可渐由势力范围之划定，推而实行瓜分为完全的殖民地。若不得其平，或有资本正在膨胀的国家未曾染指，则必起而抗争。表面是保全弱国领土，内容实因商业资本膨胀，不利于瓜分而失其广大之市场。于是列强遂互相牵制，而造成半殖民地的特殊状况。如美国对于中国提出保全领土，开放门户之议于列强，中国遂得免于瓜分，而成为半殖民地以至于今日。这又一是例。

资本主义国家既已剥削其本国无产阶级，又掠夺各殖民地的劳动平民，其资本日益增值，而往往有很多的残余资本。于是，此等残余资本又不得不千方百计输入殖民地，有所谓移殖资本政策。此等投资，一则原料就近采取，成本可以低廉；一则人工便宜，企业容易发达。

然而除此之外，尚有纯粹不生产的投资，如政治借款、军事借款等，借此可以取得债权者的地位，而干涉弱国的财政，因此取得其全国的经济权。各国投资互相接触于一时一处，又必发生冲突，于是，大则战争，小则竞相干涉殖民地的政治，总以取得统治者的地位，或代理统治者之地位为目的。如资本主义国家欲达其侵略之目的于中国，遂努力破坏中国的独立和自强，扶植军阀、督军、武人，以收渔人之利。此又是一例。

同时，又因列强互相竞争，各自特别扶植其势力所及的督军、武人，使之互相争斗，以获得特别的权利，在这种国际资本的支配竞争之下，遂使中国四分五裂，内政无从整理，盗贼益以横行。于是列强更可借口，近而于内政图谋共管，现在长江舰队之增加，海陆军添派，中俄协定之交涉，警告频来，咄咄逼人，俨然上国。所以中国内的特殊情况，也是国际资本势力所造成。

中国的分裂和内乱，既是由国际资本的扶植，加之又有一般由国际资本养成的外国资本家走狗、汉奸、卖国党，现在显象，在最近的将来，更能把中国一切的经济生命，尽卖给外国资本家，例如种种权利之割让，最廉价的原料之输出，最廉价的劳力之供给等都是。国际资本的压迫日甚一日，中国的农民与无产阶级之失业与贫困，也很有日甚一日之弊。他方面，大都会里又产生了欧化的资产阶级，这种资产阶级也采取外国资本家同样的形式，用资本压迫中国的无产阶级。在最近的中国，这种欧化的资产阶级虽有相当之势力，但仍未得充分发展之机会，而组织中国社会的最多数，最重要的分子，还是农人、小商人、小工厂主或工厂主，以及知识者等小资产阶级。这种小资产阶级，受了国际资本和国内武人两重压迫，遂无日不在恐慌崩坏之中。

其中的开明分子，为自身生存与发展计，久已知其非颠覆恶劣政府，实行国民革命，无由改造中国，以扫除资本帝国主义之压迫。辛亥革命军起，满州政府颠覆，即其事实之表现。彼时，使革命党人得本其三民主义从事改造：民族方面，由一民族之专横宰制，过渡于诸民族之平等结合；政治方面，由专制制度，过渡于民权制度；经济方面，由手工业的生产，过渡于社会主义的生产。循是以进，必能使半殖民地的中国，变而为独立的中国，以屹然立于世界。乃国内人士，暗于大势，苟安姑息，为守旧派甘言所惑，力促革命党人与反革命的专制阶级妥协，遂将政权让渡于代表专制阶级之袁世凯。袁世凯为北洋军阀之首领，时与列强相勾结，一切反革命的专制阶级，如武人，官僚，皆依附之以求生存。从此中国政权，遂落于军阀之手，革命党虽鼓劲而屡遭失败，然而现时犹在奋进之途中。

现在中国社会生活的困难，政治经济的紊乱，已达于极点。我们无产阶级苟不起而奋斗，以图生存，非愤而自杀，即饥饿以死。但是这样混乱的社会，污浊的政治，险诈的人心，狠毒的外患，绝不是和和平平，枝枝节节的改革，所能奏效。只有本平等的主义，结强固的团体，赴远大的目的，以坚忍沉毅的精神，严肃果决的手段，肃清世界妖魔，扫除一切障碍，谋政治、经济、社会诸问题的总解决，然后人类生活问题始有解决之望。

因此，我们郑重宣言：我们的目的是在推翻资本主义，建立无产阶级独裁政府制度，创设统一的世界劳农共和国，而达到完全消灭阶级，完成社会主义。

我们进行的手段，第一，是联合中国国内种种被压迫的人民，统一战线，向国内的军阀官僚和国外的资本帝国，施行总攻击，而实行国民的革命。第二，是联合世界各种被压迫的人民，统一战线，向国际资本帝国主义施行总攻击，而实行世界的社会革命。

我们被压迫的男男女女们哟，创巨矣，痛深矣，可以兴起矣！我愿作警世之钟，我愿作助战之鼓，我愿作红军的急先锋，拼尽同仇铁血，组织二十世纪的文明。

马克斯派社会主义 *

（1924 年 6 月）

现在有一最伟大，最新颖的潮流，普遍于全世界。人类对之，或惊，或喜，或疑，或惧，莫不有一种奇异的感思，真所谓廿世纪的大怪物，这就是轰动世界的"社会主义"。

社会主义的派别很多，以广义言：凡是改造现在社会组织的思想和计划，只要是反对个人主义（资本主义）的，都可叫做社会主义，如像共产主义，无政府主义，工团主义，基尔特社会主义，国家社会主义等，都包刮在内。以狭义言：只有从经济上着手，主张把现行的"资本私有""自由竞争"制度改废，凡生产消费，都归社会全体共有共管，以谋社会全体的利益，这才叫社会主义。据现在的时势看来，尤其是马克斯派的社会主义为最流行，因为经过苏俄的试验，人人已知道他有实现的可能性。

我们试从一二百年来世界人类进化的历史上细心观察，可以说：一千七百八十九年法兰西的大革命，是为政治革命开一新纪元。一千九百十七年苏俄的大革命，是为经济革命开一新纪元。法国的大革命，标榜的是"自由""平等""博爱"三大主义，推翻专制君主，打破神权君权的迷信，树立民主政治，使民治主义的精神，风靡全世界，以

* 录自《重庆商务日报十周年纪念刊》1924 年 6 月，第 57 ～ 64 页。

至现在。十九世纪伟大的文明，实因法国革命，开其端，其功不可谓不大。但可惜他的《人权宣言》中所说的人民，仅仅是指的市民（又叫公民），并不是说一切的人民，所谓公民就是第三阶级的人民。所以法国的大革命，是第三阶级的人民的革命，是工商阶级的革命。因为这个原故，法国的大革命，是不彻底的民主主义，并且只是政治上的革命，不是社会上经济上的革命，其结果，经济上也采用自由放任主义。第三阶级既握有政治的特权，遂得自由掠夺劳动者的剩余价值，变成大资本家，自成一特殊阶级，徒使社会上富者愈富，贫者愈贫。经济上陷于无政府状态，劳动者呻吟于政治经济压迫之下，遂形成第四阶级起而作阶级奋斗，这是现在世界上社会不安，经济紊乱的现象。总之，现在流行的德谟克拉西（民治主义），不过是第三阶级（资本阶级）的德谟克拉西。法国式的革命，不过是把第一第二两阶级的特权，由第三阶级取而代之，于多数人民，未见有什么好处；不但无好处，而且发见有最大的危险。这是甚么呢，就是现在的资本帝国主义，因为现在资本制度的经济政策的基础，都建筑在亚丹斯密的经济学说上，对内是采自由主义，和民主主义（第三阶级的民主主义）；对外是采自由贸易，门户开放，和和平主义。自十九世纪的后半以来，资本主义遂同帝国主义相结合，一千九百十四年到一千九百十九年的世界大战争，实在是这个资本的帝国主义为总因，河肇上在他的《贫乏物语》上说得有一段，我把他引来作个证据。他说：我在最后，关于世界和平，要说几句话。欧洲的天地，现在大乱爆发，已变为战场了，但是无论那一个总知道这次大战的真正当局者，是英德两国。为什么是这两国的纠葛呢？经济上的利害冲突，实在是两国不和的根本原因。我现在关于他们的利害冲突，没有详说的时间；但是英德两国，已由货物输出的竞争时代，进了资本输出的竞争时代，这个更是他们不和的原因。因为一国的产业，发达到某种程度以上的时候，商工业的利润，渐渐集积，因资本丰富的原故，若把资本投于海外的未开国所得的利益，比投于国内的事业高些，所以资本输出，同时与货物输出，成为经济上的重大问题。美国于五六十年前，早已达到了这个时代，以后对于南北美及世界各地盛行输出资本，所以现在因为这个资本的利息，每年可见巨额的输入超过，这是人人所共知的。继美国而入资本输出的时代的，就是法国；但是法国因为下述的两个理由，关于资本输出，不能为美国有力竞争者。第一理由：是法国人口增加停顿，因为这个原因，一个人的富，当然是增加的，而全国的资本增加的速度，究竟不能像美国这样式。第二个理由：是因为法国的人民，大概是保守的。因为这些原因：法国的资本，只以投于西班牙，比利时，这些邻国为主，在世界的资本市场上，究竟不能为美国的有力竞争者。所以世界的资本市场，差不多为美国所独占，已有好久了。但是近时德国产业上猛然大进步，不久遂入了资本输出的时代，并且到了这世纪，年年为更大规模的资本输出。因此，从来差不多为美国独占的世界的资本市场，遂加了有力的竞争者，美国的利益，一天一天被胁迫起来了。照这样，美德的纠纷，久结不解，遂爆发而成这次大战。

就是说产业发达到某种程度以上，资本丰富了的结果，遂生出投资海外的要求，就是资本输出的要求。并且因为销售与产业发达，共起的丰富货物，想在海外得新市场的要求，更为迫切了。所以因为资本输出，和货物输出，遂开始争夺殖民地和新市场。国家现在当做资本制度的机关，或者国家自己当做资本家，注全力于这个争夺，帝国主义化的资本主义，资本的帝国主义，遂变成侵略的，好战的。所以资本制度不去，世界战争不能销弭，且恐一次比一次更激烈，试看此次欧洲大战，牺牲不为不大，战后和平声浪，不为不高，而各国的备战，一点也不懈。虽有国际联盟，华盛顿会议等，亟图军备限制，也不过徒托空言罢了。现在亟需实行社会主义，以扫除资本阶级，销弭国际战争，也是时势的要求，不是单独俄国所必需，也不是英美等帝国资本主义所能抗。社会主义，是带有国际性的，最近的将来，继俄国而实行社会主义的国家，一定是不少；尤其弱小被压民族，沦于殖民地，或半殖民地的国家，首先会推行起来。因为他们已不忍受资本帝国主义压迫的原故。廿世纪光明的世界，为期当不远了。但是资本阶级的魔力很大，岂能轻轻便便就屈服。苏俄经列强的环攻，处于内忧外患的环境，有七年多，终能保其主，使列强不敢正视，如法国革命后，遭列强的嫉视一样。但是还有一事，将来恐怕一样。这是什么事呢？就是反革命的神圣同盟。法国革命以后，不过二十年，各国王公贵族，想保全他们的残喘，以梅特涅的力量，巩固了一个神圣同盟，来反抗民主主义的潮流，竟至闹了三十年才打破，现在意大利居然有法西斯主义发生。这个主义的历史，是欧战后意大利一班退伍军官，组织了一个小小团体，叫做法西斯党，专以屠杀罢工工人为事。不法行为，政府不能干涉，这样的猖獗，有了两年。到前年底，居然用武力取得意大利的政权，法西斯党的领袖，莫索里尼（Mussolini），现在俨然是意大利的专制君主，意大利这次政变，惹起世界的注意，资产阶级的新闻，都推尊他是一个光荣的革命，不论他是不是一个革命，他这种资产阶级德谟克拉西的政治行动，有研究他的必要。因为意大利法西斯主义，和俄国的波尔希维主义，都不是意国或俄国一国的产物，是大战的结果，是世界变动中一部分的表现。

　　欧洲大战，本来是欧洲资本阶级，想毁灭生产力之一部，来维持将涨破的资本制度的企图。不知其结果，殊出他们意料之外，大战延长太久，把欧洲生产力毁坏了大半，摇动了资本制度的基础。但是欧洲资产阶级，无论如何都想恢复欧洲资本制度。他们恢复的方法，只有一方面加力掠夺殖民地和半殖民地，一方面加力剥削西欧本国的劳工，于是我们就看见战后对待殖民地的近东远东的列强会议，和对待西欧劳工的工资减少，和时间加多，只有使被压迫民族和阶级，冻馁死亡，才能维持资本制度的生存。资本阶级，只要能保有他的统治权，遂不顾惜全人类，和世界文明。但西欧劳工受欧战和俄国革命的影响，亦有几分觉悟，不能忍受资本阶级此种加倍的剥削，来维持将崩溃的资本制度，因此有革命和罢工运动发生。资产阶级知道在这种情形之下，要恢复他们的制度，决非德谟克拉西的方法所能解决，所以决定采残酷和威吓的手段，来屈服劳动阶级，使他们死心塌地的负担恢复资本制度的损失。这种资产阶级对于无产阶级采进攻的形式，就是法西斯主义产生的重大原由。因为一般大战中失望的小资产阶级，以为这种法西斯主义，可以增高他们的地位；而一方面又因为大资产阶级想利用他们压迫反叛的劳工，于是给以种种的援助，甚至给以国家的机关，法西斯党遂以成形。法西斯主义的定义，是用残酷和威吓的手段，来强迫减低劳动阶级的生活程度，并使劳动阶级，丧失奋争改善地位的意志。而且对外主张帝国主义战争，以此可使将亡的资本制度，有恢复的机会，法西斯党，即资产阶级因为要实现法西斯主义，而雇用或援助一般失业的小资产阶级，和一切反动份子的组织。意大利莫索里尼的政策，完全是为少数资产阶级的利益，牺牲全社会的政策，例如废除遗产税，增加工资税，取消公立学校的国家助款等；和梅特涅的政策一样，又可以证明法西斯党，完全是资产阶级的工具了。然照这样看来：法西斯名字，虽是意大利的产物，而法西斯主义，是国际的产物，如德国的粤葛希团（Orgesch），匈牙利的白卫军（White guard），美国有三 K 党（Ku Kln or Klan）等。这些团体，起初成立时，与意大利法西斯党，并不相关；但是他们的性质，确与他完全相同，专以摧残工人为事，并且现在有渐渐趋于联合之势。将来法西斯主义，会蔓延于全世界，日本中国，也有法西斯党的足迹，法西斯行为，也日益加厉，去年意大利法西斯政府，逮捕共产党和工人，不下一万，是何等暴烈！但是历史告诉我们说："恐怖，对于过去时代的和他的经济重要，在进化中，已日渐销沉的阶级，是一个有力量的武器；但是恐怖，不能压倒一个没有他不能产的阶级"。法西斯主义，是国际资本主义的一种恐怖主义，决不能压倒世界的劳动阶级，使他不起来推翻世界资本主义。或者反使劳动阶级的运动，更加激烈。将来世界各国的第三阶级（资产阶级），将大联合立于法西斯主义旗帜之下，对于第四阶级（劳动阶级），施行总攻击。而世界各国的第四阶级（劳动阶级），自然也会大联合共立于波尔希维主义（社会主义）旗帜之下，对于第三阶级（资产阶级），施与总攻击。现在这个世界，也需要经过旗帜鲜明，堂堂正正的阶级战争之后，种种社会问题，才有一个总解决，但是最后的胜利，终必归于劳动阶级，这是可断言的。故我们既生于此世界，即为战斗员之一，欲加入何方，须早决定，万不能游移两可，因为此等战争决无中立的余地。

　　然而我国人士，往往以为中国资本制度，尚未十分发达，无行社会主义必要。即行社会主义，也须采温和手段，如基尔特社会主义等，不需照俄国的猛进。由前一说，私节引屈维它君帝国主义侵略中国的各种方式，来说明他。帝国主义侵略之步骤，一，强辟商场；二，垄断原料；三，移植资本；四，文化侵略。各国依其本国资本主义发展的程度，而异其侵略的方式；又依世界经济变更的动象，而异其相对的关系。假使以中国所处国际地位而论，这种现象，非常显明。又因为在地球上所处的位置，和他与欧美接触的时代，刚刚不左不右，不先不后，造成了"国际的殖民地"第一期的"投资时期"，其侵略的方式，纯是各行其军事的占据领土，及强力开辟商埠，如鸦片之役，英德法联军等役的逼开通商口岸，如缅甸，安南，台湾，琉球，香港等地的割据，现时中国对于列强，仅是销货的市场。随后西欧资本主义，既发达至工业资本，需要原料渐急，中国的天然富源，又渐渐为列强所发见，所以第二期的"投资时期"，其侵略方式，已是列强争相以军力，以外交手段，占据"势力范围"。如胶州湾，威海卫，旅顺，大连等之军港租借，长江流域，东三省，云南两广，福建，山东，等处，美法俄日德势力之划分，铁道矿山之分配。其时，中国对于列强，已成原料供给地，运输交通权，为各国所必需，矿山为各国所垂涎，尤其是销售货物，是各国所重视，势力范围之划定，正是列强分赃的办法，预备瓜分零碎，脔割中国，使成分属各国的完全殖民地，可以各在其势力范围内，行使对于自国投资的保护政策。然那时国际局面，已经复杂，美洲商业资本的大膨胀，不利于中国之瓜分，而失其广大之市场，于是提出所谓门户开放政策，因此瓜分局面破坏，反成为犄角之势。这两期中，因帝国主义侵略的形式，始终是很公开的掠夺，显而易见的军事行动，与外交阴谋。同时又因为受列强余润的官僚资本家之经济能力，还很薄弱，所以自"平英团"至"义和团"，中国平民排外的运动，虽然极蠢，而爱国的民族主义的社会意识，却表示得非常清楚。而且此时表面上看来，列强侵略中国，做得很凶很恶；而实际上中国的经济生活，始终能有几分独立，李鸿章的北洋海军，造船厂，兵工厂等，足以证明中国，还有几分反抗强权的可能，中日战败后，财政上第一受巨大赔款的打击，军事设备，也一蹶不振，外债渗入，中国经济生活，中央财政上，收支不能相抵，也从此起。至庚子赔款，几将中国财政完全破坏。况且种种新政费用日增，而国内经济，则农业手工业破产不已，入不敷出，只有乞怜于外债。这都是受帝国主义侵略，逐步发露的当然病象。嗣后日本崛起，能与欧美在中国商业上竞争，世界经济中，就起一种变化，欧美先进国资本主义，已发展至财政资本，对内则银行资本，渐渐集中，而能掌握托辣斯等大生产的工业。对外则以放债，攫取的小民族之财政权。中国至此，正须迎受外资，以首先解决财政之困难，适应铁道矿山等事业之要求，所以就开第一期的"投资时期"。其侵略方式，乃是争相放债，以取得抵押品，取得债权，取得监督政府权为条件。如盛宣怀经手之一千万元铁路公债之日款，美政府之发起四国币制借款一千万磅，粤汉川汉铁路借款六百万磅，民国成立后之六国银行团二千五百万磅之大借款等。于是关税盐税等，都入外人之手。然而这还不是真正的移植资本，大都是实际上非生产的外债性质，对于政府投资，无论如何，必有浓厚的政治色彩。因此列强间之冲突，时时暴露，如日本之满蒙除外等问题。财政资本，实际上有魄力的，始终要推先进的英美，力能笼罩全中国的经济生活。（欧战后的美国，尤其有此等能力，且不得不注力于中国。）欧战期间，日本的资本，在中国有畸重之势，遂引起中关单调的排日。欧战后，俄国社会革命，引起中国的社会运动，中国军阀政治，紊乱经济太甚。同时趁欧战的时机，中国资产阶级，亦稍有发展，所以能隐约开第二期的"投资时期"。其侵略方式，乃是暗助最温和的排日的民众运动，裁兵提倡运动预备移植资本，自营（或所谓合办）实业于中国境内，华府会议等类的骗局，整理内外债，整顿税则，增加关税等等，以"非政治"的统一借款政策，求攫得"共管"中国之权，整个儿的吞下去。提倡较温和的官僚资本式的民众运动，乃是抑制劳动平民由真正的民主运动的手段。其他"温和"的国际政策，亦无不是手段，目的却在于驯养中国"价廉物美"的劳动平民，令于外资正当输入经营工业时代，能俯首听命，是为"文化的侵略"。此时期尚在开始，并未完全实现。此两期中，因帝国主义侵略的方式，渐渐离军事行动，甚至要"公开外交"，很足欺骗近视的中国资产阶级。同时又为中国官僚资本家的私人经济力，已有发展，尽是依赖外国资本的，往往无意之中，代表欧美资本主义的利益说话，很足以混淆听观，所以辛亥革命以来，革命党向来以"保护外人利益，决不能破坏条约"为天责。五四运动，虽有伟大的成绩，而后来每况愈下，往往只替"国际联盟"，"国际协会"，"华府会议"做宣传，民族主义的社会意识，日渐沉晦。而且此两期中，虽然表面上看来，列强之对于中国，山东问题也有人替我们伸冤，领事裁判权，都有人肯退还；实际上中国私人经济愈发展，则其依赖英美之财政资本也愈甚。国家经济力薄弱，至于极点，已离破产不远。即使军阀的兵都裁掉，财政都理好，内外债都有保证，然美国处于债权国之债权国的地位，又能输入大宗资本于中国，实业之中，即"无政权"，而全国已完全在其掌握之中。将来弄得无一工厂，无美国资本，无一银行，不受美国支配，中国的小工业，小商业必不能与之竞争，势必全中国都成美国的"雇佣的奴隶"，这是假使不颠覆帝国主义，所必至的结果。中国经济发展，既为帝国主义所厄，生产权，财政权，眼看得都到外人手中去了。中国社会发展，就为帝国主义所扰，失业游民遍地，早已成兵匪世界。中国政治生活，为帝国主义侵略的种种公式，逐步纷乱东拉西夺，永世没有清明之日，统治者及国家制度，都得让外国人来替我们规定。假使果真能借外力来驱逐军阀，政权那有不完全落于外人之手，做完完全全的殖民地奴隶。况且列强要有军阀，好来抑遏中国自己的生产事业之发展，直接向他们买中国；同时列强，亦要利用中国商人，好来稍稍恐吓军阀，使他们好好的代理统治。列强决不肯尽力驱军阀，亦决不是真心帮助商人。所以我们中国资本阶级，万不能发展，即使将来稍稍发达，也不过作资本帝国主义的直接奴隶。总之世界国际间，因帝国主义的存在，决不能和平，中国之内，亦决不得和平，欲求和平，只有第四阶级奋起，与苏俄联盟推倒世界的资本帝国主义，才能达到目的。由后一说，可以看一看中国尊崇基尔特社会主义者，主张蚕食主义，反对暴力革命，能否达到改造社会的目的。

我们的先决问题，是不是要推翻资本制度，而立于一种新的社会组织。如若以这个前提为是，而这种新的社会组织，又必为旧社会中的政治阶级所反对，我们要实现这个新组织，势不能不打倒旧组织，驱逐旧的政治阶级。但是旧的社会制度，资本制度，都建筑在武力之上，不用武力是万不能打破，所以革命，是不可免的，至于说无论社会何方面，但求划一部分，便操练起来，这种蚕食主义，所谓部分的，零碎的解决，表面上看来，仿佛是不容易，又可以避免革命的损失，其实不先把政治问题解决，不把社会上最有力的机关打倒，部分的零碎的操练，是不可的。何况现在国内的军阀，暴戾恣睢，自为刀俎，而以人民为鱼肉，军阀本身，与人民利害相反，不足以自存，不能不结欢帝国主义之列强，以遂其借款之生活。而列强亦利用之，以达其攫取权利之目的，所谓民国政府，直接控制于军阀，间接控制于列强，无论内政外交，俱为列强之命是听，如最近之金佛郎问题，承认苏俄问题，都因东交民巷太上政府略示反对，无法解决。我国的平民，我国的劳动阶级，想在两层奴隶之下谋和平，局部的改革，真是自欺欺人了。中国政府坏到这步田地，如果我们仍抱着头痛医头，脚痛医脚的办法，终究是无效。我们的社会是百孔千疮，比不得欧美社会，大部分健全，只有小部分，生点癣疥，所以英美的实验主义派，可以主张零碎的补修，我们便不得不主张根本改造。改造的方法，只有用鲜明的旗帜，严厉的手段，才能医此麻木不仁气已垂绝之症。社会主义是现代社会的新生命，尤其是被压迫民族的新生命。但是世界上有许多良好制度，一移植到中国，则往往变性，利益丝毫未睹，弊害则变本加厉。固然各国情势各有不同，不能以一个药方包医百病，而未能把他的真精神，真意义，剖辨明悉。糊糊涂涂把一块新招牌放在腐朽的门面上，安得不崩坏。

乙丑社之演讲 *

（1925 年 5 月 7 日）

　　今天贵社开成立会，承诸位热忱招待，甚为愉快。诸君在求学时代，组织社团，可见对于将来社会事业，抱有莫大贡献之意志，实为未来希望中之政治家。但是政治家须具备的要素，不可不注意，兹说来供诸众位之参考焉。（一）就时代关系从历史方面着眼，对于时代之演进，须有一种明了的观察；（二）须知世界大势、国内现状及国民性若何。凡为政治家不欲收实现理想中之事实则已，如欲收实现理想中之事实，则非具备以上两要件不可。此何以故？因政治家之事业，全系托于群众心理，和社会心理，反乎是者，鲜不失败。惟群众心理，和社会心理，多后于时代需要，或与时代需要相背。政治家之妙用，在有明锐之眼光，敏活之手腕，引诱他们的心理不知不觉的到于自己理想之途，这非有造世的能力不为功了。欲养成此种能力，则非有伟大之人格与高深之学识，则以上所述政治家所应具备之两要素无由造成，左右世人心理之威力无由发生，则又何能为群众作先导？故不欲为政治家则已，如欲为之，则于自身之人格与学识，应如何休养，如何培植？试观今日中国之现状，及国际地位，均岌岌可危，推其原因，实由人格缺乏之故，近年来稍有生机，可为前途抱几分乐观。诸君诚能养成伟大之人格，以为群众矜式，

---

　　* 录自《京报》1925 年 5 月 7 日，第 7 版。

培植高深之学识，作将来应用之武器。今日逢贵社成立之盛，所希望于今后者，不在人数之众多，而在精神之团结，不在崇高，而在务实，期于养成政治家之能力，则定为贵社之幸，抑亦民党前途之幸。余以病久，不能多言，谨此以祝贵社前途光明云。

重庆中法学校开学典礼演说 *

（1925 年 9 月 27 日）

今日承来宾贲临，非常荣幸，特将本校经过，分项述之。

一、学校历史的经过。此校由法华教育会产生，教育会系蔡元培、汪精卫、李石曾、吴稚晖诸先生发起，以沟通中法为宗旨，彼时决在中国设立学校五所，地点分东南西北中，四川亦预算之中，迄今始获实现。

二、中法学术沟通之必要。法学者卢梭、孔德均主张人道主义，以中国今日之现况观之，此说最为切要。又，法国为民治国家中的先进国，以国体言，我国亦应以法国为模范。

三、办理学校的宗旨。甲、使学生储备完备的知识，期能应付社会；乙、注意中国文化；丙、外国语言，随学生个性所近者选择之，但授课时间甚少，并以法文为主。

四、敝校初创，望各界热心教育人士，予以切实援助。

---

* 原载于成都《国民公报》1925 年 9 月 27 日，录自《吴玉章教育文集》，四川教育出版社 1989 年版，第 38 页。

吴玉章秘书长代表大会全体代表答词 *

（1926 年 1 月 1 日）

主席、各位同志：

今天是我们中国国民党第二次全国代表大会开幕之期，又是民国十五年元旦的大纪念日，国民政府委员会诸同志，为我们代表开盛大的宴会，并承汪主席致极恳切的欢迎词，这真是千载一时的盛会，同人等非常荣幸，兄弟受代表诸同志的委托，来致答词，虽不长于演说，也不能不说几句话。我们知道今天是本党全国第二次代表大会开幕之期，我们应该要知道本党现在所负的责任是何等的重大。本党所负的责任，就是代表大会的责任，第二次的全国代表大会的责任，是在我们代表的身上，所以我们代表所负的责任，是非常重大，而尤其是现今民国十五年，其责任更为重大。刚才汪主席说，民国的元旦，只有民国元年的元旦，和今年的元旦，才有纪念的价值，因为民国元年的元旦，是先总理就总统职，南京政府成立、中华民国革命成功日子；今年的元旦，是本党第二次全国代表大会开幕，继往开来，含有无穷的希望的日子。这话很沈痛而涵有极深厚的意义。兄弟以为这两个元旦虽然有同等价值，同时也要知道他们的分别。为什么呢？因民国元年的革命，虽然成功而民众还未觉醒，一般革命党人，只知道十八世纪以来的民族主义、民权主义，

---

* 录自《中国国民党第二次全国代表大会日刊》1926 年第 6 期，第 8 ～ 10 页。

所主张的不过是十八世纪法国式的革命，不过是一种政治革命，拿百年前的旧方法，应付现在的新环境，当然是走不通的。当时我们总理以为要革命完全成功，必定要扫除革命障碍，根本改造，从政治革命，更进到社会革命。（拍掌）从前成立同盟会的时候，总理用他博大精深的理论，内察我国的国情，外观世界的趋势，就决定了拿三民主义来作我们革命党的唯一政策。他在南京就总统职以后，本想照他的政策进行，并极力演说民生主义的精义，但是一般苟且偷安的人，极力谋调和妥协。总理知道这般人莫有国际头脑，莫有世界知识，群众尚沈迷不悟，他的主张必无法实现，就毅然退位，把政权交出，让主张和平的人去谋和平改革。那知道民国十四年来，他们不但莫有和平改革的希望，反使内忧外患层出不穷，使人民越陷于水深火热的地位。总理自从退位以后，极力从宣传方面尽力，一面从事著述，发挥学理，一面训练党员，共同奋斗。十年以来，国民始稍稍认识三民主义。又加以俄国革命成功，为二十世纪社会革命开了一个新纪元，带了国际性世界性的革命潮流，骤然增涨，中国的民众感受了这个潮流，就异常奋发。总理知道民众已有觉悟，国民革命的时机已熟极，谋改造本党，来实行他的政策。所以本党自前年改组以来，实得了一个新生命。（大拍掌）我们拿这两年本党的进步，和前十年来比较，真是有天渊之别。这固然是时势的要求，也是我们总理苦心孤诣的结果。我们甚希望总理引导我们，使中国的国民革命，在最短期间完成。不幸总理去年北上，因劳成病，竟舍我同志我民众而去。这不但是本党的不幸，是全国的不幸，并且是全世界的不幸。因为我们总理是领导全世界的被压迫民族和被压迫阶级，作世界革命的人。全国全世界忽然失了这个导师，他的损失自然是很大的，无论何人想到这一点，莫有不悲伤的。现在国内军阀——张作霖的内溃；国外帝国主义者——英国因我国民众反抗的热烈，罢工的坚决，已表示屈服。假使先总理还在，见这样的情况，对于今天的元旦，是何等的欢慰。对于现在的时局，必定有极好的方略指导我们。可惜总理已经死了，莫有人指导我们了。但是总理虽死，总理的精神不死。总理的精神为什么不死？就是总理的精神已经入注了我国全国民众和全世界被压迫的民众，所以不死。（大拍掌）我们总理将他宏大未竟之功，交给我们同志，要于最短期间努力完成。我们的责任是何等重大，尤其是我们第二次全国代表大会的代表，是总理逝世后第一次大会负有承先启后的责任，我们应该怎样努力！

民国十五年的元旦，有纪念的价值，我们以为：

第一是：继承总理的政策。凡政策莫有深厚的理论和合于时势的要求是莫价值的。总理以四十年的经验博考古今，参酌中外，集世界各种学说的大成而创为三民主义、五权宪法及种种对于时局的政策，实合于我国的国情，合于世界趋势。我们当奉承总理政策，而努力奋斗。

第二是：接受总理的遗嘱。有政策莫有实行的方法和步骤，也不能成功。总理临终的遗嘱实给我们实行政纲的方法。为国民革命世界革命计，根本上必定要团结民众，和联合世界上被压迫的民族，一致努力才能有效。所以总理遗嘱，教我们必须唤起民众，联合世界上以平等待我之民族共同奋斗。中国数十年来，国内的纷争都是帝国主义者直接间接造成的，所以总理又给我们一个具体方法以打倒帝国主义打倒军阀。所以遗嘱叫我们，必须于最近期间要废除不平等条约和开国民会议。我们对于总理的遗嘱，应当敬谨接受的！

第三是：激励革命的精神。革命事业不是单靠政策可以成功的，必定要有革命的精神。革命党的精神是要艰苦卓绝，不屈不挠，是要绝灭一切图利营私遇事利用的恶观念。我们革命党的光荣是总理四十年来的坚忍诚服和一般同志的高尚纯洁所得来的。但是民国以来也不少利用革命的招牌来作终南捷径的，来犯一切罪过的，所以革命党受了无限的诬谤。尤其是现在本党的反动派，完全失去了革命的精神，简直成了军阀和帝国主义的走狗。这是何等痛心的事！（大拍掌）我们惟有激励我们同志，回复革命党的精神，拿总理的智仁勇来作模范，来保全我们革命党的人格。

第四是：决定进行的方略。总理虽然给了我们很好的政策和方法，但是时局常常变化的，拿死的方法来应付新环境，是不能适合的。所以我们应该随时势的变迁，决定进行的方略。现在国内的军阀正在崩溃的时代；国外的帝国主义者，自五卅惨案以后经全国民众热烈的反抗，已成了强弩之末。我们应该怎样应付这个时局，是目前最急切的问题。这是我们同人应该努力，也是本党同志大家应该一齐努力的！

好在我们国民政府，得当局诸同志数月来的奋斗，历尽了无数艰难，拿不调和不妥协的精神，终究肃清了东江南路，打倒了反革命的势力，使广东统一起来。革命的基础一经稳固，我国革命的成功，一定不远的。今天我们在广东开第二次全国代表大会，我们希望我国民政府继续努力，于最短期间能统一全国，建设统一全国的国民政府，下次在北京开同样盛大的本党全国代表大会。（大拍掌）

敬借杯酒，并激励我同志努力，祝政府委员诸同志的健康！

中国国民党第二次全国代表大会经过概略 *

——在国民党中央党部纪念周上的报告

（1926 年 1 月 25 日）

本党第二次全国代表大会，已于一月十九日闭幕。其间经过情形，已有大会日刊及本党日报次第发表，若欲知详细，俟将来大会秘书处，将种种报告印出后，阅之便可了然。兄弟今日不过把大会经过作一简单概括的报告而已。如今先说：

（一）大会组成的分子

甲，出席总数　此次到会代表计共二百五十六人，除代表外出席大会者，尚有中央执行委员七人，候补中央执行委员三人，中央监察委员一人，蒙古政府特派员一人，广西省政府特派员二人。统计出席大会者，共为二百七十人。

乙，各省区及海外党部代表之人数　若依地域区分，则各省区及海外党部代表之人数如下：

直隶三人

山东五人

河南二人

山西一人

＊ 录自《政治周报》1926 年第 5 期，第 22 ～ 26 页。

陕西三人

甘肃一人

四川六人

湖北四人

湖南七人

江西三人

安徽三人

江苏五人

浙江三人

福建四人

广西九人

广东十一人

云南一人

贵州一人

奉天一人

吉林一人

黑龙江哈尔滨一人

北京特别市五人

上海特别市七人

汉口特别市三人

热河一人

广州特别市十一人

察哈尔一人

绥远一人

内蒙古二人

海外三十三人

此外已被选而因事未到或被拘禁阻滞者尚有十一人；除云南贵州热河三处代表系由中央指派外余均由地方党员选举。计国内二十二行省三特别区四特别市，除新疆无党部代表外，其余均有代表出席矣。

丙，本党各界代表之百分统计　若更依性质区分，而列成百分统计，则各代表分数如下：

一　各省区党部代表一〇六人　百分之四十（弱）

二　海外党部代表三十三人　百分之十二（强）

三　工人党部代表三十三人　百分之十二（强）

四　军队军校及军事机关党部代表七十人　百分之二十六（弱）

五　行政机关党部代表十一人　百分之四（强）

六　中央党部代表十一人　百分之四（强）

七　学校党部代表二人　百分之一（弱）

其中有女代表十六人　百分之六（弱）

由上所述则此次大会各界代表无不具备。可称为真正的全国代表大会，而名符其实者也。

（二）大会之重要决议

甲，接受总理遗嘱　开会议之第一日，全体代表即决议"谨以至诚接受总理遗嘱并努力以履行之"。是为此次大会之春雷第一声。此案通过之后，并于翌日在粤秀山举行建筑大会接受遗嘱纪念碑奠基礼，以表示态度之严重，并垂纪念于永久焉。

乙，完全接受第一次大会所定之政纲　第一次大会所定最低限度之政纲，为总理根据主义切合时势之重要方案。两年以来，以环境之恶劣，迄未实行其百分之一。虽幸赖同志奋斗，已将广东之恶劣环境冲破，而另辟一光明之局，然盱衡世界与中国之大势，第一次大会之政纲，实有继续履行之必要，而不必再事乎更张，故大会决议对于总理在第一次大会手定最低限度之政纲，仍完全接受，今后所努力者惟在讲求以如何方法图此政纲之实现而已。

丙，总章之修改　第一次大会所定之党章，两年以来，从事试验，觉其大体尚无甚阻碍，故此次大会所修正者，不过四点：其一，则为第四章关于总理一章之保留，此章以总理现经逝世，本无存在之必要，惟为纪念总理计，特为保留，并于四章之末加以附注，说明"总理已于十四年三月十二日逝世，十五年一月四日第二次全国代表大会决议接受总理遗嘱特保留此章以为纪念。至纪念之方式则于各党部悬挂总理遗像，凡开会时必须宣读总理遗嘱，及每星期举行纪念周一次"。其二，则为中央党部常务委员会之设立。前者中央党部秘书处虽有委员三人主持常务，然人数过少，负责实难，致往日党部开会，出席者寥寥如晨星，此于党务进行，实为一大障碍。此次大会有鉴于此，故特规定中央党部设常务委员会，以中央执行委员互选九人组织之。此后凡百事务，当必以多人负责之故，而进行敏捷。其三，则为各级党部候补委员出席各该级委员会会议权限之变更。往者候补委员，止可出席发言而无表决之权，故多徒挂虚名，于党无多大之贡献。此次大会则改定候补委员如遇委员缺席时得依次递补取得临时表决权，惟取得临时表决权之候补委员，不得超过出席委员人数三分之一，以为限制。盖欲候补委员，亦得根据此条章程，以取得一部份表决权，使亦能分负党中工作一部份之责任，比前此条文之呆板实超胜也。其四，则为中央党部特派员之规定。两年以来，由党务进行上所发见之缺点，最大者为中央与各级党部之联络太少。此次大会规定中央党部可派遣特派员分驻各地，各中央委员亦得出席于各地之各级党部以指挥其进行。此法实行，盖足以扩大党的势力，严密党的组织，而一矫从前涣散疏慢之失也。

丁，宣言之发布　此次大会宣言，于政策政纲均仍秉承先总理之遗教，与第一次大会所定之方案，本无特殊之意见。惟宣言中之最有价值者，则为对于民族主义之正当认识。先述世界之现状，次述中国之现状，次述本党努力之经过，而殿之以结论，说明本党已认清楚中国之民族解放运动，实与国际民族解放运动同其消长。（一）则对外当打倒帝国主义，而联合世界革命先进国，联合世界上一切被压迫之民族，并联合帝国主义本国内大多数被压迫之民众。（二）则对内当打倒一切帝国主义之工具，如军阀官僚、买办阶级与土豪。其必要之手段则在造成人民的军队，造成廉洁的政府，提倡保护国内新兴之工业，与保障农工团体扶助其发展。至于党员之训练则特别注重于革命化与团体化，互相亲爱，互相扶助，互相攻错。以期不负总理之指导与民众之期望。一言以蔽之，此次宣言，盖为吾党指出实行政纲之切实方法，而非一般政党铺张扬厉之空洞文章也。

戊，纪律问题之解决　吾党今后最重之任务为造成一强固有力的革命党。然欲达此目的，莫要于首先造成森严的纪律。此次西山会议与各地反动分子之破坏党部，实均为徒逞意气不识大体之举动，而正中帝国主义者及军阀之毒谋。本党若任其捣乱，不加制裁，实足以摇动国民革命之阵线而予中国民族解放前途以不利。故此次大会对于西山会议及各地反动事实有关的党员，均有适当之处置。其属居心不良根本图倾覆本党者，则加以永远开除党籍之处分；其属一时冲动受人利用而不自觉者，则先予以诚恳之警告，而希望其改变态度，仍与吾人同走上革命的阵线。至其详细办法，则报章早已发表，毋庸于此费词矣。

己，其他各种之决议案　以时间之限制，莫克详述，举其荦荦大者。若政治报告决议案，则表示对国民政府满意，而勉励其继续努力。若关于军事决议案，则实行改良士兵生活与确定对军事上之工作，此虽非军事大计划，而实现在军事上最重之要点。若财政决议案，则实行财政统一，改良币制，改良税则，确定预算，募集公债，收回海关。若党务决议案，则遵守总理遗教集中革命分子，而消弭无谓之争执。若宣传决议案，则加办党报，辅助各种周报。若工人决议案，则确定劳动法规并工会与党的关系。若农民运动决议案，则禁止高利贷，规定最高租额，与禁止剥削农民之杂税。若商民决议案，则推广商民协会，引导一般商人加入国民革命。若青年运动决议案，则注意教育之革命化与平民化，并平民学校之扩充。若海外党务决议案，则辅助建设海外同志协会，与特别保护归国华侨。若妇女运动决议案，则制定男女平等之法律，并开放各职业机关。若实行对外政策决议案，则继续联俄政策，与世界一切被压迫民众联络。若对北方时局宣传决议案，则维持国民军，反对日本出兵满洲，反对恢复约法与曹锟伪宪，并促成国民会议。凡此种种决议案，均以本党主义政纲为根据，而期于最短时间促其实现者，吾党同志，固人人有其应负之一份责任也。

（三）海内外各党部发展之概况

除各种决议案以外，有当附带报告者，则为海内外各地党务发展之概况。据吾人此次接受各地党部之报告，实抱无限之乐观。在国民政府治下之区域，党务之发展，固有一日千里之势。即各地党部，亦以本党努力宣传之故，已取得民众相当之了解与信仰，故党员人数骤增，已至五十万。去年以总理逝世，各地民众参加追悼会者人山人海，尤为本党势力深入民众心坎之绝大机会。至五卅惨案发生以后，帝国主义者之狰狞面目已完全揭露，军阀甘受帝国主义者之指挥以压迫民众之暴行，尤为民众所认识与痛恨。凡此事件，均足以使本党之宣传，多一重事实之确证，而民众对于本党，亦自然发生热烈的倾向。吾人敢信今后之帝国主义者与军阀，虽极力压迫本党，然本党必不因此种压迫而退步，必且因此种压迫而更加促进革命时机之成熟。可以断言，凡我同志，倘能一致在本党主义之下，努力奋斗，则三民主义之实现，必不在远矣。

（四）今后应注意之点

本党主义既已渐入民众心坎，则本党今后之工作更将重要而繁多，此不特表现民众革命要求之急切，同时亦表现帝国主义与军阀之末路已近。故本党今后第一要务，即须扩大其组织与宣传，俾民众了解本党之主义与政策，确为谋民众之福利与安宁，则党员人数自必增加，而革命势力亦以之坚固而浓厚。第二，应注意于全国的发展，以求本党势力普及于全国。因此则党报的宏大组织实为重要，盖党报为宣传中最有力能普遍之工具，如内地交通往返不便则借党报之力引起革命思潮可自动的为本党而努力。第三，应注意于农工运动，本党既系以全民革命为目的，则决不能以智识阶级从事革命为己足。中国的农民与工人占全国人口之最大多数，其所受之痛苦亦最深切，故农工运动尤为重要，而商人亦不可忽略，或以商人为不革命者是大错误。商人中除少数买办阶级及奸商外，亦是受压迫阶级，故此后亦不可不注意。第四，应注意于厉行纪律，上文已略述大概，盖本党二年来之种种经验实非有森严之纪律不足以使反动分子绝迹而巩固本党之基础，作强有力的奋斗。第五，应使民众了解本党之联俄政策，联俄为本党总理之革命大策略，若不从事宣传，则无谓之争执，将伊于胡底，革命前途实多障碍，故本党今后之宣传方针中，亟应将此政策普及于民众，使知中国民族解放问题，必要放在世界人类解放问题中才能解决。世界人类解放问题，必须联合世界上以平等相待之民族及一切被压迫之民众，共同奋斗，才能解放。苟大多数人了解这个意义，不但是中国革命之成功，亦即世界革命之成功也。

以上所陈，愿我同志共勉之。

四川省党部党务报告 *

——在国民党第二次全国代表大会上的报告

（1926 年 1 月）

我们这一次出川来赴会的时候，正是杨森失败到万县，吴佩孚已到汉口，江浙战争刚起不久的时候。当时听说沿途检查很严，我们正要通过这条路线，所以一切关于这篇报告参考的材料，一点也莫有带来，只凭记忆所及，写出罢了，这是很歉然的一宗事。

第一，政治状况

（甲）政党　现在中国正走着地主阶级的封建军阀专政时代，四川当然也不能例外；所以四川的政治状况，本可以说是军阀的状况罢了。但是军阀莫有政客利用，他的寿命不能延长，时局也莫有这样纷乱；所以欲知道军阀的离合兴衰，先要明白党派势力的消长。四川的政党，大别有三：一进步党，二共和党，三国民党。

（一）进步党　这一派是旧式官僚，他的分子大半是前清末年的举人、进士和地方的绅粮。他们在清朝末年，也曾作过变法维新的运动；但他们始终是反革命的。初名立宪党，民国成立后，改为进步党。他的大领袖当然是康梁，四川是蒲殿俊、张澜作领袖。他们专以攘夺财权下手，既掌握了川汉铁路股款数千万元，又垄断了四川盐运事业；他们虽莫有

---

　　* 录自《吴玉章文集》上，重庆出版社 1987 年版，第 68 ～ 87 页。

纯粹属于他们一派的军人，但是他们却常常能以金钱的魔力，运用一般军人。所以有人说：四川十四年来的战争，可以说是盐铁的战争。进步党在北京既变为研究系，在四川的自从戴戡失败后，熊克武执川政以来，他们虽然利害，却也无法活动。北京五四运动的时代民气大为发扬，蒲殿俊作了《晨报》的主笔，亦极力鼓吹新文化。吴佩孚竟假借民众势力，倒了直系，败了奉张。蒲殿俊看这个新方式可利用，遂介绍反熊的杨森和吴佩孚联络，也利用新文化新青年作先锋。虽然杨森屡次失败，因有吴佩孚的接济，民国十二年末，终究把熊克武驱逐出四川。杨森既入成都，这一般讲新文化的先生们——北大学生——无不得秘书、校长等头衔。尤其是教育界，差不多全为这种新官僚所垄断。并且新成一个团体，叫做诚学会，这纯是从进步党研究系脱胎下来的。虽然现在的醒狮派——国家主义派——和国民党的右派，有同他们结合的形迹，这只能说是革命党的人，退到反革命的地位。不是从来不革命的人，现在会和革命党人，作起革命工作来了。所以他们虽然还有人挂了国民党的招牌，和打着他们外抗强权内除国贼的口号，却完全是骗人的。此刻杨森虽然失败出川，诚学会却还在川省跋扈，重庆学界风潮现正激烈，就是诚学会在作怪。他们和军阀——刘湘、王陵基等——结合，甚为密切；并且正在谋地方小军阀——团保——的联合，想要驱除异己，独握川省政权。他们想先驱逐客军——袁祖铭——以送客为口号，预料川省战事，不久又要发生了。

（二）共和党　这一派大半原是革命党人，民国元年，章太炎在上海组织统一共和党。黄云鹏就借此回川，要约和他相熟的革命党人，成立共和党。故这一派的领袖，表面是胡景伊、刘存厚，而黄云鹏才是重要分子。他们有时合进步党来反对国民党；也有时合国民党来反对进步党，纯是采的机会主义。现在共和党的名称虽然消灭，而新交通系的黄云鹏，又奉段的使命回川活动，现于重庆组织联治会，要约了许多国民党右派分子，想成一个新团体，这是值得注意的。

（三）国民党　这一派自然是革命党，人数上说起来，要超过他们两党若干倍。原来是秘密结社的同盟会，民国成立后，改为国民党。四川革命军人，何以特别发达呢？其原因有二：第一是速成师范生的关系。自甲午庚子战败以后，人心已大震动，这时候清朝又停止科举，变法自强的风气到处流行。四川有志青年，就连袂往日本留学，遍发劝游学书，并要求官厅通令全省各县，每县用公费派遣一二人，往日本学速成师范。这样一来，各县公私费到日本留学的，多的数十人，少的也有数人，这时候同盟会刚才在日本东京成立，《民报》也才出世，革命高潮正涨的时候；又加以日本取缔规则风潮发生，这一般速成师范生遂感受了革命思潮。不久个个回家，多少也带一点宣传革命的性质；并且个个都回到本县中办起学堂来，得了宣传的好工具，又极力劝人出外游学，因此，各县留学生，源源而来，各地革命的风潮，也时时发生。如成都六君子之役，叙府之役，广安之役，全川为之骚然。这是四川革命党人特别发达的一个原因。第二是保路同志会的关系，川汉铁路股款，是由田赋加捐抽来的，因此各地方的大小资产阶级，都有极重大的关系。辛亥年清将铁路收归国有，并将他来抵借外款，川人大为愤激。革命党人遂指导这愤怒的民众，向革命的方向前进。从前凡地方的绅粮，对于哥老会是非常排斥的，但是这个时候，只有利用哥老会，才可以抵抗官厅。所以他们就将地方上的无产阶级——哥老会——武装起来，名为保路同志会，携带刀枪土炮，向成都进攻。清政以赵尔丰被困于成都，乃调端方入川，而端方刚到资州就被杀了。武昌因为端方去了，就同时起义，川省的革命也得告成功。这般哥老会人，早已被革命党人注入革命思想。同志会初起，虽然表面不说革命，而实际上是实行革命，到了革命成功后，当然由这哥老会造成的同志会就完全变为革命党了。革命的同盟会既改为国民党，这一般人也就是国民党。所以资产阶级的人，多视国民党为流氓，为危险分子，就是这个原因。但是我们国民党自来是结合无产阶级，站在革命线上的。和资产阶级当然是对头，这本是不足怪的。哥老会是遍布于四川，因此国民党也遍布于四川，这也是革命党在四川特别发达的又一个原因。四川有这样伟大的民众势力，所以进步党虽然狡猾，终不能抵抗。可惜指导的人，只有熊克武、杨庶堪一流，虽在川执政数年，不能为党培植人才，巩固根基。加以民国九年熊杨分裂，血战一场，把政权交与敌派的刘湘，使进步党得所凭借，来和国民党明争暗斗。前年末熊克武竟被刘湘、杨森驱逐出川了。现在国民党在政治上莫有势力，但是民众间的潜势力仍然不少。

以上是四川党派过去历史的大略情形。现在时局变迁，当然有许多分化，以后另要成一新形势，这是客观的事实，必然会造成的。

（乙）军阀　四川的军阀，也分三派。一武备系；二速成系；三保定系。都是以学校同学的关系，自成一派。至于熊克武等，他们都叫他作长衫子军人，因为他们不是正式军官学校出身。现在熊克武不在川，武备系虽有刘禹九，也很微弱，只有速成、保定二系尚有势力。最近四川军阀的数量及名称，据重庆《新蜀报》的调查，可以知其大概。我们现在把他的一篇记载叫作《四川省主客军最近之调查》抄录如下：

……三十五师……二十九混成旅……十九独立旅……十四司令……两统领……统计总数在五十万人以上……

川省——军队最多之省份也，每逢战争一次，军队数目即增加一次，因之人民负担亦加重一次。回溯民国十年，刘甫澄督办任川军总司令兼省长时，曾经点编一次，其时全川不过才十一师九混成旅，川民已苦兵多，当局亦有裁兵决心。未几内乱战事发作，不但裁减无望，而各部分军队之增量，抑且如春云之进展。曾几何时，迄至于今，已骤增至三十五师，二十九混成旅，十九独立旅，十四司令，两统领，统计总数约在五十万人以上。哀哀川民，何堪胜此负担！小民但觉搜刮之伤心，终未知各军之总数，兹由本社从军记者详细调查，列举简表如次：

（一）高级军事长官——川康边务督办兼督办四川军务善后事宜刘湘，号甫澄，大邑人，驻重庆。川黔边防督办兼三十四师长，黔军总司令袁祖铭，号鼎卿，贵州人，住重庆。四川清乡督办兼三十师长邓锡侯，号晋康，营山人，保定军官学校，住成都。川陕边防督办刘存厚，二十二师兼边防司令赖心辉，西康屯垦使刘成勋，二十一师长田颂尧，三十一师长刘文辉，黔军一师长王天培。

（二）国军——十六师王缵绪，二十一师田颂尧，二十二师赖心辉，三十师邓锡侯，三十一师刘文辉，三十二师唐式遵，三十三师潘文华，三十四师袁祖铭，二十八混成旅王陵基。

（三）川军——一师赖心辉，二师李雅材，一师李家钰，三师王正均，三师陈鼎勋，四师杨春芳，四师蓝世钰，五师何光烈，六师魏虎臣，七师陈能芳，八师向树荣，九师郭汝栋，十师鲜英，十师夏首勋，十一师张成孝，十一师甘泽霖，十二师冷寅东，十二师白驹，十三师段荣宗，十四师朱宗悫，十五师彭光烈，十六师蓝文彬。

（四）川军混成旅长——一吴行光，二杨汉域，三向成杰，四戴华琳，五陈毓嵩，六张清平，七谢勉，九范绍增，十陈兰亭，十一罗泽洲，十二张邦本，十三杨吉辉，十四张秉升，十六唐尚珍。

（五）川军独立旅——川康边务署警卫一旅罗纬，二旅黄骥，川滇边防一旅杨国贞，川康边务署一独立旅包晓南，五师独旅胡韦士，一师独旅方潮珍，十师独旅张骏，三师独旅杨应奎，三十二师独旅杨湘，四师独旅何廷光，西康屯垦使警卫旅王直，二十一师独立旅曾宪栋，一师独旅包绍卿，九师独旅刘志成，十三师独旅郭景汾，川军独立旅许兆龙。

（六）川边军——川康边防总司令孙涵，边军一混旅李邦君，一混旅张光典，二混旅羊清泉，四混旅贺中强，统领朱宪文。

（七）四川边防军——四川边防司令赖心辉、副李宏鲲，一混旅魏容，二混旅李章甫，三混旅刘耀之，边防独旅程泽润，清乡司令吴敌，赖司令新编三旅范绍曾、周启稷、杨汉域。

（八）川黔边防军——总指挥吕超，一混旅曹叔实，二混旅吕镇华，三混旅萧维斌，四混旅王维纲。

（九）川陕边防军——一路梁士荣，二路李铸，三路李伯阶。

（十）全川江防军——总司令黄隐，一旅邓国璋，二旅陈离。

单看这一篇记载，即知四川军队之杂了。

其中有吕超，原是国民党。袁祖铭、刘禹九，表面上是挂了一块国民党招牌，实际上还是军阀，与刘湘、刘存厚莫有两样。袁祖铭现在想扩张自己势力，与邓锡侯等结合。邓锡侯等一般人叫他作保定系——因为他们都是保定生——与刘湘等之速成派对峙。袁祖铭已领有贵州全部，但是贵州太穷，所以他必要在川发展，方能得经济上之援助而生存。他的野心，在扶持保定系之川军如邓锡侯等起来掌握川中一切，而自己得瓜分川省的经济实利，再推倒唐继尧，自己当一个西南的霸主。至于他最近表面上在联络吴佩孚，都是屈于环境，虚与委蛇，并不是他的心事。再明确的说：就是速成派既以研究系而得势，袁祖铭同保定系不得不另图生路，所以想利用国民党右派，以打倒研究系之速成派。不过刚有此心，又遇吴佩孚突起，于是又表示服从吴——即服从研究系之势力。此外赖德祥不过居奇于保定与速成二者之间，得以生存——即居间于国民党右派分子及研究系二者之间，保持其地位。但是实际状况，右派分子势力仍不及研究系之大，而屈服于其下。可是将来速成派必死于保定系之手，赖德祥亦必随之失掉势力，但是保定系得势后，又必冲突分化，而归消灭。终究仍是民众的势力起来打倒他们的，他们军阀一个也得不着结果，这是我们可以预断的。现在速成派亦颇自觉，将来必被袁祖铭和保定系并吞，所以他们就想利用地主阶级的团练起来保障他们，他们就不惜用尽心力去勾结团练。现在川省的团练，枪数有十余万枝，多半在此派军阀手里握着。但是他终究不行，仍然要被袁祖铭和保定系吞食，所以目前袁祖铭及保定系的军阀，在川省政治上占很重要的地位，亦可以说在川滇黔都有很重要的位置。自然在这种状况下面的四川，所有一切都说不上。土匪遍地，吏治贪污，横征暴敛，教育腐败，文化落后……至于预征借垫，勒捐拉夫，奸淫掳掠，尤其是年年不绝的痛剧。

（丙）财政 实际上说来，川省说不上有财政，不过各小军阀分地割据——防区而食封土罢了。强有力的即把持盐款，造币厂，铜元局，或护商事务所捐款，禁烟查缉处的烟捐，余外还有种种的病民苛税。各种军队均设卡抽厘，例如：由重庆至合川，共一百八十余里，即有关卡三十余处；由重庆至相国寺共十五里，即有卡十六七个，其他可以设想矣。——此外的防区内，预征粮银，已至民国二十七八年或十七八年不等，并且除了正粮外，又要附加。种种苛派，罄竹难书。这种不统一的现象与关卡如栉的刮削，民众是如何的痛苦啊！关于上面所报告的苛税名称及种类，也曾有人调查过，可惜此次莫有带来，只好略去。至于盐税的收入，是有调查统计的，列如左：

十年来川省之盐税收入确数

民国四年 实收八百二十五万四千四百七十五元。

五年 收一千三百八十九万八千四百四十一元。

六年　收七百七十九万一千二百三十一元。

七年　收九百三十六万零二百三十二元。

八年　收七百七十七万二千三百六十七元。

九年　收一千零九十五万三千四百九十六元。

十年　收八百六十五万零五十五元。

十一年　收一千零六十一万六千一百四十四元。

十二年　收九百五十三万零四百六十七元。

十三年　收九百一十八万四千二百四十五元。

十四年　收入之数尚未确定。因今年战事影响，厂灶每多歇业，料收入不能增加。

除了以上盐款每年收入千万左右，加上造币厂之掺假鼓铸，铜元局专铸当二百铜元——这是世界奇闻，川中现在当五十的铜元市面上都绝迹了！以及钱粮预征而又附加，和一切苛捐杂税，每年人民担负军阀的牛马输将，数目总在万万以上。但是这些大宗款子，尽做了掠夺阶级之骄奢淫逸、花酒麻雀的挥霍，莫有做一件民众有利益的事体，这是何等又恼又痛的伤心事！

第二，商人状况

自然，在被帝国主义经济侵略下的中国，无论哪一省的商人，都是替外国人当走狗，收买原料，双手奉与外国人的洋行，此外还替外人发卖洋货罢了。四川的商人，也不能独外，当然是同一现象。除了仰洋大人的鼻息，或更能说几句漂亮的英文、法文，得充当一个银行、轮船、洋行、公司的买办外，得不到很充裕的物质生活，只有在洋货分销店或收买原料品——猪毛牛羊皮药材等——的公司洋行内当一个小助手，以活妻养子；再其次就连妻子都供养不起，只好独身生活当个小店员或者当个徒弟——这类年少商人，除了是商人的儿子世业外，就是进不起学校，读不起书的小地主和半无产阶级的青年。换句话说，是一种被压迫阶级的青年，无法营生，只好很下贱的去当徒弟，提夜壶，洗烟袋，刷鞋倒水……由此希望三年出师，便可混一碗干饭吃，以此终身罢了。他们更不敢有别的妄想，说他们还想黄金十万贯的当个资本家，他也明知是同想得摇钱树的妄想，实在做不到。所以这种人是处于被压迫的地位，并且是帝国主义侵略下他所受的痛苦越更明切，很可叫醒他们，使他们觉悟起来，为他们本身利益而奋斗的。

第三，工人状况

川省工人数目，莫有一个详细的统计可资参考，用作报告根据。川省地方也不是制造产业很发达的区域，所以大机械工厂的集体工人很少，成都兵工厂数千人，造币厂数千人，重庆铜元局数千人，外人——日本人所设丝厂男女和童工不到一万人，此外城市工人如电灯局工人也不很多，以上还是机械工人之类。此外，要算自流贡井之盐厂工人是集体的，但不一定是完全使用机械的——中有十分之二是用机械的，人数却多到百万人左右，这可说他是一个特别盐业工人区域。此外就算是轮船工人——交通工人了。他的数目，现在也莫有精密的统计可报告，只有一个轮船的调查表，可以报告出来，便可知道他的人数不少了。

川河轮船的调查

"川江公司"蜀亨、蜀和、新蜀通。"捷江公司"其川、其平、其南、其来、彝陵、宜宾、美仁。"聚福公司"福源、福来、福同。"峡江公司"渝江、蓉江。"怡和公司"福和、庆和、益兴。"太古公司"万县、万流、蜀通。"招商公司"江庆、顺利。"日清公司"云阳、宜阳、德阳。"大来公司"大来、大喜（但两船已久未走）。"联华公司"昌大、昌运。"白理公司"川东、川南、川西、川北。"瑞丰公司"江源、江阳、嘉禾、蜀南、金沙江、扬子江。"裕华公司"平安、平和、平福、渝江。"同心公司"

福星。"瑞兴公司"瑞华。"吉庆公司"吉庆、长庆。"汇通公司"泰来。"美孚公司"美川、美滩、渝充。"定昌公司"宜昌。此外尚有嘉沱及太平等小汽油船。

他们在五卅案发生后，因为渝案事故——重庆也于七月二日发生英兵登陆驱杀同胞，杀死四人，杀伤十余人之惨案，他们因而愤恨罢工——当时英日轮工人，都罢了工的。因此，他们就在这个时期，将旧有工会，改为海员工会，与中国海员总工会一致，——于此可见他们与帝国主义奋斗的精神。

此外多半是手工业工人，但是他们也很能团结，组织了不少的工会。他们也时常加入种种民众的运动——如反帝运动等，常常与军阀冲突，有十余万人，或数万人之结队游行示威运动，并且有时也结队讲演，也时常因经济利益之争斗，而作罢工运动。

第四，农民状况

四川为农业最发达的省分，农民人口，占全省人口七千万百分之八十。其生活状况，可分为自耕农、田佃农、土佃农、雇农——纯无产之农民——四种，田佃农又须分为大田佃农及小田佃农两种。

通常自耕农，其领有田地，在四十亩以下；以上者率皆租出而不自耕，为纯粹领土而食之地主，故自耕农之状况，与大田佃农无异。

大田佃农通常家产约有银五六百两上下，将此种银押与地主，可租田百石上下——即百亩上下，此种大田佃农，能自耕种者即自耕种，不能者即请纯无产之雇农代为耕种，或者转租与小田佃农耕种，此为大田佃农之状况。

小田佃农通常家产约有银二三百两上下，将此种银押与地主，可租田四五十石——即四五十亩，此种农民通常多自行耕种，间有请纯无产之雇农为之帮助工作者。通常一石租——一亩田，年产约二石余斗谷子，不到三石。此不到三石之谷子，地主须年收八、九斗不等，视田之肥瘦及年岁之好坏而判断。但耕作之消耗——栽秧、搭谷、薅秧、肥料等消费，须在一石以上，所余不过三四斗谷而已。即每石租——每亩田，地主得八九斗，田佃农三四斗。假定一个小田佃农通常租地，用二百多，或三百两押金，可租田四十亩，即四十石。每年租谷，地主可得三十六石或三十二石不等，佃农可得十石或多于十石。此项收入，养妻活子，往往不足，则食红苕洋芋玉黍以代之。通常一年之内很少日子遇着油荤及肉料的。有时因天时和地利及经营不周到，田产不丰，连十石之收入都不到，除纳与地主外，自己简直莫有了，遂只吃血本——押银，沦为纯无产之雇农。大田佃农比较好一点，他因为转租，可以得小田佃农之押金，及有时遇地主加大押佃——这是一个村间用语，即遇地主有急需时，愿将田地作抵，大利负债时，大田佃农亦可以加倍或二三倍的取利，而增多年收，俨然也是一个小地主。不过有时也很容易受旁的原因而沦到小田佃农的地位。通常大田佃农若有五六百金者，可收得四十石以至五十石不等，比较小田佃农生活优裕多了。

土佃农多半是手里只有二三十两银子的农民，去娶一个农妇，租田既不行，就租土来栽玉黍、红苕、洋芋等类。通常耕种所获，十分之三归地主，十分之七归自己。一年生活之苦，吃米的日子很少，通常是不够的，要去卖力、担抬，及搭谷、薅秧、栽秧的。这种农民，也是妻室儿女，一年号穿号吃，痛苦终身而死的。有时小孩简直饿死了的，因为养不活之故，成年者流为兵匪。

纯无产之雇农大概是地主的长年作工，年可得工资二十元上下。也有少数去大小佃农家当长年作工的，工资亦通常与在地主家作工相等。这类人通常是独身汉，间亦有积蓄，而娶妻当土佃农的。

除纯无产之雇农在地主家住的是黑而且臭的房子，并且一年是被蚊虫臭虫咬外，余者住的房子，通常是草房子，黑暗而奇臭的。

此外以离都市的远近，及田土的肥瘦，而租金与收租规矩有不同的地方，大致生活状况，不外以上的情况。

另有一种附郭农，专以种菜蔬而生活，或种花木而生活的，但其衣食住，仍与小田佃农无异，间或有好一点的，然终不及大田佃农。

自从洋棉纱洋布输入以来，农民穿的是比以前的自织而衣，已吃亏多了。又加上连年兵争，拉夫是农民怕得不了的。苛捐之下，百物昂贵，农民生活，也因之越困难。加以兵队到处捉鸡掠鸭，有些县分土匪拉牛。豌豆、胡豆、菜蔬，不受兵队的自由掠取，即逢官吏的任意抽捐，豆类小菜之贩卖，无不被兵队或厘卡之掠取及抽税，农民之痛苦极矣。至于教育，更说不上，多半无力读书。除自耕农及大田佃农之子弟，能到国民学校略读书识字外，余则很少入学校的了。因这种压迫，而枭桀的小民不当兵即为匪了。

第五，知识阶级的状况

四川近来知识阶级的陋劣，说来真也可怜，莫有一个能领导民众向革命去的团体，也莫有一个学术团体，更说不上有能够影响到青年思想，或学术界上有力的人物。只有一些饭桶，在这一些军阀官僚龌龊势力下面，讨一点残汤吃的留学生而已。他们不是研究系走狗，便是变相的研究系的走狗，再不然就是捧反革命的右派分子，甚至于右派分子都说不上，纯粹为饭吃而无耻的反革命党。他们有时更无耻的勾结军阀，压迫革命运动及青年运动——反帝运动，及压迫革命分子，使之流离颠沛。他们把持了全川的教育，不使青年加入革命运动，美其名曰严格教育，因为他们勾结军阀，故得掌握教育行政权。因为要讨好军阀，不得不制止学生加入革命运动。他们更掌一切言论机关，肆意反动，大宣传其国家主义与研究系之言论，扬言广东赤化，反对广东政府，并反对共产，宣传英日帝国主义报纸所载之言论，而谓一般青年赤化，过激，国民党赤化，苏俄为赤色帝国主义等。他们不惜为反动军阀规画一切，求他们的宠爱，当他们的死忠臣——他们组织得有宏仁学社、川政协进会、中社、诚学会、存实学会、联治会等团体，专在川中抢饭吃，不惜牺牲一切人格、道德与民众的利益，去尽量的献媚军阀与官僚。最近四川党部，亦间有不肖分子，公然加入该项社团，这是要请中央注意的。因为有这种状况，所以革命工作不能进展，民众痛苦无人敢稍为之吐诉。此辈之罪，直不止于卖国卖民众，乃帝国主义走狗——军阀之走狗。以本党党员加入是类团体，只有请中央执行纪律，下令开除。

第六，青年状况

川中有一线的希望者，就是这一般学生青年，他们一方面感受帝国主义的压迫，努力于反帝国主义的运动。近年来如对于苏俄亲善，则有追悼列宁之运动；对于日本帝国主义的反抗，则有德阳丸案之运动；对于英美帝国主义，则有反基督教的运动；对于要求民权与民族解放，则有国民会议促成会之运动；对于先总理作大规模之追悼，以宣传领导民众纪念国民导师之运动；五卅案时之反帝大规模运动；四十余县群起组织外交后援会，援助罢工工人，领导七千万人，作长期与帝国主义之争斗，并于五卅后之七月三日在重庆反抗英兵杀死同胞，领导各阶级民众作大示威之外交后援，不幸而遇军阀刘湘、王陵基之压迫，即在机关枪排列森严下面，而与帝国主义之走狗刘湘、王陵基冲突，亦毫无退避。此外如一切纪念日，均有种种爱国之大规模运动，领导各阶级民众，在四川恶势力之下不屈不挠的奋斗。于此可见四川的青年，颇能接受本党主义及策略为有力之奋斗，这是很难得的一宗事，也是很可钦佩的一宗事。此外更有青年学生为他们本身利益，而起来拥护他们解放之唯一工具，学生联合会，同时向他们敌人——军阀的走狗，智识阶级之诚学会等进攻，其口号曰打倒饭桶教育派，打倒诚学会，拥护学生本身利益，驱逐恶教育，革新文化，成立一时代之青年革命运动。

现在他们正在开始向革命那条路走了，而敌人——军阀走狗们——也嫉视得了不得，天天都在那里咬牙切齿，口里说的，心里想的，都是非捉人来杀不可——这是四川青年的状况。最近听说大闹学潮，反动派大肆摧残，开除大批学生，并且听说要全校解散，这是四川青年的牺牲状况。

第七，党务状况

前面已经说过，国民党在四川，人数多而散布广，差不多各县都有党部；不过中国人莫有团结的精神，莫有严密的组织，偌大一个团体，竟莫有很大的成绩表现而且还有许多的笑话，这完全是组织不好的缘故。去年本党改组以来，精神上、组织上，都开了一个新生面。中央派去组织四川执行部的人是石青阳、熊克武，他们都因战事不能回川，所以直到今年，还莫有组织。今年春间，石青阳曾有派人回川的提议，可惜他同北京同志俱乐部生了关系，事事不愿同中央协商。迟到七月初，中央才派玉章回川，筹备川省党务，因为沙基惨案发生，交通不便，玉章于八月十五日才到重庆。但是石青阳已派朱叔痴等九人为筹备员，急急忙忙将重庆市党部成立了。玉章到重庆的第二天，就是重庆市党部选举正式执行委员会的日子。朱叔痴邀玉章到会，据他说：他们是奉了本党四川执行部的命令，来组织四川省党部的。当时心中颇以为怪，因为四川执行部并没有成立，命令从甚么地方发出呢？但是他们很快的就能够把重庆市党部组织起来，总算他们热心，也乐得参观这个盛会。他们选举的结果，就大大的使人失望，因为有人说他们这七个执行委员，有五六个都是吃鸦片烟的。十八日朱同志等召集职员为玉章开欢迎会，并且说中央既派筹备员来，我们愿共同合作，约定在十九日开改组临时省执行委员会。开会的时候，玉章查看他们拿出所谓四川执行部派筹备员的公函，他下面署名的是中国国民党中央执行委员会四川执行委员熊克武、石青阳，青阳盖有私章，熊克武莫有盖章。所派的筹备员是黄复生、朱叔痴、陶闿士、谢百城、邓懋修、唐德安、王子骞、郭云楼、陈炳光九个人，和中央执行委员会第三次会议的决议案，各省筹备员定为一人至二人，是不相合的。并且谢百城、陈炳光不到，又由张良辟、谢宝珊来代理，王子骞也不到，又未有人代理。朱叔痴且限定，凡组织一区分部，必定要有老同志几人才能组织。学生工人，只许他们成立党团，不许成立区分部。这样一来，凡是英发的青年，皆不能够入党了。他所收的党员不是腐败的官僚，就是恶浊的市侩，也有智识新颖的党员，但不是旧党员，就是从外归来的党员，他莫有法排斥他们出去的。这样办党，哪能使党发达呢。所以当日玉章就主张，执行委员和常务委员虽然可以仍旧。组织部的事务必由玉章办理，才能够希望和本党的精神及总章决议不至于违背。会议结果，众推玉章和黄复生、朱叔痴、陶闿士、邓懋修、唐德安、郭云楼、张良辟、谢宝珊九个人作临时省执行委员，由玉章介绍请中央党部指定邓懋修、黄复生、张良辟三人，仍旧作常务委员，分任秘书、会务、财务三项职务，朱叔痴辞组织部长职由玉章继任，这就是当时改组的情形。自玉章接办组织部后，很想整顿一切，但是重庆因为有先成立的市党部，用种种方法来扼制，终究不能发展。对于青年学生方面，只好由组织部特许他们在学校内成立特别区分部以稍稍补救。至于工人，是他们所最怕的，无论如何都不许他们加入本党，这是很可痛惜的。尤幸得各县市的筹备员，得由组织部提出选派，因此能够得到有力同志，在成都和各县极力筹备进行，颇收良好的效果。从八月底起到十月二十日止，成都市成立了一百一十二个区分部；荣县因有自流井的关系，筹备员也非常努力，成立了六十二个区分部，党员有五千二百余人，算是特别发达。其余安岳县二十个区分部，内江县三十五个区分部，綦江县三十个区分部，丰都县三十五个区分部，江北县二十一个区分部，潼南县十八个区分部，江津县十个区分部，巴县十三个区分部，泸县十个区分部，叙府十个区分部，岳池县一个区分部，保宁一个区分部，隆昌县一个区分部，连重庆市四十八个区分部，和七个特别区分部，一共是四百四十一个区分部，党员共有八千余人。此外正在组织进行中，因时间太促，尚未报来的还有几十县，这是关于本党的组织方面的情形。至于临时省执行委员，陶阁士始终莫有就职，朱叔痴常常说要辞职，九月初又再三提出辞职，继以书面来表示后，就从此不出席。郭云楼、谢宝珊、张良辟三人都是省议员，因为刘湘和各将领将到成都开会，他们想要求开省议会，就前后往成都去了。唐德安也因事于九月初就离了重庆，早往成都去了。到了十月三十日第二次全国代表大会选举办完，开票结果，玉章、懋修及黄复生三人均当选为代表，当时只知大会会期是十一月十五日，为期已迫，当即日动身来广东。九个执行委员，现在都要离职，以后党事岂不停顿，所以玉章等未离重庆以前就开一执行委员会，通过省和县的代表大会组织大纲和他的选举法，将他分寄到已有组织的各县各市，并催促他们依照总章、限于一个月以内，成立县或市的正式党部，还要从速选出全省大会的代表。待奉到中央党部指定地点，定期召集全省大会的时候，就可成立正式省党部。照这样办理，各县和各市的党务不会停顿，正式省党部又可以依期成立。就是莫有一个执行委员在部，于党务并莫有妨碍。同时并通过一个决议案，通告各级党部。其大意是说本省临时执行委员或因事离渝或坚决辞职，现在吴玉章、邓懋修、黄复生三委员，又当选为第二次全国代表大会代表，即当赴粤，竟使省党部无一执行委员，现既无人负责，除例行公事，仍由秘书处照旧处理外，其重大事件暂行保留，俟负责有人时，再继续进行云云。故现在四川的省党部，只有秘书处的文书干事，负责办理例行公事罢了。这是玉章等离川时四川全省党务的大概情形。近得省党部文书干事邓世侃十月三十日来信，将他抄录下来，可以知道近状。函云："成都郭唐谢诸同志迭电催促本会移省，世侃早已依据议决案答复，俟接得中央复示后再行决定。殊本月二十五日接张赤父（即良辟）函，谓目前本党有重要事件亟须会商，拟于二十八日午后一点钟，召集省市党部联席会议，请饬书记速发通知，并望善为措词，请已辞职之朱叔痴到会云云。世侃以未得与其晤谈，不知渠所谓重要事件究何所指，乃去函讯问，并申明如系本会迁省问题，前已将经过情形函复成都诸同志，似无召集联席会议之必要等语。次日复接张赤父函称，请求开会之理由有三：一省党部应发电营救熊锦帆同志；二对四川善后会议应发宣言反对；三本会应即速迁省。世侃乃走谒详为解释，谓营救熊公市党部早有通电，本会迁省案乃自身地点问题，且在未接中央电复示之际，亦无开联席会讨论之必要。渠始终坚持非开联席会不可。世侃乃返部召集本会在渝各职员开会。次日朱张二人到会，以世侃不受执行委员主张见责。世侃答以文书干事须听执行委员会及常务委员会文书主任之指挥办理党务，不得听任何私人之驱遣。张赤父提议三事，召集本会在渝职员会商已可解决，故未通知市党部开联席会云云。朱张二人仍坚持须通知市党部开联席会议，并肆口谩骂，后由吉芝、汝航劝解，乃促录事通知市党部开联席会议。开会时由张赤父主席，朱叔痴以党员资格发言。与会者有胡汝航、杨学优、曾砚愚、杨如松、曾吉芝、张象乾、汪若宪、张克勤、刘浦生等十余人。首讨论第三案，由张宣读成都两电并略说明迁省理由。继由侃报告迁省及由秘书处负责办理日常事务各议决案与日前复成都诸同志函，并声明前次执事主张不迁省之理由：一因本会应有一定地点，不能随任何人或任何机关迁移；二因本党现在尚属革命时代与纯粹政党有别，实无与省行政公署同城之必要；三省党部宜择交通便利之地设置，如江苏、湖北省党部不在南京、武昌而在上海、汉口等是其明证。重庆为吾川交通中枢，在四川执行部未成立以前，本会自应以设置重庆为最适当，且临时期间为时已促，目前更不必迁移，徒滋纷扰。殊到会同人不顾理论与事实，仍坚持此地无人负责，成都有三数同志可积极进行。侃复谓本会迁省，余亦赞同，惟前既请示中央，现主迁省亦应呈请中央，俟中央复示后再行迁省方合手续云云。叔痴则谓中央方面由我一人负责，不劳世侃过虑。侃复谓省执行委员会以秘书处为重心，现秘书处尚有二人赴第二次全国代表大会，俟复生先生及家严返省再行迁移可也。朱更谓当选代表应当辞职。侃诘以本党章程果如是乎？乃不复言。张遂逼侃写议决案。侃谓此案与鄙见不合，我不能写。乃由曾砚愚写决议案，云省执行委员郭云楼、唐德安、谢宝珊两次来电催促省党部迁省案，议决省党部在重庆应当结束事项由张赤父、曾吉芝、邓劼刚负责办理，一面呈报中央及上海执行部；一面通告本省各级党部，并限定十二月一日将省党部应办事件截止，遇有投交省党部文件由市党部代收转交等语。世侃最终声明，我之不主张今日联席会议及否认今日决议案，纯为尊崇中央尊崇本会章程及议决案起见，并无丝毫私意参杂其间。诸同志一意孤行，毫无顾忌，自有本党纪律绳其后，毋待余之多辩云云。此案遂告结束。继续讨论其余两案，此当日开会经过情形也。"

就这一封信看来，四川省党部又发生纠纷了，这本不是偶然的事。我们如果将上面报告细看一过，就可以知道这种纠纷同西山会议也大有关系。七月内曾有所谓四川临时省党部黄复生等对于第二次全国代表选举法抗议书提出中央，据重庆省党部的职员说，这封书是由谢慧生在泸先发，随后才将稿寄交朱叔痴送到省党部的。这封抗议书是想将选举法完全推翻，这样看来是不是同西山会议大有关系呢？总之四川是中国一个缩影，民国元年有南北和议，四川也有成渝合并的事实来相照印；民国二年倒袁之役，黄克强在南京举事，攻徐州失败，熊克武在重庆举事攻泸州失败，情势也相似。现在中央党务发生纠纷，自然也会照样影响于四川。老实说四川不但是受影响而且是立于主动的地位，因为西山会议的重要分子四川就有几个，四川居长江的上游，人口有七千万，地大物博，实居南北最重要的地位。现在北方军阀正在内溃的时候，我们革命军要往北展，要同西北国民军联合，四川实为一大关键，这是希望中央党部及各同志特别注意的。

中国革命与世界革命的关系 *

——在黄埔军校的演讲

（1926 年秋）

　　各位同志：今天兄弟来此讲演，但因有病，所以很觉莫精神；而大家对于革命的理论又很清楚，工作又很努力，所以今天我不过是把一个革命问题同大家来研究，就是中国革命与世界革命的关系。

　　第一，自二十世纪科学发达，交通便利，全世界打成一片，成了整个的国际的组织。我们生活在这样的时代中，就不能不受此时代的影响，而闭关可以自守的。第二，科学发达，生产形式（商品生产）变易，经济基础与前不同，则社会状况亦随之而不同。现在的社会是人力胜天然的科学昌盛的时代，然其科学的伟大能力只被少数人利用之以垄断生产机关，形成资本主义，来压迫剥削本国无产阶级和殖民地半殖民地的弱小民族。所以中国也得要受这种势力的支配，绝不能离开世界而独立。那么，中国的问题就是世界问题中的一部分，而中国革命也就是世界革命中的一部分；要解决中国问题，就必要把世界全部的问题一同来解决才行；世界革命不成功，中国革命也是不会成功的。

　　解决这世界问题的方法，自一二百年来，有许多大学问家宣下很多的主义。有主张无政府社会主义的，有主张工团社会主义的，有主张基

---

　　* 原载于《黄埔日刊》第 141 ～ 143 号，录自《吴玉章教育文集》，四川教育出版社 1989 年版，第 42 ～ 45 页。

尔特社会主义的，但这些社会主义都不察社会的客观环境，不明社会进化的历程，在现社会很不适用。惟总理与列宁集此科学学说的大成，故其方法和主张都很彻底。他们认清现在国际资本帝国主义是我们共同的敌人，我们要社会安宁，舍先打倒它这怪物以外，别无路可走。我们知道，帝国主义是资本主义发展的最高形式，及至1914年欧战时为帝国主义完成的时期。但这次战争的结果，并不足以消灭了资本帝国主义者相互间之竞争和解决了社会的种种问题；因为他们没有认出此种积弊，仍欲保持资本主义私有制度的缘故。中山先生与列宁都能认清此点，故有苏俄十月革命之成功。而孙中山先生之要"联合世界上以平等待我之民族"共起打倒帝国主义，拥护工农，谋民族的解放，与列宁站在工农阶级联合弱小民族的主张一样，所以我说他俩的主义都是科学的社会主义。现在非用这种方法来打倒国际资本帝国主义，则弱小民族、被压迫阶级便无从得到解放。

讲到此处，大家必以为科学的社会主义是马克思主义；而更须知道列宁与中山先生都能以客观的见解来看清环境，都是能深明马克思的唯物史观的。所以我说中山主义与列宁主义即是科学的社会主义，而可以解决现代社会问题的。

我们知道，现在是科学发达、人力战胜自然的资本主义社会，即帝国主义侵略剥削的时代，我们要推翻这种势力的压迫，非有强有力的党，我们共同团结在他的旗帜下来与敌人奋斗不可。故苏俄有共产党——第三国际之一分子的组织，来指挥他的群众；中国有联合各阶级的国民党，来指挥着与帝国主义及其工具军阀等搏斗。我们的国民党是合科学法则，有组织，有纪律，有训练的；我们的党军，就是合科学法则而能严密组织，服从纪律，接受训练的。我们处处要能够群众化、科学化。我们的革命不是只有破坏，并能建设，我们是为建设而破坏的。我们要能唤起群众，领导群众，组织群众。党军是党的核心，因他是群众的模范和标本，受过特别军事知识和政治训练的。

我们要明白，我们所要解决的是民生问题，民族、民权都是为解决民生问题的。而要解决这民生问题，就要讲科学的社会主义。那么，我们是不是要实行马克思的共产主义呢？那我们就只有看现社会物质的条件、进化的过程是不是到了这步境地。马克思曾说过，这个法则如鸡与卵然，到了成熟时就得要破壳而出的，因为这时候此壳已成了它的障碍，故不得不力破之。人类社会的进化也是这个道理，等到客观的条件已具备，我们人力的推动就不得不使之前进，以促其成。决不能违此进化之迹，而不合科学法则的。

我们要知道，中山先生为什么联俄呢？这是因为现在的革命是有世界性的。为什么容中国共产党员加入国民党呢？这是因为他们是最革命分子。所以中山先生诚心信俄，信共产党员，而欲与之一同来革命。苏俄之所以援助国民政府，共产党员之所以加入国民党，亦是光明磊落，为要促成革命的成功。这是他们应有的一种责任，也可以说这就是他们的自救出路，并不是有别的阴谋。惟帝国主义者、军阀、反动派宜乎造谣反对的；而国民党右派和国家主义派，尚自号革命的、爱国的，也出而反对，那就可知他们是何存心了！

我们知道，在十九世纪的欧洲各国及日本盛倡国家主义，就是要用不平等条约以压迫各弱小民族。它的存在条件，是在于用不平等条约来束缚殖民地半殖民地的侵略行为，造成现在的各帝国主义。现在若要取消不平等条约，就先要打倒了帝国主义而后可。这是就理论方面讲的。再就事实上说，他们国家主义的主张是"外抗强权，内除国贼"，而对"五卅"帝国主义之屠杀我同胞，反归咎于共产党。帝国主义的报纸《诚言》诬我同胞是"过激"，是"赤化"，国家主义的《醒狮》则照样译载出。今年"三一八"，惟《醒狮》派可去在上海租界，这证明他是同帝国主义勾结的。他们骂国民政府，在武昌中华大学捣乱，无不是反革命的行为。我们可叫他一个名号为"安全机"，因为他们不但不革命，反时常要破坏革命以拥护帝国主义。由这些事实看，他们如仍不改变方针，难免不被人称为反动、反革命。他们的这种行为，防止革命的行为，更甚于清朝。他们给帝国主义者当侦探，作走狗，真是尽心竭力。这种退步分子无论何时都有。我们真正革命的同志们，对这少数国际资本帝国主义压迫、剥削世界大多数人的社会要努力打破，以完成我们的革命工作！

中国革命问题 *

——在中央军事政治学校讲演

（1926 年）

一

各位同志：我觉得我们革命党人，现在应该彻底了解的，就是中国革命问题。有一般人以为革命重在实行，只要有手枪炸弹，勇猛精进革命就会成功；有一般人以为革命是推倒恶劣政府，只要以革命势力推翻政府，革命也算成功；有一般人更以为革命是要取政权，只要将政权掌握在本党手里，革命就是成功。但是，手枪炸弹，我们也曾用过，清政府也曾推翻，我们总理在南京，也曾掌握过政权，何以总理到临终，还说"革命尚未成功"呢？因为革命问题——尤其是中国革命问题，断非这样简单的。倘若要用这样简单的意见去解决，那是他自己走入错误的道路，是很可惜的。

至少我们要明白现在的革命是一个什么样的对象；尤其要明白现在的革命，是用什么方法；更应该明白，现在的革命，是以什么为基础。明白了这几点至少要承认——

1. 现在的革命，是群众的革命，不仅是少数人的革命。

2. 现在的革命，是有国际关系的世界革命，不仅是国内革命。

---

* 录自《重庆党史研究资料》1987 年第 4 期，第 1 ～ 12 页。

3. 现在的革命，是科学方法的革命，不能用感情去革命。

4. 现在的革命，是要有组织有纪律有训练的党来实行，不是各各行动、自由行动。

5. 现在的革命，是要能够宣传，能够得到民众的信仰，能够使民众起来，不是仅凭血气之勇，或者仅凭一偏之见能够成功的。

由是我们应该研究的是：

1. 中国革命与世界革命。

2. 孙中山与列宁两先生的精神及其见解。

3. 国民革命之具体方案。

4. 中山先生两大政策之必要。

5. 党的科学化。

6. 宣传之重要。

7. 民主主义之实行。

8. 一切谬论的无价值。

9. 吾人最后之努力。

以下把它分别来说。

二

二十世纪，是一个什么时代？乃是科学发达、能征服一切自然的时代。本来科学发达，乃是人类进步的现象。不幸科学发达的结果，被开化的民族或国家中之野心家所利用，而以之剥削其它文化落后之弱民族，同时并剥削其国内之无产阶级。因此，已进步的民族及国家，它已胜了自然的限制——各海洋与山脉，沙漠及气候的封锁，超越一民族一国家的关系，而变成国际的势力，使世界上文化弱小落后的愚昧民族为它的征服者，为它的牺牲品，为它的剥削物。同时其它民族内或国家之无产阶级，亦被资产阶级、绅士阶级所征服、牺牲、剥削。这种现象一天一天的发展，一天一天的扩大，使世界上任何人，任何地，均受它的网罗与影响。因此得不到真正自由与平等，甚且受其麻醉利用而不自觉。所以说：文化落后的中心问题，是对帝国主义的问题；即不是中国局部的问题，而是全世界问题之一部。故我们解决中国问题的方法，也不应该落到枝枝节节的去解决，必定要整个的注意于世界。否则必无正当之了解与方法，而获得一个正当的解决。

从以上的理论看来，我们可以看见：世界的敌人，就是中国的敌人；中国的敌人，同时也就是世界的敌人。因此中国的革命问题，也就是世界的革命问题。那些患近视病的人，以及戴着有色眼镜的人，他常用无聊的谣言，来破坏我们的视线。在他是振振有词，其实是卑之不足道。因为他完全不知道现在的世界是什么世界，现在的革命是什么革命。同时他也不知道现在中国革命的要点。所以我们对于这种人，可置而不问。然而我们一面仍从理论上事实上的努力，证明我们的革命的观点是丝毫没有错误，我们唯有坚决的以望其实现。

三

我们虽然知道中国革命就是世界革命之一部，究竟从理论上从实行上指导我们的人是谁？那可以丝毫不迟疑的答道：就是我们的总理孙中山先生，以及俄国革命领导列宁先生。他们两人，所指导我们的道路，是最正确，他们两人所指导我们的方法，是必然成功。就是"打倒国际的资本帝国主义"这一个口号。但是帝国主义为什么到现在才能发现？乃因资本主义发达之最后阶段，是依照科学的社会主义发明者马克思之唯物史观的定律，到达二十世纪才完成出现；同时并暴露出它自致崩溃的矛盾与其对于人类的万恶。所以现在的革命运动，若少了打倒帝国主义这一个要点，则一定是谬误而无结果。决定打倒帝国主义的革命方法，完全是中山先生与列宁指示出来的。何以见得？中山先生是站在弱小民族的地位，而向帝国主义进攻。所以他决定了民族革命的政策——中国民族独立与解放——为他的立足点，而同时联系世界上弱小民族，共同奋斗。孙中山并且站在革命的世界的民族解放政策上面：一面伸手联合帝国主义内的革命友军——工农无产阶级；一面结合国内无产阶级。因此而决定了农工政策。换句话说：即是孙先生以民族政策为本，而由工农政策为其政策中之实地方略。列宁是站在帝国主义下面的工人无产阶级革命政策上面，向帝国主义作殊死的斗争，而与最为人类出力其生活最痛苦的农人联合而决定农民政策；又谋解放世界上的帝国主义之征服者——殖民地、弱小民族——而决定了民族政策。由此可知："世界一切被压迫民族和被压迫阶级，联合起来"这一大联合战线的战略，所谓工人政策、农民政策、民族政策，成为一世界的大革命联合策略，猛烈向帝国主义的财政资本政策——侵略弱小民族，剥夺劳动阶级的政策——进攻。所以说：二十世纪是国际帝国主义的财政资本主义政策崩溃，而被攻击的时期，同时也是世界的农工、民族策略勃兴的时期。苏俄的革命成功，土耳其、埃及、阿富汗、波斯之民族独立成功与运动，和现在英国的矿工罢工，就是事实的证明。再明白的说：二十世纪是中山、列宁的时代。

四

从上面说来，可见中国问题与世界问题之关系，同时亦能了解中国革命与世界革命之方法，除了"打倒帝国主义"一条生路之外，别无他法。就是说，除了世界革命者之先觉马克思昭示吾人之科学的社会主义，为对近代科学发达的时代病症之良药；与由此而产生之国民革命理

论的中山主义，与世界革命理论的列宁主义，为二十世纪之时代良药和
系统理论之外，可以说再无第二条生路。科学的社会主义是人类科学发
达的产物，处处都是运用科学方法去运用政治，使政治适合时代之需要，
而有步骤与方法，尤其是富有人的科学性与战胜自然限制人类未进化完
全的遗留兽性，而务使之适合人性的要求。因此，特殊人的富有一种强
制与干涉的性质，使全人类在一个有秩序的科学方法中生活，力去个人
自由放任的无政府的紊乱状态，而为一种强有力的干涉政治，就是如
此。故解决中国的问题，必须合乎二十世纪时代的步骤之国民革命。同
时，又为富有强制性的以党专政，就是在中国必为国民革命运动之领导
者——国民党专政；而在苏俄必为农工专政式之共产党专政。决非过去
一种虚伪的欺骗的代议政治所能运用得灵，因为代议政治已成为过去之
资本帝国主义之工具，而为人类万恶之渊薮。假若吾人无此种组织，必
将再以之自祸中国。现在政治必为科学社会主义，其特性有与代议政治
殊异者，即代议政治为统治平民、愚弄平民之虚伪假面具，科学的社会
主义为改造社会以达人类真正的自由平等。但此种主义，实为科学的政
治之产物，故非有一个科学的党不可，有了这一个科学化——有组织和
训练与纪律——的党，才能达到以党治国的任务，这是国民革命之必须
以党专政的原因。

讲到这里，我们便应该问国民革命之具体方案是什么？要想解答这
个问题，我们最好是根据第二次全国代表大会宣言中所指示者而研究。
宣言云：

"吾人所指示为中国之生路者如下：其一，对外当打倒帝国主义，其
必要之手段：一曰联合世界革命之先进国，二曰联合世界上一切被压迫
民族，三曰联合帝国主义者本国内大多数被压迫之人民。其二，对内打
倒帝国主义之工具，首为军阀，次则官僚、土豪、买办阶级。其必要之

手段：一曰造成人民的军队，二曰造成廉洁的政府，三曰提倡保护国内新兴工业，四曰保障农工团体，扶助其发展。凡此对内对外之必要手段，约而言之，即总理所谓'唤起民众及联合世界上以平等待我之民族共同奋斗'也"。

这是方案。然而事实之表现是什么？以废除一切不平等条约，——如收回关税权，领事裁判权，外人租借地，内河航行权，已抵押之矿山，取缔外人在中国设立银行、发行有价证券、自由居住及一切自由贸易设立公司，并一切外人设立通讯社、无线电台、新闻报纸、传教及设立学校之文化侵略……并重新审定以前所有一切外债等——即凡一切帝国主义在侵略中国之工具，一般要打倒它廓清它。这是对外之具体事实。对内之具体事实表现则为：建设人民的武力，肃清一切帝国主义走狗的万恶军阀，打倒一切军阀专制之割据、封建、无政府状态的政治。召集国民会议，建设统一全国的真正代表人民利益的国民政府；但此政府必为纯洁而清廉的以本党为政治中心而专政的政府。在此政府成立之日——对外即为打倒帝国主义之唯一武器；对内即为开发实业，整理交通，革新市政即改良农村生活，发展商业，普及教育，实行男女一切平等之待遇，统一财政军政民政，依照孙先生所著之建国大纲，而为从来中国历史或世界历史中所未有之一切物质建设与精神建设。

五

由此，我们即能认清世界革命与中国革命之关系，乃因为对世界性之帝国主义而后发生。同时亦能豁然了解，中国国民革命为世界革命之一部分，更可说，中国国民革命与世界革命，不能划分为二个体系，乃为一个体系之二属性。因是，吾人对于总理所决定之联俄及容纳共产党分子的政策，实为客观的革命条件所切实之需要之唯一革命政策，而毫无疑义。更可由国际性敌人——帝国主义——乃为本党与共产党之共同公敌的关系，而毫无疑心于共产党，更不能因联俄及容纳共产分子，而疑本党为赤化为过激。我们更应该光明磊落的毅然表白于世界人类之前，认定在此革命过程中，纯然以正义之结合，而为联合战线之进攻。并且纯因世界革命与中国国民革命之切实需要而方有此产物——共产党员加入国民党。在此中间，一毫也用不着利用，或虚伪投机、欺骗文饰种种手段。我们更应该赤裸裸的表白于世界人类之前曰：吾人实以高尚的人格认识此两大产物，为时代之二大潮流所统汇，而非敌人及一切卑污苟贱昏聩胡涂之辈所能中伤，所能了解。我们非为争权夺利而革命，我们非为安富尊荣而革命，我们是以自救而救人而革命。我们实仰不愧，俯不怍，盖必须有此精神，方可以言革命与建设事业。

诸君呵！请诸君自己反省一下：诸君是不是彻底了解中国革命？诸君是不是彻底了解中山先生所指导的中国革命？诸君是不是依照中山先生所主张之政策而使革命早日成功？那么，联俄及容纳共产党，这是中山先生从世界的眼光，从学理的研究上，从事实的要求上，而决定了的政策。凡是中山先生之信徒，都应该了解他的政策，实行他的政策，而不容丝毫怀疑。假若一面号称中山的信徒，一面却反对中山的政策，那是自己打嘴吧，自己走到反革命路上去了。

六

我们现在知道我们国民党的重要，而且知道我们是以党治国，那么必须要有一个科学化——有组织有纪律有训练——的党。何以要科学化的党呢？因为革命党对于社会不是专门来破坏，而无一切建设的；是为有了建设新的具体计划才来破坏一切不适用之旧的；也可以说破坏是建设当中的着手处。因此，党一方面做破坏旧的工作，同时，也就在建设新的工作，——例如俄国革命及最近广东国民政府就是这样作的。至于过去的本党，是未曾如此的，有民国十三年来之痛史，可以资鉴。所以国人以为本党只能捣乱，不能建设，那个原因，都是由于本党既往之幼稚与错误而发生的。这个错误与幼稚的原因，就在那时的党太无组织，纪律不严，与缺乏新政治及党之训练，盖组织、纪律、训练，即党之生命。

何为纪律？即服从党的一切决议案，及党的一切强制规定，遵守总理一切遗教，少数服从多数。就是只有主义与党的自由，亦即是只有党的行动，而无个人的行动；为使党科学化计故以纪律为尺度、为化学方程式而应用于党。

何为训练？即除服膺总理遗教之外，还应接受党的训练材料，如党的一切报告及一切政治主张，并需专读党的一切刊物。此种训练，不只政治训练，尚有党之训练在其中。使每一个同志都要党化。要党化方能实现纪律。因为训练与纪律，一为教育的，一为刑罚的，比如一个党军，除了接受党的一切命令及政治主张外，还有党的代表驻在军中，使这个军人，完全党化，而且使这个军队时时刻刻都不能离开党的关系。这也是党的训练的一个例子。为什么要这样做呢？党的目的不在破坏旧的，而专在建设新的，这一般建设新的人才，党是负有最大责任的一个专门养成所——大学校。因为现在的社会革命实行家，同时必须为社会革命的理论家，非如此不足以领导群众。因此，我们即知我们所需要的革命党，是要有纪律与训练。这是每一个党员都要有这一个观念，然后党乃有一日千里的进步，中国国民革命方有一日千里的进展之希望，同时世界革命也才有希望。

七

但是我们要知道，党的主义不是专为党员而设，是专为救民众而设。

换句话说：民众是主义的目的，亦是党的目的。主义与党的获得民众信仰，是吾人之目的，党与党员是行使主义到民众中去而引起他们的信仰，由信念而实行革命的一个工具。因此，我们不应忘却了我们的目的——民众。又因此，我们应时时刻刻不要忘却党与党员领导民众，使主义深入民众。更确切地说：党的主义与民众之关系，至少同男女恋爱之关系一样密切，一样深入，一样彼此了解，一样同情与信仰而后可。故党之主义是否可贵，即以其能否适合去实际工作，去宣传民众，教育民众，以为尺度；更可说，党的主义之宝贵的尺度，不单在著书立说上见功夫，而尤在实际能实行到民间去，能唤醒民众，参加实际工作，如此主义才不是白纸黑字的，思想的，不是主义自主义，民众自民众，两者漠不相关的。十年前之本党与近两年之本党，迥然不同是在此。这是应该特别注意的地方。

主义的民众化，其方法很简单，不外宣传而已。宣传之法，一曰口头的，——如个人讲演，群众讲演团，演剧，及教员官长之于学生及僚属均是；二曰文字的，——如传单，标语，刊物，小册，画报等；三曰以个人之势力，如请名人讲演是；四曰群众的，如每逢一个盛大的纪念节，或特别事故发生时，以尽量能运用群众，而作大规模之宣传，提出简单明了的口号。这样民众的宣传与教育，最为有革命色彩与意义，而吾人应时时刻刻留心不容丝毫忽略的。

八

还有一个重要问题，就是民生问题，本党的三民主义，所有民族主义，民权主义，都是为的民生主义。因为民生主义，才是革命的主要目的。老实说，人类一切问题，都是生活——衣、食、住、行——问题，也即是所谓社会经济问题，故一部人类的进化史，可以说是经济的斗争史。因为社会经济的组织不良，演出种种斗争，发生种种罪恶。现在科学发达的时代，只有实行科学的社会主义，才能解决这个社会经济问题。这样说来，岂不是有多少人要疑心我们要实行共产主义吗？这是没有将科学社会主义认识清楚。因为科学的社会主义，是马克思发明的，他是最重科学的进化，而不是一种凭空的理想的社会主义。他以为社会的基础，凡一切制度、文物都建筑在社会的经济基础上面；社会经济一变动则所有制度、文物必随之变动。社会进化的程序，好像鸡子成长于鸡蛋内，当它初化生时，卵内之地位很宽，养料亦足，蛋壳是它的保护者，到了鸡子完全长成，则蛋壳就成了它的生存的障碍物，非破坏它则必闷死于蛋壳之中；故打破此障碍物而出，是它进化阶段必然的趋势。若时机已到，也非任何力量所能阻；若时机未到，也非任何力量所能促。人力之所能推动者，亦不去孵卵时稍加热力而已，至突破之力，也只得靠它自家生存的一点灵机。正为它有这点灵机，动物所以能进化而生存。社会进化的原理也和鸡子长成一样，时机未到，我们断不能勉强而期其实现。不过社会进化，没有人为的推动也不能进行，站在社会进化先头作社会先觉领导群众作社会革命事业的，正如孵卵之热力与灵机一样。所以共产主义之实行与否，全看社会进化之条件具备与否以为判断，决不系于我们的爱憎。讲到我们中国现在所适宜的，就是本党所主张的平均地权、节制资本这两个政策。我们如果将本党所主张的民生主义完全做到，也就需要多少时间，至共产主义之何时实现，我们只好听诸社会科学进化的定律罢了。

诸君呵！本党的政策，已经明白规定，本党的态度，已经明白表示，我想只要是稍有良知，稍有眼光的人，都不致说它是赤化是过激罢！然而竟有人那样的去造谣言，竟有人那样去做反革命的宣传，真所谓非我族类其心必异了！

九

现在我们提出国家主义派与国民党右派来说，他们时常造本党的谣言，他们甘心做反革命运动，这是令我们痛心的事。

本来，国家主义的产生，在欧洲已经有了两百年的历史，他们由封建的混乱的散漫的而造成统一的国家，这个主义，也是收过功效的。尤其是德国的国家主义，在欧战以前，是把德国弄成一个很完整而顽强的国家。日本也仿行近似国家主义而至于富强。因此不能说国家主义学说是没有相当的理由和功效。但是现在时代过了，环境变了，我们且不说它完成了国家主义以后，又要步帝国主义的后尘，如现在帝国主义一样，仍要走自致崩溃的一条末路。我们试问中国现在处于帝国主义与军阀两重压迫之下，有没有容许我们安全完成国家主义的余地？帝国主义者万不愿中国得到独立自由，为什么？因为中国能独立自由，必定要解脱帝国主义的枷锁——一切不平等的条约。解脱了枷锁，帝国主义就无侵略的工具；无侵略的工具，它们的生存就成一大问题。这岂是和和平平所能做得到的事件吗？这岂是现在中国的国家主义者所能做得到的事件吗？至于国民党右派，他们挂起革命的招牌，有时也反对国家主义派，但是他们的口吻，却是同国家主义派一样，口口声声反对联共产党联俄，说在国民党努力工作肯负责任的左派是赤化。他们的行事，也处处同国家主义派一样，这是我们有事实证明的。右派的人不是说"我们也是打倒帝国主义打倒军阀"吗？国家主义派不是说"我们是外抗强权、内除国贼"吗？但是我们拿事实来看，帝国主义者诬国民党为赤化为过激，诬我们的政府为赤化为过激，诬我们的党军以及诬我们黄埔军校的同志，都是赤化都是过激。然而民右及国家主义这两派，他们也是口口声声与帝国主义者一样，说我们是赤化是过激。譬如去年五卅事件及今年三月十八日惨案发生的时期，他们的领袖，他们的报纸，都异口同声的说："这是共产党造起来的事，自己不去死，又要驱这些盲从的人，去作无谓的牺牲，而出风头。"这真太侮辱我们死难的先烈！真太侮辱我们一般群众！试问，谁敢断定说，此种群众运动，一般人都是盲从，都是没有认识。像这样侮辱我们，来做帝国主义的留声机走狗，这是何等可痛呵！此等援助上海罢工，及反对大沽口问题上列强无理的通牒，这是任何人都该做的事。而彼等反说："这是共产党造起来的事"。唉，他们轻轻用他们反革命宣传的墨水便把一般死难先烈的热血洗得干干净净！比较帝国主义者和军阀自己尤说得干净。诸君！这究竟是何等心肝！唉，我真要说：是可忍孰不可忍！

诸君呵！还有他们，不仅是以文字来反对我们，他们的方法尤多，或者放暗箭，或者替帝国主义者、军阀洗刷他们的罪恶。譬如五卅惨案，譬如三一八惨案，他们都是尽量发挥，专同我们为难；在帝国主义还没有说这是共产党捣乱之先，他们已经明白说这是共产党捣乱。在段祺瑞还没有说徐谦、李石曾、顾孟馀、易培基是共产党之先，他们又已经明白说这是共产党。究竟是不是共产党捣乱？及徐谦等究竟是不是共产党？社会上人也都明白。而彼等必诬陷之以效忠于异族与民贼。——诸君呵！我们要从此地认明白，凡是这样专替帝国主义及军阀做双簧的什么国民党右派，及什么国家主义派，都是帝国主义及军阀的走狗，同时也就是我们最大的敌人——尤其是真正中山信徒，努力为国民党工作的最大敌人。我们要革命便要先清内奸，便先要打倒他们，使他们没有发言的权利。

我不是故意的说这样激烈的话，因为他们自己说话做事，不能不使我们激烈。又如去年五卅事件，英国人印刷了数十万《诚言》遍布于中国，又发出很多传单，来辩护他的罪恶，但是中国人知道他是外国人诬蔑我们的，总不信他。而独于《醒狮》及国家主义的宣传品，却同帝国主义者一样口吻，而有许多人受其麻醉，他们真是帝国主义者的大功臣。又如三一八惨案，我在上海看见学生为此事散布传单，被巡捕拉去，当英巡捕头问他们是讲什么主义的时期，他们诡说："我们是以外抗强权、内除国贼为主义的。"英巡捕即点点头："很好，很好。"登时释放他们。唉，好一个"外抗强权"即抗的强权极表欢迎。又于今年三月右派所召集的伪第二次代表大会，也公然是在租界开会，帝国主义者同军阀是何等欢迎他们的呀！今年三月我在上海时候，听说英工部局的总董——费信淳——召集全工部局人员开会说："中国每年五月群众运动最多，可以号为'多事的五月'，加以今年五卅周年纪念，群众运动必较往常为激烈，现在为期已迫我们不可不预定一对付方法，免得临时张皇。"当我听此传说后，即屈指一算，由五一起，以至五四、五七、五九、五卅止，真是纪念日特多，私心以为今年五月中国之民众运动，必特别较往年尤为激烈，而事实则竟不然，考其原因，则大都因有反动者预为之破坏，拆散群众运动。——例如重庆的民右派，于四月廿五日，即大演毒打讲话学生之惨剧；又于五月一日毒打游街工人，并使用武器斫杀工人，又声言要杀工人群众的领袖而官厅便禁止讲演游行；又如他们近来公然登报宣传说四川有党部都有共产党；又如重庆右派刊物《前进》公然指巴县党部执行委员为共产党，请四川当局注意；又如五卅纪念，国家主义的校长，禁止学生游行，经《新蜀报》揭穿，他们便把《新蜀报》记者押出游街殴打侮辱不堪。这种种事实，很可以证明他们的行为，更可以说从他们的行为内，发现他们是帝国主义者及军阀对于中国国民政府的"安全片"。此话怎讲呢？从前蒸汽的锅炉，热力膨胀过度时，这"安全片"自然会起来松一口气，而锅炉就得免于爆裂。年来我们国民革命的热力，已经要使锅炉爆裂，然而做帝国主义及军阀之"安全片"的国家主义者及民右派，不知使他们松了若干口气，使他们得高枕无忧，可见他们是处处替帝国主义者军阀当侦探，当走狗，来扰乱我们的观念，来拆散我们的力量，来侮辱我们的人格。他们的罪恶，实假于帝国主义者及军阀；他们的人格，实卑于帝国主义者及军阀。帝国主义者及军阀该打倒，他们也是该打倒。诸君呵！我们要认明白千万不要为人欺骗呵！

十

从上面讲来，我们要积极做一个革命党，非知道中国革命与世界革命之关系不可，更非彻底了解中山先生列宁先生所指示我们的策略不可，能够彻底了解更非实行国民革命不可。要实行国民革命，则非依据中山先生联俄联共两大政策不可，而且非使党科学化不可，非努力向民众宣传不可，非实行民生主义不可，非打倒反革命派不可。能如此，乃是中山主义的真正信徒，乃是真能努力工作的国民党人。我深信诸君一面受党的严格训练，一面受军事的严格训练，在此两重训练之下，诸君已经是真正中山主义的信徒，而且是真正努力工作的国民党人，所以我敢高声呼道：

"最后的胜利必属于吾人！"

在中央军事政治学校武汉分校开学日的讲话 *

（1927 年 2 月 12 日）

各位武装同志们：

现在时间已不早，我简单的同各位讲几句：试问为什么我们要武装？是为的要革命；我们并要作革命先锋勇往前进。但是革命是什么？我们的武装同别人的武装有什么区别？我们为什么要革命？各位同志一定明白革命是社会进化突变时期的剧烈运动，用以打倒压迫阶级，为大多数受压迫的同胞们谋幸福。

目前，我们是在用这种革命手段以求解放的时期，并不是已经得着幸福的时期。我们革命的敌人是世界的帝国主义及国内的军阀。我们用很大的力量，尤其是各同志的勇敢，是可以有成功的希望的。但是仅仅只靠再等几个月的工夫，平定全国的军事胜利，还不能算是革命的成功。恐怕如辛亥年的革命一样，终要归于失败。

革命要懂得革命的理论和意义，否则决不能建设革命事业。革命是决不容有封建思想及个人权利存在。但是在革命潮流高涨时期，我们革命队伍是真正为革命来者有之，但亦不能说没有为权利而来的。所以一个革命队伍，如果没有革命理论，则将来一定成为革命的罪人！我最希望武装同志们切不要作第二个军阀，要为全中国痛苦民众及全世界被压

---

* 原载于《革命生活》1927 年 2 月 24 日，录自《重庆党史研究资料》1987 年第 4 期，第 16 ～ 17 页。

迫阶级谋幸福。

我们武装者也可说是有枪阶级，如果我们没有革命的理论，一定难免潜伏在心中的特权思想发生。我们如果不把革命的意义弄清楚，那瞧，结果一定是以暴易暴，革命白革了！

各位武装同志一定要明白，党军是站在革命的理论上的革命大本营。武装党员理论的中心点要确定，才能勇往直前。明白的话，就是要认识党，否则革命永远不能成功。希望大家不要抱着特权思想，要看清革命理论，要服从党的权威，不要只认得某一个人。

认清革命理论，向前进，把社会特权阶级打倒，才不愧为革命的武装同志！

从我们的立场上说出来的几句话 *

（1927 年 3 月 7 日）

一、在武汉的许多同志在几个星期以前，为着党权旁落分散，封建势力潜滋暗长，使党务和政治反随军事的进展而日形退步。为着使我们的党不再蹈辛亥的覆辙，为着使我们武装同志用热血换来的胜利，不至为一二昏庸老朽的反动分子和乘机活动的官僚市侩们所断送，才共同讨论得了一些党务宣传要点，提出了六个目前最急要的标语。即：

（一）巩固党的权威，一切权利属于党；

（二）统一党的指导机关，拥护中央执行委员会；

（三）实现民主政治，扫除封建势力；

（四）促汪精卫同志销假复职；

（五）速开中央执行委员会全体会议，解决一切问题；

（六）以打倒西山会议派的精神，来打倒昏庸老朽的分子和官僚市侩！

我们的说明虽是很简单的，我们的意志却是很明显的，然而不幸竟未被蒋介石同志看清楚。可惜竟被他误解了！蒋介石同志在南昌《革命军日报》二十五号上发表了一篇演讲词，竟误解了我们的标语；竟由我们的标语中随便提出一些反问，不管我们的解释如何，而即刻武断的下

　＊原载于汉口《民国日报》1927 年 3 月 7 日社论，录自《吴玉章文集》上，重庆出版社 1987 年版，第 117 ～ 122 页。

一些很无根据而又滑稽的论断，仿佛我们提出这些标语，特为的是宣布我们自己的罪状似的。举一个例来说吧，他先说"党权本是提高的，党权本是集中的"，就轻轻下了一个武断的论断。他其次问"究不知党权分散在哪里？是哪一个人来剥削我们的党权？不知和中央执行委员会并立的机关是哪一个机关？"他虽然发问，他却不管我们的说明。最后他又武断的加一个结论说，"如果有和中央执行委员会的权限有冲突的，就是现在汉口的联席会议，只有徐谦是行独裁制的！"他忽然在加上我们罪名的时候，又显然承认党权的分散和独裁制的存在了！

二、我们宣传的标语竟被蒋介石同志误解，想是由于我们宣传方法太不完备，这是我们应该深抱惭愧的。同时我们觉得，在蒋介石同志公布那篇演词之后，我们有从我们的立场上说几句话的必要。为什么呢？因为我们若不说话，我们就要担当蒋介石同志加给我们的"排除异己，把持党权"的罪名，我们都会要被同志们认为本党的叛逆，我们都要处治，会站在被枪毙的地位；我们便都变成怕死的卑怯者了。因为我们若不说几句话来表明我们的立场，我们便是瞎碰瞎说了。同时，我们也许竟反被人误认为动摇蒋介石同志与汪精卫同志间的最亲爱的关系的小人和本党败类了。因此，我愿意出来向同志们说几句我们立场上的话。

为便利计，依照蒋介石同志演词的顺序，逐一说下去。

三、关于提高党权和集中党权，从我们的立场说，应该分三点观察：

（一）在理论上党权应该是最高的和集中的，假如有人使它不提高不集中，我们那时就应该拥护党权。我们并不因党权在理论上是最高的和集中的之关系，而就自己怕在实际上去拥护党权或不准他人去拥护党权。我们不知道为什么拥护党权就是"排斥异己"，就是"把持党权"？

（二）实际上我们认为自十二月五号中央党部宣布北迁停止办公之后，党权便显著的分散了。因为中央执行委员会在两个多月间，几于飘流江湖，不知何在了；中央执行委员会之实权，已被几个人假政治会议之名而夺去了；中央各部部长居然有无端而被免职的事了。同时党权也确是低落了。无故拿武力解散广州特别市党部，则将来党更有何权能驾驭武力？以政治会议的名义在后方无故剥夺党员之选举权，则将来何能禁反革命派沿例踵行？任容著名的官僚市侩乘着中央北迁之际，在党内大肆活动，趁火打劫，则将来何以号召人民？并何以鼓励将士？这些不是党权减低的事实吗！党权既有分散，又有减低，所以应得加以拥护。

（三）我们认为在国民政府和中央党部宣布北迁停止办公之后，只有联席会议是合法的机关。因为一则组成联席会议的各委员会是中央党部和国民政府的先发队，负有到武汉即刻开始一部分办公的义务。二则国民政府及中央党部在未正式重新开始办公以前，先发队始终有临机处置要政之责任，以免革命利益受损失。三则以人数论，在北迁期中，也只有在武汉的联席会议的委员人数为最多。四而且联席会议还实行收回了英租界，算是于党于国都是一件大功绩。所以除非承认一个主席就是"中央党部"，或一个主席就是"国民政府"，否则联席会议之唯一的合法性，谁也不能够否认的。就是蒋介石同志也曾经电贺过联席会议的成立的，也曾经出席过联席会议的，现在却说它"不合法"了。这岂不是随着自己的利益而二三其词吗！

四、关于独裁制的倾向，从我们的立场说，我们也有两个观察：

（一）我们认为独裁的意义就是不遵守规程，因为我们说的规程本来是民主集中的性质的。我们看见的独裁制的倾向在哪里呢？就在随意破坏规程；就在牯岭拍发政治会议名义的通电；就在无故地在后方剥夺党员应有的选举权利；就在已经宣布迁鄂停止办公的中央党部忽然会在半途办起公来。

（二）我们认为徐谦同志并不是实行独裁的，反而是反对独裁制的。

这个理由又在哪里呢？就在联席会议本身是合法的。联席会议既是合法的，所以被联席会议公推为开会主席的徐谦同志，当然也是合法的了。

五、关于昏庸老朽一层，从我们立场上说我们也有两种观察：

（一）我们以为假如党内昏庸老朽的人及官僚市侩的存在果是事实，我们除了指斥其为昏庸老朽及官僚市侩之外，无法防止其作恶。因为真正的昏庸老朽和官僚市侩，决不是只用敬爱的感情就可以使他向善的。因为唯其是昏庸老朽和官僚市侩，才会因别人的退让和敬爱而越发作恶！如其一切昏庸老朽都该被敬爱，则跟随总理奔走数十年的老党员还多得很哩！

（二）我们认为我们党内实在存有几个昏庸老朽的人和许多官僚市侩。前面说的党权分散和党权减低，都是由于这些昏庸老朽和官僚市侩，所以我们喊出打倒他们的口号，不但不足以败坏本党和妨碍国民革命之发展，并且足以巩固本党和促进国民革命之完成。

六、关于请汪精卫同志销假一层，我们也有几个观察：

（一）我们认为现今革命势力发展时代，汪精卫同志确有回国来领导我们的必要。所以，我们热烈要求汪同志回来；汪同志也诚恳表示他愿回来。但自从去年春天直到现在，汪同志依然还没有回来。所以，我们不能不想到其间什么障碍之存在。

（二）我们党既委派蒋介石同志担任军事工作，而汪精卫同志又是最适当的党务和政治首领，谭延闿同志也是最适当的政府首领。所以，我们看见汪、蒋二同志的亲爱关系，我们很引为欣幸。所以，我们也很钦佩蒋介石同志能致那样诚恳的电报给汪精卫同志，然而同时越觉得昏庸老朽和官僚市侩分子之可恨。因为他们今天决议请汪同志复职，明天又说表决时的赞成并非真意，并且进而专和主张请汪同志复职的同志们为难。

七、关于共产党员之加入本党者一层，我们也有几个见解：

（一）我们认为党的威权大小和跨党者的有无毫无关系。因为我们党在没有跨党者的时代，党的权威比现在还小！

（二）我们站在总理容共的大政策看，认为本党对于跨党者的批评，只能以其工作是否系国民革命的工作为标准。若不问工作，而先问其是否跨党，那么，不因此发生本党与共产党的猜忌，便一定会使本党党员不努力做革命工作，而只在党内做告密的工作。我们认为那才是国民革命前途的危险呀！

（三）我们认为这次提高党权的运动，是一般国民党员的运动，是站在国民革命利益上的运动。并不能分开为国民党员的运动或是共产党员的运动。所以，共产党关系如何的讨论，我们认为殊不足移转本运动之目标；所以这个问题在这里值不得我们讨论。在这里讨论跨党问题，实在反有移转运动目标之嫌疑，蒋介石同志谆谆致意于跨党问题，实在反有启人疑虑的地方。我们认为可以不必如此。

八、总合以上几层说来，我们的立场是护党的，而不是叛党的。我们不是排斥异己、蓄意挑拨的败类，而是努力铲除这种败类的。我们不是努力想障碍国民革命成功的，而是想促进的。我们不是含私恨私怨的，而是完全出于公意的。总而言之，我们的立场是党的利益的立场，是反对封建势力主张民主政治的立场。

九、我们尊重蒋介石同志的意见，把他那篇演词，从我们的立场上说了一大篇了。我也希望蒋介石同志及其他任何同志，对我这一篇也加以批评。一个真正的革命家，一定是欢迎批评的，假使自命是革命，他人批评他就是反革命，这种帝王思想根本要不得。因为只有在批评的当中，才容易发现他的错误而去改进自己的革命工作以达于成功之域。关于这一点，我却想当仁不让了！

政治党务报告 *

——在湖北省国民党党部总理纪念周上的演说

（1927 年 3 月 7 日）

各位同志：

今天是中央党部在武汉开始办公后，第一次派员到省党部总理纪念周作政治党务报告。兄弟前一个纪念周（二十八）即应出席报告，因为适逢全国总罢工以援助上海工友，未及举行，今天特来补行我的任务。要说国内的政治，先说世界对我的现象。从前各国对于我国甚为轻视，报纸载我国的事极少，即载亦寥寥数字。至于一般人民绝少谈中国事者。因我国降为二三等，久已不为人所重视了。自从我北伐军占领武汉以后，即引起各国人的注意，至"一三"惨案发生，经武汉同志及一般民众奋斗之结果，卒能将汉口、九江英租界收回，使英帝国主义者，不敢不屈服，于是各国报纸大登特登，其篇幅之大半皆记中国革命运动。政府不用说，天天在讨论对华政策，即人民街谈巷议，亦无不注意于中国之革命运动。这是什么原因呢？我国辛亥革命何以各国不十分注意？这是因为中国此次的革命带有国际性的；就是说中国国民革命是世界革命的一部分，所以现在中国革命的成败问题，就是国际资本帝国主义的存亡问题。全世界弱小民族的代表，最近在比京开了一个盛大的反帝国主义的

---

* 原载于汉口《民国日报》1927 年 3 月 10 日、12 日，录自《吴玉章文集》上，重庆出版社 1987 年版，第 123 ～ 129 页。

代表大会，中国的问题为此会的中心问题。可以说我们现在是在开始创造一个新时代，世界革命成功与否，完全以中国问题为转移。此刻我外交军事均甚顺利，杭州下后，上海工友大罢工，孙传芳已无能力。现彼虽欢迎张宗昌大兵到宁沪，将来我军一到，即可荡平。本党军事的胜利，可操左券。不是说革命军有什么神机妙算，实因民众受苦已深，都能接受本党的宣传，到处民众起来革命，我军常有马到功成之概。但是军事虽然胜利，而实际未收到丝毫战胜的效果，人民的痛苦未能解除，军队的横暴未能制止。以财政来说，现在国民政府势力范围，每月收入当不下一千五六百万，军费占一千三百万。以现在所有的军队来分配，本是很充足的，但是我们的武装同志，还是饥寒交迫，西北国民革命军兵额，至少也要占我们军队四分之一，却是一月六十万元甚至三十万元都领不到。财政部说军费都已交到总司令部，究不知他是如何支配？至于中央执行委员会国民政府也莫明其妙。说到军队，中央执行委员会、国民政府也不知道有多少。在报上看见有四十军的名称，大约总在四十军以上，又有暂编军、新编军、独立师尚不知有若干，至于军长师长的姓名，谁也不能列举出来。再说外交，前月汉口日本领事向外交部长说：王正廷在上海向日本领事说，美国提议划上海为中立区，国民政府是赞成的。各位同志：上海是中国的领土，划作中立区就无异交各国共管。美国交此项公文到外交部时，外交部长即声明拒绝。王正廷竟敢承认，究奉谁的命令？最近戴季陶同志作代表赴日本，外交部也不知道他去是什么任务。还有中央党部和国民政府去年十一月在广州议决迁移武汉后，十二月五日即停止办公，全部迁移。乃今年正月初最后到南昌的少数中央委员，依一二人之意停止不进，改都南昌。经民众的请求及各处同志的劝告，时而说决议迁武汉，时而又说仍在南昌办公，视中央党部国民政府如囊中物。以致数月以来，中枢未定，百事停顿。湖北人民半年来要求从速成立之正式省政府，到现在还不能实现。这些事实，一时也说不尽。究竟是什么原因呢？这都是因为党的威权不振，大权旁落的原故。所以在武汉的同志，为革命的利益计，才有提高党的权威，恢复民主的集中制，反对独裁制，速开中央执行委员全体会议，来解决一切问题，促汪精卫同志复职共同负责，肃清党内腐朽分子等等主张。态度是很光明的，心志是很纯洁的。不幸，最近看见蒋介石同志在南昌总司令部第十四次纪念周和特别党部成立会的演说，竟有许多误解，这是很可惜的事。第一，他说提高党权的口号，是拿来排除异己，作想把持党权的武器。我们只能问，提高党权是不是对的？如果是对，而横加一个"利用"的话，此未免以小人之心度君子之腹。他一再发问，党权分散在哪里？谁来剥削我们的党权？这是因为我们同志过于忠厚，不肯老实不客气说出事实来，他倒反而推到武汉的中央临时联席会议身上去。老实说，分散党权剥削党权的，就是现在的总司令蒋介石同志。我们略举事实来证明。试问：现在我们革命军有多少军名称？军费要多少？是如何分配？不但是一般党员不能知道，就是国民政府中央党部极少数而又负有责任的同志也是不知道。政府及中央党部迁移武汉是在广州正式会议决定的，今年正月忽然说要将它留在南昌。同志们，试想一想迁都是何等重大的事，未经正式会议，不召集武汉同志赴会，竟悍然决定。甚至一二人在牯岭，亦以政治会议名义妄发命令，政府党部视若弁髦，这还不算剥夺党权吗？至于中央临时联席会议是奉命先来武汉筹备政府党部的各委员，因中枢不可一日中断，才来组织一个临时机关以应付临时事变的。蒋同志也曾来电赞成且表贺意，彼到武汉时，也曾出席这个会议。现在反说他是非法机关，等于西山会议。这是何等的反复！他不承认有独裁制的倾向，却承认总司令的权是很大，他以为总司令的大权，是党和政府给他的，他行使大权就是服从命令。但我们要问一问，党和政府授与他的大权,是超乎党和政府之上的呢?还是在党和政府之下的?除了中国受命于天的天子,和欧洲中世纪奉教皇命为皇帝的思想外,无论何人都会答复说,一定是在党和政府之下的,一定还有一个大权在上的。但事实上那里还有政府,那里还有党部,只见有个人的权势、个人的活动罢了。第二,他说本党是有历史的,新进的人对于年纪大些的同志,不可骂他是昏庸老朽,使得他不能革命,他生存一天一定要保持一天,并且说张静江是最忠实的老同志。我们要问,革命党人是以资格来论,还是以行为来论,如果以资格来论,则陈炯明、朱卓文、邹鲁等皆老同志,而且也是总理从前所亲信的人,何以我们要反对他,打倒他呢?可见我们对于同志的赞成反对,是以革命为标准,如果他是革命的,昔为仇敌今为好友;如果他是反革命的,虽至亲好友亦不能姑息。所以张静江的应不应该反对,只看他的行为是不是反革命。张静江自代理主席以来,行为甚乖谬。去岁中央各省联席会议,众人要换秘书长,他硬不许,他并且说就是多数决议,也不是党的意思。青年部提出特派员条例,多数委员说此案不能成立,他硬要成立。派兵包围广州市党部,不遵选举结果。擅自圈定广东省市党部执监委员。这些行动是对的吗?反对他就算是排斥异己吗?第三,他说汪精卫同志、谭组安同志、张静江同志这三位主席,乃为本党和国民政府及一般同志,以及总理在生时所最信任最亲爱的,如果这三位主席批评他有不好的地方,如说他违犯党纪或有反革命行动的时候,只要他们三位主席签名,随便以什么罪罚他,他必完全承受。同志们,我们姑且不论他们彼此间个人的关系,我们试问他何以只服从这三位主席的裁判呢?主席的地位我们党章上规定在哪里?这种只知有个人地位不知有党的言论思想,我们能不能承认呢?第四,他说汪精卫同志复职他是比谁都更渴望的。并且认一般同志的呼号,反转使汪同志不能复职,因为他认为拥护汪就有倒蒋之嫌,有野心的人故意造出一种空气出来，名义上要汪精卫同志出来，而事实上不愿意他出来，阻碍他出来，使他两个人不能合作。他这些揣测对不对，我们姑且不去批评他。我以为汪精卫同志不能复职，必定有一种障碍。这个障碍是什么呢？就是武力蹂躏了党权政权，他不得不引咎去职；如果党权政权不能恢复，他是不会复职的。我们应该敬重他以一去保全我们的党权和政治的正轨与他的人格。我们现在只有赶快恢复党权政权，我们希望汪同志的复职才能实现。我们大家都知道，汪精卫同志是去年三月二十日去职的，三月二十日的事变，是破坏了党军的党代表制，和政府与党部的最高权力。因为我们党军的命令是要党代表署名的，本党的政治指导机关及国民政府的组织，无论甚么紧急事件一定要政治委员会主席及国民政府主席同意，才能执行。三月二十日的军事行动及围俄顾问住宅，逮捕海军局长等非常事件，汪同志是政府主席，政治委员会主席，军事委员会主席，又为党军党校的总党代表，竟毫无闻知，仅由蒋同志个人行动。此风一开，武力遂居于一切权力之上。汪同志痛心之余，只有一去以谢同志。此实一年来忠实同志时时引为深痛的事。所以党权如果不恢复，就是莫有党，革命还有甚么意义呢？第五，他说从前共产党很弱，所以要扶助他，现在共产党强大了，所以要制裁他；他有干涉和制裁他的权力。这个理论是很错误的，表面上是扶弱抑强，实际上是操纵利用。我们总理的容纳共产党政策，如果是这个理由，那是太莫有意义了。本党的容共政策完全是因为他要打倒国际资本帝国主义，及一切军阀封建等恶势力，与本党完全站在同一战线上。其微有不同之点，仅在将来社会经济的建设上，有缓进急进的分别。所以总理说，民生主义也可以说是共产主义。基于这个理论，则共产党的强大，就是革命势力的强大，我们只有欢喜，绝无嫉视的道理。即使他们有强横的行动，尽可以用党的纪律去制裁他。如果我们有个畸轻畸重的成见，则挑拨离间的人，就乘机而入，所以一年来风潮不绝，未必不是这个缘故。至于说两党同时发展，必生冲突，这个理论是不确的。因为两党是向革命的同一方向进行，除了开倒车，是绝对不会冲突的。现在党中常起"亡党"等谬论，这就是革命与不革命之逐渐分化。他们的封建和特权思想，洗刷不尽，渐渐怨他人的进步太快，使得他们快要到无藏身的余地，他们不知不觉就反对起来，明说反对共产，实则反对革命，甚至于渐渐走到反革命的道路上去。这不是很奇怪的事，比如现在孙传芳、张作霖说，我也赞成三民主义，但是反对共产主义，只要你们不要共产党，万事就可服从党的命令。这谁也知道他们是假的，若是国家主义派和国民党右派说这种话有许多人就以为也有理由。至于在本党内部也发生此种议论，则受其麻醉的，就不知道有多少了。其实他们的思想是一样的，他们的行动也渐渐接近。如像这回上海大罢工，敌人畏革命势力，尚不敢肆行屠杀，有右派的老同志们对他说，这是共产党，你们尽可大杀特杀，待我们的军队到后，你才投降也不迟。因此我们的同志，就牺牲了无算。这是不是反革命行动呢？同志们，我们常常要警觉，我们的革命理论一不清，很容易走到反革命的路上去。现在我们革命的力量大了，投机的人已经不少了，我们的联俄容共农工三大政策已经在动摇了，我们如果不看事实，单是以我是最革命的主观见解来自欺欺人，那真是危险极了。第六，蒋同志尚有一句最自负的话，他说：我是最革命的，要革命的随着我来。谁反对我的革命，就是反革命。我们倒要问蒋同志，革命是因人关系呢？还是因事的关系？如果是因人的关系，则凡是服从他的都是革命，反对他的，都是反革命。这个理论如能成立，那就不用说了。如果要重事实，则蒋同志做革命的工作，我们当然赞助他，服从他；如果他有反革命的行为，我们就不得不反对他。我们不是反对他个人，是反对他反革命。必须这样，我们的革命才有理性，有价值。就是说我们的革命是有理论的，有独立存在性的，有革命的人格的，有革命的道德的；不是依附谁来革命，威逼谁来革命，诱惑谁来革命。我们的革命，是认清人类的要求、时代的需要，才来革命。我们也知道革命事业的艰难，革命前途的危险，我们以不屈不挠的精神，向前作去。功不必自我成，只须留得革命的精神，革命的志气，使革命理论不至埋没，则最后的胜利，必属于我们。这是可以断言的。

八一革命 *

（1928 年 5 月 30 日）

卷 头 语

去年八月，我们在南昌暴动，十月在汕头失败后，十二月我到了莫斯科，孙、东两大学同志要我报告经过情形。十二月二十二日，在东大报告后，不数日即因痔疾入院割治，病愈后又到克里姆海边疗养。惟念东大同志提出许多问题尚未答复，孙大报告亦未能作，不胜歉仄，因于疗养期间将在东大报告底稿，略加整理，成此小册，质诸孙、东两大同志，并呈共产国际执行委员会，以作此次暴动的报告。惟有数事须略加申明：

1）书中对于去年八月会议以前的中共中央没有遵照共产国际指导的路线，犯了机会主义的错误，采取相反的策略，特加以严肃的批评。我虽未参加中共中央的指导工作，我却也担负在国民党中的重要责任，而且南昌暴动后，我也处于很重要的地位，我自然应该共同负责，我也是应受批评处罚的一人。我不能以我未参加指导工作来卸脱我的或无先见之明，或知而不言，或言而不力的一切责任。但这是另一问题，自有党

---

* 录自《八一革命》，社会科学文献出版社 1991 年版。

的纪律在，我只有诚恳的服从党的纪律，而不能不公开的承认错误，尽量批评，因为不如此则对于党将不忠实。斯大林说：

"列宁在《左倾幼稚病》的小册子中用于无产阶级的党的'自己批评'曾说：'一个政党对于他的缺点的态度，就是判断他对于自己的阶级及对于劳动群众诚实不诚实，及能不能履行他的任务的一个最重要、最确切的标准。公开承认错误，寻求这错误的原因，分析此种错误产生的情况，注意地研究补救的方法——这就是一个诚实的党的表征，也就是履行他的任务及教育和训练阶级及群众。'"

"有些人说：自己批评和揭穿自己的错误，对于政党很有危险，因为这些会给敌人以反对本党的工具。列宁以为此种反驳不严密，并无根据。当 1904 年我们的党还弱小，并且还无重大意义时，列宁在《前进一步》书中已经说过：'他们（马克思主义的敌人）窥见我们的争论，就在那里幸灾乐祸，弄种种鬼脸；他们为达到他们的目的起见，自会极力在我著的关于说我们的党的错误及缺点的书中去断章取义。但是俄国的马克思主义者已经在斗争中充分奋斗过，所以不会被这种中伤所妨害，所以能依然照旧继续他们"自己批评"工作，依然照旧揭破他们自己的缺点，若工人运动越发展，则这些缺点自然会渐次消灭的'，这是列宁主义的方法的特点。"（斯大林著《列宁主义》中译本 30 页）

中国共产党八月会议宣言说：

"无产阶级的党不应当怕公开承认自己的错误，如果共产党员不愿公开、毫无忌惮的批评党的一切缺点、一切疏忽、一切错误，那么共产党将永远死亡了。所以我们的党现在公开的来为纠正自己的错误而争斗，不去隐匿他们，不有半点含糊，这并不是表示我们的弱点，却正是表示我们中国共产党的主义的运动的力量。"接着又说：

"党内每个同志对于这问题应该细心审查研究一番,党内所有党员对于过去的战略都应详细地加以讨论。共产国际的通告,与现在这封书信,应该是讨论的基础。党若不领会过去的教训,党决不能向前发展,党决不能领导中国革命以抵于胜利。"

因此我们就毫不容情的"自己批评"我们的错误。

2)书中引他人的言论及年月日等不敢说毫无错误,因为我是孑然一身来到苏联,毫无参考文件,全凭记忆的原故,将来如发现有错误时再来更正。

3)书中关于军事部份,大半取材于刘伯承同志的报告。

4)书中引了列宁同志及其他许多同志的言论,在苏俄同志方面自然用不着,但我想如有机会将此小册子传布到国内同志,则事实与理论的对照,实有重大意义。因为国内关于革命的理论的书籍,极不易见,又处于白色恐怖之下,即有亦不得见,而要领会过去失败的经验和教训,却不能不有理论作根据。因此我不避繁冗,尽量引用诸先达的言论,惟自顾学识浅陋,难免谬妄,尚望阅读此书同志们的批评,俾得改正。

吴玉章

一九二八年五月三十日于克里姆之萨拉德

(КриМ СараМ)

绪　言

现在中国革命已发展到一个新时期,推动和促成这个新时期,就是伟大的南昌八月一日的暴动。这次的暴动,我们称之为"八一革命"。他虽然在时间上只经过两个多月（从八月一日到十月三日），事实上又遭了失败，但是全国革命的潮流，反因而高涨，反革命的叛徒，演出了许多分合离奇的怪象，这是客观的事实，已表现在我们面前很明显看得见的。"八一革命"是中国革命阶级力量转变的一个暴动，是无产阶级夺取革命领导权的一幕，在中国革命史上要占最重要的位置。他的发生的原因与结果，我们参加这个事变的人，应该很确实的披露出来，以作目前研究中国革命问题的具体材料，并当作将来革命过程中的经验和教训。

第一章　"八一革命"在中国革命史上的意义

一、中国革命的性质

中国革命直到现在，仍然是资产阶级民主革命而带有殖民地、民族革命的性质。因为革命的目的，在推翻帝国主义的压迫，打倒军阀及封建残余，使中国得到统一民主与独立自由，而这个目的，现在丝毫也没有达到。所以中国革命的阶级力量，因革命的发展，虽然有了几个转变，而中国的革命性质却仍未变更。

二、中国革命的阶级

中国革命的发展，可以其革命阶级力量的转变分作三个阶段。

第一个阶段为自辛亥革命一直到国民政府在广州的时期，也可以说直到第一次北伐至蒋介石叛变的时期（1911 年 10 月—1927 年 2 月）。这个时期的革命，除帝国主义的走狗买办阶级、军阀官僚外，其余社会各阶级，都是帮助革命运动，成为统一战线的全民族的革命。这个阶段的特点是在反帝国主义及其走狗封建军阀。虽然在这个长时期中，口号有时不明显，一直到此期之末，国共两党合作后，口号方为明显，然而阶级的力量是如此的。他的成绩是发展中国革命势力到扬子江流域，组织了广大的革命民众，工人有组织的发展到三百余万，农民有组织的发展到一千万以上。形式上统一了多年分裂的南部中国，使中国领土的大半都属于国民政府旗帜之下。不幸代表民族资产阶级的蒋介石，一方面因无产阶级和农民势力的飞涨，尤其是武汉、上海、广东工人阶级的勃兴有损他的阶级利益；另一方面帝国主义大军集中于上海，继续不断的用武力威吓。他就不惜中途背叛革命，在南京另树一个反革命的营垒。

第二个阶段为国民政府在武汉的时期，也可以说自党权运动到汪精卫叛变的时期（1927 年 2 月—7 月）。这个时期的革命，除民族资产阶级退出革命外，小资产阶级尚能和无产阶级农民劳苦群众，保持他革命的联合战线①。他的成绩是发展中国革命势力到黄河流域，农民运动力量愈较前高涨，更进一步实行农村革命，解决土地问题。因此，一方面动摇了封建残余的基础，引起了阶级剧烈分化，一方面代表小资产阶级的汪精卫，因为农民伟大的革命潮流，吓得他惊慌而动摇；加以帝国主义及反革命的压迫，代表地主的将军们的叛变，更使小资产阶级恐惧，于是小资产阶级又中途叛变，投降于反革命的营垒中去了。

第三个阶段为"八一革命"以后的时期①，即上层小资产阶级亦叛变，中国无产阶级直接领导农民与城乡劳苦群众，完成中国资产阶级民主革命而促进社会主义革命发展的时期。这个阶段因为要完成第一第二两个阶段未完成的任务，反对帝国主义与军阀，特别是农村革命，解决土地问题，满足农民迫切的要求，尤为这个阶段的中心任务。而且武汉政府投降了反革命的营垒，代表各阶级联合的国民党，为了阶级争斗发展到高点时（亦即革命的力量发展到高点时），他的革命作用完结了，而

① 这个阶段的特点，除反对帝国主义军阀外，并反对地主及一切封建残余与个人独裁的统治。——作者原注

成了一个反革命的资产阶级旗帜，整个的国民党已为反革命的资产阶级所占据了。无产阶级要将现在中国革命的全部任务负担起来，不但要为他自己阶级直接要求的斗争，并且要领导完成中国民族解放、国民革命、资产阶级革命的一切使命。

"八一革命"就是中国无产阶级取得全部的中国革命领导权，把一切叛变的民族资产阶级及动摇的小资产阶级丢开，巩固自己的领导地位，领导城市与乡村的劳苦群众，以战胜资产阶级的反抗，达到资产阶级民主革命的完全胜利。同时更主要的是时时刻刻利用目前中国革命的可能，使中国资产阶级民主而带有民族性的革命很快的向非资本主义的道路发展，成为世界革命之一重要部分。

三、"八一革命"在历史上的意义

"八一革命"虽然失败了，却开辟了将来中国资产阶级民主革命的完成和非资本主义发展的道路，得到了以后革命的紧要关键之准备和教训。就是说"八一革命"是最近的将来中国革命完成的演习。这就是"八一革命"在历史上的意义，这也就是列宁同志所说的中国的1905 年[1]。

---

① 依马克思的辩证法来分析历史事变，每一时期之阶级力量转变，都是有些蜕化性的，都不是死呆的，一次即纯全干净分化的。因此，我分的阶段也是只能表明三个时期中之主要阶级力量；其不占主要力量之阶级成分，当然从略，为的是握着重心点故也。例如，第二时期中民族资产阶级虽然叛变了，而还有一些资产阶级成分参加到武汉政府的，为孙科、宋子文等，他们完全是代表资产阶级的意志。此外参加武汉政府的，还有代表地主成分（乡村资产阶级）如唐生智、谭延闿等。武汉政府之叛变，他们都是构成的因素，但这个时期的主要阶级力量还不是他们，而是汪精卫、徐谦、顾孟馀等代表的小资产阶级了。举此以概其他。因为历史事变之复杂，只能用辩证的方法，示其脉络，决非死为分划。特注此以示问题的重心。——作者原注

第二章　"八一革命"的远因

自本年一月到八月中国的革命由第一个阶段转变到第三个阶段，这自然是革命发展的迅速和阶级分化的剧烈。而在这过程中，革命领袖变节的离奇真是瞬息万变。往往有昨日的言论、行为均甚彻底，而今日之我则不惜与昨日之我挑战。其变节的形式，虽然不同，而有一定的公式就是：必以反对共产来掩饰他们的背叛革命。自冯自由、蒋介石以至汪精卫都是如此。故他们名为反共产，实则反革命。他们所走的路线也有一定的公式。最初以"过激过火"等言词来修改革命的理论，取革命与反革命中间一条道路，处处均以改良派的态度，而取销革命。对工农与厂主、地主的争斗，不主张以革命的手段来解决，而主张以法律来解决；对于帝国主义不取整个的推翻，而取单独的对某一国作战；如戴季陶自"五卅"事变以来就主张用联络日本单独对英的政策。他们自命为中派，自以为取的仁爱、和平的中庸大道。而不知结果必定走入反革命这条道路，不惟不能反对帝国主义，且将被帝国主义利用，而为拥护帝国主义的工具。因为现在的世界，已变成革命与反革命两个整个的营垒，绝无中立的余地。中国处于半殖民地的地位，受国际帝国主义财政资本统治的时代，无论你是民族解放运动，或民主政治运动，都与帝国主义息息相关，都不能不变为世界革命的一部分，断不能如十九世纪西欧各国革命运动可以单独成功的。目前这个客观的环境和革命的理论，他们都不是完全不知道，而且他们的言论有时还说得极漂亮、极透辟，我们只要拿他们过去的言论来看，断不信他们会糊涂到这步田地，但事实表现出来他们竟丧心病狂，比旧军阀的反动还来得厉害，这是偶然的吗？不是的，都是由于他们个人的社会经济基础和阶级意识生出来的，革命危害到他们的阶级利益，自然会产生这种反动。谭延闿说："从前拴帷腰、穿草鞋的人是不能进客厅的，现在要到客厅来同我们一块儿吃饭，实在有点不惯的"，这个阶级意识表现得何等明显而十足。他们反对阶级争斗，他们却天天在实行阶级争斗，我们拿这眼光来观察过去事变，是很明显寻得出一条线索的。

一、南昌武昌的争斗（国民党左右派之争斗）

本年二、三月，国民政府驻地在南昌与武昌的争斗，这并不是一个简单的政府所在地的问题，是领导革命到革命前途与到反革命前途的紧急关头。蒋介石去年"三月二十"的事变已经是第一次表现他的反革命，他排去了汪精卫掌握了党的大权，但是他尚未取得群众，集中他的社会阶级努力获得真正威权，尚不敢显然背叛革命，而且还要利用革命。及至革命发展到第一个阶段后，革命势力征服了中国大半，威权集中于他一身，革命已造成他个人的偶像，他就想领导民族资产阶级战胜无产阶级，同帝国主义妥协来共同消灭革命，以达到资本主义的统治。他的总司令地位权势已经是高出国民党中央党部和国民政府之上，但总不如把这两个机关都收在他荷包里，他的个人的独裁才得稳固。所以他最初主张要政府迁到武汉，就是想离开广东工人群众及党员群众的监督。随后他看见武汉工人群众势力更大，难于制服，就将后来的几个政府人员留在南昌，竟行使他无上的威权。但是这样一来，更招了去年以来国民党左派常抱不平，已经有了结合的一般人的愤怒，党权运动的轩然大波，就从此起了。

二、党权运动

党权运动虽然是因政府驻在地的问题而发生，而其目的则在推翻蒋介石的军事政治的独裁，废除主席独裁制，而实行民主制，所以当时由顾孟馀起草的《党务宣传要点》，他的口号是：

1. 巩固党的权威——一切权力属于党；

2. 统一党的指导机关——拥护中央执行委员会；

3. 实现民主政治，扫除封建势力；

4. 促汪精卫销假复职；

5. 速开中央执行委员会全体会议，解决一切问题；

6. 打倒党内一切昏庸老朽的反动分子。

党权运动武汉的国民党左派是得了胜利，政府党部也完全迁来武汉了，中央执行委员会第三次全体会议也正式开幕了（三月十日），中央党部国民政府人员均已改选，去年三月二十日以来被蒋介石夺去了的党权政权，完全恢复，汪精卫不久也回来了（四月十日到武汉），这个斗争，左派要极力找他的同盟者来帮助，故对于工农运动热心扶助，尤其是对共产党表示更深切而亲密的联合，要共产党派员加入国民政府，组织两党联席会议，来解决关于政治的主张，及两党的一切问题。

三、武汉成了革命组织的中心

此时武汉政府的革命空气，异常浓厚，不但有至上的权威而且得到中外的信仰。因为本年一月三日的"一三"案，武汉当局能利用工人群众的力量，将汉口英租界收回，九江英租界也同时收回，不但年末举国热望的收回租界口号，得以实现，而且一雪中国近百年来外交的耻辱，中国国际地位骤然高涨。武汉成了革命组织的中心。

四、蒋介石的失势与叛变及其与帝国主义和张作霖之勾结

蒋介石既失了国民党的领导工具，不能不另找出路。他正月十九日到武汉时，见民众气势的发扬，和要求政府全移武汉的热烈，他表面上不得不答应民众的要求，而暗中却积极准备与武汉决斗。他的直属军队新编第一师，在赣州枪毙了总工会委员长陈赞贤，各地工会和党部都向

他攻击，使他不得不撤换党代表倪弼，他受了工人威吓，损失了他的威权，尤为愤怒。因此，他一面派兵进取江浙，希望得南京后，即将政府迁移南京。一面结合各省各地的失意军人、政客、右派党员、流氓、地痞及新附的封建小军阀，并密派他所组织的黄埔同学会、孙文主义学会两个团体的爪牙，分赴各地，准备大屠杀。武汉国民党中央委员全体会议开幕时（三月十日），中央军事政治学校中他的爪牙，就想率众来扰乱会场，破坏会议，被该校的革命份子制止，并将捣乱者逮捕多人，计不得逞。迨全体会议告终（三月十九日），他的各地屠杀就开始。蒋于三月廿二到九江，而九江打毁党部屠杀工农的事发生，廿四到安庆，而安庆同样的事又发生。三月卅一日有重庆的大屠杀，四月十二有上海的大屠杀，十四有广州的大屠杀，其他各处的屠杀书不胜书。他完全是用"法西斯蒂"办法，以残杀革命民众。同时即与帝国主义军阀妥协。三月尾蒋在南昌时，即已派戴季陶到日本勾结日本帝国主义者，而各报对于蒋与张作霖妥协的消息，记载甚多，附记于后，以供参考。

五、南京政府之成立与帝国主义之利用

蒋既处心积虑背叛革命，他犹想利用国民党的革命旗帜，但合法的中央党部、国民政府，均被武汉夺去，不能不另造一个工具，中央执行委员附和他的不过数人，只有利用昏庸老朽的几个中央监察委员，发表一个宣言，说武汉党部政府为共产党所操纵，要另成一个党部政府于南京。蒋介石在二、三月党权运动时，就发出他的口号如下：

1. 拥护革命的中心力量；

2. 拥护总理的建国大纲（内分军政、训政、宪政三时期，此所谓拥护，自然只是拥护军政时期的办法，即拥护军事独裁，反对党的民主化和民众运动）；

3. 奠定东南作为革命的新根据地；

4. 统一党的领导；

5. 保存党的主席独裁制；

6. 巩固革命的联合战线；

7. 反对工人的无理罢工；

8. 反对凌辱敦厚安分的农民；

9. 保护工商业者。

他的行动是：

竭力扩张嫡系的军队，该派的黄埔学生，尽量安插在新成立军队里面；

竭力准备财政的集中；

竭力发达右派的民众组织；

竭力拉拢长江下游及北方的工商业者，和新官僚和失意军人；

竭力调查左派的有力量的人员及组织，并时时破坏之；

竭力促进东南各省的占领；

竭力破坏汪精卫的复职。

四月十二日蒋在南京成立党部政府与武汉对抗。于是中国以前只有南方革命与北方反革命的两个营垒，现在竟成了三个营垒。虽蒋介石与帝国主义和张作霖有妥协的趋势，有变成一个整个的反革命营垒的可能，但暂时尚不能化而为一。

当蒋介石尚在九江、安庆时，第六第二两军已攻下南京（三月廿四日）。二、六两军是拥护武汉的。上海已由工人暴动，将反动军阀扑灭，（三月廿一日）民选的市政府也成立了。武汉政府本欲出兵南京，确实占稳宁沪一带，使革命势力联为一气，张发奎部队已上船预备出发（四月四日），以我党指导者，常有东南为帝国主义势力集中之地，为避免与之直接冲突起见，当先据西北，后围东南。并且过信冯玉祥要引他出来，以为他必帮助革命，故兵已发而犹不令行。适以汪精卫到沪（他四月一日到沪，四日武汉才知道），遂决定待他来决定东征或北伐的大计，因此耽延时日，坐失事机。蒋于四月九日就先发制人，率他直属部队到南京缴第六军械，驱第二军过江，陷之于敌，使蒋于武汉迟疑不决之间，唾手而得南京，作他背叛革命的根据地，这就是武汉的大错误。

蒋既大屠杀上海工人，解散上海市党部、市政府，帝国主义者见吴佩孚、孙传芳等旧军阀，都被革命势力摧破，不能不另找工具，因此一面直接干涉，集中兵力于上海，于我军占领南京时，炮击我军，并诬我军劫掠杀戮其商民，提出哀的美敦书，冀阻我军占据东南。一面就想利用蒋来作其新工具，于是对蒋用威吓利诱方法使为他用，蒋亦乐得将南京事件归罪于第六军，并屠杀工人以为挚见之礼，竟博得帝国主义者高等华人之徽号（高等华人是"五卅"时帝国主义者赐予为帝国主义辩护，如梁启超等类的美名）。由是蒋与帝国主义彼此默契，日见亲密。蒋介石以打倒帝国主义始，以拥护帝国主义终，帝国主义真巧极了。

六、戴季陶主义与无政府主义的影响

戴季陶主义与无政府主义，对于南京政府成立有很大的作用，戴季陶能发表一点社会改良派的理论，有继承孙中山的野心，想迎合中国人的心理，拿孔子中庸仁爱的学说来麻醉群众。他说，中山晚年，极能阐发孔子中庸之道，尤以他最后到日本的演说为可贵，简直可以说中山是道统直承孔子。所以他挽中山也用道统直承孔子的话，他在他名字上特署了受业两个字，而他的名字又叫传贤，俨然以传孔子正统的曾子自居，这也可见他的抱负了。但是他在党中资格不及汪精卫，因此想借蒋介石黄埔党军的势力来达他的欲望，于是蒋戴就暗中结合，设立孙文主义学会于黄埔军校中，并设黄埔同学会，这两个小组织，就是他想结合一般群众掌握革命军队的机关，也就为种种纠纷的总因。他在上海设一季陶办事处，作了《孙文主义之哲学的基础》，及《国民革命与中国国民党》等小册子来鼓吹他的孙文主义学说，以民粹派的思想来蒙蔽新思想，以民族统制来反对阶级争斗，主张国共两党分离，农工运动，取仁爱和平主义，不取阶级争斗主义，对于帝国主义当用联甲倒乙政策，不主张打倒一切帝国主义。因汪精卫左倾，他不得志于广东，就不惜和谢持、邹鲁等在北京西山中山墓前开一中央委员会，企图倒汪，这就是所谓“西山会议”。不料开会时，中央委员只到数人，不足法定人数，谢持、邹鲁等又以他从前也是赞成联共，反对他们的主张，现在因广东不能活动，又来投机，颇表示不信任的态度。他见形势不好，又暗地逃去，并写信与吴稚晖转汪精卫，说他不得已的苦衷，又想回到广东来活动。这一层他是办到了。所以后来国民党第二次代表大会，汪精卫力保他，他也仍得被选为第二届中央执行委员，后得与蒋介石狼狈为奸，排斥汪精卫，以造成资产阶级反革命的势力。第二次代表大会，讨论弹劾西山会议案时，大多数主张开除戴的党籍，争论颇烈。汪精卫说，如果他带有许多兵如梁鸿楷、许崇智等，我主张开除他，但他是一个无拳无勇的文人，而又写信来认错，我们何苦不容他呢？因这个锄强扶弱激动感情的话，才通过了如下的决议案：

“戴季陶于去岁五月，曾在第三次中央执行委员会全体会议，起草关于容纳中国共产党分子加入本党之训令，乃曾未一月，未得中央执行委员会许可，即以个人名义发布《国民革命与中国国民党》一书，以致发生不良影响，惹起党内纠纷。但于此次西山会议，始终未与会，离京之日，曾函吴稚晖同志表示悔悟。综核其个人言动，虽或出于爱护本党之热情，然因此致为反动份子利用，成为破坏本党之工具，与戴同志原意适得其反。惟念戴同志为党奋斗有年，翊赞总理，改组本党，颇有勋劳，应由大会予以恳切之训令，促其反省，不可再误。"

戴季陶做了一番叛党的行为，也只得轻轻受一训诫了事，党的纪律，何等不振。戴是个什么人呢？他完全是一个投机主义者，他作经济投机事业，创办上海交易所，现在南京政治上活动的人，大概是他们交易所的团体，如蒋介石、张静江、陈果夫等。戴的经济投机失败后，他又想作政治的投机。1922年末，他赴四川去起草省宪，他想沽名钓誉，到宜昌忽然失踪，于是多处打电报说他因感时局维艰，悲愤投江。随后他又到了四川，说是在江中冲流数里被渔夫救起，但是有点奇怪，他的衣服并未浸湿。他说共产党的根底他都知道，CP两个字还是他取的，他轻视CP，但这并不奇怪，俄国共产党的前身社会民主党第一次大会的宣言，还是著名的立宪党斯脱卢威（Струве）起的草，这个宣言就定了无产阶级为革命的领导，必须夺取政权等等，这位革命大家，后来也变了。1905年俄国革命爆发的前二日，他还说"俄国没有革命的民众"，他说波尔塞维克干部人员不过百余人，党员不过千余人，何能有为，而不知这个团体竟能指挥数百万工人、数千万农民，这是他梦想不到的。中国也曾经有了这样的人，如梁启超在1901—1902年的时代，不是全国所尊仰的革命大家吗？《新中国未来记》是何等兴奋人的革命热情，不是梁启超做的吗？后来他竟作袁世凯的阁员，大杀革命党，也同斯脱卢威一样。戴季陶在发起CP组织时，也是一个发起人。他现在要大杀共产党了。

南京政府的形成，因由于戴季陶、蒋介石之处心积虑，而却由无政府主义者来促成。蒋利用国民党的中央监察委员会来反对武汉。这般监察委员是些什么人呢？就是李石曾、吴稚晖、蔡元培这般无政府党人，他们又不察事实，妄替蒋介石辩护，如他说，我三月七日公开的演说，蒋介石用了一千三百万元军费，兵士仍不免啼饥号寒，是煽惑军心。若不是蒋素有威信，必引起兵变，说我以中央委员负有责任的人，不应该说这样的话。我三月七日的演说是："现在国民政府财政虽然困难，军费则尽量供给，以今年二月份而论，本月收入一千六百万元，军费支出一千三百万元，无论如何是很充足的，而兵士尚不无啼饥号寒，也不知他如何用法。"

我为什么要说这番话呢？因为冯玉祥有无数的电来问政府，说他每月六十万的经费，自去年九月以来总共只得过三十万，唐生智说他的军饷积欠到三四百万，其他朱培德、程潜等都说积欠甚多，王天培等军队完全是向地方刮削的。政府就要财政部报告收支情形，部长宋子文说，关于军费完全是交总司令部支配。本年二月份的收入是一千六百万元，军费支去一千三百万元，如何支配，他完全不知，政府就要总司令部来报告，催促了好几次，总司令部军需处才出席会议报告。连蒋的特别支出一月一百五十万元都列在上面，报得出数的不过八百余万，还有四百多万报不出数，所以各军不平，也是因为军费握在蒋一人手里，由他任意分配的原故。吴稚晖说我的话会煽动兵变，党权运动的时候，就是兵变的结果，他简直还不明白。

我们再看蒋介石对于我的话是如何辩护的呢？他说，自从北伐以来，除例饷外不过多用一千三百万，以一千三百万买得了湘赣鄂几省，走尽天下也找不着这样便宜的事，我还要说他多用了，真是太没有良心等语。这真是文不对题。我说的是二月份一个月的经费收支，如果说北伐以来的总数则在一万万以上了，到八、九月时则在二万万以上，这是孙科的报告，在十月的银行杂志上可以看见的。蒋介石的浪费，是大家所公认的，他办黄埔学校每月经费至七十余万，一年将近千万之多，恐怕是世界最大经费的学校罢！他学了袁世凯的手段，以为金钱万能，所以他专拿金钱收买人。黄埔同学会，每月要用数千元，黄埔第四期行毕业式，花了二万多元。他对于黄埔学生，就是做了错事去见他，他最初就是一顿大骂，到末了就要问有钱用没有，如果说有甚么需要尽可开口要求，即没有需要，也是随便掷与一二百元，所以他也能驱使一般贪鄙的人。至于他派人去各处联络运动，无论政府党部派了任何人，他一定暗中要派他的人去。这是顾孟馀常引为痛恨的。所以蒋介石的行动，完全是为个人，无所谓党，更无所谓政府。

吴稚晖当汪精卫初到上海时，吴担保蒋介石决不杀一人，不及一星期，上海就大屠杀起来，所以四月十四日汪精卫在欢迎宴会席上演说，痛骂吴稚晖自食其言，赞助蒋介石屠杀，是助纣为虐的老狗。吴稚晖还做了许多文章骂武汉和共产党，他自称他是无政府党，他说共产主义要三百年后才能实现。他以他的滑稽口吻，到处乱吹乱说，但他不免为民贼的工具。李石曾也做了许多文章替蒋介石捧场。他说马克思主义是还未进化的主义，现在他们是进一步的主义。李石曾是崇拜克鲁泡克金的人，他们自称是科学的无政府主义者，但他们专供军阀官僚利用。中国第一次革命失败及这一次蒋介石叛变，都是他们的功劳，也就是对于人类最大的罪恶。

第一次革命正要推倒满清及封建残余的时候，李石曾就来替袁世凯做说客，极力主张南北调和，成功后袁世凯要他做农商总长，他不但不就，他还劝一般革命党人不可做官做议员。创立六不会，就是：

不做官

不做议员

不嫖

不赌

不吃鸦片烟

不纳妾。

他们看做官、做议员的污浊同嫖赌、鸦片烟一样。他们说革命已经成功了，官吏还是让他们这些污浊人去做罢，革命党要保存他们的清洁。所以第一次革命后，政权完全交与袁世凯一般人。孙中山虽知其不可，碍于他们有不要争权利的高尚学说，只得退让。不久袁世凯把革命势力完全推翻了，这些无政府党也同样的到英法等国去享他们的清福。现在这一次革命也快要成功了，他们又来造成蒋介石的反动势力，真是罪大恶极。

他们反对政治行动，高唱自由主义，自称是"非权力主义者"，要达到无政府共产主义社会，使人人"各尽所能，各取所需"。他们这种说法是很好听的，很高尚的，与中国人浪漫性质是很相宜，与旧时黄老之说也很相似。所以有很大的影响于思想界，特别是小资产阶级的知识份子、学生等受其麻醉最利害。而不知道他们是乌托邦派，是蒲鲁东及克鲁泡克金的信徒，他们是非科学的空想的理论家。关于这些列宁有很好的驳他们的文字，列宁说：马克思主义与无政府主义之间的区别在这里：

"1. 马克思主义者的目的在根本破坏国家，但他们却承认，只有在社会革命消灭了阶级之后，这个目的才能实现，国家消灭是社会主义实现后的结果。无政府主义者却不同，他们要在二十四点钟内把国家完全消灭，他们不懂得在什么情状之下，这样破坏，才能实行。"

"2. 马克思主义者承认一旦无产阶级夺取政权后，必须根本破坏旧国家的机关，而以新者代之，这新机关是武装工人的组织，而仿照巴黎公社的规模。而无政府主义者却不同，他们尽管鼓吹破坏国家这个机关，但却完全不懂得无产阶级该用什么去代替他。也不懂得无产阶级怎么应用他们的革命的政权，他们并且否认革命的无产阶级有利用国家权力和革命的狄克推多的必要。"

"3. 马克思主义者要利用新式国家来准备无产阶级革命，无政府主义者也否认这些。"（见列宁著《国家与革命》中译本 167 页）

"非权力主义者要政治的国家，于一煞间消灭；甚至要他消灭于创造他的社会条件尚未消灭之前。他们要求社会革命的第一个动作，就是消灭威权。"

"这些先生们也曾见过革命吗？"

"毫无疑义的革命是有威权的东西，革命是一部分民众用刀枪大炮——就是说，最有威权的东西的帮助去强迫他一部分履行他们意志的，得胜的党，因他的武装来引动反动派的畏惧心，以维持他的权力。假使巴黎公社不用人民武装的权力来对资产阶级，他能维持到一日以上吗？反转来说，我们不能够责备他没有充分使用他的权力吗？"（同上 93 页）

"马克思特别指出那革命的和暂时的国家形式对于无产阶级是必要的，以免人们把他对于无政府主义争斗的真正意义加以修改。无产阶级需要国家只是短时间的，我们完全没有反对无产政府主义者以消灭国家为最后的目的。但我们肯定的说，要达到此目的必须暂时使用国家的手段和武器去反对剥削者；同样要消灭阶级也必须建立被压迫阶级的暂时专政。马克思选择了一种最锐利、最清晰的说法而作出反对无政府者的立场：刚从资产阶级的羁绊下解放出来的工人们就应该解除武装吗！抑或倒转武装来反对资级而扑灭他的反抗呢？""好，假使一个阶级有组织的来使用他的武装来反对别一阶级不是"过渡的国家形式"是什么呢？"（同上 91 页）

戴季陶否认阶级争斗，以为是马克思创造的，他不知道阶级争斗的学说不是马克思创造，也不是马克思特别不同之点，而且资产阶级也能接受阶级争斗的，马克思的特点在无产阶级专政。

马克思说："说到人们对于……我的一些评论，其实发明在现时社会中有阶级和发明各阶级间相互争斗这两个荣誉，都不是属于我的。在我很久以前，资产阶级的历史学家已经解释过这种阶级争斗历史的发展，资产阶级的经济学家也解释过各阶级的经济结构，我所作的新工作是证明下列各项"：

"1. 阶级的存在仅和一定的历史上的争斗相关，而这种争斗即是在生产发展的特性；"

"2. 阶级争斗必然要进到无产阶级专政；"

"3. 这个专政不过是消灭一切阶级和到没有阶级社会的过程"。

列宁说："在这一段里面很明显的充分的表现了：1. 他的理论和资产阶级最前进的最聪明的思想家的理论主要区别；2. 关于他的国家的理论。有些人常常说马克思这种理论主要的就是阶级斗争，这种说法是错误的，并且由这个错误遂成功了许多机会主义都对于马克思主义的断章取义的，和使资产阶级可以接受的假冒的马克思主义。阶级斗争的理论，不是马克思而是马克思以前的资产阶级所创造出来的。仅仅承认阶级争斗之人不是马克思主义者，他还未脱离资产阶级的思想和政策的锁链。以阶级争斗来限制马克思主义算是缩小了马克思主义，割断了马克思主义，使他成为资产阶级可以接受的东西。只有把承认阶级争斗而扩大承认'无产阶级专政'的人，才是马克思主义者。"（同上40—41页）

"剥削阶级需要政治的统治是要维持其剥削，这是极少数人自私的利益，以反对最大多数的民众。被压迫阶级需要政治统治是为要完全打倒一切剥削，这是最大多数人民的利益，以反对现时极少数的奴隶的领主，即地主资本家。"

"以资产阶级调和的梦想代替阶级争斗的小资产阶级的德谟克拉西派而自号为社会主义的人们，竟自造出到社会主义过程的仙境，他们的意见不在于推翻剥削阶级的统治，而在于和平的使少数屈服于明了自己责任的多数人之下。这个小资产阶级的乌托邦和超阶级国家的思想是不可分离的相联接一起，在实际上这个乌托邦结局是背叛劳动阶级利益的，这是已经历史证明了的。例如法国 1848 与 1871 的革命史以及'社会主义'者在 19 世纪末和廿世纪初参加英国、法国、意国和其他国资产阶级的内阁的事实均证明了的。"（同上 29 页）

一般人总是说，中国资本主义之不发达不是受了资本主义的压迫，因此，中国革命不应该主张阶级争斗，以免破裂民族解放运动的联合战线，这不惟不知道经济发展之原理，而且也不知现在帝国主义时代的大势。

列宁说："马克思主义告诉我们说，以商品生产为基础，且与先进资本主义国家发生交换关系的社会，到了发展的相当程度时，它自己必然走上资本主义的道路。民粹派和无政府主义者，以为像在俄国这样国家，可在资本主义范围之内，不用阶级斗争，而采取别种道路以不经过资本主义的发展，避免这个资本主义或跃过这个资本主义——马克思主义者对于这类的梦想是毫无关系的。"（列宁著《两个策略》中译本 38 页）

斯大林说："以前分析无产阶级专政的前题，通常总是用或此或彼单独某一国的经济情形的观点来入手，现在这种观点可就不充分了。现在应用全体或大部分国家的经济情形的观点，用世界经济情形之观点，因为各个国家、各个民族经济已不是单独的自足经济，而变为一个叫做世界经济的整个锁链之铁环了，因为昔日的'文明'的资本主义变成帝国主义了，而帝国主义却是一个少数'先进'国家，用财政的方法奴视兼压迫地球上及大多数殖民地人民的全世界系统。"

"从前惯说在某些单独的国家里面，更确切的说在此或在彼先进的国家里面，无产阶级革命的客观条件是否存在，现在这种的观点已不充分了。现在应该说在世界帝国主义经济整个的全部系统中，革命的客观的条件是否存在，因此在这个系统的组织当中即令有几国在工业上尚未充分的发展，也并不是对于革命不可过的障碍物。只要是整个的系统，或更确切的说，因为这整个的系统对于革命已经成熟了。"

"从前惯把这个或那个先进国的无产阶级革命，看成一个单独的自足的大小拿来和一个单独的民族的资本的战线两相对照起来说，现在这种观点已不充分了。现应该说世界无产阶级之革命，因为各个民族的资本战线已经变成了一个叫做整个世界帝国主义的战线的锁链的各环，对于这个帝国主义世界之战线，不能不把一切国家的革命运动的共同战线拿来对照。"

"从前大家曾把无产阶级革命看成单是某一国内内部发展之结果，现在这种观点已不充分了。现应该把无产阶级革命首先就看成是帝国主义世界系统中的矛盾，的发展，的结果，是在此或在彼国家中世界帝国主义战线的锁链破裂的结果。"

现在世界已分成两个整个的营垒，一个是资产阶级，一个是无产阶级，就是说一个是压迫阶级，一个是被压迫阶级。要消灭国家要消灭阶级，只有将压迫阶级打倒，要打倒压迫阶级只有用暴力革命，无产阶级专政，经过这个过渡期才能到社会主义的社会，才能消灭国家消灭阶级，到各尽所能，各取所需的无产阶级政府、共产主义的自由平等社会。

列宁说："马克思主义者和一般资产阶级的理论家大区别就在这里，且在这个试金石上可以验出对于马克思主义真正了解和承认。不仅一切机会主义者和改良主义者，而且所有的考茨基主义者（他们是介于马克思主义者与改良主义者之间的人们），否认了'无产阶级专政'，都变成可怜的庸俗的下流的痴子和小资产阶级的民主主义者，欧洲之历史将这个问题摆在工人面前，是没有什么奇怪的，1918 年八月（即在此书出第一版刊行很久以后）出版的考茨基的《无产阶级专政》小册子，便是小资产阶级割断马克思主义和表面虚伪承认马克思主义，而实际上完全拒绝他的一个例子（见我的小册子——《无产阶级专政和背叛的考茨基》，莫斯科，1918 年）。现在的机会主义者主要的代表，过去的曾经做过马克思主义者的考茨基，完全是在上面所说的资产阶级思想影响之下，因为这个机关范围投机主义把承认阶级争斗的范围限制于资产阶级范围之中（在这个范围内没有一个受过教育的资产阶级的自由派在理论上会拒绝承认阶级争斗！）。机会主义不把承认阶级争斗的一点一直引到最主要的一点，一直引到由资本主义到共产主义的过渡时期，一直引到推翻资产阶级和完全消灭他的时候，在实际上，这个时期必然是非常猛烈的阶级争斗时期。所以，这个时期的国家必然是新的民主的国家（如无产者及一般贫困者）和新的专政（反对资产阶级）的国家。只有明白了这几点之人，才能和马克思对于国家的学说的实际为一体，就是明白了：一个阶级的专政，通常不仅为任何一个有阶级社会之必须，不仅为推翻资产阶级的无产阶级所必须，而且为把资本主义和没有阶级的社会和共产主义划分出来的整个历史时代所必须的。"

"资产阶级国家的形式，虽然非常复杂，但其本质只有一个：就是这些国家在最后的分析，他必然是资产阶级专政。"

"由资本主义到共产主义自然不能不有极丰富而且极复杂的政治形式，但其本质只有一个：'无产阶级专政'！"（列宁著《国家与革命》中译本 41-43 页）

"由资本主义社会过渡到共产主义社会，非有一个'政治上的过渡时期国家，只是无产阶级革命专政'是不可能的。"

"这样专政与民治主义的关系怎样？"

"在共产党宣言上：'无产阶级的组织属于统治地位'和征服'民治主义'的两种意义是紧相衔接的，根据上文可以很正确的断言，由资本主义到共产主义当中，民治主义将有若何的变化。"

"在资本社会最良好的条件之下，或多或少的表现出较完善的民治主义，但仍限于资本家剥削的范围，到底不过是少数的，有产者的，富人的。资本社会的自由始终和古代希腊的共和国差不多，奴隶主之自由。现时的工钞奴隶因为受资本家的剥削，照常为糊口穷困所驱迫，救死不暇，那有过剩的时间去问政治，或'德谟克拉西'在通常大多数人民是被逐于政治及社会的生活之外的。"（同上 119-120 页）

"资本主义的德谟克拉西必然是偏狭的毫无顾忌的，将穷人除外，再者是伪善的或欺骗的，但从这种坏的德谟克拉西过渡到逐渐改良的德谟克拉西，决不像一般自由派的教授先生们和小资产阶级的投机分子所想的那样简单，那样平稳，决不如此。进步到共产主义，是要经过无产阶级专政的，一定不会是别种形式，因为要打破资本家剥削之抵抗，除了专政没有其他方法，除了无产阶级没有实行人。"

"不宁惟是无产阶级专政——即是被压迫者先锋队的组织占据统治地位去镇服压迫者，不能仅仅限于德谟克拉西之扩大，同时这种扩大了的德谟克拉西，是穷人的德谟克拉西主义，第一次出现是民众的德谟克拉西主义，而非从前长享福人的德谟克拉西主义了，无产阶级专政对于压迫者，剥削者，资本家的自由加上了许多的限制。为要使从工钞奴隶解放出来，我们必须镇压这般人，对于这般人必须用武力破坏他们的抵抗，凡有镇压的地方和暴力的地方，便没有自由和德谟克拉西这是很明显的了。"

"读者当能记起恩格斯给伯贝尔的信中曾恰好说明此点（见《国家与革命》第四章第三部分），他说：无产阶级'运用国家，不在于为自由的利益，而是因为有他的敌人，并且到了可以讲自由时，这样的国家就要消灭'。"

"对于广大的民众有德谟克拉西，对于人民的剥削者压迫者则有暴力的镇压，即是弃之于德谟克拉西之外，由此便可晓得由资本主义到共产主义的过渡期中，德谟克拉西将发生何种变迁。"

"只有到了共产主义社会，资本家的抵抗才真正破除，资本家消灭了，从此不复有阶级存在，即是说社会中的分子在生产关系中不复有差别了，只有那时'国家才失其所在，而人们始能讲自由'，只有那时完全的德谟克拉西才有可能，而要实现，并且没有分毫的例外，并且只有那时德谟克拉西亦要开始死亡了，因为资本主义制度下之奴隶已经解放了，一切资本剥削下的丑态、野蛮、狂妄，以及无量数的卑鄙无耻都扫清了，人们渐乐于社会生活的日常法则，法则演为条文不勉强而人皆听从，没有强迫，没有屈服，亦没有特别强制机关唤作国家的这样东西了。"

"国家衰亡这句话是很佳妙的，因为他既能表明徐徐的过程中，又能表明国家的物质上的命运。惟有习惯，才能产生这种现象，这是毫无疑义的，我们已经看出人们对于社会中不可缺少的规律，是容易于习惯的，只要没有剥削和引起愤恨反抗叛乱，亦没有镇压的需要就行。所以资本主义社会只给我们一种残缺的，惨酷的，假冒的和只能富人和少数人的德谟克拉西，向共产主义的过渡时期的无产阶级专政是第一次民众的多数的德谟克拉西，同时对少数剥削予以无顾恤的镇压。只有在共产主义之下才能实现真正的、完善的德谟克拉西，但是他越完善，便越变为无用而离自己死亡的时期日近了。"

"从另一方面言之，在资本主义之下，有与原来'国家'字义相符合的'国家'，即是一阶级镇压别一阶级，少数人镇压多数人的特殊机关。"

"像这样一种任务以少数剥削者压服多数被剥削者，很明显的非有极端的暴恶和残酷不能成功，综观变人类于奴隶，农奴和工钱工人的历史，不知流过了多少海洋的碧血。"

"当由资本主义到共产主义的过渡期中，镇压的手段还是必须的，但这是多数被剥削者镇压少数剥削者，国家这副特殊的镇压机关仍是必要的，然这只是过渡的国家，和从前的不同了，因为以多数旧日工钱奴隶去镇压剥削者是一件比较简易而顺手自然的事情，其中的流血必大大的减少，比从前镇服奴隶及工钱工人的叛乱，轻之又轻。同时虽然这种广大的德谟克拉西包含着极大多数的民众，甚至于使特殊镇压机关之需要亦要开始消灭，而这种国家与这种德谟克拉西是相容时，剥削者必须用极复杂的特殊机关方能镇压民众，但民众镇压剥削者并不需要特殊机关，就用武装民众的简单组织就够了（这就是预指的兵工代表苏维埃一类的组织）。"

"总之，只有共产主义使国家变成废物，即那时不再有压迫之阶级了，也没有反对某部分民众之系统的斗争了。我们不是乌托邦派，毫不否认个人有出轨行动之可能和必然，亦不否认有制止此种行动之必要，特绝不要一副特殊镇压机关去制止武装民众须负有此项责任，这种责任之容易好像现在社会之分离斗殴者和禁止强奸之类一样的容易和简单。更有进者，犯法之主要原因即是由于剥削群众使群众陷于灾患贫困，一旦主要原因铲除后，越轨之行动也就必然要消灭，至于消亡的速率和程度如何并不得而知。但终归消亡乃系必然，到那时国家就随之而消灭了。"

"马克思并不陷于乌托邦，他更详细指出实现共产主义必有的两种形态：一为低级，一为高级。"

"共产社会的初期形态：马克思说：此地我们所研究的是共产社会，他非从本身基础上发展起来的，而是刚从资本社会出来的，所以他由母胎内带来的旧社会的残余，为经济上、道德上、学术上各种关系都还有。"

"这样刚从资本主义母胎中出来的，尚带有旧社会的迹象的共产主义社会，马克思说他是共产主义社会的初期形态。"

"此时生产方法已非个人的私产，而是属于社会全体了。社会中每个分子执行一部分社会必需的劳动，收得一张劳动量证明卷，拿这张卷可到公共的铺店里去取多余相当的生产品，除扣出交付社会基金外，每人所收得的与其所工作的相等，这时便出现一种形式上平等。"

"在共产主义社会初期中，公道和平等还不能实现贫富之差别，公平之差别都还存留，但是那时人来剥削人的事不能存在了，因为那时谁都不能把生产方法、工厂机器、土地据为私人的财产了。马克思从大体上把拉塞尔对于'不平等'和'公道'那种资产阶级的公式打破之同时，指出共产主义社会必经的形态，在起始只能破坏生产方法的私有，但还不能一举便也破除了消费中只按工作不照需要的不平分配。"

"平庸的经济学者不断的攻击社会主义者，说他们不管人类的不平等，而梦想消除这种不平等，这种攻击只表明资产阶级的理论家的绝顶昏聩。马克思不但很精确的顾到这种不免的不平等，而且顾虑到仅生产方法之社会化——社会主义的旧意义——还不能去掉分配上和资产阶级法权之不等的缺点，只要生产品按工作来分配时，分配上'资产阶级法律'上的不平等仍旧存在。"

"马克思接着说：'这些困难在共产主义社会初期是不可免的，因他是出自资本主义社会，有长期而痛苦的分娩，只有经济情形和社会文化程度发展之后，方能有更高度的权利。'"

"这样说来与共产主义社会初期通常称为社会主义，'资产阶级的法权'只有局部的取消，即是说经济革命做过，只把生产方法变做社会的而已。'资产阶级的法权'将产业归于个人，社会主义则归于公共，只有在这方面的'资产阶级的法权'是取消掉了。"

"但是在另一作用上他尚存留着，他仍然是一切生产品和劳动的分配之标准。'不作工者则不得食'的社会主义的原则，是已经实现了，'等量的工作得等量的报酬'，这个社会主义的原则也已经实现了，但是这仍不是共产主义，'资产阶级的法权'亦尚未废除，因为这个法权对于能力不等、工作有差的人们予以和他们所制生产品等量的报酬。"

"马克思说：'这是一种困难，但在共产主义社会初期是不可免的，因为倘不陷入乌托邦主义，决不会认为资本主义甫经推翻，人们就马上去为社会工作，不要一点法律之管束，资本主义曾经铲除，劳动方面不能立时发生这样的变化。'"

"然而除'资产阶级法权'之外，实在没有他种纪律，因此，尚有保存一个'国家'的必要，一面维持生产方法之公有，同时维持劳动之平等和分配之平等。"

"国家之死亡一定在资本家和一切阶级完全消灭和没有压迫某一阶级的需要之后。但是国家仍未完全死亡，因他还要护持着'资产阶级法权'去管理当时事实上之不平等。"

"要国家完全死亡，必须到共产主义完全成熟的时候。"

"共产主义社会的高级形态："

马克思说："共产主义社会的成熟时期中，个人附属于分工的事实便要消灭，劳心、劳力的矛盾自然不能存在，那时的劳动不仅仅是维持生活之手段，并且是生存上的第一要务，那时个人的一切能力大大的发展，生产力自然激增，所有一切的集体财富必然丰富的涌出——只有那时'资产阶级法权'的狭隘天空，才可以完全的脱出，那时社会便可以在他的旗帜上写出'各尽所能，各取所需'。"（同上137-139页）

要照以上的路线才能达到无政府共产主义时代，现在俄国已经实现了无产阶级专政，已经有了成绩，并不像一般无政府主义的乌托邦，口头说来骗人而专作背叛革命的行为。

七、蒋介石叛变与一般人的谬见

蒋介石的言论是非常可鄙的，他装作惟我独尊的样子。常说：我是国民党的领袖，我有权力。他把国民党和共产党当作他两个儿子看待。他说：当共产党还弱的时代，他要扶持他，现在共产党强了，共产党对于国民党表示强横的态度，有强横的行动，我是国民党的领袖，有纠正和制裁他的权力。这种说法，完全不知道党是什么东西。列宁是创造多数派的人，谁都承认他是世界伟大人物，但我们看"斯亦略夫"说列宁的态度是何等平易近人哟！他说："我们到巴黎的第三天与列宁约会谈话，傍晚我们就到工人新闻编辑局，他是小小一个门房地方，这就说是中央委员会，季诺维也夫招待我们，我们并不注重与他谈话，大家一心只待列宁来。不一会从邻室有一人出来，就坐于窗下椅子上，穿一件很坏的衣服，额秃而高，这是一个甚么人，大家毫未在意，季诺维也夫也同大家一样不注意他，还是向我们问这样那样，并过十五分，我不耐烦，就问季诺维也夫说，我们等了许久了，究竟列宁何时来呢？季诺维也夫才笑出来，向他旁边那人一边看一边说：列宁同志已经到了哟！于是大家都笑起来，列宁再近我们一点，谈起话来。这才非常高兴。"列宁的领袖态度，真令人折服。孙中山是创造国民党的人，也是伟大的人物，从未听见他自称过我是国民党的领袖等可鄙的言论。人之度量相越，真是太远了。但是在中国这种社会，是用得着自夸，而且国民革命军的总司令也交他作了，造成了他的地位，一般游离的反革命份子，及被革命军打败了而投降的军人，有了蒋介石背叛革命的南京政府，就额手称庆，得到一条出路，自然麇集起来，就形成一种力量。中国人往往有一种思想以为国家太弱了，假使有人能征服列强者，虽如法国拿破仑之称帝，亦所甚愿，如袁世凯对于日本所提廿一条尚不肯接受时，黄兴、李烈钧、陈炯明等一般亡命的人，就打电报与袁世凯，愿放弃革命，赞助他对外，有人还说这是深明大义，就是一个好例。现在也许有人说，只要蒋介石能推倒了张作霖，也不必苛责他了，就是中共中央（八月会议以前的）也有蒋介石比其他军阀好些，汪蒋分裂，中国的革命就要灭亡等意见，所以去年十月国民党中央委员各省代表联席会议时，左派的请汪复职口号，中共中央还改成汪蒋合作的口号，本年三月党权运动时，中央也没有政策，也没有决心，以为这是国民党内部之争，只有几个在国民党的中央委员坚决行动，才把蒋打下去了。蒋比其他军阀好些的意见是忘了阶级对峙的意见，会犯社会爱国派的毛病，在封建军阀的四分五裂的中国，赞成这个意见的必多，我们现在把列宁的话引来指责他的错误。

列宁说："在资产阶级革命的过程中，和在被压迫阶级独立运动的时候，国家是如何的变迁？资产阶级社会内之集中的国家权力，是产生于专制主义崩坏的时期。全体官僚和常备军这两种组织是国家机器的表征。"

"马克思和恩格斯在其著作中很丰富的说明这两个组织如何的千头万绪的与资产阶级联系起来。"

"全体官僚和常备军队——便是资产阶级社会本身上的寄生虫，由根本破坏这个社会的内部矛盾所产生的寄生虫。"

"自从封建制度破坏，欧洲成为许多资产阶级革命的大舞台时候起，这些官僚的和军阀的机关便日见发展，完成和巩固起来。于是小资产阶级倾向附属于大资产阶级，特别是大资产阶级利用这些机关给上层农民、手工业者和商人等，以比较舒服安静而荣誉的地位，使他们在普通人民之上。"

"我们试看一看 1917 年二月廿七日之后，半年中，俄国发生一些什么事件，前此情愿让与黑色百人团人的官吏地位，成为民主立宪党，少数党和社会革命党的赃物。实际上没有人想到重要的改造。他们的努力，迟延改良的日期到宪法会议，而宪法会议又要到战事终结之后！但是对于瓜分赃物，占据几个阁员位置，国家的秘书、将军、省长等位置——却没有延期，没有等候宪法会议。内阁组合的把戏，不过在全国和在中央与地方行政机关中从上到下的分赃表现而已。从1917年二月廿七日到九月廿七日，这六个月中的结果，毫无疑的是什么行政改良事业都延期了，官吏位置的瓜分好了，瓜分的'错误'也已经用新的瓜分改正了。"

"各资产阶级和小资产阶级的政党（如以俄国为例，则有民主立宪党和社会革命党、少数党）发生瓜分官吏机关的事件愈多，则一切被压迫阶级，尤其是以无产阶级为首，愈明白他们和整个资产阶级社会的对抗是不可避免的。因此那些资产阶级的政党（所谓民主党和民主革命党人也包括在内）必然的加紧压迫革命的无产阶级，并使压迫的工具，即国家机器更加强固有力。"（同上34-37页）

"'执行权力'以及官僚的和军队的机器，改善了，巩固了，毫无疑义的，这些便是一般资本主义的国家里所有近代进化中之共通点。"

"特别是帝国主义，银行资本时期，伟大的资本主义垄断时期，由垄断的资本主义时期到国家的垄断的资本主义时期，他表现'国家机器'之特加巩固，官吏和军队机关之空前的增大，是对无产阶级之压迫相关连的。在君主国里、在共和国里是一样的。"（同上39-40页）

如果忘了阶级对抗，不看清革命与反革命的性质，结果就会帮助了敌人，顽固了敌人，姑毋论蒋介石不能改革一切的弊政，即使蒋比其他较强或较能干，亦不应该维持他，而且尤应该反对他，为什么呢？因为强固资产阶级的势力，就是加强反革命的势力，比如莫梭利尼他能励精图治，在一面看来，似乎也有一技之长可取，我们为什么要反对他呢，就是因为他造成"法西斯蒂"来强固反革命势力，如果不把阶级分清，就会陷于机会主义爱国主义的错误。

蒋介石宣言（南京政府底"实施的纲领"）第十条中说：

"中国面前有三条道路：

第一屈服于军阀和帝国主义之下！

第二循着共产主义的路径进行！

第三实实在在地实施国民党的三民主义，并建设强有力的政府。"

自由派非常长于利用这种情形。他们戴着中国真正解放者的假面具，处于反共产主义者的地位，看待共产主义者为"俄罗斯政府"的走狗，并利用一切普恩赉、张伯伦及"国际"社会民主党人的精美的谣言。上述宣言之第四条中之一项，非常狡猾诡诈地而同时又——从欺骗群众的观点上说来——聪明地造作以下的条文：

"国民党（显然是右派的蒋介石及其伙伴们）根据民族平等的原则，主张民族自决和联合世界革命（不要开玩笑了！），而共产党人都甘心降服于俄罗斯的把戏之前。"（布哈林著《若干国革命的现状》）

蒋的宣言中说，将来也要允许八小时工作制及减轻租税等，但是他那一样做到了呢，连武汉明令今年减租百分之二十五也取销了，至于勒派军费，发行公债，加税等等，只要看孙科在上海与商业团欢迎会演说，就知道搜括的利害，他说：

宁汉两方军费每月定为至少二千九百万元，此仅指饷款而言，临时者至少须一千万元一月，东南担负月一千数百万元。

现在发行盐余券六千万，五省房捐两月借取助饷六千万（江浙可收二千至三千万）。

卷烟保管税　　每箱一元

加征渔业税　　百分之五十

增加码头捐　　按货每件增二三层

开征房证金

发行二五附税库券二千四百万

前线兵士三个月中每名只发小洋六角或八角。

勒派军费急于星火，而一切改良都延了期。这也是像俄国 1917 年一样，甚么改良都延期，但是他们分赃却不延期。

然而不能说他们绝对没有使人民希望的地方，如整练军队来打倒一二军阀，向帝国主义小小收回一点利权，帝国主义对他要表示一点让步，来巩固他的势力，这都是可能的事，这就是资产阶级与帝国主义勾结的收获，但是巩固了帝国主义的权利。

阶级的分化，诞生了蒋介石。蒋介石诞生了冯玉祥，冯玉祥诞生了唐生智、何键、程潜和武汉的将军们，这样便是在军事上表现出来的资产阶级的联合。再进一步，就是各资产阶级的大联合。

阶级的分化，是革命过程中必有的现象。只可惜当时有许多革命必要的手段，武汉一般人未能采用，使反革命的资产阶级易于成功，且为后来武汉叛变的引线，这是"八一革命"的远因。

第三章　"八一革命"的近因

武汉政府人员的阶级成份，本来是很复杂的，尤其是军事领袖如唐生智、程潜、何键等仍旧是封建残余性质，他们的反对蒋介石，不是站在革命的阶级观点上，而是站在个人利害上，故时时有走向反革命道路的可能。但是这时代的武汉政府，确实是革命的，确实是革命的组织中心。

一、第二次北伐的决定

当汪精卫初到武汉时，形势自然很好，大家对于蒋介石叛变都非常激昂，立刻就要出兵讨伐，但是蒋与奉张妥协说，奉张军队时时可以向武汉逼迫，南京、上海既有帝国主义的重兵，又有张宗昌、孙传芳环伺。假如武汉倾全力以取南京，不但京汉路上颇难固守，即到南京以后，仍无法对付上海帝国主义的武力威胁和抵御孙张二军的合击，蒋介石即败，尚可安然退守闽浙，仍然不能消灭，结果于军事上不利。不如把奉张在河南的军队肃清，把冯玉祥军队引出，将对奉的责任交冯，而倾武汉全军力量以肃清东南较有把握。因此，二次北伐的计划遂定，而蒋遂得安然发展他的力量，武汉又从新起了阶级分化。

二、促成武汉叛变的事实

武汉政府背叛革命，约有以下几项事实促成：

1. 军事的紧急

四月底第二次出师北伐，因敌人勾结土豪劣绅利用红枪会，在柳林截断京汉铁路交通，军事颇不顺利，五月六日杨森由万县进攻宜昌，夏斗寅不但不抵抗，反潜师偷渡岳州，直袭武昌，五月十八日叛兵前队已到达距武昌三十里之纸坊，且有与唐生智、何键暗中勾结的消息，武汉当局惊慌失措，徐谦、顾孟馀密电潼关冯玉祥请作调人，向蒋介石谋妥协，一面剃胡须进租界，一面结束工作（顾孟馀命发中央日报社职员各二三十元，命各自逃生，解散该社），安置银钱（徐谦交存日本三井银行十余万元），他们恐慌的情形可以想见。幸而十九日叶挺即将夏斗寅击溃，武汉危而复安，北伐军陆续也得了胜利，他们神魂虽然稍定，但态度就开始动摇，二十一日，长沙许克祥叛变（所谓马日事件）发生，他们竟袒护叛将，不惜牺牲湖南省党部及省农会及数百万有组织的农民，说湖南农运"过火"，应该加以惩罚。

2. 财政的困难

两湖及江西平常的收入不过五百万元，现经兵事过后，元气未复，湘西鄂西旋得旋失，交通梗阻，商旅不行，每月收入不过三百万元，少时仅百五十万元，每月支出不下八百万元，当这用兵时间，月需一千三百万元，相差太多，不能不设法补救。除集中现金，停止兑现政策外，最要的是联络城市小资产阶级的工商业者来活动金融，救济失业工人，打破帝国主义的经济封锁，所以有保护中外工商业的政策，发了许多命令，但这与扶持工农利益的政策有不少的矛盾，加以帝国主义及资产阶级正好乘虚进攻，企图收回已许给工人的利益，而加以根本的打击，政府当局为救济他们的经济恐慌，实行保护工商业小资产阶级，不惜牺牲工农的利益来取得他们的欢心。如中央据财政部一个小小烟酒收税员的报告说，黄冈县农民协会，曾有铲烟苗，禁酿酒的行动，所以无税收，当局就赫然震怒，立刻将黄冈县党部及农民协会解散，并要拿办负责人员。又据财政部报告说，汉阳机器工会收管了周文贞等的工厂，没收了他的财产，汉阳县党部和县署拘捕了周氏弟兄，当局就大发雷霆，解散汉阳县党部及工会，说他违反了政府保护工商的命令。其实这是周氏等暗受帝国主义运动，企图将现金私运出境，停闭工厂来困穷武汉，工会以为他们运现金出口，违反了集中现金的命令，报告县党部及县政府，县政府才将周氏拘禁，工会以工厂无人管理，恐遭损失，仅派人看管，并行管理工厂。财政部的贪官污吏，正想借故反攻工农，不惜小题大做，适逢政府右倾的时代，故竟有此反动的命令，也不由人申辩。当前方军事甚急，英帝国主义军舰集汉，交通断绝时，武汉粮食及前方军米，均靠湖南供给，而湖南运米，非得农民协会许可，不能出境，政府当局以为湖南农民协会故意与政府为难，十分愤恨。湖南民气极为发扬，帝国主义等工商业，不能立足，美孚及亚细亚各公司煤油，必须整卖与农民协会，由该会分卖与人民，该公司不愿，拟将煤油运走，以困厄人民，农协阻其运返；或竟强迫收买，帝国主义者说人民没收商品，向武汉政府提出抗议，湖南全省外国人相率离去，只剩一人，于是海关无人管理，党部就临时组织一海关管理委员会来暂行管理海关，青年会的财产亦无人管理，自愿交党部接收，因此帝国主义者就大造其谣，说湖南已实行收回海关，没收外人财产。武汉政府又嫌湖南运动过激，事事违反中央政策，武汉工商业者见政府要拉拢他们，他们正好乘势反攻，要将从前已经许可工人的条件根本推翻，于是又惹起许多纠纷，每日必发生困难问题数起，使得他们头痛。孙科常怂怂的说：革命时代的工人，也应牺牲一点来帮助革命，使革命成功后，才能得到真正的利益。但是他从不责备厂主和店东一句，而只责备工人，因为他要讨好于工商业者以救穷困的财政，他发行了六千六百万流通券（中央、中国、交通三银行）二千万国库券，物价提高了数倍，而工资不肯增加，武汉政府下的工人被剥削，尤甚于白色下的其他各地，但政府还只是天天骂工人捣乱，不顾政府联合资产阶级的政策。

3. 工人阶级争斗之加紧

自从"一三"案政府得工人伟大的力量，使外交上得了胜利，二、三月党权运动政府要借助于工人的时候，政府颇能维持工人，工人组织更日见发展，势力亦越加雄厚，工人与厂主和店员与店东的斗争，因有政府为后盾，工人总是能占胜利的。对于镇压反革命派，全靠工人纠察队和童子团，所以外国报总说工会是武汉第二政府，或简直称武汉政府为工人的政府，及到党权运动成功后，北伐开始，政府要保护工商业者以裕财源的时候，他们对于工人运动就渐渐厌恶起来。当时的领袖徐谦先生说：工人纠察队自行去捕人，是私擅逮捕，破坏了国家法律，宜昌总工会捕获了由四川来的反动分子，两湖各县惩办了许多劣绅土豪，现在也要禁止各地工会、农会直接捕人，以及群众开会来判决杀人等事。于是中央下令，以后捕杀反革命只能由政府合法机关执行，其他机关只有报告权，无直接行动权，政府机关则对于反革命毫不惩办，而且曲为解脱，如去年北京"三一八"惨案凶手贺得霖，舆论均以为应枪决，而徐谦允其出银20万元释放，刘玉春为困守武昌城的主将，牺牲我士兵、人民不下数千，或且达万，审判后竟延不判决，随后释放竟使仍作师长。这样放纵反革命，而反革命的屠杀我们，则以万计的事，竟掷诸脑后，这种对敌人的仁爱，对同志的残忍，证明他们已经怀有二心了。

店员工会为推翻城市封建残余的利器，但政府最恨他，屡次提议要解散店员工会，说店员不是工人，他们应该受商民协会的辖治。这里是有很重大的意义的，中国的店员，是城市资产阶级和店东的奴隶，平素都称为"学徒"，自小就在某家店里一面学习营业，一面为店东服务，干那龌龊卑污的事（倒茶，拿烟，扫地，盛饭，提夜壶，倒马桶等事），他们的一部份是得到工资极薄，另一部份则毫无报酬（中国的学徒制是很普通的，在大的商店中三年的学徒有极微的报酬，小店则全尽义务），每日工作无定时，自朝至暮，至少也有十四点钟以上的工作。除年关过节外，没有休息的日子，他们的工资本来就极微极少，而增加又极微极慢，到现在他们还用铜钱作单位，同他们计帐，还是原始的几串钱一月的规矩，现在银元价比十年前差了一两倍了。他们工资太薄，何以能维系他们呢？他有两个方法，使他们不能独立，不能离开，一个是阶级可以迭升，由学徒可以渐渐升为掌柜，后来，即可以作店东，也可以奴使人，剥削人；一个是工资虽然不多，可以"长用"若干，甚至于超过工资数倍，每个节关结帐时，可避免偿还，这是表现店东的一种恩惠，但也是店东的一种压迫人的利器，因为，如果掌柜、学徒不好，或是另图职业，则店东即提出"长用"的债务，迫他偿还，他无力还债，也只得仍屈服于店东的凶恶之下，过他们的奴隶生活。自有了店员工会，就将他们这种恶例打破，店员的工资，骤加了数倍，而其实因他原价太低，虽觉数字增加，而其实亦并不过分。又取消了"长用"习惯，店员有时或反而所得较少，所以店东方面，情愿保持旧习，多给与"长用"之钱，而店员方面，因为有了阶级意识，情愿得少数正当工资，不愿得受此"长用"利益，以损他的人格，所以店员工会阶级争斗的意义，且深过长于经济争斗的意义。童子团多为青年店员所组成，在武汉极活动，小资产阶级恨之最深，故与工人纠察队都为武汉政府日日所想解散的团体。罢工问题最难解决，帝国主义者及资产阶级实行经济的封锁，将他们的工厂关闭，失业工人于是加多了。英美烟草公司工厂停闭后，工人以禁止卖该公司纸烟为抵制，而该公司由上海运来烟二万包，工人即予以没收。政府又说工人违反政府保护工商业的命令。日本泰丰纱厂停闭工厂，工人因怕失业，不许将该厂存留之二万包棉花运去，但政府向工人担保该厂交付工人们以失业期工资，待该厂运去此货后，工人们的工资竟成空话，工人向政府要求向日人交涉，日人悍然不理，这件事就此了事。

4. 农民为土地而崛起

北伐军到湖南时，农民已经有很大的力量帮助了北伐军，到了以后，一天比一天发展，到今年三、四月湖南有组织的农民已经达五百万，他们自己起来打倒土豪劣绅，夺取乡村政权，进而没收地主土地，土地革命就要实现，武汉国民党中央对于土地问题，尚未虑及，更说不上有具体的办法，当地党部要求中央指示解决土地问题的方法，中央才有土地委员会扩大会议的召集。开会时武汉革命空气尚浓厚，列席这个会议的人，除了中央委员外，还有重要的军官，如唐生智、何键和地方领袖人物，最初大家都非常热心，主张没收大地主的土地来给与贫农耕种，汪精卫且主张在 30 亩以上者，即行没收，结果肥地在 50 亩以上，瘠地在 100 亩以上者，即行没收，制定没收土地法，佃农保护法，自本年起实行减租百分之廿五。又恐没收土地扰及前线将士家属，动摇军心，所以又特别制定保护军人家属财产法。这个会议尚未完结，湖南农村革命的洪涛已卷起了绝大的风浪。各地土豪劣绅都跑到武汉来对湖南大人、先生们哭诉，咒骂农民协会，说他们如何残暴，如何残害善良，如何打倒土豪劣绅，说他们觉得"有土必豪，无绅不劣"，私擅捕杀人民，湖南全省已成了什么洪水猛兽世界。这些说辞，惊坏了一般封建资产阶级的人们，觉得阶级斗争在他们的面前实现了，危险万状，因此骤然改变了他们的态度，当没收土地法，及保护军人家属财产法，提交政治委员会时，后者倒也得到多数的赞成通过，前者则只有两人赞成竟被否决。有人问汪精卫说：我们已有惩办劣绅土豪条例，又有保护军人家属财产法，假使军人的家属就是土豪劣绅，或者原是土豪劣绅，因为要避祸跑到军队里去作书记、顾问、参谋这种事实，是适用那一种法律呢？汪不能答。湖南农民问题愈闹愈凶，不说某军官家属被杀害侮辱，即说，某军官的土地被没收，禁妇女缠足，剪妇女头发，改易风俗等说，盛传一时，整个社会为之动摇，封建基础将要打破，反动之来，已在意中，五月十八、九两日，夏斗寅叛兵将到武昌，长沙与武汉交通断绝，长沙"马日事变"，因之而生。许克祥围缴农民协会械，围攻工会、党部，下令将省工会、省党部解散，发出拥蒋口号，屠杀工农及党部人员，全省顿成白色恐怖。农民虽愤而进攻长沙，因中共指导机关有撤退进攻命令，致未能全体同时进攻，以致未能攻破长沙。武汉政府及湘籍军人公然祖护许克祥，唐生智在前敌虽然打了一个要惩办许克祥的电报，但他一到了武汉见空气已变，遂显出其本来面目，所以他奉命查办的时候就说："要先驱逐 CP（CP 即左派的代名词），然后才有办法，长沙事变是农民过火及暴

徒的煽动，军队为自卫起见，不得不然。"盖工农运动，他们都看作是
CP 捣乱的行为。

5. 湖南省农民会议的激刺

湖南农民协会实际上掌握了全省政权，谷米非得农民协会许可，不
得出口，招兵非得农民协会帮助，不能成功。湖南省党部想实行苏维埃
制度，以巩固农民政权，提出湖南省民会议条例及组织法于国民党中央
请求批准。四月二十二日政治委员会修正通过，并决定湖南于五月内召
集省民会议，这是于国民党政权下造出两重政权的办法。为什么国民党
中央不反对呢？因为他们想利用他来制唐生智，使唐生智不能独霸湖南。
但是这个条例虽然通过了，国民党人就有一种感想，以为我们打到北京，
共产党就要以国民会议来夺取国民党的政权了。

6. 帝国主义的威吓

帝国主义的经济封锁和武装威胁。工厂停闭，引起工人失业问题，
银行停业，引起经济恐慌，而且于南京事件，及各地保护外人问题，英
国以"哀的美敦书"来逼迫，日本也同样来威迫，外交困难，致使当局
恐怖。

7. 由阶级斗争之加急而反映出之两党关系

三月国民党开中央委员全体会议时，顾孟馀主张必须共产党派员加
入国民政府，共同负政治上的责任，并提出统一革命势力案，以改善两
党的关系，组织两党联席会议以解决一切问题，徐谦公开的演说："联
俄，联共，农工，三大政策，是整个的政策，不能分开的。因为中国革
命，必须打倒帝国主义才能成功，帝国主义是有国际性的，非中国一个
国家所能打倒，故必须联合世界上反帝国主义的国家，民族及阶级，苏
俄是反帝国主义的国家，故必须联俄，但俄国是共产主义国家，联俄而
反对共产党是矛盾的，故必须联共。共产党是代表工农无产阶级的政党，

联共而反对工农政策，也是矛盾的，所以本党的三大政策，是一贯的，不可分的。"孙科说："有人说共产党想消灭国民党，这话是不合道理的，如果国民党能够代表民众利益来革命，民众自然拥护他，谁也不能消灭他；如果国民党不能代表民众的利益去革命，则失去民众的信仰，不必共产党来消灭，他自归于消灭。"汪精卫说："现在反革命的人，往往以反共产为口实，故名为反共产，实在反革命。"又常在报上大书"革命者向左来，不革命者滚开去！""为工农利益而革命，不是为革命而利用工农！"他并且说我们要实行革命的三民主义，南京蒋介石所讲的三民主义是抽去了革命性的三民主义，有人补充说，孙中山的联俄，联共，农工三大政策，就是三民主义的革命性。他们主张、言论这样彻底，谁也想不到他们会自己反对自己，乃不久他们竟走到自己反对自己的一条路，顾孟馀给汪精卫的电报说："再不要跟着共产党失败，因为这个失败，是永远的失败，我们要做我们的。"他并且要检查标语口号，他说："名为反共产，实在反革命！"的口号和"拥护联俄，联共，农工三大政策"等，都是共产党的口号，不是国民党的。又说，中国工业不发达，没有无产阶级，无业流氓，不能算无产阶级，不知道他把中国数百万产业工人，看成什么东西。徐谦说他反对共产党而且很厉害的，孙科说：共产党要消灭国民党，我们势不两立的。汪精卫拿出乐易给他看的共产国际的电报来，说是共产党想消灭国民党的证据，这样一来，他们觉得不但是工农运动中种种困难解决的问题是共产党在作怪，就是任何困难问题的发生，都是共产党在捣乱。真是天下之恶皆归，也不知道他们吃了什么迷药，会糊涂到这个地步。恐怕是他们的阶级意识逼迫他们来实行阶级斗争罢！

8. 郑州会议的关系

五月这一个月，是武汉最困苦的时候，幸好河南前方战事陆续胜利，大家以为得了郑州后，则前途一切困难问题，都容易解决。五月卅日郑州攻下，政治委员会的主席团就匆匆赴郑州去开会议。从六月十日起至十三日止，会议不过三天。没有决定一个什么政策，不过大家在冯将军前诉诉过去的苦，说共产党政策的危险，工农运动的过激。反蒋的要冯阻奉军南下，以便东下讨蒋。反革命的，就要冯将军出来主张宁汉合并。因此冯蒋在徐州会议后（六月廿日），冯就有请中央驱逐 CP，宁汉合作的电报，徐谦、顾孟馀留在开封，助冯改组政治分会，解散军中政治工作人员，何键率师归武汉来，发布反对共产，拥护孔教、佛教宣言。武汉时时有何键的三十五军要杀共产党的恐怖。

9. 小资产阶级分子之动摇

武汉有所谓第三派，他不是公开的组织，而却是封建残余小军阀的一个结合，如朱培德、李济深、李宗仁、白崇禧等，均为该派的重要人物，而以谭延闿为暗中主持的人。他们利用汪精卫作傀儡，企图夺取政权。他们对于蒋介石的专擅是不满意，对于 CP，觉得太危险，对于工农运动，尤为反对。所以他们是反蒋、反共、反农工的三反政策。朱培德在江西于五月四日就礼遣军事政治工作及党部、农工运动等人员出境，名为欢送 CP，一面下令停止各地农民运动，说免得蹈湖南覆辙，武汉政府对此不但不谴责，且禁止群众发反对朱培德的标语，谭延闿等天天诱胁汪精卫走反动的路。

三、汪精卫背叛革命的经过

有以上种种原因，使武汉国民党的领袖决心背叛革命，七月初，天天有在武汉重演长沙事变的谣言。中共中央为表示退让，自动将工人纠察队枪械缴与卫戍司令部，解散童子团。而彼等更进一步，明白主张国共分离。七月十四日汪精卫召集纯粹国民党中央执行委员共十四人，在他住宅开秘密会，讨论国共分离问题。汪报告说，共产国际代表乐易曾将共产国际给中共训令给他看过，训令上要中共实行以下几件事：

1）国民党须从速改组，中央党部须加入新领袖，去掉旧的腐败的领袖；

2）农民运动仍须力图发展，土地问题由农民自动起来解决，不必待政府来解决；

3）旧式不好的军官兵士要力加淘汰，并于农民工人中选择四五万人，以练成良好的军队，内中须有一两万是共产党员；

4）以国民党资格较老的党员来组成裁判所，裁判不法军官及反革命者。

以上这些条，明明是共产党想消灭国民党，请大家来讨论等语。孙科、程潜等大骂共产党，主张两党立刻分离。陈友仁力说两党分离的不利，尤其是外交上要受重大打击，帝国主义将乘机欺凌我们，必使我们已得的国际地位，骤然低落。陈并且说，他并不是共产党员，也不是袒护共产党，实在是事实如此。孙夫人宋庆龄不肯列席会议，反对尤力，她后来发表宣言，退出中央执行委员会，离开武汉，邓演达则六月底已秘密出走了。这个会议虽然有多数人反对两党分离，而孙科、程潜用言词恫吓，说不赞成两党分离的就是共产党。头一次付表决通不过，经恫吓之后，才勉强通过了。孙科等并申明，今天通过了的案，明天在中央委员会大家须服从多数，一致赞成，其强迫至于如此。共产党方面于十三日发表宣言，撤退其在国民政府的委员，十五日的中央委员会议，属于共产党的中央委员已不出席了，盖汪精卫等已一致趋于反对方面，与蒋介石无异，国民党的一线生机已被他们断绝了，国民党死亡了！中国革命到了这个危机，中国共产党不得不把中国革命的全部责任奋勇的负担起来，这就是"八一革命"的近因。

第四章　共产党对于中国革命策略问题

汪精卫拿共产国际给中国共产党的训令，作为共产党想消灭国民党的证据，究竟这个训令的内容是否像汪精卫所说的一样，如果大致不差，则共产国际是一种什么政策，这种政策和从前有无变更，这些疑问，不但国民党员及一般人要发生，即共产党员有重要责任的亦都莫明其妙，因为中共中央对于共产国际的一切指导文件，向来是很少通告党员的。曾有党员因这问题的发生，向中共中央要求一看训令原文，并要中央明白出来辩证汪精卫的曲解，但中央竟寻不出这个原文，也不出来申辩，因为中共八月会议以前的中央，他近来所走的路线与共产国际所定的策略不是一致的，所以辩解亦有许多困难，所以沉默了下去。可是汪精卫这个煽动，影响却不小，而尤其是动摇了一般军事领袖，那些素来是反动份子，或如对于共产党尚未十分信仰的，自不用说，即素来信仰共产党如张发奎及其部下之黄琪翔，缪培南等军官，都骤然变了态度，亦主张国共两党分离。因为他们忽然听到这种改组国民党，陶汰旧式军队，增加工农份子及共产党员于军队中等，是非常诧异的。我们现在来看共产国际对于中国革命的策略，是始终一致的，是非常正确的，也很正大光明，绝没有不可告人的阴谋的，对于国民党的严厉批评及改组为工农群众及民主性质的党，这正是为国民党延长生命，而彼等仅视为消灭他的企图，这是何等的曲解。这固然是因为他们的阶级意识挟有成见，而八月会议以前的中共中央未能遵照共产国际指导的路线进行，也是一个原因。

中国革命遭了这个暂时的失败，究竟我们的错误在什么地方，我们要明白才可作我们的教训，现在我们来看共产国际指导我们的策略与中共中央所行的策略。

一、共产国际对于中国革命的策略

共产国际就中国社会经济极端落后的情形，处于半殖民地的地位，外受帝国主义财政资本的统制，内有军阀封建残余的压迫，而又适值世界革命的时代，以这种种的客观事实，本列宁的主义和策略，于 1926 年十二月第七次扩大会议，很详细的决定了中国革命现在这一个阶段的策略。我们先看由列宁校订的共产国际第二次大会，关于民族与殖民地问题的决议案。该决议案说："共产国际首先必须注意未发展到资本主义的，在政治上受压迫的国家，如中国与印度的革命运动"。

又说：

"外国帝国主义（资本主义？）强迫加于东方民族，无条件的阻止其社会与经济的发展，使其不能达到欧美所已经得到的水平线，这都是帝国主义政策要阻滞殖民地工业发展的结果。"

又说：

"因之，落后国家的民众，将经过资本主义而共趋于共产主义社会等等"。

共产国际第七次扩大会议，本此策略，更详细的说明中国革命的目的，估量革命的阶级力量，预测革命的前途，因此决定了中国革命的策略。以下我们分段来看：

1. 中国革命的目的

（1）对外在打倒帝国主义

共产国际第七次扩大会议决议案说："就中国革命对外政治的地位看来，则中国革命因有反帝国主义性质，成了世界革命不可分离的一部分。"

他又说：

"中国民族革命，在极特殊的状况下面进行，根本上不惟与前世纪西欧各国古典的资产阶级革命不同，也与1905年的俄国社会革命相异，这个主要特殊的点，便在于中国系奴隶于帝国主义之半殖民地的地位。另一特征，使中国革命与过去之资产阶级民主革命划然不同，便在中国革命即恰在世界革命时代进展，成了推翻资本主义社会秩序的国际运动不可分离的一部分。"

打倒帝国主义，消灭资本主义制度是共产国际世界革命的目的，也是殖民地、半殖民地革命的唯一的出路。经共产党的鼓吹，事实的证明，国民党也认为是正确的，所以国民党第一次代表大会宣言说：

"民族解放之斗争，对于多数之民众，其目标皆不外于反帝国主义而已。"

国民党第二次代表大会宣言，更具体的说：

"国民革命之目的，在求中国之自由平等，孰使中国不自由，不平等，曰不平等条约束缚。孰使此不平等条约加于中国，曰帝国主义。故打倒帝国主义，实为国民革命之第一工作。"

又说：

"中国之国民革命，由中国言之，为中国民族之自求解放；由世界言之，为一大部份人类之自求解放。故中国之国民革命，实为世界革命之一大部份。"

（2）对内在铲除军阀及封建残余

共产国际第七次扩大会议决议案说：

"自1911年革命失败后，国家政权之中央机关，威权丧失，近年尤甚，中国军阀树立了军阀的组织，统治全国的大部。"

"中国军阀表现一种社会政治的力量，目下统治了中国领土的大部。中国军阀的特点，因他不仅是一种军国主义的组织，同时更是中国最初资本积累的统治，在半封建地主基础上建筑的国家机关之整个制度，中国军阀赖以生存。中国军阀之得能苟延残喘，全因中国半殖民地的地位，领土的分裂，经济地位的落后，以及乡村人口之过剩。"

"中国民族革命运动之进展，目下与农业革命并进而且相合，中国农村经济制度，是半封建地主关系的种种残余和资本主义发展中各种原子交相错杂的一幅画图。中国经济的一般异常落后，土地分配的割裂杂乱，佃农及半佃农占农民之半，农业大生产及小生产技术的简陋，乡村居民的过剩，以及商业式经营农业的发展，乡村间茁生的社会分化——凡此种种，均足使乡村间一般状况更觉复杂，使中国农业革命前途更觉困难。根据客观的情况，中国乡村间阶级斗争之趋势，向以下方向进展：反对外国帝国主义，反对本国军阀，反对大地主残余，反对土绅，反对商业资本的高利盘剥以及上层的大农。"

这个目的，国民党也认为正确，国民党第一次代表大会宣言说：

"军阀之专横，列强之侵蚀，日益加厉，令中国深入半殖民地之泥犁地狱。"

国民党第二次大会宣言说：

"使中国以内无帝国主义之内应者，则帝国主义无所施其伎，试列举如下：

1）军阀。军阀之大者，借口武力统一，把持中央；其小者，借口联省自治，把持地方……

2）官僚。……中国之官僚，则于士农工商以外，别成一阶级，其结果惟有助军阀为虐，以掠夺国家及人民之利益，以肥军阀，且以自肥。

3）买办阶级。帝国主义者为虎，而买办阶级则为之伥，帝国主义恃之，对于中国国民，得以择肥而噬，而买办阶级则于无数中国国民被噬后之残尸中，咕嘬其血肉，以餍其下流之欲望。

4）土豪。此为封建制度之余孽，其在乡村间，自为刀俎，而以人民为鱼肉，其为厉于人民，甚于盗贼。

以上四者，在帝国主义者之心目中，实为应用之工具……所以军阀、官僚与买办、土豪之于帝国主义，实犹车之双轮，鸟之双翼。而军阀、官僚、买办与土豪，其生活之目的与条件，同为掠夺国家及人民之利益以自肥，于是四者之间，不期然而出于共同行动，帝国主义得此等工具，遂敢悍然破坏中国国民革命而无所惮。"

2. 中国革命的阶级力量

共产国际第七次扩大会议决议案说：

"中国革命的阶级力量，在经济极端落后的背景上发展。经济之极端落后，实属于中国工业资本主义之幼稚，农业工艺之简陋，大多数居民生活水平线之奇低，以及半封建社会之种种残余；此种残余又正当革命军队和卷入革命争斗的城市、乡村劳动群众破坏之际。"

"中国日下经济状况最特殊之处，在于全国多种经济形式，错杂并存，上自财政资本，下至家长宗法社会之经济残余，尤以城市乡村之商业资本、小手工业、家庭工业种种形式，占有优势。"

"因此中国乡村之社会分化遂不得不微弱，民族革命中主要社会政治力量之组织不得不缺乏。"

又说：

"中国革命运动中各个发展阶段之交替，可由那时社会力量严重的结合中标明，在第一阶段中，最重要的推动力量之一，是民族资产阶级与资产阶级的知识界，他们在无产阶级与小资产阶级中寻找后援。"

"在第二个阶段中，运动之性质，一变其社会基础，推移于另一阶级团结的方面去，崭新而更革命的斗争形式苗生。中国工人阶级占领舞台之上，成为第一等的政治动力。"

　　"经济的罢工运动自此转入于政治斗争之中，反对帝国主义获得了稀有的世界史的重要意义。无产阶级与为自身利益而作战的农民，与城市小资产阶级与资本主义的资产阶级之一部，结成联盟。此项力量团结政治表现，反映于国民党的广东国民政府内发生了相当的结合。到了现在革命已走到第三阶段之前夜，因亦将见各阶级的新结合。在这一个进展的阶段中，运动的推动力量，一个更革命的联盟，即无产阶级、农民与城市小资产阶级的联盟，同时资本主义的大资产阶级之大部被摈外，这并非说资产阶级的整个阶级将被摈于民族解放斗争之外，挨着中小资产阶级，大资产阶级的某几层，尚有一时与革命合作之可能。"

　　"在此阶段中，无产阶级将会成为革命之领导者。"

　　"在民族解放运动的过渡时期，行将走入一个更革命的新阶段中，大资产阶级看清了无产阶级所领导的反帝国主义斗争，必夺去自己的统治与威权，妨害自己的阶级利益，于是大资产阶级为恢复自己的领导作用计，必不惜破坏革命，他在革命运动中，遍处想获得影响，于是以民族统治的思想（戴季陶主义）反对阶级斗争。"

　　"反革命势力之结晶，随革命中阶级力量之结合转变平行前进，此种过程之与帝国主义政策密切相联，受其指挥，与革命势力之与世界革命（苏联及西方无产阶级）密切相联，受苏联及西方无产阶级之影响无异。"

　　"张作霖，吴佩孚，孙传芳相勾结，欲联合以抵制胜利的革命运动。此种反革命的联合，赖帝国主义之指挥与资助而成工业大资产阶级，遂益暴露其迟疑畏缩，有与外资妥协之倾向，甚至以优势委之外资。至于帝国主义，看到打倒革命运动，军阀也非绝对有力的工具，因而连用调和政策，想在民族运动中诱取其他同盟者。帝国主义势力摇动，民族资产阶级使其与革命联盟决裂，在民族运动队伍中为巩固帝国主义之经理人计，大资产阶级之几部，已开始接近广东政府，即自来离开革命，甚至敌视革命之军阀，亦纷纷向广东政府投诚。此项骗局之用意，在欲将民族革命之领导从无产阶级、农民、城市小资产阶级的革命联合手中夺去，因而阻止革命之继续发展。站在反革命一切这般伎俩后面的引线人，正是——世界帝国主义。"

他又详细估计革命的社会阶级力量，把他统计起来说：

"中国革命将来的发展与远景，首视无产阶级之作用而定，最近数年来的事变证明，革命的民族战线只有在无产阶级领导之下才能组织成功，反对外资领导的斗争，只有在无产阶级领导下，才能胜利。这是根本的原则，中国革命的策略，当由此决定"。

"统治全国大部的各派封建军阀代表反动势力，是帝国主义的经理人，工业资产阶级就其阶级言，比较不发展而软弱，资产阶级中经济较强的部分（财政资产阶级与买办阶级）因商业政治的及财政的条件与外国资本主义相关之切，使其决不能参加整个的反帝国主义斗争，工业资产阶级与民族革命运动合作，以此运动含有纯粹资产阶级民主性质为度；及至革命最初的朕兆一现，他不是被摈，便将设法破坏革命。小资产阶级（小资产阶级知识界、学生群众、手工业者、小商人者）在像中国的那样国家内是革命的势力，他在过去曾表现过重要作用，在将来仍然，但他不能独立行动，不和资产阶级携手，便须同无产阶级合作。待到资产阶级脱离革命之后或与革命为敌，则中产的一切被剥削阶级势力必走入无产阶级的革命影响之下。在此种关系下面，而这时期，中国革命的动力是——无产阶级、农民、小资产阶级的革命联合，而其统治的因子，则为无产阶级。"

由共产国际的分析，我们可以知道中国革命的力量，是靠广大的民众，具体的说，就是工农小资产阶级，最主要的是工人、农民，尤其是无产阶级。他是最坚强、最勇敢，而为革命的主力军、领导者，国民党也不能不承认这个估量是正确的，所以国民党第一次代表大会宣言说：

"国民革命之运动，必恃全国农夫、工人之参加，然后可以决胜，盖无可疑者。"

国民党第二次代表大会宣言说：

"打倒帝国主义之必要方法，总理于遗嘱中亦已明告曰：'唤起民众，及联合世界上以平等待我之民族，共同奋斗。'所谓以平等待我之民族，有已能以其自力打倒帝国主义，自致于平等，同时以平等待我者，如苏俄是。有与我同在帝国主义压迫之下，期相与努力以打倒帝国主义者，如一切殖民地、半殖民地之被压迫民族是。"

他又说：

"中国人民从事于国民革命，决非孤军独战，若苏俄，若世界上一切殖民地半殖民地的民族，若帝国主义本国内之被压迫民众，皆与中国之革命民众立于同一战线者也"。

他又说：

"凡民族革命运动欲求成功，必须有广大的民众参加，而农工民众尤为必须。""而其中尤当注意者，凡在殖民地、半殖民地的革命运动与帝国主义者直接冲突过程中，有一种历史的事实能促进此过程。此事实为何？即殖民地、半殖民地因工业发达而产生之无产阶级是已。此阶级在民族革命运动中能以渐立于前线，而为民族革命运动之指导者。"

3. 中国革命的前途

共产国际第七次扩大会议决议案说：

"就双方阶级结合的观点上看去，中国革命的一般远景，便非常明了。虽然中国革命——由历史上看来——在目前的发展阶段中，涂着资产阶级民主的色彩，但在继续发展中，必然成为更广大的社会运动。中国革命的出路，不必无条件的造成那般社会的政治的关系，仍旧走向资本主义发展的路上去。在资本主义衰亡时期，进展的中国革命，是推翻资本主义建设社会主义一般斗争之一部。革命的国家之结构，视其阶级基础而定，而这里并不是纯粹资产阶级民主的国家，这个国家将表现无产阶级、农民及其他被剥削阶级之民主专政，将组成革命的反帝国主义政府，从此过渡到非资本主义的社会主义发展上去。""中国共产党须竭尽力量，造成过渡期间的革命远景，走上非资本主义发展的轨道。在另一种局面下，如果资产阶级战胜了无产阶级，战胜无产阶级对于资产阶级的领导作用，则全国实际的统治权，即会形式变更，将复操之外国帝国主义之手。"

这就是说中国革命有两个前途，如果革命的领导作用，不是无产阶级，而为不彻底的资产阶级夺去，则革命将走向失败的前途。因为资产阶级不能反对帝国主义到底，必与帝国主义妥协，即使资产阶级假借革命的口号，打倒一二军阀，也不过以暴易暴，成为新式军阀，仍作帝国主义的工具，使革命处于失败。所以中国革命虽然有两个前途，却只有一条出路，就是要中国革命的成功，必须要巩固无产阶级的领导权，由工农专政，达到无产阶级专政，中国革命才能得到胜利。这也可以用四十年前（1889 年）俄国有名的革命家普列汉诺夫的一句名言："俄国革命运动，或完全不胜利，一胜利，便是工人运动胜利"，来形容中国革命的前途。因为中国革命不推翻帝国主义势力，不能成功，而不越过资产阶级的民主界限，是不能推翻帝国主义势力的，所以只有无产阶级胜利，资产阶级民主革命才能完成。列宁说：

"考茨基（Кутский）、吉尔伦尔丁（Гильфердинг）、马尔托夫（Мартов）、秋尔诺夫（Цернов）、雪尔克佛铁（Хилчквит）、朗基（Лонг）、麦克唐纳尔（Макданалъд）、多拉基（Туратий）及其他第二国际的英雄汉，绝对不会了解资产阶级德谟克拉西革命与无产阶级社会主义革命间相互关系，由第一种革命转变到第二种革命。完成了第二种革命，才能解决第一种革命的问题。有了第二种革命，才能巩固第一种革命的事业。斗争！——只有斗争才能使第一种革命转变到第二种革命。"（斯大林著《列宁主义》中译本 365-366 页）

列宁又说：

"从前，在世界革命时代以前，民族解放的努力，是一般民主运动的一部，而现在——在苏联革命胜利之后，在世界革命时代开始之后，民主运动与民族解放都变为无产阶级的世界革命之一部了。"

共产国际第七次扩大会议决议案说：

"中国革命与革命产生的政府，因为他们主要是反对帝国主义的，所以他们必须把帝国主义在华的威权，连根拔去，取消强制条约，与收回租界，还不能充分减弱帝国主义的地位致命的要害，必须向帝国主义势力的经济基础上打去，这即是说，革命政府必须次第将铁路、租界、工厂、矿山、银行、以及隶属外资的一切企业收回国有。革命政府经过了这种行动，便即刻踏过资产阶级民主界限，走入革命专政的过渡阶段。"

"所以如果中国革命在第一阶段内，是涂着小资产阶级的色彩的，便以为中国革命的任务仅限于第一推翻帝国主义，第二扫清封建地主残余，——这是错的，中国革命如果不越过资产阶级的民主界限，是不能推翻帝国主义的。"

国民党第二次代表大会宣言说：

"近更有所谓国家主义派者，以为今日欲救中国，但当如日本之维新即能自致于富强。为此说者，不惟未知日本维新之际，尚留封建制度之余毒，以为害于其人民；且已生帝国主义之厉阶，以为害于世界；且其于日本维新之际，时代与环境之关系若何，亦忽焉不察。日本维新之际，帝国主义正如旭日初升，故日本之摹仿，出于不自知其然而然。若夫今日帝国主义已近末路，其自然崩溃之期已可以推算而得，尤而效之，适见其惑而已。"

这就是说中国革命的前途，不是要造成日本那样的资本帝国主义的国家。所以中国革命向非资本主义的前途进行，国民党是同意的。

4. 中国革命第二阶段的战略

从上面所说中国革命的目的，及革命的力量和革命的前途，我们可以把他归纳起来，作为当时这一个阶段的革命的战略：

目的：——推翻帝国主义，铲除军阀及封建残余。

革命的根本势力：——无产阶级。

后备军：——直接的，农民及其他被压迫阶级。间接的，无产阶级专政国家，苏联，全世界无产阶级及被压迫民族。

主要行动方面：——使希图获得小资产阶级群众而且想与帝国主义妥协以消灭革命的资产阶级（戴季陶、蒋介石等）成为孤立势力的安排；无产阶级、农民、小资产阶级联合。

5. 国民党的策略

上面这个战略国民党完全赞成，而他的政策，则完全是改良主义。我们看以下几段就可以知道：

国民党对党员解释革命策略之通告说：

"盖今日之革命，乃世界上革命与反革命作最后决斗之一幕，与历史上一切革命异其性质，则革命之行，亦当异其策略。今日帝国主义之对吾党，早已为国际联合的压迫，若吾党之革命策略不出于联合苏俄，不以占大多数之农工阶级为基础，不容纳主张农工利益的共产派分子，则革命势力陷于孤立，将不能成功。本党辛亥革命所以未成功，即因当时反革命势力已有国际的联合，而吾党革命的势力尚无国际的联合，即国内亦未唤起大多数民众为之基础，完全陷于孤立地位，故不得不妥协迁就，以驯至于失败。时至今日，岂可复蹈故辙？彼帝国主义军阀正惟吾今日所采革命策略之可畏，乃多方离间破坏，务令吾党尽绝国内外一切友助，回复从前孤立地位，使革命事业永无成功，而后彼等始得遂其永久统制中国之愿望，其计之毒宁有逾此。我少数同志观察不周，辄为此等离间政策所惑。年来党内纠纷，大抵肇原于此，须知今日之局面，不为革命，便为反革命；无丝毫中立回翔之余地。然欲革命，必须联合国际及国内各派革命势力，团为一体，始能与反革命派决战而不败，否则未有不失败者。不惟失败而已，其自身且有随时陷入反革命派之危险，冯自由以至邹鲁诸叛党党员，其明证也。"

国民党第二次代表大会宣言说：

"故民族运动与国际运动实为相须，而民族主义与国际革命主义，其内容实为一致。惟其如是，乃能与以不平等待人之帝国主义作殊死战。本党既抱此目的，故对于苏俄，以诚意与之合作，虽受帝国主义者及其工具军阀、官僚、买办阶级、土豪之种种诬蔑，种种挑拨离间，而继续进行，初不因之少挠。至于一切殖民地半殖民地之被压迫民族，以地位相若、观念相同之故，其联合实出于自然，且其联合之程度，亦日以密切。"

他又说：

"吾人所指为中国之生路者如下：

其一，对外当打倒帝国主义。其必要之手段：一曰联合世界革命之先进国；二曰联合世界上一切被压迫民族；三曰联合帝国主义者本国内大多数被压迫之人民。

其二，对内当打倒一切帝国主义之工具，首为军阀，次则官僚、买办阶级、土豪。其必要之手段：一曰造成人民的军队；二曰造成廉洁的政府；三曰提倡保护国内新兴工业；四曰保障农工团体，扶助其发展。"

国民党对外之手段，完全与共产党相同，而对内之手段，则表现他的改良主义妥协性质和超阶级的思想。手段即是政策，即阶级之表现，即阶级之口号，即阶级本身之活演，即阶级之利益和冲突之表现，也就是革命与不革命和反革命和投机主义分别之所在，绝对不可含混不清，模棱两可；如国民党不说造成工农军，而说造成人民的军队，不说工农政府，而说以极腐旧的廉洁二字来形容革命政府，对于土地国有及大企业之收归国有，应明白表示，而反以保护新兴工业来拉拢资本家，对于工农阶级他既认为是革命的、主要动力，就应该视为是自己的力量，去组织他，就不应该取从旁赞助的态度，这就可见国民党对于革命的认识很浅薄，处处表现他观点不清，思想混杂，尤其是对于社会阶级观点极不明了，常常以"民众"、"人民"等言论来蒙蔽阶级意识，所以他所谓扶助农工，是想利用农工，欺骗农工，对于革命不能彻底，时时有背叛革命之可能，但这并不是偶然的，这是根源于国民党的政纲，国民党的政纲是"平均地权，节制资本"。这与土地国有，废除私有制度，及废除资本主义制度，绝不相同，这已经表明他不是现在这个时代的革命政纲了，国民党的政纲是根源于所谓"三民主义"。

6. 三民主义的内容

"三民主义"是什么呢？我们把他揭开一看，就立刻可以知道他不过是普遍的三个口号罢了！所谓民权主义（德谟克拉西）在形势上是表明国家的一切问题，由人民自己来解决，实在说来民权主义，直到现在，往往不过是资产阶级统治的另一个说法罢了。至于民生主义，孙中山说："民生主义就是社会主义，也就是共产主义。"如果民生主义是代表劳动群众利益的一种国家经济的组织，而民权主义是资产阶级的统治，则这两个主义就是冲突的，他们的相互关系，如何？他并没有用科学的方法来表明，他完全是幻想。他站在孔子学说观点上，以为中国的政权，是超阶级的政权，也同欧洲小资产阶级平庸教授和政论家一样，以为国家就是调和阶级的工具，他不但对于国家之起源没有看清，即对于马克思阶级争斗的学说，也完全没有了解，他说马克思阶级争斗学说是社会病理学，他的民生主义是社会生理学，中国资本主义不发展，不必讲阶级争斗，这完全是不懂得社会经济结构，没有科学的根底，所以才说出这样不合逻辑的话。我们已经知道马克思的历史分析：国家的政权，都是由阶级争斗中产生出来的，而国家的政权，常常是一个阶级压迫另一个阶级的政权。中国的历史告诉我们，中国也不在例外。马克思的阶级争斗说，他自己也说过，并不是他发明的，他不过本他的唯物史观得到一个结论是："一部人类的历史，都是阶级争斗的历史。"他想要达到无阶级、无政府平等自由的社会，主张以阶级争斗来消灭阶级争斗，以至于消灭阶级。所以他极力提醒人的阶级觉悟，这是特权阶级所最不愿意的。因为特权阶级是以少数压服多数，如果多数人有了阶级觉悟，则立刻可以打倒特权阶级，因此，特权阶级创造一些学说来蒙蔽多数被压迫阶级。如古之神权，及孟子之"治于人者食人，治人者食于人"，以及现在资产阶级学者之各种学说，来保障他们的特权。自从资本主义发达，阶级日趋于简单，两阶级越见显著，现在只有无产阶级与资产阶级两个敌对的营垒，其余各阶级都不能不附属于这两个营垒，资本帝国主义时代的事实，已经证明这个真理了。马克思的目的，在求人类之自由与幸福，而阶级争斗是现在人类到自由求幸福之路。孙中山以病理生理来表示马克思主义与他的民生主义，他又说民生主义就是社会主义，也就是共产主义，难道马克思主义不是社会主义吗？这两个社会主义有什么分别呢？他是把目的，方法混杂不清，他是从"民生"与"争斗"两个字义来下批评，而又不是批评同样的东西，真是错误极了。比方革命是为大多数人求幸福，而革命是要流血的牺牲的，幸福是讲安乐的自由的，如果以为只应讲幸福，不应讲革命，这幸福又如何能得到呢？就照他说一个是讲病理，一个是讲生理，如果病不医好，又如何能生存呢？这完全是"乌托邦"，他以小资产阶级的观点，想蒙混人的阶级意识。不懂得中国革命，因其经济的落后，可以由资产阶级民主的革命转变到社会主义革命，向非资本主义的前途发展，他说不出这个理由，反而抹煞了阶级争斗。三民主义不能成为一种主义，也是因他有许多矛盾意见，不合科学的原理。

7. 国共两党合作政策的正确

但是孙中山生在中国这个时代，处于中国现在的地位，他确是革命的，不但是能够很坚决的站在反帝国主义，反军阀的立场，而且他能毅然改组国民党，确定联俄，联共，农工三大政策，给了三民主义一点革命性。他说他要效法俄国式的革命，他能够顺应新潮流，他能够加入世界革命战线，中国革命能够发展到现在这样地步，都是他的功绩，所以孙中山的伟大，不在他的主义，而在他的行动，戴季陶上了许多崇高、广大、仁爱、智勇等徽号都不是适当的，所以共产党加入国民党的政策，也是很正确的。

8. 批评同盟者之必要

孙中山死后，戴季陶想把国民党造成资产阶级的政党，引起了民族资产阶级背叛革命，代表小资产阶级的国民党领袖汪精卫又动摇不定，此时共产党就应该认定正确的政策去指导他，批评他，使他不致于走错路，所以共产国际第八次扩大会议决议案说："共产党在任何政治状况之下，无论何时，不应该为他种政治组织所深化。他应该是一种独立的力量，他是一个特别的阶级组织，即无产阶级的组织，最彻底、最革命的一个阶级组织。因此，共产党在宣传他的主张时，在以他的旗帜鼓动群众时，不应该束手自缚，不应该放弃他自己的权利，不批评那些革命的小资产阶级之动摇不定的根性。反之，只有此种批评，才能推动小资产阶级的革命者左倾，并保证工人阶级在革命斗争中的领导地位。""共产国际认为中国共产党应当积极参加武汉临时革命政府的工作。应当努力的积极的在政府的机关中工作（无论地方或中央都一样），同时批评他的同盟者的动摇，以保证政府所持的政策之正确。中国共产党要在现在特别注意使革命政府和民众有极密切的联合。只有以这种经过国民党而实现的密切为基础，只有坚决的与群众结合，才能巩固革命政府的威权及其为组织革命中心的作用。"

"中国共产党的任务是在保证武汉政府施行这种方略。若不执行这种任务，不扩大群众运动，不实行农村革命和坚决的改良工人阶级的状况，不变国民党为一真正广大的劳动群众的组织，不进一步的巩固职工会和共产党的发展，不使武汉政府和群众发生密切的连系，那末，革命是不会完成胜利的。"

列宁说："无产阶级的政党，应该善于勾引一般自由主义者，应该得寸进尺的强迫他们向前进行，倘彼等因汗流浃背停滞不动，则我们只有抛弃他，单独向前进行。"（见《列宁全集》第九卷 93 页）列宁以为共产党同小资产阶级的政党联合，必须保持"为了共产党"的"煽动、宣传与政治活动的完全自由"的必要的条件。列宁说："没有最后的条件，当然是不能去同他联合的，因为这是等于叛变。"列宁曾说，同小资产阶级的联合时，要"注意我们的同盟者，如象注意我们的敌人一样"，采取严厉监视的态度。

共产国际第八次扩大会议的决议案说：

"中国共产党应保存并发展自己党的组织，并应增长他对国民党工作的影响的程度。中央要想完成这个任务，就应该完全觉悟自己无产阶级的阶级地位，坚持自己思想上与政治上的主张，"他又说，"中国共产党内曾有些地方颇动摇不定，在批评国民党领袖时，未曾时常充分地显露出他的果敢决断；在党的内部，曾常惧怕群众运动的发展，特别是对于驱逐土豪，打倒地主，夺取土地的农民运动曾表示有些惧怕。"共产国际指导我们许多与国民党合作的方法，我们应该鲜明无产阶级参加资产阶级民主革命的理论，暴露各阶级对于革命进展中，会起剧烈分化的必然性，使群众明了由资产阶级的民主革命到社会主义的过程，及无产阶级革命运动的意义。列宁说："与专制奋斗……是社会主义者的一个临时过渡责任，但若不理或轻视这个责任，便无异于对社会主义变节，为反革命当工具。民主革命的工农专政，自然只是社会主义者的一个临时过渡的责任，但若在民主革命的时期置此责任于不理，那简直是反动。"（《两个策略》85 页）

列宁说："资产阶级革命，对于无产阶级是必须的，资产阶级的革命愈强固、坚决、彻底，则无产阶级为社会主义而与资产阶级的争斗，也愈有保障。"（米夫《中国革命的性质与动力》所引）所以无产阶级参加资产阶级革命，不仅要使资产阶级民主革命从速完成，并且是要使到社会主义革命的过渡期间格外加速。共产党在这个革命阶段中的任务就是：

1）暴露和揭开资产阶级的不彻底性及妥协性，隔离他在无产阶级与城市、乡村小资产阶级群众中的影响。

2）无产阶级应坚决斗争，以争得革命的领导权，以获得小资产阶级内真正革命的民主分子，特别是农民，在革命的军队中扩大思想的政治的领导。

3）彻底的实现民主革命，完全推翻帝国主义的统治，以求将来易于组织自己的力量及发展阶级的斗争，以求加速革命的过程，实现社会主义的革命。

4）应与国际工人运动特别是苏联，建立密切的联合。（米夫《中国革命的性质与动力》）

9. 阶级意识之必要

国民党人常常以民众二字来蒙蔽阶级意识。列宁说："'民众'革命的。社会民主派曾经反对，且现在还是反对资产阶级民主主义者对于民众二字的滥用，社会民主派要求不用这两个字，以掩蔽自己对于民众内部阶级矛盾之不了解。他无条件的主张无产阶级政党应有自己阶级的完全独立性。但是他所以将'民众'分为各'阶级'不是为的先进无产阶级只扫自己门前雪，紧紧的束住自己，限制自己的行动，便使世界的经济主人翁不离开革命，而是为要使先进阶级不受各过渡阶级不彻底，不固定，不决心的连累，且因此更要努力，更勇敢的为全民事业而奋斗，且须领导全体民众去奋斗。"（《两个策略》115 页）

列宁曾说："马克思在一八四八年拿来与反动势力和出卖革命的资产阶级相对立的'民众'其主要的成份为无产阶级和农民，这也是无疑义的。现在俄国的自由资产阶级和解放派也正在出卖农民，且将出卖农民，这就是说，他们必以骗人的改良来解决问题，而在地主和农民激战的时候，他们必跑到地主方面去。只有无产阶级能在这个激战中拥护农民到底。这是同样无疑义的。俄国农民战斗的胜利，即全部土地归农民所有的时候，也将是民主革命的完成，且将为革命已实行到底的社会基础，但这决还不是社会主义的革命，也决还不是像小资产阶级的理论家和社会革命党人所说的那种'社会化'。这是很明显的。农民暴动的成功，民主主义革命的胜利，只是说在民主共和的基础上，为社会主义真正坚决的斗争肃清一条大道罢了。这个斗争中的农民因为是一个地主阶级，其作用与现在的资产阶级为德谟克拉西而斗争一样，也是叛变的，也是动摇的。如果忘记了这一点，就无异忘记了社会主义，无异在无产阶级的

利益和责任上忘记了自己和他人。"(《两个策略》143-144 页）

10. 领导和推进作用之必要与为革命的出路而奋斗

列宁说："'革命为历史的车头'——马克思曾经这样说过。革命是被压迫者与被剥削者的纪念日。民众之能为新社会的秩序的积极创造者，只有革命的时候表现得最力。根据小资产阶级渐进的狭小的观点来说，这种时候的民众，能有不可思议的力量。但是在这种时候，也还需要革命党的首领能很广大、很勇敢地把自己的任务提出来，需要他们的口号，能时时领导群众革命的自身精神，为他的灯塔，用其伟大与光明以表示我们民主主义的和社会主义的目的，表示达到完全彻底胜利之最捷径且最直的道路。'解放'派资产阶级的机会主义者害怕革命，害怕真的道路，我们且让他们去寻他那些弯曲的，间接的，妥协的道路吧。如果他们以实力来强迫我们走这些道路，那我们在日常小的工作中还是能尽自己应尽之职的。但是首先应拿无情的斗争来解决选择道路的问题。如果我们不利用现在群众中这个鼓舞的奋勇心和革命热烈心以忠实而拼命的争得彻底的直的道路，那我们就要成为革命的叛变者。让资产阶级的机会主义者去望而生畏的想像那将来的反动局面吧。工人们不会为反动势力将要很厉害，资产阶级将要脱离革命等念头吓倒的。工人们不是坐等分赃，请求分化的，而是要拼命的达到反动势力破坏，换言之，即达到民主革命的工农专政。"(《两个策略》115-117 页）

列宁又说："我们已经说明，在民主主义的承认一问题上，解放派已步步升高了（自然不无社会民主派推进之影响）。我们开始与他们的争论是：谢波夫的计划（地方自治与乡绅会议的权力）还是立宪？后来：有限制的选举制，还是普选制？再后：承认革命，还是与专制分赃妥协？现在是：承认革命而不承认工农专政，还是承认民主革命中工农专政的要求？解放派（无论资产阶级德谟克拉西左派中之那一派：现在的解放派或其后起者）很有可能还前进一步，就是时候一到（也许在马丁诺夫同志再前进一步的时候），他们也承认专政的口号。若是俄国革命大踏步的前进，一直达到坚决的胜利，那简直必然将承认，那时候社会民主派的态度又将如何呢？现在革命的完全胜利，就是民主革命的终结，也就是社会革命坚决斗争的开始。实现现在农民的要求，完全压倒反动势力，取得民主共和政体——这就是资产阶级和小资产阶级革命性之终结，也就是无产阶级真正为社会主义而斗争之开始。民主革命愈完满，则无产阶级之新斗争上愈将快广，而坚决的发展。'民主主义'专政、口号，就是表示现时革命的历史之联系性，且表示站在新的制度的基础上，为完全解放工人阶级，推翻一切压迫和剥削，实行新斗争之必要，换句话说：当民主主义的资产阶级或小资产阶级再向前进一步的时候，不仅以革命成为事实，而革命完全胜利后成为事实的时候，——这时候，我们要把无产阶级社会主义专政的口号（即社会革命的口号）来'代替'民主主义专政的口号。"（同上 135-136 页）

或者有人说照这样赤裸裸的分析起来，只有无产阶级是先进的阶级，是无条件，无疑义，无踌躇的，可说是唯一革命的阶级，是诚心诚意革命到底的阶级。但是将阶级太分清了，会使其他阶级心怀不安，离开革命，害怕革命。况且其他各阶级中也不少革命分子，无产阶级中也不少反革命分子，如果纯以阶级来论，会生出以无产阶级而傲人，以非无产阶级而恢心的结果。

这种见解是错误的，我们所说的是社会阶级性，因他们经济背景的关系，他们对于革命一定走他们各自的道路，历史告诉我们，是无可辩驳的了。至于个人当然有许多不同于他的社会阶级，如有许多革命大家是出于贵族或资产阶级，尤其是小资产阶级知识分子，也有许多是劳苦的贫民，是无产阶级，而他天天想作资本家，甚至于作资本的走狗，这些都是个人跳出了他的属性的阶级圈子，而却不因他个人而改变了阶级的性质。若以为我是无产阶级就拿来傲人，这是龊龊的思想，特权阶级的思想，贵族思想，绝不是无产阶级的思想。非无产阶级的人，他能有彻底革命的精神，当然是可贵，他应该打破他的阶级环境成一个革命家，而不应该维护他的阶级，如果他囿于阶级，我们只有毫不容情的站在阶级观点上来批评他、攻击他。所以革命党人，是必能打破环境的，否则不能为革命党员。革命是打破当时社会经济制度束缚人压榨人的一种需要，各阶级有共同的需要，才有共同的行动，故各阶级之参加革命，亦出于他们社会经济之逼迫，非人所能动，亦非人所能阻。因为怕某一阶级离开革命，就不揭破他的本质，含糊敷衍，终归失败。现在伟大的世界革命事业，必须把出路看清，把阶级性质与力量估计得十分正确，然后，以勇敢的精神，正确的策略向前奋斗，才有胜利之可能，列宁在二十五年前就毫无隐蔽的把资产阶级，小资产阶级以及农民的革命性，分析清楚，明白估计出来，以指示无产阶级革命应取的策略，这是很光明正大，绝非如小资产阶级，投机主义者，专以闪烁的言词来欺骗人、敷衍人。看得清，说得出，做得到，就是列宁主义的伟大。

11. 共产国际的策略

现在我们来看一看共产国际指示我们，当时应行的策略：共产国际第八次扩大会议决议案说："中国革争的危机及现在社会阶级力量的结合，指示并证明要完成反对封建制度（土地革命也包括在内）的资产阶级的德谟克拉西革命，更要完成反帝国主义的斗争，不但不应压迫工农群众运动的发展，或反对土地革命的要求，并要直接扶助广大的下等人民群众运动的发展，去直接推倒帝国主义。"

他又说："帝国主义者联合起来，以武力或他种方法干涉中国，一切动摇分子叛变革命向反对者投降，这些事实使中国目前革命的道路上，发生巨大的困难。在这种困难环境的当中，只有吸收广大的劳动群众参加革命，才能使这个国家达到胜利的发展，只有吸收这些群众参加积极的斗争，才能造成伟大的力量。"又说："要想吸收广大的群众参加革命，只有实行农村革命，在城市中满足工人阶级的需要，及其政治的要求。取消付给富农的地租，公分土地，没收地主官僚、寺院等土地，禁止奴隶契约，废除贫农所负之高利债务，减低赋税，增加富农的担负，这些口号，应该在中国各地，特别是在武汉政府势力范围之下，实际的施行，借以兴奋一般群众，使之反对反叛的资产阶级与北方的军阀。"

"农村革命，包含得有没收土地与土地国有化的口号。中国革命的新阶段中之主要的社会经济意义便是如此。目前主要的，便是需要数千百万的农民，从下而上的采取'平民的'革命手段处置土地问题，共产党并应该是这个运动的领袖指导。共产党应该在政府内面也实行这种政策，俾农民革命之扩大，能得政府本身方面之援助。在目前的阶段上只有如此做法，才能使现在的政府，实际上成为工农革命有组织的政治中心，成为无产阶级与农民之革命的民主专政底机关。另一方面，只有自下而上的实行这种政策，以这种政策为基础，才能根据革命的原则创造真正可靠的武力改组一切军队。"

"在城市中，必须努力提高工人群众的物质生活，无论在工厂中或一般的社会生活中，应决然的改良他们在法律上的地位，凡一切法律是以使工人陷于无权利'等级'的地位者，应激烈地毁灭之。实行八小时工作制的口号，提高工资。承认工人有集会结社等权利。"

"同时必须迅速的、勇敢的、坚决的实行武装工农群众的政策，首先则须组织最觉悟的分子。实行这个政策，必须毅然决然。"

又说："共产国际认为国民党目前的任务，要求一种相当的，适合于目前任务的组织形式，必须赶快地按照与群众接近的路线，实行改组，必须使大批工人、农民、小手工业者都加入国民党，必须使工人、农民、兵士、小手工业的各种组织（如职工会，工厂委员会，农民委员会，农民协会，手工业者的互相社，士兵团体，农民军，红枪会（但须把他内部的反革命分子肃清））、工人自卫军等团体的加入国民党，国民党的中央指导机关与地方指导机关必须都实行完全的选举制等。"

"只有坚决的发展国民党，使之成为真正广大的，真正选举的，真正革命的民主组织，才能使中国的民族革命有胜利的发展并巩固的可能。"

"只有这种政策，才能造成最善良的反攻方法来对付那些动摇分子之脱离国民党左派，摇动分子之脱离国民党左派不仅可能，而且必然，如在广东曾有此种事实。对付那些军官和其他军事将领之叛变，共产党应该时时刻刻暴露那些倾向与蒋介石或帝国主义联合的分子，并在宣传，煽动及组织方面，要采取相当的具体办法以对付之。"

"革命的国民党是一个特殊形式的组织，是一个直接形成政府的组织。使国民党吸收广大的群众，使这些群众选举国民党的领导机关，再由这些被选举出来的领导机关形成革命政府，——这就是劳动群众和革命政府联结起来的特殊形式，是适合于中国革命现时阶段的形式。"

"现在关于改良军队，关于造成绝对忠实于革命的军队，关于军队同工农组织的连系，关于在军队中保持中坚部队，关于变雇佣军队为正式的革命军队等问题是特别重要，且是特别紧张的。必须特别注意在革命的工农里面，造成绝对可靠的部队，特别注意共产党员和坚决的国民党的左派党员对军队的影响，特别注意排除军队中的反革命分子，特别注意组织赤卫军。"

斯大林同志说过："共产国际的路线——是认定现时中国的封建残余为压迫势力之重要形式，认为强有力的农民运动有根本的意义，认定封建残余与帝国主义中间的连系，认定中国革命之资产阶级的民主主义性

质，是与反帝国主义斗争的锐锋相合为一体。"（斯大林同志在共产国际第八次扩大会上的讲演词）

布哈林同志说过："共产国际曾经有系统的指出方向，中国共产党要能独立、要能扩大农村革命武装工农，惩罚反革命者，国民党民主化等等。"

"共产国际一天天的督促中共走上继续扩大革命的道路；又一天天用严格的形式，指出中共缺少坚决的精神，并割断口号。"

"至于讲到国民党亦曾指出过，如果不采取扩大农村革命，组织下层民众的武装力量的坚决方针，则国民党将不免变为反革命将军们的可怜的玩物。"

"指令中又屡次指出军官叛变的必然性；要由农民起来打倒反革命的军官，必须组织革命的法庭，以审判反革命的军官等等。"

"共产国际又屡次说明，阻碍农村革命就是罪过的政策，我们应号召农民自动起来，立刻真正的夺取土地。"

"共产国际又给组织革命工人的武装单位以绝大重大的意义，指令中明白建议创造几支工人的特别军，包容大批共产党员。"（见布哈林著《中国革命紧急关头》）

斯大林同志说过："在 1926 年 12 月，共产国际第七次扩大会，很详尽的研究了中国革命的问题，对于斗争着的各阶级力量，下了正确的估计。并下了决定中国共产党策略的许多训令，提出了中共四种的基本任务——第一种任务：使国民党有群众做基础，把他变成'真正'民众的政党——工农城市小资产阶级与一部份尚同帝国主义与他的经理人奋斗着的被压迫阶级的巩固的革命联合。"

"第二种任务：拼命拉着广东军队，不使资产阶级分子在中国巩固他的势力"。

"第三种任务：是共产党员的加入革命政府与地方政权的机关。利用这些机关来同农民接近，共产党员与他的同盟者的任务，就是参加进新的政府机关，使国民革命的农村的政纲，能实际上表现出来。利用这些国家机关来没收土地，减低租税，将实力交给农民委员会等，这目的是可以达到的。共产党党员所以应该跑进政府中去者，是要帮助国民党左派，同软弱的与动摇的右派政策奋斗。"

"第四种任务：就是农民斗争的发展。他很严重的批评了中国共产党在这一个问题中所犯的错误：乡村中阶级斗争的紧张，会削弱反帝国主义战线的恐怖，是没有根据的。因为顾惜一部分资产阶级的不坚决的与不可靠的合作，以致不敢把农村革命的问题，放在民族解放运动的前列是不对的。这不是无产阶级革命的政策。共产主义者应该免去这类的错误。"（见斯大林著《为什么中国共产党的领导破产》）

二、汪精卫所说共产国际训令之研究

从上面这些文件看来，共产国际对于中国革命的策略，是非常正确，对于国民党的希望很大，丝毫看不出有消灭国民党的意思，汪精卫所说的训令，也不过是共产国际历来所主张的一个具体的训令，本用不着去辩论。但我们可以平心再审度一下，看这些主张对不对。

1. 改组国民党

共产国际主张改组国民党，使他成为真正工农群众的党，并且要民主化，用选举制，把那些反革命及昏庸老朽分子肃清，成为一个坚固的党，他们看来以为这就是消灭国民党。我们要知道国民党的党员成分如何，组织如何，我们在国民党两次大会宣言中，也可以找得出很好的批评。

第一次的宣言说：第一次革命之所以失败，是因当时"尚未能获一有组织、有纪律、能了解本身之职任与目的之政党"。

　　第二次的宣言说："过去民族革命运动之失败，由于参加者限于知识阶级，故不能得广大之基础与广大之势力，于现在及将来，为民族革命运动，必须以其意义普及于田间与工厂，且必须使之组织于反帝国主义的奋斗中。"

　　或者有人说，这是国民党未改组以前的话，但改组以后又如何呢？我们可以说党的上层，完全为知识分子所把持，党的全部，亦充满了市侩、政客、官僚、及半市侩的群众，真正工农分子，实在不多，党无群众作基础，就不能有力量，而尤其是没有社会基础阶层，而只是一些浮浪投机分子，是决不能作激烈的斗争的。国民党的性质，是最适合于作一个联合工农小资产阶级的政党，他在中国革命现在这个阶段中，有重大的任务，并且还有一层，戴季陶及右派分子，极想把国民党造成资产阶级的政党，这种企图才是真要把国民党消灭，要打消这种企图，只有把本身强健起来，要使党坚固起来，健全起来，应不应该吸收革命的新分子，排除不革命，反革命，假革命的腐败分子呢？打倒党内一切昏庸老朽及反革命分子，实现民主主义，不是国民党人在党权运动时喊出来的口号吗！

　　国民党召集第二次代表大会宣言述总理确定的根本方策，第四项说："欲使本党党员能为民众的领导，以负担上述的工作，则不可不于本党中充实革命份子，使一切反革命，假革命，不革命的份子无存在之余地。故于大会中决定容纳中国共产党党员，与之努力于国民革命之工作。"这些都是与共产国际的主张是一致的。

　　至于说到国民党的组织，自1924年改组以后，才稍稍具有党的规模，然亦说不上严密的组织。那些知识份子，始终不受党的约束，不守纪律，仍旧保持他的无政府的浪漫的态度。尤其是老党员，他连登记调查等表，都不愿填写，如果强他一定要写，他也只在表上大大的写了他的姓名就了事，一切年龄、籍贯、职业、履历等，都一字不写，他的意思以为我作过革命运动已经有一二十年了，谁还不知我是革命党，谁还敢说我不是国民党党员，当我作革命运动的时候，你们这些新党员，还没有出世，或者还是小孩子，现在来调查我，请问我的来历（列宁是俄国共产党的创造者，在俄国共产党第十次大会时，他亲自填的履历书，我们把他译出来附在卷末，与这些不肯填表的人比较一下，以见人的气度，和俄国党的组织严密的精神）！以上这些情形到处都发现，所以党的组织就非常松懈。这怎样可以上得现在这样激烈的战场。而且党中反革命分子非常之多，不经过严格的改组，断不能成为有力量的党。

所以共产国际提议改组为工农群众的党，实与国民党以新的生命，那里有消灭国民党的意思。

我们还可以在共产国际决议案中和俄国许多同志的言论中，找出许多重视国民党的证据。

共产国际第八次扩大会议决议案说："国民党是中国的一种特殊的组织形式，即无产阶级在该种组织中，直接与小资产阶级、农民共同协作的组织。共产党是工人阶级的政党，若不在国民党内部取得领导的作用，在目前的情形之下，无产阶级决不能在中国有取得领导权的作用之冀望。"

"共产国际认为若把国民党是革命运动中的一种特殊的组织形式，这一点估计得不充分，其实政策在实际上，必使国民党的旗帜，被右派夺去。唯其国民党旗帜，是中国最高程度的政治标帜，所以代表资产阶级的首领蒋介石，即企图把持国民党。共产党的策略，不在隐蔽蒋介石的态度（若退出国民党，结果必然隐蔽其态度），而在暴露资产阶级的态度、政治家的面目，他们是民族革命的叛徒，是国民党的叛徒，是孙中山反帝国主义的理论的叛徒。那些认为中国民族解放（反帝国主义的）

革命'已告终结'而工农阶级革命已经'开始'的观察，共产国际亦认为不正确。自蒋介石叛变之后，即使广大群众更了然于中国民族解放革命，只有在工人阶级领导之下，才能发展。因此国民党的旗帜，民族解放争斗的旗帜，便不能够退让给解放争斗中的叛徒。"

"只有坚决的发展国民党，使之成为真正广大的真正选举的真正革命的民主组织，才能使中国的民族革命有胜利的发展，并巩固的可能。"

斯大林说："如果在 1905 年俄国曾经有一个广大的组织，像中国现在的左派国民党一样存在，那时也许没有苏维埃。可见当时俄国不能有这样的组织存在。因为俄国工农中间没有民族压迫的成份，俄国人自己还在压迫其他民族，而像左派国民党这样的组织，仅只有在受着民族压迫的环境中才能产生，因为这种压迫把国内的一切革命份子都联合在一个组织。只有眼瞎的人才能否认左派国民党有革命战斗机关的作用，有为暴动机关反对中国封建残余和帝国主义的作用。"

"从这里应得什么结论呢？从这里应得的结论就是中国的左派国民党，对于现时中国资产阶级民主革命的作用，大概与俄国 1905 年的苏维埃对于俄国资产阶级民主革命的作用一样。"

"如果在中国没有像左派国民党这样普遍而革命的民主的组织存在，那是另一事件。但是，既有这样一个合于中国特殊条件，且已证实自身对于中国资产阶级民主革命今后最有用的特殊革命组织存在，如果在中国资产阶级民主革命仅已开始还未胜利，且还不能很快的得着胜利的时候，把这个经年历月造成的组织拿来破坏，就未免太愚蠢了。"（斯大林著《中国革命与共产国际的责任》）

2. 发展农村革命

关于农村革命共产国际认此问题为革命成败所关，屡次提议要大胆的勇猛的进行，自下而上的采"平民的"革命手段处置土地问题。这个是汪精卫等所最不愿意听的，汪常愤愤说，"现在有许多人大叫说'农民起来了，农工的解放要靠你们自己的力量去干，不要希望别人'，这就是把政府和党的权威抹煞了，这是不对的。"因为汪等都以为农民运动"过火"，破坏乡村秩序，他们是要等待政府用法律来解决土地问题，但是土地委员会所通过的最和平的办法，他们也搁置不公布，慢道说实行。农民运动已经猛力进行，他们为他们的利益，自然不能坐待政府的命令了。他们天天说要照总理的遗嘱唤起民众，待民众真正起来，他们又害怕了。革命的事业必须要群众参加，才能胜利。这不是一句空话，已经有多少事实证明了。国民政府在广东初发展的时代，哪一次的军事胜利，不是靠工农群众的帮助呢？如商团叛变之后，再次平东江，平南路，军队多能以少胜多，这都是全凭工人的罢工，及断绝敌人水陆交通，农民的向导及农军的骚扰敌人，然后获得了奇胜，难道这些不是事实吗！北伐军队之能得到胜利，不是因为革命军较强，和军械较精。反而是敌军多而强，器械也较精良。为甚么得到胜利呢？就是因为工农及一般人民受军阀蹂躏过深，望革命军如岁，革命军到时作侦探，送茶饭，为向导，真是箪食壶浆以迎。故能行军顺利，势如破竹，克服民敌，不及两月而武汉就归革命军之手，这也是得了工农民众的协助力量，才有这样的结果，难道这不是事实吗？

革命军队在中国遍处受农民欢迎，是事实，而农民这种欢迎渐渐低减下去，也是事实，因为随着长期艰难的军事行动而来的征调，给农民加上了新的负担。而农民所希望的一点也没有做到，使人民不得不失望。

国民第二军在河南的失败，非由反革命的力量而由于农民的暴动所致。因为国民第二军在河南对于农民的剥削和其他军阀一样，所以打倒"老陕"（二军大半是陕西人，故农民称他作老陕）的声音遍于全省，所以一败涂地，难道这不是事实吗？

当北伐才得到胜利的时候，四川、贵州、河南这些农民都盼望着说：革命军快点到我们这个地方来才好哟！因为他们听说革命军不拉夫，不筹款，不住民房，废除一切苛捐杂税等，是能够解除人民痛苦的，所以各地人民都有来苏之望，真所谓"东面而征西夷怨，南面而征北狄怨"。但是农民对于革命政府的态度，不能恃空言，首视革命军的态度和行动而定，看那革命军队的态度是好的或是坏的，农民以此判断新政府的本质。随着军队帮助农民的热心，农民便决定自己对于新政权的态度。如果革命的党以及一切站在运动前线的革命分子，懂得应用正确而胆大的土地政策，解决农民这一时的担负，则农民对于革命军队也欢迎拥戴，将有加无已。不怕反革命之势力如何强大，终究要征服他的。这个理由孟子也说得十分明白，他说："得天下有道，得其民斯得天下矣，得其民有道，得其心斯得其民矣，得其心有道，所欲与之聚之，所恶勿施尔也。"

农民问题实现在革命过程中，最严重的问题，共产国际反复言之，实因在俄国革命中，有深刻的经验和教训。

3. 改良军队

至于军队则国民党宣言上屡次说要造成人民的军队。现在这些雇佣军队性质不好，谁都承认的。本年三月的国民党的中央全体会议，也议决了党员服兵役法，赶快就要练成三千党军，这是已经着手的事，不过为军事委员会的几个反动分子，再三挑斥他的预算案，不予批准，硬把他搁下，这也可见改良军队之不容易而且也必要迅速进行，才能免军人的力量大于党的力量。共产国际认为急不可缓，也同国民党的意见一样。

4. 设裁判所

最后就是设裁判所来裁判不法军官及反革命者，这是肃清内部的反侧的必要办法，因为蒋介石叛变是革命战线中内部的阶级的分化，武汉方面也不少反革命分子及阴谋叛变的军官，而且何键已显然表示叛变行动，要巩固革命政府，非用严厉手段，将反革命扑灭不可。国民党早已设有革命军事裁判所，也有惩办反革命条例，不过他们不认真执行，而且有受贿释放罪犯的行动，如贺德霖竟以报效二十万元而释放，刘玉春也放了，武汉拿到许多反革命始终不肯严办，这样纵容反革命，武汉政府是何等的危险。不但此也，两湖的土豪劣绅，因乡村农民与之激烈斗争，都跑到武汉来，或在政府机关中谋一位职，或在军队作职员，武汉不但成了土豪劣绅的逋逃薮，且成了他们的升官发财地，并且还天天挑拨军队政府来反攻人民，这样形势，还是不赶快设裁判所，或者以公正人员改良裁判所，来惩办这些反革命吗！

凡此种种都是为革命前途打算，为武汉国民党国民政府打算，进恳切的忠告，汪精卫以此为消灭国党的阴谋，这不过是借此来掩饰遮盖他们的反革命的羞耻罢了！

但这里中共中央也要负相当的责任，因为中共中央不但没有把共产国际的政策去说服国民党的领袖，影响国民党的领袖，反而取的是相反的态度，是跟着他们的尾巴跑的态度，汪精卫说农民运动太幼稚了，过火了，中共中央也说农民运动过火了，恐怕是蒋介石等反革命有反间作用罢！所以汪精卫一看见了共产国际的训令与中共中央素持的主张不对，就生了疑心，就有了材料，作他分离共产党口实了。可惜汪精卫没有想到这样一来，他就作了蒋介石的尾巴，又作了西山会议派的冯自由等尾巴之尾巴了，对于他们要五体投地的称为先知先觉的了。"既有今日，何必当初"。能不令人慨叹吗！

三、中共中央（八月会议以前）政策的错误

中共中央取的政策和态度，究竟是如何？他对于中国革命，取的是对岸观火的，是从旁来推促小资产阶级去革命的，是害怕小资产阶级

离开革命，因而无产阶级的党自己不采取坚决行动的态度。完全是俄国一九〇五年孟雪维克的机会主义的政策，或者比机会主义还要坏得多的政策。我们只要看中共七月三日对国民党关系的几条决议案就可知道。照抄他的几条如下：

（4）因为国民党是以反帝国主义的斗争为目的的，小资产阶级、农民、与无产阶级的联盟，领导权天然是属于国民党的。

（5）总是中共的党员参加于政府的工作，但他们在那里做工作是以国民党的名义。所以中共与国民党的联席会议，不但是为得来讨论，解决与分担责任，而且也为得来讨论两党决议的执行的形式，国家的政权是统一的（用退出国民政府的方法可以免去现时的困难）。

（6）工人、农民与社会的组织应该在国民党的指导与管理之下。群众运动的要求应该适合于国民党中央与国民政府的命令与决议。国民党方面应根据于他的决议与命令保证工农与其他的组织的自由与利益。

（7）根据国民党的决议，工人与农民应武装起来。武装的队伍应该服从国民政府，受国民政府的领导。武汉的工人纠察队应该解散，或是编入军队，来免去任何的误解。

（8）职工会与纠察队没有国民党与国民政府允许，不能执行法庭的与处决的职务，如像逮捕，审判与游街。

（9）店员职工会及湖北省总工会应由国民党代表改组。它的经济要求不能超过于雇主的经济力量。店员职工会不能干涉雇主关于雇佣与管理方面的事务。更不能害及雇主的肉体，如逮捕，处罚，与戴高帽子等。

（10）童子团不能逮捕与搜查行人。

这已经把一切革命的群众运动都取消了！中共中央以为中国现时是资产阶级民主的革命，应该是资产阶级或小资产阶级的责任，所以领导权"天然"是属于他们的，我们共产党不过从旁赞助他们，我们有我们的责任与时代，我们的责任与时代，是在资产阶级的民主革命完成以后，可以发展阶级争斗，及农村革命这些问题，都要待革命到了北京，把张作霖赶出山海关以外，再来说罢。现在民众运动已经"过火"了，走得太快了，须得要停住，有民族革命与阶级争斗是俩俩对立等谬见。以下还有更错误的：

中共中央在给共产党上海委员会的训令上说："中国革命的特质，在乎他是反帝国主义的革命。近来我们显然忘却这点，而集中我们的力量来攻击封建制度，其结果已明显的表现出来了。""一方面反帝国主义运动消沉下去，而一方面工农运动，站在小资产阶级观点上说来，达到了最高顶点。此外那些口号如：'武装工农'、'没收土地'、'非资本主义的发展'等等引起了小资产阶级的不信任，激起了小资产阶级的恐惧心，以为中共将起而反对国民党，进行阶级革命，而不进行民族革命了。小资产阶级不以为没收土地是民族革命必须的前提，而以为中共所以坚持要没收土地，是为得要实现如十月革命那样的革命，以建立工农专政，因此小资产阶级不仅不提出这些问题，而且想终止工农运动，与中共脱离关系，在这样的条件之下，中共可否退步而采取小资产阶级的政策呢？这就是说，由自己来消灭我们自己的力量，拒绝无产阶级的领导，投降于蒋介石之前吗？这便是资本主义的胜利。我们应否坚持没收土地与武装工农的主张呢？坚持的结果是立即分裂，而立即分裂便是立即消灭。要是我们不能相当地应付环境，结果便是资产阶级直接的胜利。"他下面又说："我们应该找新的路线。我们应该经过这条新路绕去革命的危机，我们应该经过这条路去扩大革命，加深革命，领导革命达到最终的胜利。"

中共中央因此得到结论，向上海共产党员提议，不要把民族运动，专视作"工人的问题"提议在上海资产阶级中进行煽动！而这个资产阶级，便是组织蒋介石政变，而转于帝国主义压迫者方面的资产阶级！（以上一节及中共中央训令是节录《中共八月会议宣言》）这种路线错误到甚么程度了！

中共中央只看到国民党的领袖，尤其是汪精卫，而不看到群众，凡是一个问题，他只注意国民党的领袖是取的甚么态度，毫无独立的政策，把近来无产阶级共产党员英勇取得来的革命领导作用，完全丧失，的确这是事实，我可以举以下的事实来证明的。自去年三月二十日事变以后，蒋介石把党权，政权，军权这三条国家政治生活的路线，都收在他一人手中，造成了蒋介石的个人专政和独裁。北伐又得了空前的胜利，他的威权震于中外，这时革命的领导权，完全在他手里，自从武汉政府成了一个小雏形后，革命的领导权就转移到武汉，也就是说逐渐移到共产党手里了。为什么原故呢？去年十二月九日国民党中央党部，国民政府迁移武汉的第一批人员到了武汉，因为从广东后来的第二批人员已在途中，政府不能中断，于是就以已到武汉的中央委员及政府委员组织一临时联席会议，来暂行代理党部政府职权。初以为不过两三星期，第二批人员到后，就把这个机关取消，所以通电出去，蒋介石及各方都赞成，殊不知后来的几个政府委员经过南昌，蒋介石想暂留在他身边，好行使他的威权，这几个人一时难到武汉，于是形成了两个政府，就引起政府驻地在南昌、武昌之争，党权运动的轩然大波，从此开始。党权运动前面已经说过。现在单说联席会议罢。武汉的临时联席会议就是革命的领导权，由民族资产阶级代表蒋介石之手渐转移到无产阶级的一个关键。因为去年三月蒋介石夺去了左派国民党之权势以后，左派此时已有相当的团结，而最重要的还是因为武汉工人势力的伟大，临时联席会议成立不久，一方面在军事上是克复了宜昌重镇，平定了鄂西，击败了杨森，歼灭了袁祖铭，宜昌工人运动骤然发展，成立了总工会，在地方极有势力，为四川与武汉交通之枢纽，长江流域的革命势力，非常增大。一方面外交上，武汉工人"一三"运动，收回了汉口、九江英租界，使中国近百年来的外交史上，有了转机，使英国不得不作从来没有的屈服。因此武汉政府就成了革命的核心。蒋介石正月来武汉一视察，见民气的可畏，回到南昌就要驱逐鲍罗庭，说他压迫国民党的领袖，侮辱了国民党。并攻击徐谦，说他才是独裁。其实是因鲍罗庭常常鼓吹土地问题，引起了农村革命，并在宴会席上劝告他不要抑制工农运动。徐谦受了共产党的影响，极力主张扶助工农，为一时人望所归，夺取了他的领导地位。党权运动正得势的时候，（二月底）俄国同志伍定康？（Витинский）自南昌来说"蒋介石只要求撤换鲍罗庭，对于共产党和苏联的关系仍旧，若将鲍罗庭顾问另换一个俄国人，则蒋介石还有调和的余地"等语。于是徐谦就有动摇的态度。他两次对我说，以伍定康来换鲍罗庭，对于共产国际也是一样。至他既为蒋所不喜，他就可以出国，或派他到苏联，如此则这一场争执可以和平了结。我坚决的反对说：这不是人的问题，乃是党权属于党，或属于个人的问题。蒋介石这种把戏，就是要把权势再归他一个人的尝试。徐谦才把这个提议打消。他是小资产阶级态度，是动摇的。当时因见共产党在国民党的几个中央委员，态度坚强，他以为共产党是有办法的，所以他也十分强硬起来，这是事实。中共是素来有威权的，一般人都觉得他有绝大的力量，并且有共产国际的指导，是非常可靠的，就是我们党员对于中共中央信仰亦深，中央的主张多以为是共产国际的方针，从来没有怀疑的，只可惜中央并未完全照共产国际的方针进行。

党权运动成功，蒋的领导作用完全失去。当国民党第三次中央委员全体会议开会时，（三月七号）谭延闿等几个中央委员从南昌赶来，在会议席上说，蒋主张把会期改在三月十二总理去世二周年纪念日来开幕。

共产党的及左派国民党的几个委员坚决反对，辩论得非常激烈，这明明是谭延闿奉蒋使命来想把会议延期，一来多延时日，他好设法破坏，二来表示开会期还要由他决定，以表示他的权威。会议席上有两个人明白指出说："党既决定了的会期，不能由一个人没有理由的提议变更，如果照蒋的意思改期，是党服从个人，失去了党权运动的意义。"自然会议席上最大多数是赞成这个说法的，要表决时李烈钧退席，谭延闿力争，要容纳蒋的意思，徐谦、顾孟馀、孙科就表示动摇，主张休息十五分钟再议，协商结果，采取了调停办法，改成三月十日开会，以待未到会的委员可以赶到，并声明并非因蒋之提议而改期。蒋得此消息，知最后的尝试又无效，他的威权，从此丧尽。他于九日致一密电与谭延闿说："事竟如此，可为前途痛哭。"这个痛哭非为党国的前途，乃为他个人的权势。可见蒋介石当时以为武汉这般人，未见得有胆量同他决斗。既至武汉方面毅然进攻，他才觉得他的地位危险，十四日他自家打电来向大会辞党的主席。但是，总司令职并不辞，如果那时由大会下令免蒋的总司令职，则军权既去，他对于军队无指挥权，则南京上海的军队，一定不会听他的命令。况且三月二十四攻下南京之第二、第六两军都是极反对蒋介石的，上海占领时，如薛岳等都不满于蒋，白崇禧等亦暗中反蒋的。免职令一出，可以断定莫有一军替蒋出力来反对的，又况此时党的威权正盛，谁也不敢冒天下的大不韪。那吗，后来蒋也不能到上海调动兵队，也不能打倒上海工人势力，也不能解散在南京之第六军，并调第二军到江北陷之于敌，以灭武汉势力。只可惜当时以为手段不可太辣，而且党的中央委员会直接发军事命令，于体制上也不好，所以党无人提议，直到三月底军事委员会成立，也不下免蒋职令，只把军队改为三个集团军，并设三个总司令，以蒋介石、冯玉祥、阎锡山分任，用移花接木的方法，把蒋的总司令去掉。这也可见武汉这般人的软弱，不能出非常手段，如若能取法列宁用无线电免都哈宁的总司令职的果断英明办法，则以后一切问题，都不会发生。不先发制人，而倒转被蒋介石安然到上海、南京利用几个昏庸老朽的监察委员，用非常手段，成立南京政府，以与武汉政府对抗，这是武汉第一个失败。现在我们还是来讲领导权罢。自本年一月到四月，革命的领导权，事实上渐移到无产阶级，这时代表武汉的中心人物，为邓演达、徐谦，都同共产党极密切，都能照共产党的政治路线走。既然汪精卫回到武汉以后，领导权就转到汪手上去了。这不是汪来夺去，是共产党送给他的，因为什么呢？因为中共中央以为汪是国民党的重心，汪现复职，事事就得听他安排。自汪回后，两党联席会议一开，共产党员加入了国民政府，CP 就被国民党束缚了。就上面所引关于国民党的决议，也可以看出，汪是小资产阶级的代表者，是没有独立政策的，如果无产阶级不明白指示他的方针、他不往资产阶级的路上跑，就动摇无定。况且从南昌来的谭延闿，抑郁不得志，正好利用他作傀儡，造成第三派，他天天包围汪，用湖南逃出来的土豪劣绅及军官家属，捏造许多谣言，说农民如何暴乱，不说程潜的母亲被强迫剪发，就说何键之父被逼迫游街，其实那有这回事呢？然而汪精卫就信了，大骂湖南的农民运动过火，而中共中央也不得不认为过火。这时汪精卫既是全国人民欢迎他回来的，而中共中央又认他是革命的领导者，他初到武汉，用很激烈的演说词，来骂蒋介石、吴稚晖等，自然是受人民的欢迎。但是，后来他漫骂群众运动也用一样的声调，而且反动分子就利用他的地位来骂倒一切，他自以为持正谊，而不知把革命根本都忘掉了。他在许克祥叛后，他以为共产党并没有多大势力，他常说"共产党自称湖南有组织的农民有数百万，但当不得许克祥的一团兵"，他不信任群众的态度也表现出来了。中共中央以为无论如何汪不至于反革命，不至于主张国共分离，因为他反对蒋甚力，绝不至能与蒋走一条路，汪必知道他同蒋走一条路是死路，汪不至于自家断绝他的生命，所以天天还是与汪周旋。如果中共中央用共产国际的策略严厉批评他的错误，并坚决指出他应走的路，他或者还有觉悟，生出决心，我们只要看夏斗寅叛兵到了武昌附近三十里纸坊的时候，有人向汪说孔庚与夏至好，可以派他去夏处暂为缓和一下，汪愤然曰这种叛兵叛将还有调和的余地吗？他为什么这样强硬，就是因为共产党员二十四师师长叶挺愿率他的全师去讨平叛兵，并与汪说有把握，所以他就强硬起来了。可见如果我们善于引导他，他是会同我们一路走的，只可惜中共中央过于信任他，忘了自家独立性和革命中的责任，只盼望汪精卫拿出好政策来领导革命，我们只有诚心诚意去赞助他，而不知汪精卫这等小资产阶级的人有甚么政策呢？有政策就是当今冯道，谭延闿的政策。睁着眼睛看不见上海滩、汉口、广东、天津等处有数百万工人，硬说中国没有无产阶级的顾孟馀的政策，想如何使工人脱离共产党加入国民党，来反对共产党的陈公博的政策。中共的一切政策的决定是依赖于"左派"领袖（汪精卫）的愿望，而"左派"领袖的所愿意就是将军们滥政客所要求的。

到结果汪精卫也不顾他的政治生命，亦不顾前日所骂叛徒蒋介石、老狗吴稚晖，也照蒋介石一样的要反共了，八月初冯玉祥在拉拢武汉、南京两方面的时候，汪精卫还要坚持反蒋态度，以表示他反共与蒋不同，胡汉民很俏皮的说："反共既须倒蒋，则联共尚须倒汪，天下滑稽之事宁有过于此者！"把汪骂得无地自容。及宁汉合作成立之后，汪高高兴兴的要到南京去上任，殊不知还未到南京，而南京上海一带，斗大的打倒汪精卫的标语广告，已遍布墙壁及新闻上了，逼得汪不能不宣布下野，想同反共的拉拢，汪到处痛骂共产党，比他们还要利害，十一月初他迭电张发奎要他痛杀共产党，汪以为如此表示，那这军阀们该会信任他了。但是事实相反，到处都排斥他，并且还说他是共产党，他卖尽气力摧残共产党也没有人信他，真是成将军们可怜的玩物，年余以来，请汪复职的呼声，遍于海内外，何等受人民尊仰，一块金子招牌的汪精卫，竟被他自己打得粉碎，抛在粪坑里一钱不值了。汪精卫如果良心还在清夜自思，当要悔恨无地，恍然太息曰共产国际有先见之明，中共中央未能为直诤之友了！汪精卫一人不足惜，所可惜者，孙中山艰难缔造的国民党，竟被他送葬而中国革命不得不受暂时的失败的损失了。

四、失了巩固革命的几个机会

假使中共中央照共产国际的指导以坚决的精神，勇敢的毅力，发展群众运动，武装工农，大胆的进行没收土地，赞助农村革命，满足工人的要求，利用参加革命政府的机会进行一切，准备一切，则好机会甚多，断不会失败至此，只因他没有准备争斗，没有准备动员，故坐失时机，我们可以举出几件事实来作证。第一，国民党第三次全体中央委员会议时及军事委员会成立以后，没有采取果决的手段，免蒋的总司令职，前面已经说过，这是失了第一个机会。第二，在四月四日张发奎部队已经上船，要开赴南京，此时南京完全是在赞成武汉反对蒋氏的二、六两军手中，上海也有多数赞助武汉的军队，而且工人势力甚大，又有新成立的民选市政府，张发奎军队一到南京，即刻各部分就团结起来，蒋无所施其伎，也不会有什么战事，只可惜为向西北发展而不向东南，以免同帝国主义直接冲突之说所误，这是失了第二个机会。第三，五月廿一许克祥在长沙叛变，此时叶挺的兵刚把夏斗寅击败逃往湖南边境通城、崇阳地方，此地往长沙不远，若以叶之兵乘胜追击，一面援助湖南农军直捣长沙，无论如何是必胜的，因为如果中共中央 CP 及湖南指导员不下撤退进攻长沙之各方农军，已经是必操胜算，再加上叶军，自然必胜无疑。此时汪精卫还相信共产党，一定可以说他出来主持，即使政府不肯发此命令，我们以非常手段自由行动做出，叶既是我们党员毫无问题，当时武汉没有别的军队，河南前方战事正急，杨森的兵已到了武汉附近的仙桃镇，八军李品仙及第二、第六等防杨森之不暇，还敢对叶军进击夏斗寅、讨伐许克祥的举动说一个反对的字吗！即使他们觉得共党手段利害，将领拔扈，我们此时已把湖南的叛兵扫除，全省都在我们掌握，且有数百万农民据湖南以自固，他们还有甚么办法来对付我们，况且此时武汉的空气对于 CP 尚好，决不会同 CP 决裂，只可惜中央是采的退守政策，即湖南我党各路农军进攻长沙的命令也将他撤消，以为许克祥是反对唐生智等政府，与唐生智用和平方法解决，而唐生智就是暗中勾结夏斗寅、许克祥等叛变的人，夏斗寅初失败时，唐生智打电给他的参谋长说："事已至此不能再干了，要赶快把夏的军队编成两旅，调赴河南前方。"军事会议也就照他的说法，不去把夏的叛兵消灭，而中共中央知道这个情势，也不觉悟唐生智、谭延闿、程潜等的叛迹已著，急图自救之法，这是第三个机会。第四，六月半间张发奎在前方归来，非常愤激，因为此次北伐在河南的胜利，完全是张发奎之力，牺牲很大，结果不但毫未得点好处，而且兵权在唐生智手里，军饷用了一两千万，子弹运往前方的不下四五百万，而张军仅得二十七万子弹，饷款还欠得很多，所以引起对唐的愤怒。张军回到武汉，即全过江驻在武昌城一带，同时何键已发出反共的言论，他的兵驻在汉阳，舆论对他非常不好，都说他是投降了蒋介石，因此武昌汉口之间俨然两个世界。武昌是革命空气浓厚的共产党与张发奎军队十分和洽，且有邓演达所办的中央军事政治学校，武装学生不下四五千人，又有农民运动讲习所武装学生也不下一千余人，势力是非常之大的。汉口卫戍司令是李品仙，他是中立态度，只有何键在汉阳是极反动的，故汉口一带则反革命的空气甚著。只隔了一个长江，空气不同得这样利害，当风声不好时大有开战之势，此时如中共中央本国际的指导，以果敢勇决的精神，断然说服或挟持汪精卫到武昌，下逮捕或讨伐反革命何键的命令，必不难将反革命扑灭，乃计不出此，仅与张发奎磋商回广东的办法，以为张发奎可靠，到事情紧急时，张必能挟汪精卫回广东，及至邓演达说汪不动，知大局已不可挽回，（六月尾）惟有以一走表示不同这些变节背叛革命的人一气。而张发奎则竟为汪说动，也主张两党分离，于是这个机会又错过了，这是失了第四个机会。至于八月一日南昌暴动，算是第五个机会了，这个机会，虽然实现了革命的计划，然而机会主义的色彩还是很浓厚，如中央既派人到南昌组织暴动，而到临时，中央的代表还是表示无决心，想不暴动仍同张发奎再勾结，经组织暴动的同志严厉抗争，始决定暴动，这是事前的摇动，暴动后组织革命委员会，仍要张发奎等已经实际反动的人作委员，直到汕头还要同张发奎联络，以为非拉住张的兵队则革命不能成功。这完全是军事投机主义，完全没有了解现时革命的中心问题，乃是农村土地革命问题，革命的真实力量，乃在发动农工群众广大的革命潮，断不是多拉几个靠不住的军人，就可以成功的，可见他是不信用群众，看不起群众力量。机会主义的毒，中共中央的指导人员已中深了。

第五章　"八一革命"的经过

一、农村革命为这次暴动的中心问题

"八一革命"这个阶段，很明显的是因农民运动的开展，小资产阶级叛变，而转变了革命的阶级力量，农村革命、土地革命，为这个阶段的中心问题。两湖的农民及武汉的工人，正饱受着武汉政府的压迫，十分愤激。这时应该如何满足工农，尤其是农民迫切的要求，使工农群众激发起来，迅速使工农的势力和运动连结起来，组织起来，使暴动传播于各地，使武汉当局手足无所措。我们的武装力量，完全要用在这个目的上。不然，则我们的兵力有限，而敌人的则无穷，即使每战都胜，也难得最终的胜利。所以借武装暴动来发动群众，引起农民革命，是这次起事的主要目的。我们的一切行动，都不能违背这个目的，才是正确的政策。否则成了军事投机主义。可惜八月会议前的中共指导机关，没有注重这一点，所以就不免有许多错误的政策和行动。

二、回广东的计划

中共中央（八月会议以前的以下皆如此）以为目前急切的问题，是要一个革命根据地。武汉是必战之地，南京、上海是帝国主义势力最大的地方，且不容易得到手，只有广东民众及工农已有相当的组织，且富于革命性，而有海口，交通便利，又是财富之区，有这几个理由，所以在武汉形势险恶的时候，就决定以广东为我们革命的根据地。恰好这时张发奎所领的第二方面军，自河南战胜归来，而不满意于唐生智，将士都有回广东的意思。而且这个军队里，共产党员最多。汪精卫主张国共分家的时候，张发奎就说，他的军队如果去掉共产党员，就会瓦解。所以他颇不赞成两党分离，经汪精卫极力运动，他才动摇。七月的时候，正是武汉政府高唱要出兵到东南讨伐蒋介石的时候，张发奎所率叶挺、贺龙的队伍，已陆续开拔到九江，只待张发奎来，就决定不下南京而回广东，但是张被汪说动了，迟迟不来，共产党在国民党的中央委员，及重要党员和国民党各地党部左派代表都已到达九江。时机已迫，我党特派来组织暴动的前敌委员会，乃决定如张不来，则以贺龙代理张的第二方面军总指挥，刻日举事，七月二十六日，贺叶军队即开始向南昌进发，汪张等闻信，即于二十八日连袂来九江，与朱培德等在庐山会议议决以武力解决贺叶军队，以朱培德之第三第九两军留南昌部队及程潜第六军之一部，向南昌贺叶军进逼。张发奎于一日率其卫队到马回岭，欲说七十三团而附和叶贺，士兵怒而逐之，缴其卫队械。张狼狈逃去。如当时将张击毙，或虏之来南昌，则少一后患，惜当时未采激烈手段，任其逃去，殊为失策。南昌由新组的特务委员会决定于八月一日午前一时起事，围缴在南昌之第三、六、九各军约三团人之械，激战约六小时，缴械完毕，南昌遂归我叶贺军占领。

三、革命委员会的组织

国民党的中央委员及各党部代表四十余人，于八月一日午后二时，在南昌开联席会议，议决选举二十五人为委员，即时成立革命委员会，以总揽党务、军事、政治。下设秘书厅、参谋团、党务委员会、农工委员会、宣传委员会、财政委员会、政治保卫处、总政治部八机关（列表如下），分掌各项事务。

四、政策的错误

1. 政治上

没有提出适当的政纲和口号，没有注重农民和土地问题。南昌既得，此时即应组织工农兵苏维埃政权，即或暂时不愿把国民党的革命旗帜被叛徒拿去使用，也应该有极鲜明的政纲和口号，使群众有明了的政治路线，以发动群众，兴奋群众。如：

（1）宣布工农专政；

（2）宣布土地、铁路、水运、矿山、银行及主要的生产的大企业等收归国有；

（3）没收地主官僚军阀及一切反动分子寺院、祠堂等土地，由农民自动起来，用"平民的"革命手段，处置土地问题，夺取乡村政权；

中国国民党革命委员会组织

委员二十五人

郭沫若	
陈友仁	
张发奎	
邓演达	
贺龙	
谭平山	
恽代英	
林祖涵	
吴玉章	经亨颐
彭泽民	何香凝
张国焘	朱晖日
李立三	黄琪翔
周恩来	张曙时
叶挺	徐特立
彭湃	宋庆龄
江浩	于右任
苏兆征	

主席团主席七人

宋庆龄
张发奎
邓演达
谭平山
恽代英
贺龙
郭沫若

农工委员会主席 张国焘

宣传委员会主席 恽代英

财政委员会主席 林祖涵

秘书厅厅长 吴玉章

参谋团委员 蔡廷锴（后改邓演达） 贺龙 周恩来 叶挺 刘伯承（军团参谋长）

党务委员会主席 张曙时

政治保卫处处长 李立三

总政治部主任 郭沫若

军　队　组　织

第二方面军

- 前敌总指挥　叶挺
- 总指挥　贺龙

第十一军军长　叶挺

- 第十师师长　蔡廷锴
- 第二十四师师长　古勋名（会昌委任的）
- 第二十五师师长　周士第

第十二军军长　贺龙

- 第一师师长　贺锦斋
- 第二师师长　秦光远
- 第三师师长　周逸群（临时成立的）

（4）没收的土地及富农多余的土地，公平分给贫农及退伍兵士；

（5）耕者有其田；废除土地私有制，佃农有永佃权；

（6）取消付给富农的地租；

（7）禁止奴隶契约，废除贫农所负之高利债务；

（8）增加富农的负担；

（9）减低赋税；

（10）废除一切苛捐杂税；

（11）没收租借或隶属外资之工厂、矿山、铁路、银行及一切外资经营的企业，作为国有；

（12）私人企业故意停闲怠工者收为国有；

（13）制定工会法、劳动法、社会法、劳动保险法；

（14）实行八小时工作制；

（15）增加工资。

要提出下面的口号向工农说：

"工农们只要依靠自己的力量，不要相信将军们、长官们，组织自己武装队伍，解除民团及一切反革命的武装。"或者还要用更急进的口号。使这些口号迅速传播于全国都市及农村，使反革命者发抖。可惜当时一般见解，以为口号不可过高。第一，要使各阶级都能接受，保持联合战线，不至离开革命，害怕革命。第二，免得敌人造谣，说我们是要进行阶级革命，不进行民族革命了。第三，要收买人心，说我们伐罪吊民，兴仁义之师（秋毫无犯），若号召下层贫苦人自动起来，会扰乱社会"秩序"，失了党及政府的统帅，难于收拾，且人人都视我们为洪水猛兽，必遭各处打击，所以我们要维持"秩序"。这些主张，初看去像是不错，但是违背了革命和暴动的意义。以下我们逐条说明：

第一，现在资产阶级及小资产阶级都已背叛革命，投到反革命的堡垒，剩下的只有工农及被剥削的阶级，才是革命的。这不是说，资产阶级尤其是小资产阶级中，无有革命的分子，像中国这种环境，他们还有一部分是革命的，但是主要的是无产阶级及贫农，而且真正革命的分子，并不害怕革命的口号，并且在这阶级分化重新结合的时代，我们是要他先激烈的化分，然后再来结合，这个结合才能坚固。口号高，一方面固然吓退一些人，但另一方面同时也要吸收很多的人。这个分化是必要的，俄国 1900 年列宁在《火星报》发行的通告中说："为达到坚固的联合起见，在未联合之先，就应开始实行坚决的固定的分化，只有在事前先分化，先提出自己的政治主张，以与他人的主张相对立，然后才谈得到谁的政治主张是相同的，便联合起来，谁的政治主张是完全相反，便分道扬镳。"现在我们的目的，是在兴奋两湖及广东已经起来了的农民，这种农民，正陷于水深火热之中，急需要解决土地问题，而且他也表示过伟大的力量、激烈的斗争，难道我们还不该引用这个伟大的势力，反而顾忌莫有觉悟、动摇不定的部分，这不是愚笨的政策吗？况且只有这样的口号，才可以推动在睡乡的民众。

第二，反革命以赤化共产来反对我们，不自今日始，他也不限于革命的分子，差不多只要是他们的反对派，就可拿这个口号去反对他，如吴佩孚、张作霖说段祺瑞都赤化了。其实人民倒满不在意，赤化不赤化，共产不共产，他只看他对于他们是不是真正为他们谋利益。去年国民军退出北京，奉军到京大劫掠的时候，人民说，赤军还好些，这是事实。至于说国民革命与社会革命的关系如何，正应该阐明这个道理，不应该蒙混，使理论不清。绝不可以说我们共产党的主张不是现在要行的，我们只可以说，民族解放、资产阶级民主革命，是社会革命的序幕，由第一种革命转变到第二种革命，才能解决第一种革命的问题。两个革命是相互关连不可分离的。不可以把两个革命两两对立，也不可以否认阶级革命及共产主义的进行，现在人民困苦极了，以共产主义来革命，来暴动，总比那以红枪会、大刀会、大肚会、神兵等来希望解除他们的痛苦，要结合的人更多，这是无疑义的。到了这个时代，我们要宣传共产主义，不应该束手自缚一样，好像共产党非寄生在国民党身上不能生存的模样，好像自家都不能自圆其说的样子。

第三，"维持秩序"这一观念，是这一次暴动中最看得重的，也是这一次失败原因之一，在行军中曾因兵士在乡间捉了人民的一只鸡，就把这兵士枪毙了，到汕头因秩序扰乱时，工人到商店里拿了几尺布，也把他拿来枪毙了，真是"王者之师"，"秋毫无犯"。表面看来不是坏的，而从革命的观点看来，这完全是机会主义的观点，不明白革命的根本问题，只是旧时改朝换代的概念，不过是想把官僚的军事的政治机关，从一部分人的手里移到另一部分人的手里，与人民没有关系，这不是我们所需要的革命，这是没有懂得国家是一个阶级压服另一个阶级的统治机关，所谓"秩序"就是压榨的工具，我们是要打碎这个机关，建立一个新的机关，不是要继承这个机关。那时我们完全没有明白这一点，现在无妨把列宁所著的《国家与革命》中的要点，写点下来，证明这个意见：

列宁说：

"在马克思之意，国家是一个阶级的统治机关，一个阶级压榨另一阶级的统治机关，国家是一个'秩序'的创立者，而这个'秩序'，一方面巩固这个压榨，并使这个压榨成为合法，同时即以缓和阶级之冲突。反之，小资产阶级政客（机会主义者）的意见，以为'秩序'即是阶级之调和，而不是一个阶级对另一个阶级之压榨。"（列宁著《国家与革命》中译本第7页）

列宁又说：

"如果国家是阶级矛盾不可调和的产物，如果他是社会上一个高等力量，而且逐渐离开社会的。那么明显得很，被压迫阶级之解放，不仅非有暴力革命不可能，而且非消除统治阶级所设立的政府机器，甚至于非使这个机器的存在离开社会不可。"（同上 9 页）

他又说：

"过去一切革命均使国家机器更加完善起来，但是现在则必须打碎他，彻底的破坏他。"（同上）

列宁引马克思的话说：

"巴黎公社明白的指出，工人阶级不能简单的夺取现存的国家机关，并运用他来完成自己的目的。"（同上）

他又说：

"不是把官僚的军事的机关，从一部分人的手换到那一部分人的手，——像直到现在这个样子——而是把他打碎。"（同上）

列宁说：

"'打碎官僚的和军事的机关'这几个字，已把马克思主义关于无产阶级在革命中对于国家问题的重要教训，很简单的表白出来。"

"破坏军事和官僚的国家机关是'任何民众革命'的先决条件。'民众的革命'在马克思嘴里说出来，好像有点奇怪。如果我们把二十世纪的革命拿来做个例子，当然我们勇敢地承认葡萄牙和土耳其革命是资产阶级的，但是这两个革命都不是民众的，因为最大多数的民众在这两个革命中，都没有积极参加，以及独立的提出他们政治的和经济的要求。反之，1905 年到 1917 年的俄国资产阶级的革命，虽然他没有得着葡萄牙和土耳其具有革命时的'光明灿烂的'结果，但是毫无疑义的，他是真正的民众革命，因为最大多数的人民，下层的民众，从压迫和剥削之下，他们站了起来，在一切革命的过程中，提出自己的要求。他们的企图，是在他们自己路线上，建设一个新的'秩序'，用以代替旧的和已破坏的'秩序'。"

"所谓民众的革命，——实际是把大多数的民众卷入革命的潮流中，包含无产阶级和农民在内，这两个阶级，组成了民众。这两个阶级，在'军事和国家的机器'压迫他们，遏制他们，和剥削他们的环境之下，他们便联合一致，打碎这个机器，破坏这个机器，这是大多数民众工人和大多数农民的真正要求，这是贫农和无产阶级的联合的先决条件。没有这个联合，德谟克拉西是不会巩固的，社会主义的改造是不会成功的。"

"用什么东西来代替打碎了的国家机器？"

"要完全实现理想上的充分巩固的德谟克拉西，这种德谟克拉西，硬是由资产阶级的，变为无产阶级的德谟克拉西，国家则由一个阶级压迫另一阶级的意义，变为一种不是真正国家的形式。"（同上）

就是说由无产阶级专政，经过资本主义与共产主义间的过渡时期，以达到共产社会的初期的形态与高级形态。

秩序既是资产阶级巩固他的压榨的东西，我们去维持他，是违背了我们的目的，乡间贫苦民众之所以不敢动，就是因为有这个"秩序"把他们压住，我们只要看每逢战乱或兵匪过后，就有不少的穷苦人乘机窃取财物，所谓趁火打劫，但是马上就是要为"秩序"二字所压服。因为无论他战事是何方胜利，他总要以维持"秩序"为名，讨好士绅来欺压贫民，故人民鉴于多年的事实，不敢犯这种扰乱"秩序"的罪，但是人民暴动起来，成了势力，所谓"秩序"不能维持了，则一般贫民就有绝大的暴力，所谓民众如狂，如义和团及太平之乱，古之黄巾、黄巢、李自成，现在各省之红枪会、大刀会、大肚会、神兵等都是民众只有在破坏秩序的下面，才能表示他的勇敢，才号召得到群众起来。

一方面我们要知道，推翻封建势力、改造社会是不容易的。中国第一次革命推翻满清后，千余年来，社会上除了革去一条辫子之外，有什么变革？社会的惰性最深，非经过一番大破坏，绝对不会改革。现在湖南的农民运动如火如荼的起来，才开始动摇了封建阶层的基础，劳苦贫农才有发狂的趋势，这正是我们应该趁此时机把他鼓励起来，把旧社会根本推翻，只要两湖有了模范，则各地自然闻风兴起。当时各地虽然白色恐怖利害，但各地来信都说，工人并不束手待毙，他拼死的还在同反动势力抗争，如铁路工厂等的罢工仍继续出现，对于金融纸币银行等的抵制及各处农民的暴动，与夫农运人员多数尚留乡间，从事活动，如果我们以南昌暴动来作民众暴动的核心，提出急进的革命的口号，则登时可以把湘鄂赣的秩序破坏，军阀虽强，绝不能以有限的兵力，分布于这几省广大的地面。在俄国社会民主党第三次大会上，列宁说："在革命的时候惧为甲可宾派，是非常可鄙的见解。若我们能占领彼得格勒而斩尼古拉之首，那我们面前一定有许多汪特（（Вандея）地名，法国革命时反革命暴动的地方）了，我们与俄罗斯的贵族决斗，一定要用甲可宾的方法，即严厉地扑灭反革命的方法，在革命空气高涨，不是与日俱进而是与时俱进的时候，无产阶级若惧怕实行革命的动作，这不但是狂妄无知，而且是罪恶滔天。"政治上之主要观点既有如上的错误，所以八月二日革命委员会开会所决议的解放农民条例，自然就有许多错误。解放农民条例的要点如下：

没收大地主（二百亩以上）及祠寺庙宇的土地，以分配于贫苦的农民；

政府收税不得过百分之廿五，战时亦不得过百分之四十；

禁止买卖土地；

解除民国武装，即以武装农民；

各地组织农民协会，接收乡村政权；

对于佃农减租百分之二十五，地主收租不得过收入总额百分之四十；

佃户对于耕种之土地，有永佃权，如佃户不愿放弃，地主不得转佃他人；

借贷利息在百分之三十以上，或所纳利息已是过去一倍者，即无权索还原本；

借债利息不得超过百分之二十；

债主无权向贫苦子弟索还其父兄之债；

地主对于佃农只有经济关系，不得有主奴关系；

废除一切苛捐杂税及统税厘金。

这个条例是何等不彻底，没收地主土地要在二百亩以上者。广东农民看了这个条例说："他们主张耕者有其田，如果二百亩以上才能没收，那就是耕者无其田了。"二百亩的限制，随后到了上杭才把他取消。至于劳动法等，到了上杭才提了出来，此时全未议及。总之，目的在如何达到广东，先获得一个革命根据地再说，一切行动都随这个政策而定了。

2. 军事上

军事是随政治方针而定，前面说过，对于张发奎没有用激烈手段，是一个错误。但是南昌既得，如果我们迅速分兵占领九江、湖口，把张发奎的兵队尚约有一万人完全吸取过来，以敏捷的手段改编，以造成人民的军队、人民的武装为目的，拼命的武装工农，团结可靠的军队，抛除不可靠的军官，如蔡廷锴等，也免得他以后叛变，率领了我们四五千兵队去福建。当时由武汉中央军事政治学校及长沙分校，被解散压迫出来的学生，不下千人，都是各省送来的，不是共产党员，就是左派国民党员，用来作下级军官，是很好的，我们占领九江的目的是在扼长江的咽喉，使声势扩大，使帝国主义者及军阀发抖，借以宣传我们的主张和势力，将使革命的波浪传布全国、全世界，因为在此通商口岸出了这样一个有力的新革命军，他们要隐瞒也不能，并且各报必尽量的登我们的文告，虽然他们是反对我们的，但他当奇闻登载，我们的宣传就会普遍，影响就不小了。我们最要紧的是要使工农作成连环的暴动，武汉、长沙的工人，自然要准备，大冶铁矿工人，萍乡、安源的矿工，我们要派兵将武装送去，使他们武装起来，暴动起来。反革命和帝国主义者都会来压迫，九江自然不能久守，但南京、武汉两方正在准备战斗的时候，彼此尚不能以最短时期，结成和议，一致来逼我，当时武汉的工人及被压迫的群众尚蠢蠢欲动，湖南各县自不用说，九江附近的黄冈、阳新、咸宁、崇阳一带农民，都要起来，此等地方，离大冶不远，如果工农能联合起来，武汉的兵是不能安然到九江的，到了九江不能守，我们节节退南昌向萍乡、湖南一带发展，我们的兵不聚在一处，不以占据地方为目的，需以发动群众为目的，敌兵来少则击破之，多则引去，用流寇的办法，使敌人疲于奔命，又有工农援其后方，阻其前进，敌人无如我何。而且各军阀并不一致，有了地盘的他不愿意动，而争地盘的又要来，他们的冲突不少。并且我们还要用煽动军队的办法，我们的饷要极优，待遇特别不同，权利特别不同，这些军阀的雇佣兵队，不难吸收过来，以前洪秀全举事，就是能发动群众，他走一处总是能结合几万人，每每被困一城，已无势力，只要他一冲出，又结合了若干万，使满清无法平定，后来还是曾国藩用湖南的乡勇民兵，他又坐困南京，才把他打败了。可见能兴奋群众是绝不会失败，我们应该相信群众。一面我们用迅速手段，把樟树、吉安朱培德的军队击破，并吸收他的兵士，这是很容易作到的，朱虽有兵万余，但战斗力不甚强，且未集中。赣州方面还有钱大钧与他对敌，因为蒋介石命其防朱。那时他们正对峙着，如果他前后都有敌人，只要一击，不难击破。后来有友人说，当我们起事的消息传到武汉时，朱培德正在武汉，吓得面无人色，随后知道我们的兵朝赣南去了，他才说"这下不怕了",可见他弱点必多。如果把朱击破,我们或在南昌稍久住,或分道出湖南与农民四处扰乱地方,则武汉兵队走开,无法可以制我。得了湖南,则广东(自易联络农民)不成问题。可惜我们当时专意要到广东,意在避战,故军事亦随政治错误了。

五、由南昌到广东

当时以目的在到广东,故即须放弃南昌,全部向广东进发,到广州路线有二:一由吉安、赣州、南雄、韶关、北江到广州,一由赣南抚州、广昌、宜黄、瑞金、寻邬、梅县、东江到广州。赣州之线路虽较大,而朱培德的重兵(约一万人)驻樟树、吉安一带,钱大钧的兵驻赣州,黄绍竑之兵在韶关、南雄一带,虽然钱、黄是蒋介石派来与朱培德作战的,但都是我们的敌人,节节均须作战,张发奎、黄琪翔既未来与我们合作,必与我们为敌,程潜亦必出兵来追,前有重重的敌人,后有追兵,即使战无不胜,而伤亡必大,为时必久,非我们速到广东的目的。不如走间道,以最短时间达到广东与工农势力结合,不难达到广州。虽赣南交通不便,给养困难,比较实有利些。以此理由,故决定由赣南之线赴广东。八月三日军队即开始出发,计此时我全部兵力,有叶挺之第廿四师,约五千人,周士第之第廿五师,约三千人,蔡廷锴之第十师,约四千五百人,贺龙之第一、二两师及教导团,约共八千人,总计有兵力二万○五百人。在南昌缴敌械颇不少,军实尚充足,大炮及迫击炮不下三十门,机关枪不下六十挺,枪有二万四千枝,子弹不下五百万发。因无力夫搬运,遗弃子弹在一半以上。出发时分三路,贺龙之第一师由丰城前进,并向吉安方面警戒,约在宜黄会合。蔡廷锴一师由进贤前进,余由中路向临川出发,五日革命委员会同总指挥部由南昌出发,各部已开拨完竣,计四日行百九十里,八日抵临川,因沿途给养困难、夫役缺乏，行军最为困苦。在临川驻二日始前进，蔡廷锴叛变，驱逐我同志，率第十师由进贤向福州方面去了。行军日志附后 [①]。行军中以军事为主，倥偬长途，亦无暇顾及其他，关于宣传虽用油印出有小报，以外间消息隔绝，所记不过军中及宣传兵士之文件，且也是在瑞金稍前点才出的，农民运动也无暇去作。现在把军事分成两期来说：

第一期　由南昌—会昌

第二期　由会昌—流沙

第一期　南昌—会昌

参谋团本速到广东之目的，在南昌制定行军计划，是由南昌—临川—宜黄—广昌—石城—瑞金—会昌向寻邬计长一千六百里之重要道上选的军行路，预计八月二日由南昌出发，二十六日集中寻邬，毕竟运动迟缓，到了二十六日才到达寻邬后方二百八十里之瑞金，途中又损失了许多军械弹药，叛逃了许多官兵，尤以南昌至临川一段为最。损失军械弹药的原因：（一）不能得多数力夫运输；（二）官兵未经训练者，抛减其携带武器。叛逃官兵最著者，第十师师长蔡廷锴在进贤叛变归陈铭枢去了，我军完全损失战斗力强之一师。又第二十军参谋长，陈裕新及二十军第五团大约七百人都叛逃归为唐生智，其余概是零星逃散。

八月七日我军到临川时，杨如轩军队约二千人，不战而逃往南城，我军给农协一些武器，并委众一千余人之土匪邓甘霖为赣东警备司令，令之协同阻扰敌军。

八月廿五日我军到了壬田市，当时李济深、朱培德、张发奎妥协好了，已调他的左路总指挥钱大钧的七千人，并附以由东江调来了苏世安、柏天民之两团，约二千余人来会昌、瑞金。其先头在壬田市布防堵

---

① 见附录之二。

截我军，又调他的中央总指挥黄绍竑的九千人，由赣州经雩都向我军前进中，张发奎的军队由黄琪翔统率，由南昌到了吉安，拟回广东。此时我军贺龙的兵力约有五千六百人，叶挺的兵力约有七千八百人，共约一万三千四百人，而战斗兵员则无此数，但欲乘钱大钧等兵力未集中而各个击破之。在壬田市开始攻击，二十六日攻入瑞金，可惜叶挺的军队未能依定时完全到齐，只贺龙的军队担任攻击，敌人未被歼灭的残部由瑞金向会昌退却了，这时候又恐钱大钧再回会昌退回雩都，不能歼灭他，遂决定以叶挺的全军从西江市洛口迂回其后攻击会昌，贺龙的军队由瑞金正道攻击会昌。叶挺军于二十八日取得洛口，向会昌前进，我军以主力猛攻会昌，贺龙所担任攻击的一方面，未照预定计划向瑞金派出兵力，只派有周逸群所指挥之一千余人攻击会昌，又被钱大钧击败，好在叶挺方面军队质量较好，又迫于前后皆敌，死力奋斗，得于八月三十日午后午时攻入会昌，并派兵尾追至筠门岭。此两战钱大钧所指挥的军队，除伤亡俘虏逃散的约六千人，只剩得约三千人，向南逃窜，后来知道这三千人是分经武平、信丰窜梅县去的，此时黄绍竑军到洛口的果受叶挺军一营人的欺骗，被抑留一日才攻取洛口，又探知会昌被我军攻克，遂未前进。此役叶军缴敌枪约两千，伤亡自己官兵约一千人，以我们同志为最多，贺龙军于攻瑞金、会昌，共缴敌枪约五百支，伤亡自己官兵约七百余人，也是我们同志最多，暴动时已感觉军事人材之缺乏，这次伤亡更感觉缺乏了。

此两战我军奋勇得了很大的胜利，军事的战略还算不错，尤以从西江市出洛口，在洛口以一营兵率制黄绍竑八千之众为最出色。

会昌胜利后应该迅速到梅县，况叶军已追敌到筠门岭，离梅县已不远（不过二百余里），残敌无多，后来知道梅县农民以为我军快到，于九月五、六日间已把梅县占领了，后因我军未到，残敌乘此时会，把农民击退，农民受此压迫以后，不敢轻动，还有几县也是一样失败，革委闻讯才派人告知农民，必须待我军到时才可动作，而各县农民势力已大被摧残了。前锋已至筠门岭又回头来取道长汀，这是军事上很大的失策。当时为什么理由要改道长汀之路线呢？

（1）经此战后贺叶两军共有兵额一万一千余人，黄绍竑有兵九千人，恐蹑我后，不能达迅速到东江之目的。

（2）由瑞金经长汀、上杭到东江较由会昌经寻邬到东江，路程不过较长九十里，长汀线有鄞水、韩江可供运输，而寻邬线则山路崎岖，行军困难。

（3）长汀线地方较富，可筹点款，寻邬线则不能。

（4）贺军参谋长陈裕新知我由寻邬到东江计划，已告武汉政府披露各报，故也须改道。

（5）福建无有力之军阀兵队，只有少数民军，可无战事，安全通过，而后方亦安全。

有这几个理由所以就决计改道福建，将前方军队调回，迟延了多少时日，其实寻邬之道虽不大，而我军行走山路，已有近一月之久，行装已都归于简单，纵无伕役亦可前进，所得枪械及俘兵，搬运虽感困难，然到梅县不过二三百里，我先头到达梅县，不难要农民来帮助。这个时候多数人的意见，都以为此战以后，到东江不成问题，只有到广州才会有战事，急急想到潮汕，组织政府，使声势浩大起来，最希望的是得苏联的接济，以及潮汕可以筹款等等才是真意。对敌之疏忽、对暴动之儿戏，对于南昌一日可到之九江去壮大声势，想在一二月之后、一二千里之遥的潮汕去壮声势，真是太笨拙了。

这一期由南昌带出的现洋仅数万，不甚值价的纸币大概是三十万之谱，分发为各军的给养。曾于宜黄、临川决定先用纸洋，收买地主谷米，或无代价征收其粮食，现洋则保存最后在作战地区使用，将领有以王者之师自居，认征苛为羞耻，对地主亦禁用纸币，于是现洋不久用完，纸币离南昌远愈难使用，负责筹款者，在旧的普遍派款、新的剥削地主勒款两办法之间游移不定，且途中倥偬，有钱者大半逃避，于是筹得之款甚微，不敷用度，到瑞金后越感困难，影响于行军之迟缓，最后是由粮米管理处开始征发地主食品以供军用。

广昌以北曾见农运组织，但极幼稚，曾雇少数农民为力夫，其他无所表现，至在广昌以南为赖世璜之反动军队驻防之地，无甚农运组织，且其地在蒋介石命令下实行清党，在民众作反动宣传十分厉害，傍路居民逃避极多。我军未在一地停驻，无从作我们党的宣传，革委及各军中负政治工作者，只得照例写得一些解放农民条例全文，如没收二百亩以上之土地、继承民党正统等标语，顺道贴在路傍，这样工作，自然不能生何等影响。各地国民党虽尽力寻得本地几人出来重新改组，但他们看得我军是要走的，只好敷衍对我们而已；各县县政府之组织是委员制也，是因我军过道是暂时的，除了我们自己派人主持一二日以外，其他寻得本地的几人，也是如办党的一样，只是敷衍我们。

第二期　会昌—流沙

改道长汀、上杭入东江的计划，是八月三十一日决定，九月二日停顿洛口之黄绍竑军，突来攻击会昌数小时，不克又即退去，叶军伤亡又有二百余人。此时我军先头部队已向长汀出发在途了。由瑞金经上杭、大埔、潮州到汕头是八百五十里，九月五日贺龙的军队大部分由瑞金到长汀，叶挺的军队大部分由会昌开回了瑞金，相距八十里，当时福建长汀、上杭一带之民军兰玉田、孔庆辉两个武器甚坏的队伍，约一千人，于我军未到时，避向连城、武平去了，我军因为将负伤官兵暂留长汀医治，恐其残害起见，曾由我九军副军长朱德，委任他两个为某司令以羁縻之，又在平远有张元齐领率有匪及被迫农民数百人，欲其探察黄绍竑军队之情形，并阻挠其前进之企图，亦由朱德委之为某团团长。由瑞金到三河坝一段，未有战事，惟我军以瑞金、长汀陆路八十里运输伤者之困难，长汀、上杭之筹款困难，在长汀停了二日，在上杭停了三日，叶挺将第二十五师窝在后面，停日更久，我军到大埔时，他还在长汀、上杭的路上，这也是后日他迟来三河坝与主力部队远离不易联络的原因。

九月十八日我军在大埔县署检得薛岳的电报，知广东来的敌军是向河源集中的（限九月廿六日集中河源），又据各地同志说，兴宁、五华在农军占领中，高坡、普宁、揭阳农民暴动失败，汕头工人已炸坏潮汕铁路，海陆丰尚在暴动农民手中，平远、蕉岭皆无敌情，惟梅县方面有钱大钧残部约三千人，潮汕敌军王俊有兵四团向三河坝移动。

三河坝是三河合流处，为交通枢纽，我军于九月十九日占据此地，占据时敌军有由潮州乘汽船来者，被我军击退，此时我军全体约一万○七百人，除叶挺之第二十五师约二千五百人，而战斗兵员只六千余人，军事讨论，均觉得：

一、兵员之补充望之工农

二、交通要灵敏而尤在于得外面的消息

三、财政困难问题之解决

四、械弹之接济

五、革命委员会之驻地

六、揭阳、普宁、海陆丰农民暴动之联络行动

必须迅速取得潮汕，其取潮汕之主张有二：

一、就东江历史上言，东西两军均重视兴宁、五华，以该两县地形上占优势的原故。今广州之敌军集中河源方面，此方尤宜注意，我军以

一部向潮汕，而以主力趋兴宁、五华方面。

二、集中河源方面之敌，其到兴宁与河田，皆有可能。据报，兴宁、五华方面，现刻尚无敌情，潮汕方面，王俊的兵有四团约四千人，曾有一部在三河坝与我军接触。今我军到达前敌，战斗兵员只六千余人，如以主力趋于无敌情之兴宁方面，而留一部肃清潮汕，殊无把握，如果受挫者，前途更难应付，宜一面催第二十五师速到三河坝，防制梅县方面之钱大钧之残部，探察平远方面黄绍竑军之来否，并作趋兴宁方面之准备，一面将我军已到前敌之部队迎敌，迅速取得潮州后，不停留即开赴揭阳、汤坑攻击由河源来之敌，是来得及的，如此再与三河坝之二十五师联络，亦属容易，潮汕方面则留少数部队卫戍。

结果是依后一计划，在实行时，仅在三河坝、留隍之间小有战事，于九月廿三占领潮安，王俊部队由潮汕分经留隍、揭阳向汤坑退却，如果我军照预定计划在潮州不停滞，即一齐向揭阳、汤坑前进，二十七日即可在梅江与三河坝之二十五师联同作战。乃事实大谬不然。有些在政治方面的同志忽视军事地说，军事不成问题，只看政治如何主张，而武装同志大多数感两月长途困苦，一见繁华的潮汕，不免有留恋休息筹款给兵之表现，非同志之表现尤为不好，怠慢迟延，本可二十四日集中揭阳者（潮安距揭阳七十里）竟至二十七日尚未完全集中，这是使我军遭大大失败的罪过。

据各方报告黄绍竑军由会昌开到平远，钱大钧尚在梅县。河源方面之敌似已由紫金向畲坑前进。第二十五师是二十二日完全到了三河坝，我们命令他牵制该方面之敌，潮汕方面则第三师周逸群统率的一千人戍守（叶挺派往普宁协助农军及潮汕等约八百人），我军集中揭阳者，共约六千五百人（叶挺的约三千人，贺龙约三千五百人），战斗兵尚无此数，于二十八日由揭阳向汤坑前进，距揭阳、汤坑尚有三十里之白石与敌军遭遇，获敌俘虏，据称，敌军大部已取道留隍取潮州，于是命令周师长逸群指挥潮汕戍守部队，死守潮安，并调回帮兴宁农民斗争之一营到潮，听其指挥。又命三河坝之二十五师，沿梅江袭击敌左侧背，我军拟迅速击破白石之敌后，由留隍追随该敌以援潮州。激战至二十九日，始攻入汤坑，拾得敌计划，李济深他们是：（一）以钱大钧三千人在梅县方面牵制我三河坝之二十五师；（二）以黄绍竑之九千人由平远经丰顺、留隍以取潮州；（三）陈济棠指挥他的十一师之四团，代理十三师长邓世珍之两团，新编第二师师长薛岳之两团，及潮梅警备司令王俊之四团，共一万五千人，经河源、畲坑、汤坑趋揭阳。这面兵力几乎三倍于我，所以他始终取两翼包围，我军始终取中央突破，节节胜利，终未突破，到三十日午前三时叶挺督其全部再突，亦不果破。但两日夜之激战，我全军伤亡官兵二千余人，已无力再战，只得向揭阳退却。但敌人的损失亦大，在事后看报，黄绍竑说：如再战半日，他们是不能支持的。如南昌扣留了蔡廷锴第十师尚在，这是绝对可以打胜仗。那么李济深基干部队完全失败，我们在广东的局面，真有办法了。此时我们决定退却时，有两种主张：

（一）直到海陆丰与农民结合；

（二）迅速由小路（不过揭阳河只相距八十里）退至潮州与军革委及二十五师联合，再退福建。

结果从第二主张，但向导语言不通，终于退由揭阳，再开往潮州，由马牙渡渡河之困难，行动又复迟缓，至揭潮中途，而潮州已于三十日傍晚被黄绍竑攻陷，不得已联合汕头革委，经炮台、关弯埠、贵屿到流沙，拟仍向海陆丰退却。

革委是十月一日由汕头退走的，在未退走之三日前，即九月二十八日，李济深的海军飞鹰、民生两舰，上陆袭击革委，被击退。如无此事，革委将不能安全退出汕头也。十月二日革委退至流沙，各部队于次日始到达，革委召集将领会议，决定敌军追我军势急，我军如退海陆丰，实力恐难保存，拟由云落北窜，作流寇行，以帮助农民斗争，革委则去掉国民党头衔，分散各省活动，将领终不愿随行者听之，此议虽决，而部队仍由流沙经钟潭向海陆丰道上之云落前进，故命令未得下达，贺龙军刚到钟潭，而叶挺军未过钟潭之时，被普宁方面之敌，截为两段，军无战心，溃散不少。

革委人员因亦解体，陆续逃往香港，此后我们军队情形如次：

（一）叶挺军第廿四师在流沙剩有千余人，由董朗统率，经甲子港以赴海陆丰，图与农民结合，贺龙剩有二千余人，亦由云落到海陆丰；

（二）叶挺军在三河坝之第二十五师，最后在香港报纸登载，十月二日与钱大钧等在三河坝战斗甚激，旋向福建平和、永定退去。

我们在香港，党的决定，分令他们两处军队，各就所在地与农民结合，努力实行农村斗争。

这一期政治方面的主张，比南昌时较为彻底，最著者，就是在瑞金决定建立工农政权，在上杭议定将没收二百亩以上之土地的二百亩字样取消，就是土地归农民的话，在流沙决定革委去掉国民党的头衔，惟距失败之日太短，未能充分的表现出来。

汕头为帝国主义势力比较雄厚之地，他们的兵舰调在汕头有好几只，于我们到后，水兵登陆向我们种种威吓，我们为军事紧急对他们让步，我们委的汕头交涉员郭沫若，也就按照这个意见办理一切，但我们的同志，大半受了这种帝国主义威吓的影响，对汕头到了的工农讨逆军，亦有要他们离开汕头之言论，甚至公安局负责同志，于工人有拿商家物品者，立于枪毙，有工人说这是蒋介石的军队一样，这是何等的错误。汕头市场的保安队，仍是工农军组织的，而工人也努力在汕头弹厂造弹。

　　近之如梅县、兴宁、五华、高坡、澄海、潮阳、普宁、揭阳、海陆丰等县，远之如海南西北方面的农民暴动，以及潮汕的工人炸弹案、破坏潮汕路等等，都是工农群众联合军队共同努力奋斗之表现，但因消息隔绝，我军运动迟缓，未能协同动作，影响于军事者不甚重大。结果反革命军队不十分顾及工农暴动处所，仍是集中其所有兵力，向革命军队决战，其意在将革命军打败以后，再来镇压无武器之工农暴动，是容易事，这是我们的党没有影响在敌人内部的下层关系，反革命因此最容易收功的。

　　广东省组织各路工农讨逆军，东路总指挥是彭湃，其指挥区域是在东江，他是以郭瘦真驻三河坝，指挥兴宁、饶平方面农军，以杨石魂驻揭阳，指挥海陆丰、澄海方面的农军。

　　他们的主要任务：建立各地工农政权并扰乱敌军及肃清反革命派。

　　我们的革命军曾将剩余的枪分给一些与农军，半因将领欲另成军，半因农民囿于乡土观念，恐接收后即调他作战，竟至接收革命军枪者不多，而革命军剩余的枪枝，在潮州方面对敌损失在四千枝上下，真是可惜。我们想以农军补充革命军兵员的条件计划毫无成绩，自然是时间太短，但是农民其意重在本乡中夺得土地，愿意送军出征者少，而工农讨逆军募兵组织又不好，以致如此。工农讨逆军十分涣散，不能望他们协同革命军对敌主力作战，就是扰乱敌军成绩也不甚好，甚至于对地主斗争时，他们的应援不灵，也要军队帮助，如浮洋、普宁、澄海的农民斗争，是派军队去帮助才得胜利，这都是没有彻底执行没收土地的政纲，来兴奋农民的结果。说到军队派到普宁帮助农民斗争的事，我们又有一件恨事，就是破城后农民杀地主，是自然的、应该的，乃去的这个营长，出告示安民，下令禁止，这是何等错误。

这一期的经济情形，除在潮汕筹款比较的多、部队减去恐慌以外，其他地方都是困难，军队运动之迟缓，一切设备之无办法（如部队衣被等事）亦受了这种影响。我们都感觉这问题困难，就分工说，自然是财委筹款，政治保卫处捉地主勒款，粮秣管理处征收地主粮秣，总觉得须统一计划与力量，才成立一个战时经济委员会，由各负责同志，共同组织起来。成立数日，即遭失败，成绩无所表现。

第六章 "八一革命"失败的原因

"八一革命"是在失了许多好机会之后，才得到这样有决心的一个暴动。在时间上说，工农运动已经遭了很大的摧残，各处同志及革命力量，已受了很大的损失，上海是早已失败，即武汉的工人纠察队、中央军事政治学校、农民运动讲习所等有力的武装，也丧失完了的时候；在地势上说，南昌比武汉、长沙差远了，不能说是暴动的好地方。又加以暴动后，党的指导未能改正机会主义的路线，在政治上，没有将农村革命、土地革命作为中心，军事上亦采取了退守的战略，由这种种看来，这次暴动是最初就无胜利的可能呢？还是照当时计划仍有相当成功的希望呢？如果依他速到广东的计划一点不误，永久的胜利，或完全占据广东，虽不敢说，而在潮汕东江一带，获得暂时的胜利，是一定可能的，即使失败，也不至这样快，这样大。究竟失败的原因在什么地方呢？

一、没有认识农民革命的重要

这次暴动的主要原因，是农村革命潮流的飞涨，吓落了小资产阶级的胆，因而叛变，我们就应该利用这个高潮，极力使农民兴奋起来，和各地农民暴动联系起来。而我们始终未能坚决地、无情地执行没收土地交与贫农的政纲，以致未能发动群众，得到广大农民的赞助，而成为军事的投机主义。没收二百亩以上的土地政纲，到上杭才取消；到瑞金才提出实行土地革命的口号，但如何实行，并无办法，只是一句空言；即广东迭起的农民暴动，亦未能联络起来，如梅县、兴宁等处的农民暴动，因我军不到而失败。不以农民革命为我们的主要力量，轻忽视之，这是失败的第一原因。

农民参加革命与否，为革命成败所关，不但列宁的革命理论，和俄国的革命经验是如此，即征诸中国历史的往事，也是如此。中国素称以农立国，农民占人口百分之九十以上，农业经济一现恐慌，所谓生活困难，民不堪命，大乱即随之而起。如果我们把中国最后二千多年的历史观察这一个私有土地制度、自由买卖土地制度的时期，那末，在这一时期中最重要的，最能有代表资格的民众运动，不能不算是：赤眉之乱，黄巾之乱，黄巢之乱，元末白莲教之乱，明末李自成、张献忠之乱，以及太平天国之乱。这些乱事，从他的时代经济、政治的结构分析起来，无一个不是因私有土地的集中、农民丧失土地，加以过重的赋税，使农民暴动起来，推倒现政府，建立新政府，所谓改朝换代，周而复始，循环式的变乱，都没有跳出农民问题、土地问题的圈子。所以土地问题，为二千余年以来，中国历史的根本问题。就是 1911 年中国第一次革命，推倒满清，也是因有农民的暴动。1911 年三月廿九（阴历）广州革命暴动失败后，革命党元气大伤，何以不到半年，革命就会成功呢？这完全是农民暴动的力量。当时农业经济，因国外帝国主义的剥削、国内捐税之繁苛，人民日趋于破产，革命的客观条件，已十分成熟，革命虽屡次失败，而暗潮仍滋长不已，适因清政府将川汉、粤汉两铁路来抵借美款，就引起湖南、湖北、广东、四川四省人民的绝大风潮，尤其是四川农民竟全体起来暴动。因为川汉铁路公司股本，是按农民田数勒派的，所谓"租股"；因此每个农民都于这个铁路有经济关系，一听说将这路抵押与外国，就引起全省农民暴动。他的运动的中心，虽是在当时的"谘议局"和铁路公司，而且这般人都是立宪党，他的口号也不是革命的，他的行动，是于各大都会及各县城市乡村，都在街心高供起刚死不久的"光绪皇帝"牌位，在他两旁写了"铁路准其民有，庶政公诸舆论"两行字。这两句话是光绪训令上曾说过的，他们就用他来反对现政府。这些举动都不是革命的，但是却引起了革命的风潮，五月中这些农民群众，捧了光绪皇帝牌位，向当时的总督衙门请愿，也像俄国 1905年"加邦"引了工人向俄皇请愿一样，到了总督衙门，就被总督赵尔丰的卫队用排枪打死了无数的农民，并捕去了十八个议员及公司人员，于是暴动更扩大到各县，以成都省城为暴动的中心。他们用木片写好了标语和宣传文字在上面，外用油纸封好，放在江中以传达消息于各乡，水势甚大，一日可行数千里，这就是他们所谓"水电报"。因此各县农民都向省城进攻，新式军队受了农民的影响，都不愿打农民，只有旧式巡防军，仅能保守省城，革命党乘机活动，七月时仁寿、嘉定、荣县一带，已被农民军占据，在荣县成立了一个小政府，他取得了威远县，围攻自流井。满清才调端方带湖北新军，入川剿办，因此，武汉空虚，八月十八日革命党在武汉机关被破获，党人不得已突起暴动，遂占领武昌，而端方在资州，赵尔丰在成都同时被杀，……全成问题了，这是何等的错误！

二、没有保持着优越的精神和高度的勇敢

军事侦探谍报毫无组织，以致敌情不明，误期与不履行任务的探报，不加处罚；军纪不严，工农暴动未能与军队联络，被敌人把农民镇压下去了，我军才到，这也是行军迟缓之过。暴动必需的艺术，和三倍的勇

敢，完全没有，这是失败的第二原因。

三、我党的组织松懈，未能作暴动的核心

军队中同志固多，但新同志实占大多数，而且同志多是智识分子，党在军队中没有发生什么影响，即同志间，也是到了瑞金，才把小组组织起来；党的前敌委员会是最重要的，但组织也不健全，也没有威权，也没有采取民主集中制，多数同志都不知道党的计划和真实情形。究竟应当怎样做，大多数都是不知道的，不明白个人的责任，一盘散沙。没有人觉得我们是在革命的暴动中，如行悬崖绝壁，大家应该手拉手，一步不误，才能免坠深渊。而实际的情形，好像我们是去广东就职一样，早迟没有什么关系，也莫有什么考虑，完全是非波尔塞维克的精神，这是失败的第三原因。

四、军队指挥不统一

以军队的质量数量来说，叶军比贺军强得多，而且叶军有铁军之名誉，只因贺龙在暴动前，还不是我党党员，且曾许他以总指挥之职，故不能以他为总指挥，而实际上不但贺不能指挥叶军，即贺的军队，他也无大威权。仅仅靠一个空洞的参谋团来维持统一，参谋团对于军队，不能如意使用，这是军事上失败的大原因。

五、武装党员的缺乏，没有改良军队的性质

我们的党在平时没有注重军事，莫有准备军事人才，尤其是没有武装工农，而且还有一种不好的论调，说工人农民都不愿当兵，因为受不得军队上严格的纪律和训练，这种说法，在武汉时已是如此。在行军中，本来有广东来的农军数万人加入军队，随后也退出来，特别作为农军，与军队分开。我们不拿同志和性质好的农民去影响军队，改良雇佣军队

的性质，反而与他隔离，这是何等的错误。没有改良军队的性质，也是失败的一原因。

六、没有果断的精神和勇决的手段

前面说过，未将张发奎拿获，是一错误，但这是事起仓卒，稍纵即逝，还有可说的理由。至蔡廷锴则本已提议扣留，更换可靠同志，而我同志将领只重情面，保其不至背叛，以为当不负我，竟撤消此议，致使蔡叛变，率我劲旅四五千人而去，并扣留许多得力同志。使此师不变，则汤坑决战，必不至失败。又会昌战后，又将廿五师留在后面护送伤兵，以致该师不能同在汤坑作战，这都是无远识勇断，也是致败的原因。

第七章 "八一革命"的影响和教训

"八一革命"虽然有许多错误，又遭了失败，但他仍是有伟大的价值。他的影响分反革命与革命的两方面来说：

一、反革命的方面

促成了宁汉合作，演出了汪蒋与第三派分合离奇的怪现状，资产阶级与小资阶级革命的假面具都一齐揭破，露出了他们的真面目，国民党的革命旗帜，被他们撕得粉碎，他们个人也把自家的信用在国民党面前丧失尽净，国民现在都知道他们也同旧的军阀、官僚、政客一样，国民党也被他们消灭了、送葬了。

自从冯玉祥与蒋介石在徐州会议，徐谦、顾孟馀又驻在开封，天天促冯发出去与蒋介石合作的电报，汪精卫最初还大骂说："他来电有诸君皆谈及共产党罪恶的话，谁同他讲了这些废话？"其实冯并未冤枉他们，冯对孔庚说:"汪精卫说共产党像猴子精,国民党像猪八戒,猴子精钻进猪八戒的肚子里,猪八戒就只好听他摆布了。"汪尚如此说,其他就不问可知了。程潜看了冯的电报说:冯到徐州会蒋,并未奉过政府命令,不但他的话不能算数,以党纪军纪论,都应该受处罚。当时他们的意思还是在讨蒋,想占上海、南京,所以不听冯的话,天天准备出兵南下。怕共产党领导工农群众,在两湖捣乱,所以极力压迫工农谋去共产党。七月间湖南农民已被许克祥杀得够了。武汉的工人,何键以兵力压迫得不敢动,中央党部的共产党,已经压迫走了,以为出兵可无虑了。忽然来了一个"八一革命",使他们发抖。冯又再三申说,以蒋介石下野为条件;武汉当局的先生们,以为国民党可以统一了,蒋既下野,无异南京投降武汉合法的中央,武汉正统可以维持,自然乐从,殊不知是个骗局。八月十四蒋下野后,武汉人员刚到南京,所谓第三派就同西山会议派勾结起来,组织了一个特别委员会来代替中央党部,以宁、汉、沪三部分人各选八人为委员,轻轻就将国民党第二次代表大会以后武汉合法的资格取消了。并且宁沪一带,打倒汪精卫、请汪下野的呼声,非常激烈,汪愤而宣布下野。顾孟馀、陈公博谨列在候补之列,徐谦还须受查办处分,看他与共产党有无关系。自然孙科、谭延闿、程潜是得了较好的地位。这样一来,汪、顾、徐这些先生们,才知道受了侮辱,不得已又潜近武汉,和唐生智勾结,设立政治分会,陈公博到广东和张发奎勾结,也设立一个政治分会,这两个政治分会都反对南京的特别委员会,主张要同第四次中央委员全体会议来解决党的问题,并且要在上海先开预备会。因为恐怕再上他们的当,原来是十一月一日开会,到了十月尾,南京政府忽下令讨伐唐生智,说他在汉口设政治分会来反抗中央,这明明是打汪精卫;而汪精卫也于十月廿八到广州去,南京政府打电问他,说是他主张十一月一日在南京开会,现在何以不来,汪回电说,人哪天齐他哪天到，这也可见汪的可怜，和他们争斗的激烈了。

现在蒋介石与日本勾结好了，又回到上海来，自然又要生变化，两湖白崇禧、程潜正同唐生智在交战中。

广东自我们在潮汕失败后，张发奎乘李济深的兵在东江，就把广州夺去。

现在各军阀成了混战的局面，各不相上下，虽然他们都还顶着国民党的招牌，正因此他们把国民党的德丧尽，把国民党的革命性消灭尽净，从此无人看得起国民党了。

二、革命的方面

1. 引起各地暴动

广州的罢工及抵制中国银行纸币，使李济深无法对付，使银行几乎破产，潮汕的铁路工人罢工及抵制纸币，也闹得很厉害。两湖的工人虽在暴力压迫之下，也努力夺斗。至于农民暴动，则湖北的崇仁、咸宁、沔阳、通城、汉川一带，起了有力的农军，几乎打到武昌。湖南平江、浏阳、醴陵一带的农军到现在还继续不断的兴起。湘南与江西连接的地方，共产党指挥的农军势力很大，广东则梅县、普宁、兴宁、五华、潮汕、潮阳、揭阳、海陆丰、信丰、北江、西江各地都有农民暴动，琼州一岛全被农军占领，只余文昌县城及海口一埠才有反革命的军队。汕尾、海口屡次为农军占领。广东已有几县组织了苏维埃政权，江浙为反革命势力最大的地方，而苏州的铁工工人罢工坚持了一二个月之久，还未解决，无锡破获共产党准备暴动的机关，宜兴、崇明的农民暴动，唤醒了苛税重重的江南人民。至于北方各地的红枪会、大刀会，四川、湖北的神兵等名目都是农民暴动的象征，且都说有共产党员在运动。最近的将来，各处暴动将更普遍起来，激烈起来，这都可以说是"八一革命"的影响。

2. 形成广州暴动与苏维埃政权

本月十一日广州暴动成功，组织了苏维埃政权，这是无产阶级在中国组织苏维埃政权的英勇试验，对于将来工农运动发展上有很大的作用。发布了许多新的革命口号，使中国革命的新阶段表现出来，洗净了"八一革命"不彻底的机会主义的痕迹，使全国工农及被剥削阶级知道了出路，革命的情绪澎涨起来，全国的暴动将继长增高，使中国的革命加速。虽然他不几天也失败了，但他却是中国工人希望取得领导中国伟大革命历史上的最高权的英勇的模范。

这个暴动有伟大的历史意义，他是受了"八一革命"的影响和教训所得来的。

3. 造成了中国共产党波尔塞维克派的胜利

中国共产党只有几年的历史，是很幼稚的党。中国共产党之形成，系在中国无产阶级尚无阶级自觉，工农运动尚在萌芽的时期。民族解放运动之高潮，在最初一个时期，资产阶级，特别是小资产阶级的知识分子，曾起过很大的作用，被压迫群众的阶级觉悟与阶级斗争乃亦随之而有长足之进步，这时革命的小资产阶级的优秀分子，相率加入共产党，在民族解放运动的战线上，立于一个极左派的地位，这些分子乃形成中国共产党的最初核心。工人与贫农之开始大批加入共产党，为时较晚，盖在劳动群众阶级性的革命运动逐渐发展的时期。因此，中共的指导作用乃落在小资产阶级分子的手中。他们只乘着最初时期革命的高潮与一时的热情，未经过马克思主义、列宁主义的训练，不明白国际无产阶级运动的经验，不与被压迫的下层民众发生联系，脱离了工人与贫农阶级斗争的路线。因此，大部分的革命小资产阶级分子，不仅未为党所同化，不仅未变成一个纯粹无产阶级的革命家，且反而在党中形成一种政治上的动摇、消极与不坚决和组织松懈以及非无产阶级的习惯和言论，与夫偏见及幻想。所有这些，都是小资产阶级革命家所常犯的毛病。此种社会层级的分子，是党内机会主义和半少数主义的路线的主要执行者，而此种路线亦即所以决定武汉反革命政变前之一切党的政策，且在"八一革命"中，党的指导，亦复留有同样的痕迹。机会主义者的天性，就是处处适应环境的小资产阶级的天性，所以他们处处适应，顺从资产阶级。现在我们拿俄国 1905 年少数派的主张来看，简直同中共的机会主义者的主张完全一致。

一、机会主义认资产阶级民主革命与无产阶级革命之间有一条鸿沟，在颇长的期间，将彼此两个革命分隔着，在这期间经过中资产阶级得到政权以发展资本主义，而无产阶级则集合力量以准备反资本主义的决斗。这个时期不长，大概也总是数十年。所以吴稚晖在反对共产党的文章上说，他问陈独秀中国共产主义实现要多少年，陈说要二十年，他一算说，然则国民党的生命只有十八年了。他说，陈苦笑不言，罗亦农怪陈太直率了，拿别的话敷衍。在这些地方就可以看出中共领导者新的机会主义见解，如果不然，对于吴所问就应该解释资产阶级革命与无产阶级革命的相互间不可分离的关系，及国民党的消灭与否全视他的革命性存在与否，如果国民党成为真正代表工农革命的政党，他又何至于消灭，如果专以人来论，以为某某等老党员都被开除了，国民党亡了，或以无产阶级革命必定要消灭国民党都是错误的见解等等来说明才对。不过他也同吴的见识一样，所以现在不主张阶级争斗，不要把小资产阶级吓怕了离开革命。资产阶级革命的时代，领导权当然应该属于资产阶级，这与俄国 1905 年少数派对于俄国革命主张一样。

二、对于农民问题，以为农村间的阶级斗争加厉会破裂国民革命的联合战线，没收土地口号是不能提出的，不明了农民革命的意义和农民在革命中的伟大作用，也是同少数派一样。

三、对于军队问题，党的领导者是根本拒绝一切军事的行动，他们常说南方的军队实际上同平常军阀的军队没有什么分别；所以他们没有想法去获得他，把他交给了资产阶级。拒绝使工人加入军队中去，他们说：把工人加入军队内有什么意思，这不过使他们当资产阶级的炮灰罢了，我们有我们的工人纠察队，工人都愿来，至于军队他们是不愿意去的。他不去武装工农，这也同少数派普列哈诺夫所说的工人不应该拿枪及不主张武装暴动一样。

四、对于国民党，中共中央很坚决的不愿意把他变成群众的组织，更不愿在国民党中间造成纯粹的左派理论。产业工人整批加入国民党是被禁止的，以为加入国民党就会受到右派的影响，就等于投降了国民党，对于国民政府不愿加入，说要保持阶级的独立和纯洁，也与俄国少数派对于临时政府的主张一样。

五、中共中央对于共产国际的决议和训令往往不执行，以为不切实际，不合中国现世的特殊情势，这与 1905 年俄国自由资产阶级的《解放》报称赞少数派的现世主义一样。列宁批评他说："资产阶级之图全力要使无产阶级在革命中只抱着'谦恭'的作用，要使无产阶级格外精当些，格外实际些，格外现实些，要使他的行为拿这样一个原则为标准，这就是：'不要使资产阶级离开革命'。"（列宁著《两个策略》中译本126 页）

中国共产党是共产国际的一支部，中共中央在很久就犯了机会主义的错误，何以到本年八月才受共产国际的处罚，毅然召集党的非常代表大会，改选中央委员会，严格批评党的领导机关，执行共产国际的执行委员会的指令呢？

（1）中共的下层党员群众，能英勇奋斗，能随工农及被剥削群众自然的要求勇猛前进，并非执行中央的命令，有时或被中央斥为过激。如湖南的农民运动，农民自己起来没收土地，打倒土豪劣绅，组织乡村政权，设人民裁判所来处决反革命，推翻封建残余的基础，中央还认为过火，下令非得中央的命令，行动严为禁止。江西省许多地方的共产党党员作了县长，中央还说这些同志离开了群众，如不离职就要开除党籍。有许多省分国民党的党部，共产党员成了领导者，中央还常常告诫不要去占他们的位置，免得他们说我们包办国民党、霸占国民党，至于军事运动中央毫莫有做过，只四川才有了很大两支军队归了我们，但这也是地方党员的自主行动，并非中央的命令和政策，这两枝兵队一是在顺庆约七千人，一是在泸州约有八千人，由几个同志数月的工作就完全归了我们的掌握，泸州的是于去年十二月一日起事，顺庆的则于四月三日起事，原来计划将泸州的兵即速开往顺庆集中，因有一二将领不是我们同志，贪泸州财富不肯舍弃，以致敌人攻我顺庆，失败而退驻开江，损失很大。泸州兵队则蒋介石举行大惨杀时，（三月卅一）即命川中反革命之三军及贵州之一军约三万余人围攻，至四十余日之久，始归失败。但泸州支持于武汉最有利，盖杨森进攻到仙桃镇而不能直捣武汉，就是因川军受了泸州牵制，不能将大兵全体东下，不然则武汉危了。广东的区委也不是照中央的政策得了许多的胜利，中国共产党党员实能本着波尔塞维克的主义，独立奋斗，所以有许多地方与共产国际的指导是暗暗相合，中共中央对于共产国际训令的怠工也还看不出来。

（2）中国革命的伟大的发展、空前的胜利，未受什么挫折，阶级的分化还不激烈，所以就把机会主义的错误遮盖过去了，到了阶级激烈分化，革命的阶级有了几个转变，这种洪涛巨浪，推翻了许多脚根不稳的人，政局有了突变，无法应付，遭了失败，才把机会主义的错误完全暴露出来。这就是共产国际直到今年八月才能改正中共中央的错误的原因。

本年五月，中国共产党开第五次代表大会时，瞿秋白同志作了一本小册子，名彭述之主义，就指明他犯了许多机会主义的错误，但是有许多党员看了，还是不很注意，到了武汉失败，还是莫明其妙，直到"八一革命"失败后，受了这个严厉的教训，全体党员才明白这个错误。如果"八一革命"侥幸成功，或暂时还立得住脚，则或者还有许多人不觉悟，遭了这个失败，才把全体党员惊醒了，觉悟了，才知道共产国际波尔塞维克政策的正确。中国为波尔塞维克得了胜利，从此刷清了、洗净了机会主义的色彩，中国革命前途有了胜利的希望。这就是"八一革命"失败所得的收获，比他侥幸成功的收获要大过若干万万倍。

第八章　结论

汪精卫从莫斯科回武汉时说：列宁曾说过"中国自有中国的1905年"，一般人的解释以为，中国革命也要经过像俄国1905年那一样的革命。斯大林说："列宁这句话是注重表示中国革命自有中国的特殊情势，所以中国革命自有中国的1905年，不是说中国革命一定要照俄国的革命程序。"斯大林的解释是很正确的一番话，现在我们对于列宁这一谜语，已经得着解答了，就是1927年中国革命变动的收获之于中国革命，无异于1905年俄国革命变动的收获之于俄国革命，中国自有特殊的1905年，但中国革命也须将要经过1905年。因为要经过这样一个挫折，才能得到经验和教训。列宁论1905年俄国革命说："没有1905年的革命则不能有十月革命的胜利"（连紫挞①著《1905年》日文，160页）。他又说："俄罗斯社会主义的成功，是因为有了1905年至1907年的革命，得到了对于以后革命的紧要关键和教训。"（中译名为《列布商法1905—1907革命》，190页）他称1905—1907年革命是以后1917年革命如演剧之试演，俄

① 中国人民大学出版社1992年版为"连学挞"，亦见下页。

国人民群众有第一次革命的经验就容易参加 1917 年的革命，人民群众所获得的教训是广大的、普遍的，然而无产阶级的先锋——多数党——对于第一次革命的经验加以细致周详的批评，而得了纠正的理论，学习了多种经验。（同上）

列宁说："群众的真教育，不是离开了群众的自立的政治的，特别是革命争斗之外去寻找的，只有争斗是教育被压迫阶级的，只有争斗是给他们以度量自己力量的尺度，扩大他的眼界，提高他们的能力，磨练他们的智力，锻炼他们思想的利器。"（连紫挞著《1905 年》日文，154 页）

现在中国革命已经经过了中国自己的 1905 年，急需要完成中国资产阶级民主革命的时期，我们应该怎样估量时局、怎样准备战斗呢？

一、革命客观的环境

1. 资产阶级的力量

中国资产阶级能否统一中国呢？可以肯定的说不能。蒋介石想学基玛尔，但中国内外情势都不同，首先统一全国的问题就不能解决。因为有以下的两个原因：

第一个是帝国主义彼此间的经济利益冲突，不能使中国统一，也不愿意中国统一，尤其是日本，他传统的政策是要使中国军阀酿成不断的循环斗争，使南北不能统一，他才好由北而南侵吞中国。其他列强都有势力范围，只有美国无一定的势力范围，它虽主张"保全领土，开放门户"政策，但它仍是注重在中国经济利益，也不是希望中国统一和独立自由的。他们利用封建军阀比利用资产阶级要强得多，当革命占优势的时代，他们不能不利用资产阶级来拆散革命的联合战线，用它作刽子手来屠杀民众，一旦革命势力稍衰，他们也不十分重视它了。到了资产阶级要推倒他们的走狗时，他们就会出来用武力干涉，如郭松林之于奉天，国民军之于天津，就是最好的例证。

第二个是中国经济落后和分散，形成各省之分崩离析，以袁世凯时代和他的势力尚不能统一中国，何况现在各省已经割据有年，虽有极大的武力，亦不能征服全国，盖有国内外的关系原因在。他们以为北伐以来，革命军所向无敌，是他们的洪福，是他们的能干，殊不知南军胜利，完全是民众帮助的力量，因为南军打得有"民族解放"四个大字，人民起来帮助他，军阀自然崩溃，帝国主义也不敢妄动，因为恐怕惹起了民众的敌忾心，更不可收拾。所以广州、武汉、上海、南京虽有帝国主义的大军和炮舰，但不敢十分逞他的强横手段。由此看来，只有利用各地民众革命势力，才能推翻封建残余，及克服帝国主义的可能，所以孙中山遗嘱说："积四十年的经验深知欲到此目的（求中国自由平等）必须唤起民众及联合世界上以平等待我之民族，共同奋斗"，才能打倒帝国主义和军阀，使中国统一。资产阶级既背叛民众，屠杀民众，违反中山三大政策，想利用帝国主义彼此间的冲突，联甲倒乙的方法，来与帝国主义妥协，越与帝国主义接近，则越与民众离远，越为民众所鄙弃，结果成了独夫民贼，帝国主义也不重视他，充其量资产阶级的势力不过为孙传芳或者为吴佩孚而已。中国新式军队由袁世凯创办，北洋军阀统治全中国大半，所以不能统一全国，就因南部有日本式的滇军，现在滇军衰微，北洋军阀的余焰犹存，而保定派现正得势，白崇禧即以此团结势力，而各省小军阀都办有军官学校，也就是成立各种派别，以自固其势力。所以现在要打破这种势力，也得用革命主义、民众的力量才行，蒋介石想以黄埔系来统治全国会惹起各派疾视，政策是错误的，所以资产阶级不能统一中国，他也没有很大的势力。但这不是说革命没有增加困难，这只是说资产阶级及一般改良主义者要想图一个苟安，造成比较现在较好一点的环境，也作不到。至于资产阶级的危害革命当然比军阀更厉害，为现在各省的大屠杀，于工人中则造成黄色职工会来作革命的内奸，如上海工统会、广东总工会、机器工会等，于农村中则扶助地主，帮助团练来镇压贫农，为蒋介石直辖军队第六十团在中山县帮助土豪击毙无数农民，蒋并不十分惩罚，又派人到四川组织全省团练总机关，企图强大地主势力等，一面组织他自己的党，以戴季陶主义来麻醉人民，这些手段都是涂了保护色，打了假招牌，鱼目混珠、以假乱真，比旧军阀的手段狡猾过多少倍，革命的困难也增加了多少倍，这是不可忽略的。

2. 革命的需要

革命发生的原因及一切问题没有解决，革命的需要还是急切的，我们拿中国的经济情形及人民生活状况来看，就知道革命的需要迫于眉睫。

（1）外货的充斥

现在中国最重要的生活必需品，以及各种奢侈品，无不为外国货侵占尽净。如：

棉纱布疋，除上海、武汉一带有一二中国人自办的小小纺织工厂而外，完全是销英日美的货，每年输入以万万计，外人又有很大的纺织工厂在中国。钢铁则中国本国人办的工业不发达，需要重工业的机械不很多，然而那些小小的需要亦由外国输入，如造枪炮、子弹的钢铁虽然汉阳有个大钢铁厂，亦停工多年，弃置不用而用外货（至于各种药品更不必说）。各处造币厂，而且中国所出的大批铁苗都输出到外国，尤其是日本，他把持了汉冶萍公司，这真是使中国发展工业的基础都掘去了。各处造币厂需要的银铜都来自外国，虽然本国有许多矿山已经开采，亦为外货侵蚀而停办，煤矿则直隶、山西、河南大煤矿，如开平、开滦等都属于英国，满州之抚顺属于日本，山东也多归日人办，江西萍乡煤属于日人势力之汉冶萍公司，因此除直接在外国购买外，即本国出品亦为外国人所经营。盐在中国内地出产甚多，现亦为外货所侵占，盐税抵押于外人，故内地盐业破产。米是中国出产很富的，但上海、广东所需亦多由安南输入，丝茶自来是中国大宗出国货，现在反大销法国、意大利的丝制品和许多的绸缎，茶叶则大半是销印度的，至于毛织物则完全是外国货，煤油则美孚、亚细亚两公司把中国全都占尽，美孚的小洋灯，他为扩大他的销路，不惜巨资把大批小洋灯送给中国居民，到现在则穷乡僻壤无不通行，把土货排斥干净，直至针线、大小铁钉、水瓶、汽油炉以及小剪刀等等无不是外货充斥，裁缝等小手工业亦为美国的胜家公司缝衣机器占去，至于奢侈品如钟表、香水等几乎完全是外货。水陆运输之铁路轮船，都是外国势力，各省军阀连年战争，本国轮船强被拉用，不能通行，几乎完全破产。外国轮船则在内河各处通行无阻，军阀不敢过问，又能保险，因此外货更能流通，而本国工商业则荡然无存，其有稍能立足者，不是代销外货即与外资有关。尤为厉害的是帝国主义的银行在中国各处开设，有四十三个纯是外人的，还有二十个是中外合办的，他们都各发行许多纸币，大行其财政资本侵略操纵金融，只凭他国际势力得的意外财不少，连年变乱，人民有蓄积者无处安放，都存于外国银行，有时不但无息，而还要出保存费。银行等则以此款贷之军阀，又获得许多财利。1911 年革命时，汇丰银行买办曾向人说过，中国何必借外债，只要将人民存款暂借来用就够了，因为当时存放汇丰银行之款在二万万以上，银行都苦于无安置，而还源源而来，故他说这样的话。中国各省币制不统一，恶币流行，因此而外国银行更得势；尤有特别者，各地军阀官僚剥削人民，动辄数十万百万或数千万，当其失败时无处安放，只有存之外国银行，此等不义之财不敢使人知，故银行往往吞没，亦说不出口，此等事不但通商大埠有，即内僻之地亦有，如各处教堂每遇军阀战争时，得的意外之财不可胜计，此则为中国特有现象。

本来还有烟草侵入，各地土产完全消灭。英美人的英美烟草公司乃是很大的商业，有五百万镑的资本，他有三个从 15 000～20 000 工人以上的烟草工厂；他的广告和推销方法极为巧妙，上海巨大的五彩布幌广告最惹人注意，可见一斑；他获利最厚，1926 年有六百万美金之利息。印度鸦片的输入加多，日本人更专门制造吗啡，到中国各地贩卖，有名白金丸者山西销得最多。

中国海关在外国人手里，他不是拿来保护中国工商业的，反而是拿来保护外国工商业的。

（2）工商业的破产

中国工商业本来就不发达，加以内外情势的逼迫，遂完全破产。汉冶萍公司借日本债极多，所出的铁矿要归日人运去，钢铁厂则停止多年。招商局轮船公司被外人压迫（外轮常撞沉他的轮船）、军阀摧残（孙传芳等扣专运兵亦沉没几处），已将长江一带极好码头变卖，将近破产。四川轮船公司为英、日、美各公司所推倒，中国水运事业几乎无存。铁路则为外人势力范围，南方极不发达，粤汉铁路没有修通，所有一两段，只供军阀利用，而且腐朽已极，渐至不能存在，川汉铁路则闹了二十多年，一寸路也没有成功。煤、盐、纺织丝等，上面说过尽为外人所占，大的工商业不能存在，即家庭小手工业亦破坏无余，因此乡村不能生活都来到都市，所以近年都市人口增加，二十年前上海人口不过三四十万，现增至二百余万，广州增到百万，汉口也在百万以上，所有都市无不较从前增加数倍，或十数倍，都市似现繁荣，而乡村则贫困极了。尤有特别者，各国都是生活必需品贱，而奢侈品贵，中国则反是，我们到俄国看见他们非生活必需品，如钟表、小刀、自来水笔均比中国的粗笨得多，而且也很贵，生活必需品如面包、牛乳等则很便宜，中国则适得其反，油、盐、柴、米则日贵，比十年前要贵十倍以上，而奢侈品则反较前便宜，而且销场很广。这样表示什么呢？这表示资本的集中、贫富的悬隔，军阀、官僚、地主、买办阶级等有许多余钱来供挥霍，而且滥发纸币，提高物价，使生活费奇昂，以剥削平民。如盐如日用必需品，军阀则随时加税，各地抽厘，因为这是无论如何人人必需，故收税是靠得住的，如四川自流井五通搞盐产最多，人民反食高盐价之盐，就是因税重之故，军阀设卡，重庆至唐家沱不及三十里，关卡有三十五个之多，每斤盐到湖北，税比原本超过十倍以上。军阀之横征暴敛，骇人听闻，此所以人民日趋穷困，而他们日见其肥，穷奢极欲，以销外货，都市的繁荣，正见民间之憔悴。

（3）军阀的剥削

大军阀与帝国主义的勾结，赖以生存，小军阀与土豪劣绅勾结，赖以生活，无情的搜括，实骇人听闻。试举数例：四川开县每年赋税不过十约万元，本年之内，人民共出了七百余万元，军米五千余石，抬垫正副粮九年，筹款名目，确有三十多种，有军款、军米、鸦片捐、男女老少保险等名目。梁山县每年赋税不到十万元，本年驻军除预征九年粮税外，月捐每月收七万五千元，全年计九十万元，又派军服费六万元，马路费十万元，现又派军费四十万元，全年共需出银一百四十六万元，人民不堪之苦，不断的与驻军冲突。此两事都载在本年十月廿一、廿二的成都民力日报。还有一种残民的鸦片烟，他的栽、种、收获、运送、禁卖、专卖等名目的苛税真是说不尽的，他的收入极大，尤其是川、滇、黔三省林立的小军阀们，都全靠他来生活。云南每年全省收入不过五六百万元，贵州每年收入不过三四百万，这两省的军阀居然能养十万以上的大兵，就是全靠烟税，每年可收二三千万元，四川则每年不下五千万元，有富捐、烟苗捐、禁烟、罚款等新奇特异的名目。就是广东国民政府，名为禁烟赌，而每月烟赌税至少亦有一百五十万元，所谓禁令只行于广州一城，河南即烟赌馆林立。广东自北伐以来，每月搜括多者一千四百万元，少也不下千万元，南京政府成立不过四个月，其发布的收支，竟达五千四百万元以上，固为征敛之所得（见十月廿五发行的银行月刊三页）。至于滥发纸币，强派公债国库券、盐业券、二五附税券等名目繁多，不胜枚举，所谓免除苛捐杂税，不过免去异己者的名目，而另换新的名目罢了。尤其甚者，福建军阀的伪造小洋，流通各处，云南的铜板银元，四川的当式百铜元及伪银元，都是扰乱金融剥削贫民的利器。

（4）农村的贫困

中国经济极端落后，又受内外恶势力的摧残压迫，农村间的阶级分化也渐渐显著了。军阀派款表面是在地主身上榨取，而实际是取之于贫民，因为地主一面借军阀筹款为名，强加佃租，一面提高物价，剥削赤贫之人，以币制的紊乱，银元、铜元价格之不定，物价或超过数年前一二十倍，所以军阀虽无情的榨取地主，地主尚觉裕如，就是因物价增高的原故，因此凡有赢余出卖谷物的人，则趋富饶，如仅足或需购买食物之家，则日有破产之虑。于是田地渐集中于富有地主，佃农方面，因无地可耕，或耕地太少，加以物价奇昂，佃农稍有剩余食品出卖，则获资颇巨，有这几种原因，于是佃田地者更多，地主则乘势加租，佃农要与贫农竞争，只得忍受，并加倍尽力延长工作时间，以为地主作牛马、尽地利，否则有耕地被人夺去、立归赤贫的恐慌，往往以须雇用一二人始能担负的工作，现在由自家努力不雇用人，于是失业者愈多。加以外货将一切手工业破坏，农村人口过剩，农民预备军愈多，地主的加租也愈易。土地渐集中于少数地主之手，乡间贫富悬隔的现象也日愈显明。近数年来多系丰收，天灾水旱之来，不难预料，一旦恐慌袭来，大乱即随之而起。

（5）工人的集中

中国本国工业不发达，所有通商大埠的产业工人大半是外人所设的工厂，或与外资有关，因外货的充斥，破坏了一切手工业，乡村人口过剩，大半都到通商口岸来谋生，于是工人预备军也增多了，我们看上海、汉口、广州等等地方失业工人及找工作工人遍地皆是，就是明证。因为中国畅销外货，须运输工人最多，所以各地码头工人及无轮船火车地方的力夫，最巨多数，各地人力车夫总数不下数十万，这些都是贫无立椎、夜无宿椽、露宿风餐、极可怜的贫民，所以顾孟馀看不起，说他们不算是无产阶级。这自然若拿他们和美国的职工联合会的工人及英国的贵族工人等相比，自然是说不上，但若论他的阶级革命性，则恐怕中国的工人要富足得多，这般人只恐没有觉悟，一旦醒了，真是革命的急先锋，因为他们朝不保夕，自然就无顾虑了。

现在世界资本帝国主义，经济有暂时的稳定，他就越向殖民地半殖民地侵略，他就越使殖民地、半殖民地的一切经济破产，他就越制造了革命的元素和条件。所以现在中国是革命成熟时期。

二、革命主观的力量

革命的时期既然成熟，我们最要紧的是：怎样装备我们的革命力量？第一便要造成一个新的政党，战斗的政党，革命的政党。这个政党要能很勇敢的去领导无产阶级作取得政权的斗争，要很有经验的在最复杂的环境的条件中分析一切，而且要很敏捷的与所有一切横在我们到目的之路的暗礁作战。这种新的政党是怎样的政党呢？就是列宁主义的党，波尔塞维克的党。

怎样才是列宁主义的党呢？

斯大林说：“列宁主义的党，有以下几个特点：

1）把党当作工人阶级的先锋队看。

2）把党当作工人阶级有组织的部队看。

3）把党当作无产阶级的阶级组织最高形式看。

4）把党当作无产阶级专政的工具看。

5）把党当作决不容有派别的存在的意志的统一看。

6）党内投机主义的分子洗清了，就会坚固起来。"（见斯大林著《列宁主义》）

至于他的说明是非常透彻精当，有他的原书在，我此地不多说。

我觉得我们的党，现在要注重的还有两点：

1．加深和普及革命的理论

列宁说："没有革命的理论，便不会有革命的行动。"

过去发表的革命的理论，都集中在反帝国主义及军阀上面，对于社会经济的结构、阶级斗争的原理、国家与革命的关系等等就是说对于马克思主义、列宁主义没有充分阐发出来，国民党发表的文字如此，共产党所发表的文字也如此，我们拿过去的宣言评论等来看可以明白，似乎为保持各阶级的联合战线，不愿在阶级斗争上发表许多意见，这是不对的。俄国在三四十年前，马克思的学说就非常普遍，1900 年十二月出版的《火星报》，列宁在发刊词上说："这报的目的是'提高'工人阶级政治上的认识，发展工人阶级政治上的组织。"同时火星社还出有一本关于理论方面的杂志，名《晨光》，其内容为马克思主义各种理论问题的分析，并与九十年代知识阶级中所传播的各种修正思想作了一场恶战。那时候反对修正主义，在理论上的争斗，是在将马克思"哲学"、"历史"和"经济"思想诸方面的根本原则证明其正确，是在将马克思根据资本主义制度内部阶级矛盾发展、贫富日相悬殊、都市与乡村中各过渡阶级之无产化与无产阶级专政的社会条件和政治条件之渐渐成熟诸事实，对于资本主义生产关系所作的分析，证明其合理。

"资本主义的发展，是矛盾的发展，是必然趋向于无产阶级专政的发展。——这是马克思在《共产党宣言》与《资本论》中分析资本主义社会的结论。批评马克思主义各根本原则的斯特卢威与伯恩斯坦曾为普列哈诺夫许多论文所驳倒。"（以上见包巴夫著《联邦共产党史》中译本93-94页）

"《火星报》与《晨光》报一切理论上的主张，主要的在证明资本主义社会内部的矛盾，日益激烈，资本主义社会中革命的危机，因无产阶级与资产阶级争斗政权的争斗日趋激烈之故，也逐渐成熟，其唯一的出路只有：无产阶级专政。"（同上）

关于国家与革命的理论也非常重要，列宁说：

"现时'国家'的问题，无论从理论的观点上，或实际政治的观点上，都成为特别重要的问题。帝国主义的战争，非特促进了而且加重了垄断资本主义过渡到国家垄断资本主义的行程，劳动群众之受国家之管制，因国家和无上威权的资本家新提加（Syndicat）日益密切的联合，而更加重。那些最文明的国家（其实我们都应该说'落后的国家'）一天天的变为劳动者的军事苦狱。"（列宁《国家与革命》中译本2页）

列宁引恩格斯论国家的权力说：

"公共权力之增强，是和国内阶级冲突之加剧，与邻近国家逐渐壮大，居民逐渐增多为正比例。看一看现在的欧洲阶级争斗和互相争夺两种事实，无限制的增大了公共权力，致使这种权力有鲸吞整个社会甚至于国家自身的危险。"

列宁继续说："这几句话是1890年所写的恩格斯最后一篇序言，是书明在1891年六月十六日。帝国主义的潮流，其特征在于托辣斯之绝对统治，大银行的全权，和强大的殖民地政策等，在那时仅仅开始于法国，在美在德则尤为幼稚。自从那时起，'抢夺的比赛'已经走上了一大步，1910 年间全球地面已被互相对抗的劫夺者和剥削的列强分割了，从此海陆军备，便无限制的扩大了，1914—1917 年英德争世界霸权和分赃的大战加重了，这种鲸吞的程度，直至政府权力的贪馋引起社会一切力量的大灾难。自从 1891 年以来，恩格斯已经公开的声明'抢夺的比赛'是列强对外政策的特征。然而那些社会爱国主义的流氓，在这种程度百倍于前所要产生的帝国主义战争之后，即在 1914—1917 年仍以'保护祖国'和'保护共和国与革命'等等口头禅以掩护'他们的'剥削者的利益。"（同上 13 页）

现在帝国主义的权力到了无限大。其实就只是一般银行资本家用来抢夺全世界的权利，于是只有强权毫无公理，被压迫阶级绝无自由意志。他们对于殖民地、半殖民地，横加压迫，各尽其强权的能事，只要彼此不相妨害则绝无出来主张公道者，如有损及他的利益，他就出来主张公道，其实非为公理，乃为其利益而已，因此只要帝国主义间协定好了，他们所主张的公道又会取消，这是常见的事。

所以要公道常存、世界和平，非消灭强权不可，要消灭强权，非消灭阶级不可，要消灭阶级，非被压迫阶级用暴力革命，把国家争过来，将压迫阶级的势力消灭干净，建设社会主义的社会，以至于阶级消灭国家消灭不可。

列宁国家与革命的理论就是阐明这个道理。

2. 健全和扩大党的组织

列宁在 1902 年时即说：

"我们可走的是羊肠崎岖、艰难险阻的道路，我们要紧紧的握住我们的手，环绕我们四周的都是我们的敌人。我们现在所走的道路随处都在他们势焰之下，我们要联合起来，以与敌人争斗万勿陷入深。"

又说："没有坚壮强固与继承不断的组织，以充指导，没有一个革命运动可能够巩固起来。参加革命争斗的群众愈多，运动的基础亦愈扩大，则此种组织愈是必要。"（《联共党史》101-102 页）

又说：

"无产阶级在夺取政权的争斗中，舍组织外，没有他种利器，在资产阶级的世界内，在无政府的竞争的散漫的统治势力之下，无产阶级受资本的压榨，强迫工作，以致日沦于贫苦困穷，粗野，狂妄，堕落颓废。无产阶级之所以成为能够必然成为不可屈服的势力，只因为他能按照马克思主义的原则，实行组织的统一，以资巩固理论上的联合，将数百万的劳动群众都团结在工人阶级的军队中。在这支军队前面，不容有俄国贵族陈腐的政权，亦不容许有国际资本之陈腐的政权，这支军队，将不顾道路如何曲折，步伐如何艰难，将不顾现代社会民主党派，基郎特党一切机会主义的语句，将不问一般人对于落后小组织是如何赞扬，不问智识份子的无政府主义是如何的光辉灿烂，炫耀夺目，他们会将他们自己的队伍，一天一天的紧密的团结起来。"（同上 126 页）

中国共产党在中国的历史上看起来是要算空前的有组织、有纪律的党，但仍不能说是很有战斗力的党。现在我们的敌人加强，我们不能不十二分的努力在组织上作工夫，列宁对于党的组织是如何的严密，自从组织党起，就与机会主义战斗，所以波尔塞维克派才能得这样的胜利。

党的成份应该吸收多数的工农份子，肃清机会主义及动摇不定的分子。尤其是军事方面，不但是军事人才要加紧预备，而要使党员军队化，党员有随时可以上战线的预备，全党皆兵，一切日常工作，都要以其法及科学方法来部署一切，尤其要准备技术专门人材，因为我们不仅仅是破坏旧国家、旧社会，我们尤重在以科学的方法来建设新国家、新社会。所以破坏建设的人才，都要赶紧预备，使全党作成一架新机器。要改造社会先从改造个人起，因为中国人的浪漫性，不守纪律性太强，非用铁的纪律、严格的军法，来训练党员，不能当改造的大任。

中共自八月会议后，改正了从前的一切错误，肃清了机会主义的领导以后，党已渐臻于巩固健全了。

革命有了健全的党，就有了真实的力量，有已成熟的客观环境，有数千百万的工农革命群众，有邻近无产阶级专政的国家和世界无产阶级及被压迫民族的帮助。以共产国际、列宁主义的策略来指导，加以波尔塞维克的精神来努力奋斗，成功之期，就在目前了。

附录：

一、南北妥协消息一束

电通社一月二十七日东京电："中国南北妥协之机运渐呈浓厚之状，双方尝有代表往来，结局或将以稳健之孙文主义实现大同团结。"

东方社二月五日汉口电："蒋介石及其干部已取缔过激运动。"

东方社二月十一日北京电："杨宇霆谓奉军决入豫以牵制南军而图武汉，而驱逐靳云鹗及彰明通赤者；蒋介石若对于共产派加以彻底的压迫，则南北之妥协非不可能之事。"

东方社北京二月十二日电："关于南北妥协问题，现在政客之往来渐形频繁。安国军欲以平定豫局为妥协之紧要政策，目下正在汲汲进行……。"

路透社二月十四日北京电："杨宇霆与梁士诒现谋奉天与国民党之和解。"同日电通社北京电："张作霖为促进南北妥协起见，将于数日中归奉。"

时事新报北京二月二十五日电："赵欣伯语人，南北妥协说渐趋有力……。"

二月十六日上海新闻报北京通讯述杨宇霆意见："将来南方如有悔过之意，能对于赤化分子驱除，奉方亦不愿过为已甚。"

上海申报二月十八日北京电："南北妥协某顾问斡旋最力，该顾问日前曾游匡庐，十六日返京，携去条件七，带收条件四。"

东方社二月十八日北京电："李石曾现在代表南方政府与奉天代表折冲。"

申报二月十九日载赵欣伯对电通社记者谈话："杨宇霆所主张之南北妥协现已渐趋有力，倘使南方能排除共产主义，则南北之统一亦非不可能。"

路透社二月二十一日北京电："路透社及各访员今日谒见杨宇霆，据称非俟南军排除俄国赤党，决无议和之望。"

东方社二月二十四日北京电："梁士诒关于时局谈话：'所谓讨赤，所谓国民军，要皆不外激进保守两派实现其理想之表面文章而已。……中国之事有外人不能想像之微妙作用，外表虽以主义相争，而其内幕仍通声气，均不旋踵即相结合而臻于和平统一实现之时期，余想其时期已不远，当努力俾其实现也。'东方社同日又电：梁士诒在私宅中开会议，讨论南北妥协具体的方法，本日依据日前受梁密旨南下探询南方当局，及各有力者意见，已回北京之郑洪年之报告，更进一步讨论具体方策云。"

三月一日上海商报北京通讯述赵欣伯谈话："现在，南北两方并无感情之冲突，除共产主义而外，政见相同之处甚多，如欲合作，确有可能之性质。即在蒋中正方面亦尝间接示意北方，极力辨明南方确非赤化；并谓近来极力抑制；决不令其蔓延，察其语气似亦愿与北方合作。"

东方社三月二日北京电："孙宝琦通知梁士诒，南北妥协问题系与梁士诒派接洽后，不日由津赴沪，在京之李石曾预言所事告一段落后即赴上海。"

东方社三月四日北京电："近因南北妥协问题来京奔走与安国军接洽之李石曾氏，以南北之主张非绝对不能一致，且现下之形势，各方面之意见确有趋于南北妥协之势。故李于昨日出京，继由天津、上海转赴汉口，与南方当局进行南北妥协之交涉。"

上海时事新报三月五日杭州通信："何应钦，白崇禧，因前敌均已换防（以鲁军换孙军），特密电南昌方面请示机宜，非奉蒋介石复电，不能突然开火，直鲁联军系奉军之分系，同隶于安国军，现在南北妥协说甚嚣尘上，或将南北分界，亦未可知。"

时事新报七日北京电："张作霖与人谈时局，谓南征在防赤，南方必有自觉之一日，收回主权不用暴力，党军苟驱逐左派，予将抒诚与图统一。"

三月七日北京顺天时报："某机关消息，蒋介石因共产党之专横，久已蓄意排斥，前因各方面军事正急，对于武汉、九江各处战事，俱利用共产派以取胜，蒋之目的本欲占领长江以南为止，因自己之实力虽然不能发展至长江以北，现正与国民党旧人及中立各派密商反赤，即以反赤名义与北方携手。……蒋之联北计划现甚积极，已请人提出条件，惟其内容现不能宣布。"

东方社三月九日北京电："今日报知新闻论蒋介石与共产党之棘轧，谓于蒋氏北伐之动机，及思想倾向规之，氏与共党不相容，殆无疑义。蒋氏最近优待黄郭、王正廷等，渐渐听从于中国实际政治有经验者之言……。"

二、"八一革命"行军日志

民国十六年（1927）七月卅一夜十二时在南昌起义，八月一日午夜二时成立革命委员会，午后五时二十五师在马回岭响应并缴张发奎卫队械，次日朱晖日逃九江。

八月二日　午后二时革命委员就职举行群众大会，开第二次革命委员会，议决解放农民条例、免除苛捐杂税及统税各案。

八月四日　叶军出发开第三次革命委员会。

八月五日　贺军及革命委员会全部人员出发，六十里宿沙埠塘。

八月六日　五十里宿五坊，第十师在进贤叛变，三十团团长范荩等十余同志被扣。

八月七日　四十里宿田西。

八日　四十里到临川开第四次革命委员会。

十一日　由临川启行四十里宿秋溪。

十二日　四十里宿梅坊。

十三日　四十里宿宜黄分二路进。

十四日　五十里宿永兴桥。

十五日　五十里宿神冈。

十六日　四十里宿羊坊。

十七日　八十里宿洽村墟。

十八日　四十里宿甘竹市（郭就任二十军政治部主任职）。

十九日　三十里到广昌，开第五次革命委员会。

二十日　开廖仲恺纪念会，六十里宿白水镇。

廿一日　四十里驿前打土豪赖姓。

廿二日　五十里石城。

廿三日　四十里坪山市。

廿四日　总部到龙冈五十里（革委驻胡波）。

廿五日　正午在壬田市接战五十里，七十二团到。

廿六日　我军进击瑞金，午后二时占领瑞金，朱德率领教导团追击，七十二团向西江市出发。

廿七日　革委由壬田市行三十里到瑞金，暂驻，十一军全部向洛口前进。

廿八日　占领洛口。

廿九日　十一军先锋队到珠兰埠与敌接触。

卅日　拂晓出发，午后四时入会昌城，敌分向信丰、武平方面。溃败七十一团，追击部队向筠门岭追出，同时洛口方面桂军六团向洛口廿一团第三营袭击。

卅一日　决定改道向汀州前进。

九月一日　参谋团返瑞金。

二日　午前十时桂军反攻会昌，午后七时败退。

三日夜　十一军先头部队向瑞金移动。

四日　十一军全部离开会昌。

五日　革命委员会离瑞金，行四十里宿古城。

六日　五十里到汀州。

七日　在汀州开第七次革命委员会。

八日　参谋团同军队前进宿河田。

九日　先头部队到水口坊。

十日　先头部队到回龙，革命委员会由汀州出发。

十一日　先头部队到上杭。

十二日　革委宿回龙。

十三日　革命委员会到上杭。

十四日　休息。

十五日　开革委会。

十六日　开革委会，先头部队出发，参谋团前进宿洪山市。

十七日　革委前进乘船到丰市，先头部队到大浦。

十八日　革委到大浦。

十九日　先头部队到三河坝。

廿日　先头部队到恭州，革命委员会到三河坝。

廿一日　先头部队到桃花。

廿二日　到留隍。

廿三日　先头部队到潮州。

廿四日　先头部队到汕头，革委到潮州。

廿五日　革委开会。

廿六日　部队开揭阳。

廿七日　部队集中揭阳，革委到汕头。

廿八日　我军午后二时在白石与敌接触，晚进占分水汕头，敌海军陆战队登岸，激战一小时败退。

廿九日　我军激战一日进占阳坑。

卅日　进攻因敌众我寡，午前六时开始撤退，夜参谋团总部到汕头，敌进攻入潮州。

十月一日　午前二时由汕头总退却，向海陆丰前进，夜宿白马。

二日　到流沙。

三日　我部队于午前十一时陆续经过流沙，向云落前进，正午革委开会，午后三时出发行十余里遇敌，致我部队分散，一部到惠来、乌石，一部到海陆丰。

三、列宁的履历书

这书是列宁在苏联共产党第十次大会时亲自填写的，现在是历史上的有价值的文献。

生年	1870 年
健康状态	健康
通何国语言	英、德、法（少）、意（极少）
熟悉俄国何地及住该处若干年	熟悉俄国"握鲁家"沿岸地方、在该处生长到十七岁
参加过甚么全俄大会	除 1917 年七月至八月全体参加
曾在外国住过否？	1895，1900—1905，1908—1917 等年间住在西欧各国
军事教育	皆无
教育	1891 年毕业于"彼得堡"法科大学
直到 1917 年的基础的职业	著述
有什么特长	没有
除党、组、苏维埃等事外 1917 年后作过什么工作	除所说外从事著述
现在属于何组	"贾拉利士突"组
1917 年以后的职务	人民委员会议长、劳动国防评议会议长
从何年起为共产党员（旧社会民主党）	1894 年以来
曾属于他党派否，如有则是何党？	无

于何时何地在什么团体参加革命运动	年岁	地所	团体
	1892—1893	"沙马拉"	社会民主主义者之非合法团体俄国社会民主劳动党的结成以来即为共产党员
	1894—1895	"彼得堡"	
	1895—1897	监狱	
	1898—1900	"日你色伊"流刑地	
	1900—1905	外国	
	1905—1907	"彼得堡"	
	1908—1917	外国	

曾因革命运动受罚否？	1887 年检举，1895 年—1897 年检举，1898 年—1900 年，西比利亚流刑，1900 年检举。
在监狱的期间若干	监狱——数□□"卜拉士"四个月 流刑——三年 亡命——九年及至十年
备考	这书是从日文转译来的

太平革命以前中国经济、社会、政治的分析 *

（1928 年 12 月）

中国社会经济和政治的结构非常复杂，东西洋的著作者都说它是一个神秘难解的国家，尤其特别的是经济。

现在我们试图创造三个术语，来说明中国自秦到太平天国（纪元前 200—纪元 1850 年）这个阶段的社会经济和政治特殊的结构。

第一是，财产资本的土地私有经济；

第二是，家族的封建社会；

第三是，财产资本的地主阶级政治。

这三个术语，必须先要说明它的定义；其次用历史事实的变迁来证明它；随后以各种关于这些问题的著作来批评研究。自然，这三个术语不是说中国社会经济政治是这样一成不变的，随时随地都是一样的结构。照辩证法说它应该是变动不居的，不过它变来变去总跳不出这个圈子，就是现在这个阶段——帝国主义资本侵入的阶段——也还受着这些特殊结构的统治。而且，这三件事实是中国过去二千多年历史的精髓，我们只要找着问题的重心，则其余次要的问题就容易解决。如果中国问题由这三个特点得到一个打开神秘的钥匙，则不但太平天国革命问题能够解答，而中国现在的革命问题，尤其是土地革命问题必将更能得到正确的策略。

---

　* 录自《吴玉章文集》下，重庆出版社 1987 年版，第 727 ～ 762 页。

一

　　财产资本的土地私有经济是什么意义呢？

　　财产资本这个术语是创于马克思。他说："生产利息的资本是作为财产的资本，这是和那作为作用的资本相对峙的。"在财政资本的时代坐吃利息的人是以货币资本作为财产资本去生产利息。在中国的地主，他也是坐吃利息的人，他是变货币资本为土地作为他的财产资本去生产利息。所以财产资本这个术语，用在中国土地私有的性质上是很适合的。

　　现在摆在我们面前最难解答的问题就是中国从秦代推翻了封建诸侯制度，二千多年，商业资本和手工业已十分发达，为什么不发展到近代的工业和资本主义？这个事实，有人说是因为中国东南滨海，西北背山，为地理所限，不能如英、荷、意三国是海上的国家，能抢劫殖民地（拉狄克的主张），有人说是因为中国自然科学不发达（维白 Bodno 和瓦尔哥 Bapna 的主张）；又有人说是因为中国没有强有力的政府，去强迫农民到工厂里去作工（拉狄克）；还有其他种种说法。我们以为这些虽不能说没有相当的理由，而却非主要的原因，主要的原因是财产资本的土地私有制度作了经济向前发展的大障碍。地主变资本为土地，作为生产利息的财产资本以榨取农民的膏血，它是变相的农奴制度；它是倒退的生产方法，减少了货币交换的作用；它是商业资本的取消派，变大部分货币经济回转到封建的自然经济；它是封建余孽的保障。

　　财产资本在中国是以两种形式来表现：一是租佃土地；一是高利借贷。租地借债谋生的人，对于资本付利息好像是应该的。中国人对于财产资本，尤其是对于土地的观点是很错误的，他以为土地不假人力也是自然会生产的，"土中生白玉，地内出黄金"，这两句成语就是很明白的表现。

大家都知道，中国是以农业为主的小农生产国家。他的"唯地才能生财"的经济学说，同法国"非济阿库拉图"（physiocrate）的重农主义一样，认工商业为不生产的附属物，所谓"天下大业必归农"。因此，我们专就中国农业来讨论中国经济问题。

中国货币经济和商业资本很早已经发达，在周秦之间（纪元前二三百年）已经有了土地私有制度，并且有了借贷制度，孟子说"又称贷而益之"是其明证。秦时已是无限制的土地私有，土地可以自由买卖抵当，土地成了商品，并且好像成了巨大的有确实担保的储蓄银行。

中国地主土地的来源也有由封赐、占有及承袭来的，然而由货币购买的是最普通、最占多数的，而且是民众间常常通行的交换方法。大家巨族甚至于皇室亲贵能长久保存其土地者很少，例如1744年，满清政府曾给直隶总督银二十余万两，以为赎回满人已卖土地之用。哪怕政府严厉禁止变卖隶属八旗的土地，终归无效，1852年不能不撤销禁令，就是一个证据。俗话说："穷无三代，富无三代"，就是说土地买卖之多，所以用货币购买土地是地主土地来源的主要形式。当然，无论地主土地的来源如何，他用来剥削农民的形式总是一样的。

中国地主购买土地的目的（除自己耕种使用外），不是用来经营农业，企图在土地上发展财富，而是以土地作工具来取得利益，以增殖他的财产资本。这种财产资本独立（不作工即会生产）的观念，尤以地主用货币资本购买土地以后而益加强固。他收自然的农产品作为他的利息，都不必经过几重的买卖，而实利已回转到他手中，且因这个简单化，而剥削无偿劳动的形迹更被掩蔽了。现在最重要的一个问题就是地主怎样取得劳动，他既不是农业的企业家，也不是资本主义的地主，又不是纯粹农奴制度的地主，而是将土地租与自由的佃农耕种坐收地租的地主。因此，佃农是占中国农业生产最主要的形式。

　　中国佃农制度的发生及性质是怎样的呢？他不像英国的"资本佃农"，是由佃农雇用许多工钱劳动者去增殖他的资本；也不像苏联近年许可的租地，是由富农租贫农之地。中国佃农的起源是由自耕农因贫困借债抵当土地，进而卖土地于债主，转而为佃种土地的形式。土地的所有权及债权形式上虽然变更，而农民仍旧种此土地，仍旧纳利息于高利借贷者——地主——则如故，这可以说是由高利贷更进化一点的形式。很明显的，土地所有权如果不转移，则国家的赋税及天灾水旱等损失均必须成为自耕农的负担。所以，穷困的农民往往只能卖掉土地而转作佃农，以免债台高筑，损失更大。中国北方农民用高利贷的形式较多，所以自耕农比较多；而南方则佃农常常占百分之七八十，这是南方人口过剩，生活困难，贫富更为悬隔的缘故。由此我们可以知道，中国的佃农是卖他的劳动力以求生活，而中国的地主是变货币资本为土地以求利息，他是使流通的货币经济回转到更单纯滞涩的封建自足经济，加以地租大半还是自然农产品。由地主看来，地租好像是资本替资本自身所产生的一种利息，资本就是不用在生产方面，它也是要生产这种利息的。然而，地主如果没有佃农则地租无所出，而资本就得不到利息。如果佃农是一个企业家，以租得的土地作为资本而得到若干的利润，再以利润中分一部分作为地主的利息——地租——则利息应该是利润的一部分，所以，利息所表现最大的限度的界限等于利润自身，地租如果等于全利润，农民应得的利润已等于零了。但事实上，佃农纳租子达到他生产的百分之五十以上，因此，不仅佃农的利润要被剥夺尽净，即佃农自身劳动的血汗也被剥夺大部分去了。并且地主以食有余而卖谷，佃农必以食不足而买谷，谷又成了商品，地主再剥削农民一次。马克思说："他是一举两得，他不仅是从劳动者受来的东西中获得利益，并且还从他给劳动者的东西中获得利益。"佃农不得已卖劳动力以求生活，而又受重重剥削，安得不日益穷困，中国的经济安得不日益萎缩。马克思说："由高利盘剥与商业构成的货币资本，因乡村封建制度与城市行会制度的阻碍，不能变成工业资本。"这就是中国财产资本的土地私有经济，阻碍了经济向前发展的铁证。

这样经济形态的造成，当然有它经济上、社会上和政治上的种种原因，如家族的封建社会以及政治上的重农抑商主义都是促成它的因素。关于这两点下面再讲，现在只说经济上的原因。我们知道，资本主义的发达有两个要件，一是资本积累；一是资本集中。中国人对于蓄积是努力的，所谓"勤俭为持家之本"，他穷到过"非人的"生活，还是梦想积钱，所以不能说中国人无储蓄能力，因此资本之积累是应该有的。然而货币的数量总是不大，中国多年就号称有二三万万以上的人口（1792 年的统计有三万万人口），而清朝极盛时代，政府总收入达不到一万万元，可见国民经济的微弱。

这是什么原因呢？

第一，商业资本受了封建势力的反动政治的压迫，行旅毫无保障，多财反觉危险，所谓"怀璧其罪"。因此，使积累的资本不能投到工商业。恰好因中国土地可以私有，可以自由买卖，于是资本就投到土地上面来，变成固定的自然的财产资本。利息又收的是自然物品，使货币资本失去了很大的作用，回转到封建自足经济。

第二，各地的生产颇为平均，日用必需品除盐茶外都不必购买。即盐茶在各省众多生产，不必经过大规模的贸迁始能得到，所以很容易成为自足自给的经济。

第三，资本是要循环运动的次数越多，生产的时间越短才能迅速积累。而土地的循环运动与生产时间必须一年，所以货币资本投到农业方面来就大大减少了它的积累。

第四，资本增殖必须要累进的蓄积，而这个累进的蓄积必须要将每年剩余价值的一部分用作增加生产工具，同时原有的资本仍旧继续生产，由此累进不已的蓄积。如果把它和最初一段投下的资本相比较，它的数量是非常之大的。

由此我们可以知道资本的积累只有在工业上才有大发展的可能，而农业则否。因为增殖资本最重要的是要增加生产工具，工厂的增设改良是无限制的，而土地则有限制，并且因工业资本家的竞争而有技术上机器上的发明，如英国因欲织布加速而发明织布机，又因要供给织布机而发明纺纱机，从此互相激刺而引起无数的新技术新发明。所以资本要积累才能增大，即技术科学的发明与工人的熟练优秀也要有竞争积累才能进步，否则不能创造物质的生产条件和更高的社会形态。可是农业的技术是很简单的、笨拙的，加以中国农民都是愚鲁守旧之人，稍有才智能读书识字者则变为坐而论道，不治生产事业的智识阶级，鄙薄物质文明，专究精神文明，自居于绅士地位，企图攫得一点金钱作为财产资本而坐吃利息，顽固守旧，阻碍进化。这种社会经济制度不但不能积累资本，而且无从发展技术。

至于集中，尤其是资本主义发展的重要条件。马克思说："集中是资本主义生产方法发达的大杠杆。"而中国的均产思想，即孔孟所谓"不患寡而患不均""盖均无贫"，垄断是贱丈夫市利的行为，必须征以重税等等学说，都是使资本不能集中的原因。而更有"一子一分，二子均分"的家庭分家制度，也作了资本集中的大阻碍，并且为资本增殖的大障碍。

中国这个半封建的经济制度，保障了中国封建的家族社会与地主阶级的政治，而封建的家族社会和地主阶级的政治又转过来束缚了经济，因果相循，就造成了中国特殊的现象。所以我们认为财产资本的土地经济制度，是阻碍中国经济不能发展到近代资本主义的重要原因。因为社会上积累了的资本（尤其是官僚及商业剥削来的资本），不能向他方面发展，都争投到土地中来。地主又小又多，都靠坐收利息——地租——为生活。时局承平愈久，则这个现象越扩大，造成社会上数百千万的无业游民——巨大的寄生地主阶层，他们无情地剥削农民，结果只有引起农民暴动。地主与佃农两方面的经济关系，常常是因农民暴动的大乱而归于消灭，土地问题也自然的暂时解决了。马克思说："到目前为止的一切社会的历史都是阶级斗争的历史。……而每一次斗争的结局都是整个社会受到革命改造或者斗争的各阶级同归于尽。"中国的农民与地主在斗争中一时并倒，于是新起的朝代因地主逃亡，人民离散，不能不招集流亡使土地复归于自耕农民。不过他不改更旧制，仍循覆辙，因此，就演成循环式的农民暴动，好像有一个恐慌的周期律存在。所以我们再重复地说：财产资本的土地私有经济制度，不仅为中国经济不能发展到资本主义的原因，而且是循环式农民暴动的原因。

现在我们给这个术语以以下的定义：

财产资本的土地私有经济是地主以土地为财产资本，以佃农的形式来剥削农民，阻碍商业经济向前发展而保持半封建的生产方式。

二

中国同世界各国一样，也有过封建制度。但是，在中国分封极盛的殷周时代（纪元前约 1400—300 年）就行的是井田制，它是为历代名人所称颂而常想恢复的所谓"王制"。这个公私交错的小农生产方法，和欧洲的农奴制度、印度的农村公社土地公有制度都有不同，因此，它就成了中国土地问题复杂的根源。井田制是以八家为井，一井有地九百亩，作成一个井字形，中心为公田，八家皆能各私其周围的一百亩，共同来耕种这中心的一百亩公田，公田的出产就归土地所有者，或是天子，或是诸侯等等。孟子说："方里而井，井九百亩，其中为公田，八家皆私百亩，同养公田。公事毕然后敢治私事，所以别野人也。"这是很明显的工役制度。公田是拿来作官吏的俸禄的。孟子说："经界不正，井地不均，谷禄不平。是故暴君污吏，必慢其经界。经界既正，分田制禄，可坐而定也。夫滕壤地褊小，将为君子焉，将为野人焉。无君子莫治野人；无野人莫养君子。"因劳心劳力的分工，遂生出"治于人者食人，治人者食于人"的学说。《齐民要术》说："夫治生之道，不仕则农。"这可见古代公田之设，完全是作为大小官吏的俸禄。故孟子说："卿以下必有圭田，圭田五十亩，余夫二十五亩，死徙无出乡，乡田同井，出入相友，守望相助，疾病相扶持，则百姓亲睦。"这就是中国封建时代公私并有的土地制度。农民稍分劳力以养公务人员，初尚无专事剥削的寄生阶级，其后人口加多，不能计口授田，加以豪强兼并，经界不正，中国经济又已到商业资本很发展的阶段，井田之法已败坏不堪。秦用商鞅之策，废井田，开阡陌，更制贡赋之法，土地可以私有，可以自由买卖，而且毫无限制，政府课税认地不认人，秦国从而富强。至秦始皇统一天下，不但推倒封建诸侯制度，改天下为郡县，并将一切井田旧制一律改变。《广治平略》说："秦孝公用商鞅之法，尽坏井田，开阡陌，更制贡赋之法，至始皇并天下，提封万里，撮粟尺布，一夫之役，毕专以自予，因舍地而税人，令黔首自实田（秦废井田，听民垦辟弃地，不计多少，即为永业，无所稽考，乃令黔首自实田以定赋——原注）。田租口赋盐铁之利二十倍于古。豪猾放之，耕其田者见税十五（言贫人无田而垦豪富家之田，十分之中以五输田主也——原注）。"

我们从上面这一段记载中可以得到三个事实：一个是全国土地名义上统属于皇帝，废了封建诸侯；一个是垦地不计多少可为永业，是已有了无限制的土地私有制度；还有一个是耕富者之田，要纳百分之五十的佃租，是已有的佃农制度，而且现在佃农纳租百分之五十的苛例，在秦时已经有了。这三个制度相沿至今没有根本变动。

秦本是代表商业资产阶级的政权，如果不遇挫折使商业资本向前发展，将封建制度根本破坏，则中国经济将另成一种形式。就是说，秦始皇依赖进步的商业货币经济的发展来组织完全中央集权的国家，必须要以这个国家的力量去消灭封建经济，才能有更进步的经济发展，造成强有力的国家。因为集权的国家，只有建筑在集中经济的阶级上才有实现的可能。只可惜秦统一天下不过十五年，就被农民暴动及旧封建诸侯势力推翻，遂使封建余孽绵延至今。

汉因农民暴动而得到政权，自然不能不保护农民，抑制商业资本的发展。《史记·平准书》说："汉兴，接秦之弊，丈夫从军旅，老弱转粮饷，作业剧而财匮，自天子不能具钧驷，……于是为秦钱重难用，更令民铸钱，一黄金一斤，约法省禁。而不轨逐利之民，蓄积余业以稽市物，物踊腾粜，米至石万钱，马一匹则百金。天下已平，高祖乃令贾人不得衣丝乘车，重租税以困辱之。孝惠、高后时，为天下初定，复弛商贾之律，然市井之子孙亦不得仕宦为吏。"又令"贾人有市籍者及其家属，皆无得籍名田，以便农。敢犯令，没入田僮"。是商人无土地所有权，其抑压商人至此。他不仅是抑商主义，更进而采贱商主义。如武帝征兵不于农村，而征之于以下九种人内：一死囚；二亡命；三不良少年；四有罪官吏；五赘婿；六贾人；七从前隶籍于市人者；八父母之有市籍者；九祖父母之有市籍者。自六以下颇难索解，为何贾人与有市籍者与死囚亡命同其待遇呢？可见待商人不与齐民同等，视为贱民，课以当兵以苦役。晋朝的令文有一条说："侩卖者皆当著巾、白帖额，言所侩卖及姓名，一足白履，一足黑履。"历代贱商的学说直到现在都还有势力。章太炎在引上面这个晋令逸文之后，揭出汉高祖的禁令及历代抑制商人的事，犹以为是中国无资本家的最光荣的幸事。章氏说："汉令诚过蹙，吏道所以不坏在廉。商贾惟积贮掊克是务，虽已入官不能禁其贪冒。今身为商贾者不得仕宦为吏，已厌餍矣。其子孙故与齐民无异，又因其族世锢之，斯过制也。若夫殊其章服以为表旗，令兼并者不得出位而干政治，在官者亦羞与商人伍，则今世行之便。……余省汉土诸律，徒有拥护政府者，未有拥护货殖民者，数朝所定虽良楷，殊幸无拜金之辱也。"古之商人大半是驵侩，颜师古说："侩者，合会二家交易者也。驵者，其首率也。"驵侩即后世的牙行、商行，现在的买办不独章氏最恶之，一般人都贱视。商业资本既受了历史上这样残酷的压迫，它是不是会屈服下去呢？不！它不但不屈服而且还是有力的反抗者。《史记·货殖列传》说："夫以贫求富，农不如工，工不如商，刺绣文不如倚市门，此言末业，贫者之资也。"在商品经济存在的时候而想限制商人及一般人货币资本的储蓄，终归是无效的。所以汉武帝也不能不演出拔擢盐铁商东郭咸阳、孔仅及洛阳贾人子桑弘羊等为大司农的矛盾现象。并且武帝用兵西域，需财甚多，乃令民得买爵及赎禁锢减罪，金钱已有万能之力。《史记·平准书》说："于是县官大空。而富商大贾或滞财役贫，转毂百数，废居居邑，封君皆低首仰给。冶铸煮盐，财或累万金，而不佐国家之急，黎民重困。于是天子与公卿议，更钱造币以赡用"。"以东郭咸阳、孔仅为大农丞，领盐铁事；……除故盐铁家富者为吏。吏道益杂，不选，而多贾人矣。商贾以币之变，多积货逐利。"据《广治平略·国计篇》，汉武帝于是"算轺车，贾人缗钱皆有差，商贾大家皆破，而县官有盐铁缗钱之故，用亦饶"。

我们在这几个引证中间可以看出，商业资本虽受压迫而仍时有突破战线的矛盾现象，但是政治方面终究是抑制它的，如武帝算缗钱，使商贾大家都破产就是一例。然则社会上积累了的资本必然要另找出路，尤其是一般官吏由民间刮来的及由商人关系贿赂得来的钱，必定要有一个妥当的安置。因此就转到农村方面来，或收买土地，或放高利贷，或开典当，这些都可以得到法律上的保障。随后商人也可以用金钱势力得为官吏，由官吏就可买得许多土地。末了，商人也得自由买卖土地，因此商业资本就直接间接侵入了农村，而农村中间就造成了一个以财产资本坐吃利息的地主阶级。土地渐集中于富者之手，农民不堪剥削，结果只有暴动。汉武时董仲舒说："古井田之法虽难猝行，宜少近古，限民名田，以赡不足，而令盐铁皆归于民。""武帝不能用，后师丹建议亦如之，而哀帝寝不行，故官惠优于三代，豪强酷于亡秦。如张京占郑白之田四百余顷，他人兼并者类此，而民弥困。至王莽时，更名天下田曰'王田'，奴婢曰'私属'，皆不得买卖。其男口不满八而田过一井者，分余田与九族乡党，犯令法至死。然制度不定，吏缘为奸，天下嗷嗷，未几而亡。"王莽的时代，就是赤眉大乱农民暴动的前夜。

现在我们来观察中国自秦以来直到太平天国这二千多年的历史，观察这个私有土地制度，自由买卖土地制度的时期。这一时期中，最重要的民众运动——农民暴动——不能不算是赤眉之乱，黄巾之乱，黄巢之乱，元末白莲教之乱，明末李自成、张献忠之乱，以及太平天国之乱，促成这些农民的暴动就是私有土地集中，财产资本发达，大部分农民丧失了他们的田地，地主与佃农间利害冲突一天比一天激烈，遂至酿成大乱。

据《户口考》记载，西历纪元前 2 年，在赤眉将作乱时，中国人口为 12 223 062 户，59 594 978 口。但是到纪元 50 年，即赤眉乱平后东汉光武帝末年，《户口考》所载的人口只有 4 271 634 户，21 007 820 口。可见赤眉乱时，扫荡了千百城池，死亡了数千万人口，封邑制度以及大小地主均蒙致命之打击，中国受了空前之损失。然而东汉人口增加异常迅速，纪元 75 年，人口已至 34 125 021 人，纪元 88 年增至 43 356 367 人，纪元 105 年竟至 53 256 229 人。当时商业手工业均猛烈发展，都市勃兴，豪绅地主阶级及其财富滋长不已，同时私有土地的集中也增加了速度。第二世纪末年，著名学者仲长统说：“豪人货殖，馆舍布于州郡，田亩连于方国，……财贿自营，犯法不坐，刺客死士，为之投命。至使弱力少智之子，被穿帷败，寄死不敛，冤枉穷困，不敢自理。”同时的学者荀悦说：“古者什一而税，以为天下之中正也。今汉氏或为百一而税，可谓鲜矣。然豪强人占田逾侈，输其赋大半，……是上惠不通，威福分于豪强也。”荀悦已把中间这个地主阶层，所谓“豪强”的弊病说得十分明白。因为农民地租的高低纯视乎佃农需要土地的多少而定，完全是适用经济学上供求的定律，不是法律所能左右，尤不是政府免除租税所能救济的。恰恰相反，因为国家的田赋是出自土地所有者的地主，免之适足以资“豪强”，更助其资本积累，更助其兼并。至于无地农民愈多，人口又过剩，贫农为求生活计，唯恐不得“豪强”之田而耕之。因而竞佃者必多，地主很自然地将地租提高起来，故“豪强”之田不患无什五以上之租。资本越积累，土地越集中，农民只有更受残酷地剥削日趋穷困而已。

从上面两个引证可以知道东汉末年，土地已集中在“豪强”之手，农民已经丧失土地了，自耕农已经多数变为佃农了，这种现象又到了极扩大的程度，正同二百年前赤眉倡变时的状况一样。同时朝廷与匈奴作战，连年用兵，大肆搜刮，而且官僚穷奢极欲，所费不资，更要加重人民负担，然而累增不已的赋税，大半加于渐次破产之农民和佃农身上。当时政府征自民间之赋税，可以分为田税、口税及更赋。“豪强”据有土地之大半，为彼等利益计，田税时时减轻；同时，不以田亩为比例而以人口为比例的口税与更赋反时时加重。加以贪官污吏之专横，一味仰承

"豪强"之意志，"豪强"在当时之势力已极膨胀，急切动摇彼等之利益，甚至朝廷也不能无所顾忌，而且此时的朝廷就是代表地主阶级的政权。由此看来，我们就不难想象当时农民，尤其是小佃农所受的压迫是怎样，不难明了城市中阶级落伍分子之所由积累，"土匪"之所由蜂起，新兴大乱——黄巾之乱——之所以发生了。

黄巾之乱起自第二世纪八十年间，迁延至二十年之久，至第三世纪初年始行消灭。但是，当时的大批地主也随黄巾之消灭而消灭了。关于这一点，我们可以引当时司马朗之说来证明："往者以民各有累世之业，难中夺之，是以至今。今承大乱之后，民人分散，土业无主，皆为公田。宜及此时复之（井田）。"由此可见这一次大乱的结果竟同纪元初年赤眉之乱的结果一样，地主与佃农间关系的问题又被解决了，而这一次解决的方式，或许比前两世纪更为激烈。纪元157年，正当东汉最隆盛时，《户口考》上所记载人口超出一千万户。到了三国纷争时（纪元220—280年），中国分裂，人口不超过一百二十万户。虽然中国的记载不十分可靠，而无论如何这次大乱的结果，人口损失非常之大是毫无疑义的。

到了晋朝（纪元265—317年，又317—420年），中国人又有暂时的统一。纪元280年，《户口考》上所载人口才增至2 459 840户，16 163 863口。人口锐减与荒地骤增，实为中国历史上第一次宜"恢复"均田制之条件。《通考》说："晋太康时虽有男子一人占田七十亩之制，而史不详言其还受之法。未几五胡之扰，则已无所究诘。"《广治平略》说：六朝魏孝文"始纳李安世之言，行均田之法。今观其立法，所受者露田（不成事者谓之露田，男夫十五以上受四十亩，妇人受二十亩——原注），诸桑田不在还受之限。盖桑田系人户世业，是以栽植桑榆其上，而露田不栽树，则皆荒闲无主之田，又诸远流配谪无子孙及户绝者，故尽为公田，以供授受。又令其得从便买卖，以合均给之数。则固非强夺富者之以授无田之人，如王莽之所行者也，所以稍久而无敝"。至唐（纪元620—907年）袭晋魏之后，也曾试行均田制度。然而私有土地集中之进程依次进展，至唐中叶以后，据当时的学者称述，私有土地集中之进程甚至过于汉朝。故唐中叶以后，不断地发生扰乱，结果发生了黄巢大乱，予唐朝以致命伤，使与汉朝同其命运，这是不足怪的。据《父老传》说："黄巢杀人八百万"，这一次的大乱，地主与佃农两阶级又同时消灭了。五代（纪元907—960年）经过数十年的军阀割据战争，人民无一天不受痛苦，自然没有恢复元气的可能。宋朝统一天下后，以恤民为先，行限田制，终以不便废止了。"承平浸久，势官富姓，占田无限，习以成俗，虽重禁莫能止焉。"王安石说："'今欲理财，则当修泉府之法，以修利权。'……由是农田、水利、青苗、均输、保甲、免役、市易、保马、方田诸役相继并兴。……宋初天下岁入缗钱千六百余万，太宗以为极盛，两倍于唐室矣。其后日增岁广，至熙、丰间，合苗役市易等钱，所入至五千余万。"王安石积极发展"国家资本主义"，终为一般豪绅地主所反对而失败。此时与前代同样的病症又发生了，《广治平略》说："至淳祐时，御史谢方叔言：'豪强兼（并）之患，至今日而极，非限民名田有所不可，……今日所用边饷皆仰和籴，然权势多田之家，和籴不容以加之，保役不容以及之。……是时，蠲赋之诏，无岁无之，而百姓率先期归于吏胥揽户之手。及遇诏下，则所放者吏胥之物，所倚阁者揽户之钱。是以宽恤之诏虽颁，愁叹之声如故'。"

蒙古族的元朝因宋末农业极端恐慌，乘内部纷乱之局势，征服了全中国。元朝一面发展商业资本，开疆拓土，使商业趋于繁盛；一面又建立它的封建制度。蒙古贵族、喇嘛僧侣，侵夺民田，设为牧场，商业资本既更发达，则更加促进私有土地集中，佃农阶级自必骤然扩大而陷入不堪之苦境。此种现象使元朝政府也不能不颁布减租的诏令。诏令说：

"江南佃户，私租太重，以十分为率，减二分，永为定制。"这个减租百分之二十的命令自然不能解决农民问题，所以代表农民暴动的白莲教大乱不久就起来了。

明朝初年也是地余于人。顾亭林说："明初承元末大乱之后，山东河南多是无人之地。洪武中，诏有能开垦者，即为己业，永不起科（是时，方孝儒有因其旷土复古井田之议——原注）。"但不过二十年，富豪兼并，农民贫困的呼声又起来了。大家都知道，明朝以后，清朝传统二百多年（纪元 1644—1911 年）。这二百多年中，"灭清复明"成为民众中一切革命秘密会社的战斗口号。其实明朝之亡，不是亡于满清之侵略而是亡于农民大暴动。这个暴动的领袖就是李自成、张献忠。这次革命的原因又是和从前的革命一样，又是私有土地集中，农民丧失土地以及过重的赋税。

我们从秦朝至满清衰弱时代（纪元前 200—纪元 1850 年）的历史看来，可以看出中国经济迟回不进及循环变乱的主要原因，就是以财产资本的土地私有制度为主干的。我们认为中国土地问题之所以不能解决，就是没有看出财产资本的土地私有制度这个中心问题。我们知道，在欧洲货币经济发展时期中，农村进化有两条路线：一条路线是乡村经济有达到资本主义性质的倾向，消灭农奴制度，使农民完全脱离了土地而变成自由的工人；另一条路线就是使耕者受到更大的束缚而完全紧结于土地之上，因为商业的衰落，并转入农奴制度中，而成了封建势力之反动。前者以英法为标本，后者以德俄为标本。中国农村的变化，与这两条路线都有些不同。中国因为有了井田制的结果，土地是分成小块由一夫一妇制而为社会经济单位的单一家族所耕种。即使有几千亩或几万亩土地的地主，也绝不是整个的一块地面，而是零星分散在各处的小块土地，由小家族的佃农来耕种。佃农大半是纳自然农产品的地租，对于地主也有力役等义务，但佃农却非奴隶而是自由人，至多亦不过有隶属的关系和道德上的尊敬主人，是半封建的形式而已。尤为重要的是秦用商鞅之法，废井田，使民得买卖，中国两千多年以前，土地就成了商品，地主与佃农是经济关系。每当大乱初年，地余于人则自耕农自然多，他一受经济的压迫即卖其土地，所以每个时代承平愈久则农民丧失其土地者愈多，而土地集中于地主之手和佃农也愈多。地主收佃农百分之五十以上的地租，多是生活必须的农产品，如麦谷等，地主自用的很少，百分之九十都变为商品，而这个商品就是佃农生活的必需品。地主收入时，以谷为例，每大石不过值六七元，数月之后，农民买回地主之谷，每石就需要九元或十元，地主毫不费力就坐赚了这个商品百分之三十的利息。因此，地主不但作了收地租的主人，同时还作了商人。因此，地主越有资本积累，土地越要集中，佃农越要加多，佃农尽其所有来纳地租，结果不但吃的米麦要向地主购买，即一切用品也要向商人购买。加以官僚地主愈富则需要奢侈品日多，商业也要繁盛起来，商业资本又要大大地积累，又要侵入农村，农民更要破产，贫富悬隔越厉害则农民暴动的日期也就越近了。这是中国历代国家治乱、朝代兴亡的一幅画图。我们再拿印度来比较，印度也有过十田制，和中国井田制相似，但他们的土地为农村公社所共有而非各家所私有。农民从前缴纳于封建诸侯的为全收获的十分之一，等于中国古代田赋，自被蒙古族征服后，政府征收农民全部生产之一半以为税，至今英人仍行此制，而中间却无寄生的地主阶级。中国农村经济与欧洲及印度都有点不同，所以我们可以说，中国的地主不是封建诸侯时代的地主，而是货币经济时代豪绅商人官僚等财产资本的地主，是高利贷变相的地主，是社会中层的寄生阶级。但是，如果以中国地主非封建式的而即以为是资本主义式的，更进而说中国的封建势力现在没有很大的作用，则也有错误。我们认为中国封建余孽不仅存在，而且还有非常强固的势力。我们只要看乡村间各人皆闭门自活，为一己而劳动，每一家皆谋自足自给，共同协作的观念非常薄弱，因此，就使生产不能专门化，而使经济大开其倒车，造成了经济不能向前发展的原因。手工业的师傅徒弟制度、商业的行会帮口制度都使中国经济限于其狭隘的境地，莫有发展的可能，这都是封建制度最深刻的余毒。这些封建余毒何以保留到现在呢？这是除经济的原因外，还有中国特殊的家族制度作了封建残余的保障。

三

家族的封建社会是什么意义呢？

中国的家族制度是建筑在封建经济的基础上，是在父权的统治之下发展的。马克思主义认为，一切社会的法律、政治都建筑在经济的基础上。中国自然不能例外。秦始皇虽然废除了封建的诸侯制度，却未能铲除封建的家族制度，就是说，废除了封建的上层建筑而未能推翻封建的基础。这个封建的家族是建筑在一夫一妻制而为社会经济单位的基础上，中国有了井田制，在这个基础上建立封建的家族是很自然的。我们知道，贪欲营私是冲动人类奋发的原动力。恩格斯说："卑劣的贪欲是文明时代从它存在的第一日起直至今日的动力；财富，财富，第三还是财富，——不是社会的财富，而是这个微不足道的单个的个人的财富"。井田制每家各有私田一百亩，借各个人的私有的冲动而发展财富，同时八家有同养公田的义务，公私并行，较之欧洲土地共有制和农奴制的封建制度都要好得多，而又以血缘的家族制度，以家长督率，以妇孺子女分劳协作，助其私人经济的发展，因此就造成了千百万个坚强的小家族，成为社会的细胞。敬老慈幼，养生送死，一切礼教之良楷，子女之成材与否，全视原家庭之教养，俨然无数具体而微的封建自治小国家。中国的家族制度还保留了几分氏族制度的遗迹，称父曰"家君"，在每个家族中间父亲有绝对的权力。父亲未死之前儿子没有自己的家产，所有儿子及其妻室和他的儿子等，都是环其父亲而生活的，父亲处理他家族的财产权是无限制的。因是一个专制者，就是他在家庭关系上也同样是一个专制者。固然，以父亲死后兄弟平分财产各个分居为原则，但一些地方还有大家族存在，如广东还有某姓的村庄与某姓，彼此常械斗。但不要误会以为中国的国家是以大家族为基础，君主如一总家长，故能成为所谓"和平的国家"。我们都知道，"国家是一个阶级压迫另一个阶级的产物"，中国也不例外。所以一提到中国家族制度就联想到不正确的所谓"家长式的和平国家"或"氏族制度的原始国家"，那是不对的。中国的家族制度是在封建社会与货币经济发展的中间得了一个畸形的发展，也就是中国问题异常复杂称为难解的一个原因。中国的家族制度绝不能认作氏族制度，恩格斯说："氏族制度同货币经济绝对不能相容"，而中国的家族制度与货币经济并行至今，它必不是一般的氏族制度而是一个特殊的制度，它是封建的实质，它也是使中国商业资本不能进步到工业资本的又一个原因。

这个制度的顽强不破不仅靠经济的基础，还因为有政治上的原因和学说的保障，最有力的就是孔子的学说。孔子生在封建制度盛极而衰的时代（纪元前551—479年），他想恢复古制，以人伦道德为本，以国之本在家，家之本在身，必修身而后可齐家，必齐家而后可以治国，必治国而后可以平天下。以孝为道德的中心，以孝即可以治天下。他以为只要人人亲其亲，长其长，而天下就平了。以君臣、父子、夫妇、昆弟、朋友五伦为天下的达道；以智、仁、勇三者为天下的达德；以尊祖敬宗为人伦之本；养成家口祀奉祖先，人人必孝父母。我们知道，宗教的政权是使人民绝对服从的最好工具。但欧洲的诸侯、皇帝不能将宗教权完全掌握，因为欧洲在王权与宗教及僧侣争斗前，国际天主教的组织从罗马教皇起就已形成强固的团体了。耶教是独霸的、强横的、广大的、社会的，自居于帝王之上，有统一世界的野心。孔子之徒则是退化的、柔顺的、狭小的、家族的，甘居于君主之下，老想恢复原始共产社会。如孔子说："大道之行也，天下为公，选贤与能，讲信修睦。故人不独亲其亲，不独子其子，使老有所终，壮有所用，幼有所长，矜寡孤独废疾者皆有所养，男有分，女有归。货恶其弃于地也，不必藏于己；力恶其不出于身也，不必为己。是故谋闭而不兴，盗窃乱贼而不作，故外户而不闭，是谓大同。今大道既隐，天下为家，各亲其亲，各子其子，货力为己，大人世及以为礼，城郭沟池以为固，礼义以为纪，以正君臣，以笃父子，以睦兄弟，以和夫妇，以设制度，以立田里，以贤勇智，以功为己。故谋用是作，而兵由此起。禹、汤、文、武、成王、周公，由此其选也。此六君子者，未有不谨于礼者也，以著其义，以考其信，著有过，刑仁讲让，示民有常。如有不由此者，在势者去，众以为殃，是谓小康。"有人以为大同之世乃是老子道家的学说，而为汉儒伪托于孔子，孔子只讲现实的小康学说而不讲乌托邦，他只想恢复文武成康之世，就是想恢复纯粹的封建制度。至于这些辩论，我们不必管它。我们要知道，中国无统一的宗教，而孔子之道则无人敢不服从。此外虽有道教、佛教，大多数人民也有种种不同的迷信，但是自汉朝定孔子为唯一至尊的圣人以后，至今无人敢非议孔子。因为孔子学说于专制君主非常有利，一般所谓业儒者，就是官僚的候补人，吃人的好工具。他们逢迎君主，借以窃据高位，以行他治人者的学说，而过他们寄生虫的生活。君主也乐得以他们作统治的工具，而儒者又将君主崇为天子，使他神秘化（如每朝开国者必是其母梦感龙蛇或异物而生，汉高祖是斩白蛇起义等荒谬之说），并造作许多尊贵的仪式，使他和人民隔绝起来。所以叔孙通作朝仪后，汉高祖惊叹地说：今而知为天子之尊也。因此，每个皇帝都必尊孔，俨然成了孔教的政权，一切民刑法律都是建筑在家族的封建社会学说上面，所以封建的余毒就遗留到现在。从好的方面说，家族各个独立生活，一家的教养不依赖他人和国家，而全在于家族各个人的努力，养成人自为战，各各为家的精神。即使政治非常扰乱、社会日趋腐败，而不少乡村家庭尚能保持其优美的家风和勤俭忠厚的习俗。竟至使人认为，中国的政治和社会是几何学上永不相变的两平行线，而与欧洲健全国家必需有健全社会之学说不相符合。如日人稻叶君山说：中国社会发达有三个特点，就是：社会与国家分离、人民与政治分离、学问与学校分离。这是历史上许多事实促成的，而最主要的原因是外族的侵入威胁到了汉人的家族主义。汉人一方面失去政治上的优越地位，不能不更发达家族主义，力图坚实社会组织以求自存。如五胡乱华后，"家谱"世系之风盛极一时，社会的尊荣并不在乎朝廷的爵位，而在乎氏族的清华，如范阳之卢氏，陇西之李氏，荥阳之郑氏，清河、博陵之二崔氏，琅琊之王氏。虽唐时李氏有天子之尊，亦不得不列于崔卢二氏之下。氏族制度灭亡已久而犹见此现象，非用抵抗外族的侵凌、保存种族的文化等意义，不能说明这个奇异的事实。从此中国社会同政治分离，如几何学上的二平行线永不相交，文化亦离政治中心地而转深入于社会，江浙之野成为学问中心，私塾盛而官立学宫则卑卑不足道，这是中国政治腐朽而社会优良的原因，也就是中国家族制度威权之表现。欲解答中国之谜，只有将中国政治与社会分为两面观。

欧美人对于中国社会的记载也往往有相反的两个方面，或视它优美之点胜过西欧；或说它腐朽不堪全未进化。虽然这不能说他们没有挟带个人的爱憎和作用，而实实在在确有他们个人所见的事实，只有用辩证法才可以说明这种矛盾。我们可以说，中国不但政治上多是腐败现象，而社会上亦多恶劣不堪的形态，它就是家族制度的另一方面。例如，发展了个人极端为私为家的情绪，消灭了为社会的公共心，拿"个人打扫门前雪，休管他人瓦上霜"这句成语可以表现出来。每个人都时时刻刻焦心于一人一家的利益，锢闭于自足自给经济，阻碍了经济的发展，甚至损人以利己，侵公以肥私，什么卑鄙龌龊的事都可以作得出来。只知有家庭，不知有社会，更不知有国家。罗米打特（Ranech Dutt）描写印度的乡村说："因为乡村依然如旧，乡村的人民从来不管称王称霸的国土纷争，它的内部经济情形完全不变。"中国乡村情形也正同这一样。有人说，中国常受外族的侵凌统治，而文化又较外族为优，民族主义者力保旧习于社会中，以示毋忘尔祖之意。如满清入关后，汉人虽被征服，而死者必以汉衣冠入殓，女子仍保存缠足的恶习，所谓"生降死不降，男降女不降"，其保守性亦具有深意苦心。然而，因此社会受病极深。而且中国人的顽固守旧不只限于穷乡僻壤，就是交通极便与外国社会风俗极接近的人，也还是一样死守他的家族习惯。如在南洋、美洲及侨寓各国的人，甚至死后的尸体，还要千辛万苦地运回家乡，就是从这一点也可以看到中国家族社会制度的势力了。从此，我们可以明白中国股份公司为什么总是亏本，公共事业总是不能发展。俗话说："私家马肥，公家马瘦"，这些都不是偶然的，《东方革命史》上批评印度集产社会的一段，很可以拿来写照中国家族社会。他说："这种自种自足经济的集产社会中的生产组织之简单，真是像刻板一样，屡次屡次只将自身的形式一再复现，即在偶然被毁坏的时候，在同一地点即挺出同一的组织来，且用同一的名字，这种简单性质，正是亚洲社会何以不起变化疑谜的钥匙。"马克思说："亚洲各国不断瓦解，不断重建和改朝换代，与此截然相反，亚洲的社会却没有变化。这种社会的基本经济要素的结构，不为政治领域中的风暴所触动。"

恩格斯说:"在历史上出现的最初的阶级对立,是同个体婚制下的夫妻间的对抗的发展同时发生的,而最初的阶级压迫是同男性对女性的奴役同时发生的。个体婚制是一个伟大的历史的进步,但同时它同奴隶制和私有财富一起,却开辟了一个一直继续到今天的时代,在这个时代中,任何进步同时也是相对的退步,一些人的幸福和发展是通过另一些人的痛苦和受压抑而实现的。个体婚制是文明社会的细胞形态,根据这种形态,我们可以研究文明社会内部充分发展着的对立和矛盾的本来性质。"一家之中,如果经过了二三世代同居,则内部不免有许多矛盾冲突,因为它包含着被压迫阶级与压迫阶级。但是正因为阶级矛盾制限在一家之内,也可以防止整个社会中被压迫阶级联合而发展更大的阶级斗争。

总结起来,我们以为中国封建制度的遗物,当以家族制度为杠杆。它正如罗马衰亡后的意大利一样,回转到闭塞的自然经济形式,而以农业为主,发展半封建的制度。

四

财产资本的地主阶级政治是什么意思呢?就是中国国家的政权是地主阶级的政权,而这个地主阶级是封建残余与商业资本混合的一个阶级,它是因土地可以买卖、可以私有,就变货币资本为土地,作为他生产利息的财产资本;它是由于商业资本与高利贷资本破坏了封建经济以后,不能发展到资本主义经济而停顿在过渡的经济形态,作了封建残余的保障并为循环式变乱的根源。

这个政治经济结构特殊的来源是要追寻于封建时代。马克思说过,历史主要的动力在于分工。中国封建时代最主要的分工有两个,就是劳心与劳力。劳心者就是治人的人，劳力者就是被治的人，而以农民为主，所谓"治生之道，不仕则农"。孟子说："然则治天下独可耕且为与？有大人之事，有小人之事。且一人之身，而百工之所为备，如必自为而后用之，是率天下而路也。故曰，或劳心，或劳力；劳心者治人，劳力者治于人；治于人者食人，治人者食于人，天下之通义也。"孟子以为劳心劳力应该分工，而国家的政权是劳心者的政权，就是说社会上需要治人者与治于人者两个阶级。治人者不治生产事业必借农民之力以为生活，于是乎有所谓"藉田"，又名"公田"。因此，治人者必管辖若干土地，行工役制，所谓"八家同养公田"。公用之所出即作为治人者的俸禄，最低的俸禄，是要禄足以代其耕，就是说必等于一夫耕者之所获，就是等于一百亩。孟子说："天子之制，地方千里，公侯皆方百里，伯七十里，子男五十里，凡四等。不能五十里，不达于天子，附于诸侯，曰附庸。天子之卿受地视侯；大夫受地视伯；元士受地视子男。大国地方百里，君十卿禄，卿禄四大夫，大夫倍上士，上士倍中士，中士倍下士，下士与庶人在官者同禄，禄足以代其耕也。……耕者之所获，一夫百亩；百亩之粪，上农夫食九人，上次食八人，中食七人，中次食六人，下食五人。庶人在官者，其禄以是为差。"这样一种封建政治经济的组织，只要把土地经界规划正确，经济可以自足自给，治人者也不须格外剥削被治者，则政治自然修明，人民也可相安，这就是古今称赞的所谓"王制"。所以孟子说："经界既正，分田制禄，可坐而定也。"

但是，商人资本与生产利息的高利贷资本必然随社会形式的发展而发展，孟子说："又称贷而益之"，马克思说："生息资本或高利贷资本（我们可以把古老形式的生息资本叫作高利贷资本）和它的孪生兄弟商人资本一样，是洪水期间的资本形式。"既有这两种资本的发展，封建经济必然的要被破坏。马克思说："高利贷资本在资本主义生产方式以前的时期存在的具有特征的形式有两种。……第一是对那些大肆挥霍的显贵，主要是对地主放的高利贷；第二是对那些自己拥有劳动条件的小生产者放的高利贷。这种小生产者包括手工业者，但主要是农民。……富裕地主因高利贷而遭到破产，小生产者被敲骨吸髓，这二者造成了大货币资本的形成和集中。但是，这个过程会在多大的程度上像在现代欧洲那样使旧的生产方式废除，并且是否会以资本主义生产方式代替它，这完全要取决于历史的发展阶段以及由此产生的各种情况。"他又说："负债的奴隶主或封建主会榨取得更厉害，因为他自己被榨取得更厉害了。或者，他最后让位给高利贷者，高利贷者本人像古罗马的骑士一样成为土地所有者或奴隶主。旧剥削者的剥削或多或少带有家长制的性质，因为这主要是政治权利的手段。现在代替旧剥削者出现的，则是残酷的拼命要钱的暴发户了。但生产方式本身仍旧不变。""高利贷在资本主义以前一切生产方式中所以有革命的作用，只是因为它破坏和瓦解这些所有制形式，而政治制度正是建立在这些所有制形式的牢固基础和它们的同一形式的不断再生产上的。在亚洲的各种形式下，高利贷能够长期延续，这除了造成经济的衰落和政治的腐败以外，没有造成别的结果。只有在资本主义生产方式的其他条件已经具备的地方和时候，高利贷才表现为形成新生产方式的一种手段；这一方面是由于封建主和小生产遭到毁灭，另一方面是由于劳动条件集中为资本。"

中国也是因商业资本及高利贷资本发达而土地渐归于货殖者之手，但是它破坏了封建君主及小生产，而却未能形成新的生产方法。因为从前的土地所有者都是治人阶级的士大夫、官僚、君主等，从前受人憎恶的高利贷业者，一转为土地所有者到反而受人尊敬，成了高贵的"绅粮"了。马克思说："一切古老国家都把土地所有权看作所有权的特别高尚的形式，并且把购买土地看作特别可靠的投资，所以，购买地租所根据的利息率，多半低于其他较长期投资的利息率"。既然土地可以私有、可以自由买卖，商人、高利贷者都可以投资到土地上面来，已纯是货殖关系、经济关系了，而变相的高利贷者财产资本家就暗中代替了治人者的地位，不但尽量地进行资本家的无情剥削，而且还保留着半封建的政治权力关系。所以我们说，中国财产资本的土地私有制度是高利贷进一步的形式，它破坏了旧封建的形式而转变为另一种封建的形式，它不仅有经济上的剥削而兼有政治上的权力。因此，中国的政治是财产资本的地主阶级政治。

我们知道人类社会发展的形式是由封建的经济进化到商业资本的经济，由封建分立的政治进化到中央集权的政治，这是很自然的。中国的中央集权政治自秦以来颇难实现，这有它历史上特殊的原因。

秦始皇实行改革封建制度，实际上是预言中国历史有更进步的发展。这种改革确是企图依赖货币经济来组织完全中央集权的国家，因为集权的国家只有建筑在集中经济的阶级上才有实现的可能。而周末春秋战国时，一般唯心论的腐儒全然不知进化的原理，总是拿所谓"古圣先王"的旧制来阻碍社会经济的发展。所以秦始皇首倡皇帝意志超于古代经典的主张。落后的封建阶级企图以古代经典来反对中央集权国家的组织，秦始皇就毫不迟疑地坑儒者四百六十人。由于拥护封建系统的孔子书籍仍然存在，终是妨碍新制度的发展。因此，始皇不仅要消灭孔子之徒，并且还要烧毁他们的书籍。这个中央集权的国家是建筑在商业资本阶级的基础上，铲除了社会中旧封建的腐朽成分。于是，新设之政治遂直接与农民相接触，商业的扩张、货币及高利贷的通行、土地财产的自由买卖与抵当，很迅速地使财富集积与集中于极少数富人阶级之手，而使大众日趋贫困。其实中国封建国家的阶级实质也就是地主剥削农民的机关，然而，农民却不能分析客观发展之过程，只知货币经济之发达剥削就随之以加增，只见在新环境之下的农村中金钱势力与不平共生，以及新国家当局所设之赋税、兵役的繁重等等。所以农民就成了反对改革的主力军，加以初被征服的封建余孽，满怀愤恨，自必乘时而起。因此，秦朝统一天下行集中的专制政治，不过十五年即遭灭亡。从此反动势力勃兴，以秦始皇为万恶，一切复古思想更得势起来，使商业资本的发展受一大挫折。秦始皇伟大的改革既遭了失败，一般未杀绝的腐儒就借以为这是离经叛道的必然结果，使后世无人敢非难古制以作封建残余的保障。中国自汉朝起就造成了财产资本的地主阶级政权的标本形式，就是由农民暴动胜利后的农民政权，很快就转变为压迫农民的财产资本地主阶级的政权。

中国同各国一样也是阶级统治的国家，许多人说中国是超阶级的国家都是错误的。我们知道，凡近代所谓资产阶级的统治，首先就是他在经济上完全占主要地位，然后在国家政治上有统治的作用，即资产阶级在与其他阶级合作分掌政权时（例如十九世纪欧洲普鲁士资产阶级与地主分掌政权的形式），资产阶级的利益总是占优越的地位的。中国货币经济仅发展到商业资本占主要的地位时期为止，还未能形成近代工商业的资产阶级就遭到了很大的失败，而且推倒代表商业资本阶级专制政权的就是农民。

农民在封建社会及自然经济时期中生活较易，马克思说："封建主肚子的容量限定了他对于农民剥削的范围。"就是说，地主所得的一切都是天然品，同时销售不广，其取之于农民者较其所需者为多，亦无大用处。而且因为地主恐失去为其耕作的农民，若遇灾荒不能不加以援助，所谓"地主不能宰杀其产金卵之鸡"。然当货币经济发展到土地成为私有之时，一般农民受地主商人高利贷者之压迫自必陷于穷困不堪之境，所以农民希望复古在历史上是常见的。

汉朝是因农民暴动胜利而得到的政权，汉高祖刘邦是由乡村中起来的一个平民，他很知道不得农民的帮助革命是不会成功的，所以他处处代表农民利益。初入关即先废除秦一切繁重的苛法，发表最简单的约法三章，这个约法只有两句话，就是："杀人者死，伤人者及盗抵罪。"他禁盗就是保护私有财产的意义。其后对于商人特别压抑，不准他衣丝乘车、考试为官吏等，所谓"重农抑商主义"就成了历代遵行的政策。以农为本、以商为末，这些都是代表农民政权很明显的证据。但是历史是前进的，纯粹封建制度之恢复已不可能。货币经济已蔓延于全国，商业及工艺之地位自不能消灭，而且商业资本一天天得势起来。希腊古话说："最坚固的城墙挡不住满载黄金的驴子"，中国俗话说："有钱买得鬼挑担"，金钱的势力自然要突破一切法律禁令，前面我们已经引证过《史记·平准书》记载当时商业资本的发展就可以证明。有钱的人怎样办呢？当时工业又不发展，它是农业的附属品，不能有很大的投资，商业又要受政治的压迫，只有向农民放高利贷，而且在秦时已经有了无限制的土地私有制度，于是使农民由借高利贷到抵押土地，进而出卖土地沦落到佃农的地位。

展观中国历史，自汉以来，各朝建国之初，政权都须代表农民，因为前代之亡，大都是亡于农民暴动，不能不以伐罪吊民为口实以夺取农民群众。迨天下一定，转瞬间即变为地主阶级压迫农民的政权。这是在国民经济中，保持得有封建经济及商业资本的矛盾，而它的具体表现就是佃农形式，佃农的百分率是与承平时期的长短为正比例的。每当大乱平后，不过七八十年，佃农就增到百分之五十以上。乾隆十三年，杨锡绂说："康熙年间，稻谷登场之时，每石不过二三钱。雍正年间，则需四五钱，无复二三钱之价。今则必需五六钱，无复三四钱之价。盖户口多则需谷亦多。虽数十年荒土，未尝不加垦辟，然至今日而无加垦之荒者多矣。……国初，地余于人，则地价贱。承平以后，地足养人，则地价平；承平既久，人余于地，则地价贵。向日每亩一二两者，今至七八两，向日七八两者，今至二十余两。贫而后卖，既卖无力复买；富而后买，已买可不复卖，近日田之归于富户者，大约十之五六。旧时有田之人，今俱为佃耕之户，每岁所入，难敷一年口食，必须买米接济。而富户登场之后，非得善价不肯轻售，实操粮价低昂之权。"只要田归利富户，则农民的穷困就无法救济，这时早已不是农民政权了。拉狄克说："从整个中国过去的历史中，我们以历史家眼光可以看出，中国国家发展有两种：属于地主阶级的地主国家，及属于农民阶级的农民国家。……第一种国家，地主阶级的发展成为历史的主干；而农民的国家，虽时常表现，而仅是历史中的一段插话。"这是不错的，我们更确切地说，农民政权简直莫有成立。有史以来，农民的统治在世界上是不曾有过，也不会有的。因为农民的统治同时即是市场的统治，货币经济的统治，而货币经济与市场中就有贫富的存在，贫者就是富者的奴隶。

中国历史的特点，在农民得着胜利之时即有由新起的官僚代表农民组织政权。在这些时代的官僚也不是超阶级的，不过是代表乡村的小资产阶级的农民——即大乱后，地主逃亡，政府招集离散之民，准其占有或开垦土地的自耕农及知识分子。但是，因为历史发展的倾向，从小资产阶级中间又产出一班统治阶级，而阻抑农民改革的实现。中国政治的组织自汉朝以来，就是秦始皇集权制与封建分权制的一种混合形式。所以国家政权在形式上虽然十分专制，实际上没有很大的力量，政府不过是代表地主阶级压迫佃农的一个工具罢了，我们一考察中国政权的组织形式就可以十分了然。中国自秦扫除封建制度以后，历代人士虽然不满于秦的改革而都喜欢秦的统一，不愿再恢复封建制度。政治组织形式有中央政府、地方政府、乡村自治。当每朝初兴，都是以武力征服全国，中央政府此时比较强固，但为时不久就往往成尾大不掉之势，这是因为财产资本的地主阶级国家在资本发展和经济集中均形薄弱，加以交通不便，很容易地造成官僚自由独立，统治其境地的形势，进而酿成封建割据的局面。例如唐末藩镇之祸，今之军阀分立，就是其最差之例。明、清两朝为防止此项恶弊的发生，规定地方官任期不得过三年，不得在服官省份买田置产或经营商业，而本省人不能在本省作官（所谓"为官过省"），盖恐怕他有经济的根基和亲信的党徒，变成独立的封建诸侯。所以，地方官至某省某县不但与其地方无亲密关系，甚至常常连语言也不通，专恃胥吏翻译始能听讼。所以地方官不过是一个偶像，而真正的政权是操在地方绅士之手，所谓"绅权太重"之说常常可以遇见。我们如果解剖中国政治的内容，就可以知道中央政府和机关政府不过是一个空架子。中央政府每年要地方官僚交纳一定的钱粮，地方官僚就责成各县地主交纳一定的钱粮，这宗钱粮本来就很轻（常常是十分之一或二三十分之一，或更轻），而照例是有积欠，政府也常常蠲免。表面看来，似乎交纳钱粮是农民所苦，其实因大半的土地逐渐归于富有的地主，地方官僚以此为借口，常请中央政府减免钱粮以纾民困。其实减免钱粮不过使富户更得利益而已，而农民的困苦不堪，乃至沦于佃农地位，年年纳百分之五六十的地租，而又受商业资本及高利贷的盘剥。这不可避免的压榨，政府不但不顾及，反而常常作地主压榨的工具，因为政府即是地主阶级的政权代表者。凡官僚初到此地，总是先拜访大的绅士，实行孟子所谓"为政不难，不得罪于巨室"的教训。至于一切管理民刑事务，则全委之于胥吏。胥吏是巴结绅士、压迫小农民的东西，他是永远不换，作为世业的，"官无封建，吏有封建"，所以胥吏更是绅士利用中央政权压迫人民的工具。至于乡村的自治政权，当然是在豪绅地主之手，一切公权机关都为他们所垄断。官吏都要仰其鼻息，所以绅士才是真正的统治阶级，历代政府都建筑在他们身上，寄任在他们身上。他们虽然是财产资本的地主阶级，商业资本投到土地上面，商人渐渐渗入这个阶级的人也不少，但是地主阶级总是常常排斥商人阶级。第一是地主承继封建时代治人者贵族的地位，羞与商人为伍；第二是传统的农本商末学说，以由农致富为忠厚起家，由商起家是刻薄起家；第三是农业资本积累不如商业资本易而速，故不能不生嫉妒心。这都是封建势力与商业资本势力矛盾的表现。绅士在政治上既然占重要地位，绅士是什么呢？我们认为绅士是中国小资产阶级中的特权阶级。他是代表统治的阶层，继续治人者的地位。他与农民是对立的，但他与农民又不是隔绝的。不但农民子弟，就是工商业者（除了很少的例外）的子弟，如果能读书应试，能得到一二步功名——学位，则立刻可以成为绅士。所谓："朝为田舍郎，暮登天子堂，将相本无种，男儿当自强。"此外积累财富买了土地以后，也得为绅士，所以绅士也不一定要有官职功名（如秀才、举人、进士、翰林等）。因此，我们如果照他的实质和一般人的称谓来说，应该分为绅粮和绅士两种：绅粮是有土地而不一定是知识分子，所谓土绅粮，甚至有不识字的；绅士则必是知识分子而不一定有土地，因为"士"字则是士大夫之士的意义。至于他们在法律上、习惯上都一样是特权阶级，因为有钱的人都可以买到名义上或实际上的官衔职位，都可以交官接府。这个特权阶级表面看来，似乎各阶级中聪明的人，都可以经由发愤去达到特权地位，似乎是极平等而超阶级的。因此，生出中国政治是超阶级的种种谬说，其实，这只是富户和世家的专利。所谓"士之子恒为士"这个原因，且不论其夤缘奔竞种种非法之行为，即以社会经济地位而论，非有饶裕的家财、累世教育工具和知识经验的积累不能有培养学业的机会。农民工人勤劳终岁能使一家不受冻饿，已属幸事，安有余力送子读书或求学。商人则历朝受摈斥，虽然终究不能抑压，而总是有过多少限制，所以结局则读书识字成了小资产阶级知识分子及富豪的专利品。他们是候补的官僚，是孔子的门徒，也就是封建制度的拥护者。他们长期的寄生虫生活，必须帮助地主阶级（或自身就是地主）以剥削农民。他们承孔孟分工的学说，所谓"通工易事"，所谓"无君子莫治野人，无野人莫养君子"，认为人也同其它动物一样是必须有人管理统治，称官吏为牧民之人，好像牧牛羊之人一样是必不可少的。

绅士中的知识分子借行孔子之道为名，与欧洲的僧侣一样处于特权阶级的地位。本来孔子学说在封建时代也有相当的好处，如日本维新以前的封建制度得孔子学说的益处甚多。中国则商业资本发达后，商人的欺骗行为到处蔓延，财产资本的地主是将本求利已商业化了。即孔子之徒急欲求售亦商业化了，如应考试时的揣摩风气，迎合主考者的心理，夹带古本，购请枪手，一切卑鄙行为与奸商无丝毫差异。所以真有学问的人都不出于科第，而科第出身者大都是无耻之徒，此辈也是孔子的罪人了。所以中国革命若要成功，非推翻财产资本的地主阶级不可；要推翻财产资本的地主阶级，非推翻小资产阶级的绅士及封建家族社会不可；要推翻绅士及家族社会，非推翻孔子的学说不可。而唯一的就是要推翻他的经济基础，就是说唯一的手段就是土地革命，无条件地没收一切地主阶级的土地收归国有。

列宁说："但是中国这个落后的、半封建的农业国家的客观条件，在将近五亿人民的生活日程上，只提出了这种压迫和这种剥削的一定的历史独特形式——封建制度。农业生活方式和自然经济占统治地位是封建制度的基础；中国农民这样或那样地受土地束缚是他们受封建剥削的根源；这种剥削的政治代表就是以皇帝为政体首脑的全体封建主和各个封建主。"从列宁论到中国的一切著作中，我们都可以找到明确的指示，中国的土地关系是建筑在封建剥削之上的。

我们对于中国经济、社会及政治这三个问题提出以上的意见，自然这不过是对于中国具体的事实作一个有系统的观察，因我们社会科学的理论尚未充足，参考的书籍又十分缺乏，当然是不完备的。这是未定的初稿，尚须随时修正，切望诸同志指正其谬误，以补其缺陷。

整理后记

《太平革命以前中国经济、社会、政治的分析》一文，吴老在《回忆林伯渠》中有这样的记叙，1928年夏，"我们两人合写了一篇有关中国土地的论文，目的是要驳斥托洛茨基派拉基卡尔说中国土地可以自由买卖没有封建主义的胡说。我们每天一齐到列宁图书馆去看书，然后反复讨论，执笔为文"。这篇文章的初稿，完成于1928年12月，当时未作进一步的加工整理，1933年，吴老又在原稿上批注道："这本小册子有许多观点不正确，不能发表。"以后就迄未过问了。

在收集整理吴老遗文的过程中，对于这部文稿，我们本着吴老生前编《历史文集》时所订的"删而不改"的原则："删是为了节约；不改是为了存真。"在整理过程中，大胆地对稿本作了一些删节，并试分为四章。引文出处能查到今天译本的，尽量改用新的译文。

参加对这份未定稿研讨和整理工作的，为我组杨世元和李畅培同志。

《吴玉章传》写作组

《中国历史教程》讲义（节选）＊

（1930—1935 年）

夏禹传子是中国由母系氏族社会到男系氏族社会的一大转变

中国古代社会中有一重要传说的记载，就是说"尧舜传贤，禹独传子"，"尧舜皆传贤，及禹而德衰，不传贤而传子"，"丹朱之不肖，舜之子亦不肖；禹传之启，而启独贤"。这一广泛流行的传说，必有其历史的根据。

我们应当认为禹传子的事实，不是禹的德衰，也不是启的独贤，而是社会本身的一大变革。

在远古没有阶级的社会中，基于物质条件的发展所引起变革的结果，不是阶级的剥削关系的转变，而常常归结为血统的家系关系的转变。

据恩格斯的意见，社会的发展，是以劳动生产力的发展为动力；但在劳动尚未曾呈现为剥削对象时，社会制度是受血统关系支配的。

我们正可以拿这个原则来解释这一问题，就是说夏禹传子的事实是由母系氏族社会转到男系氏族社会的一大革命，是血统关系支配权有了

＊ 录自《吴玉章文集》下，重庆出版社 1987 年版，第 763 ～ 808 页。《中国历史教程》是吴玉章在苏联（1930—1935 年）从事中国历史教学时所编的讲义稿。1962 年，本着"删而不改"的原则，整理出十三章，收入《历史文集》。

一大变化，这个变化是由于遗产继承权有了变化而来的。恩格斯说：

> 随着财富的增加，财富一方面使丈夫在家庭中占有比妻子更有
> 权势的地位，另一方面又产生了利用这个增强了的地位来为子女利
> 益而改变一般继承制度的意图。不过，当血统还按母权制认定的时
> 候，这是不可能的。因此，必须废止母权制，而它也就被废止了。
> 这并不像我们今日所设想的那样困难。须知这一革命，虽是人类所
> 经历过的最急进的革命之一，但它却不需要侵害到氏族中的任何一
> 个活着的成员。它的全体成员，仍能保持他们原来的样子。只要有
> 一个简单的决定，说今后氏族的男性成员的子女应留在本氏族以内，
> 而妇女的子女应离开本氏族，转到他们父亲的氏族里去，那就行了。
> 这样就废止了按照女系确定血统和依母权制继承的制度，而确立了
> 按男系确定血统和父系的继承权。

这个革命的产生一定有它的物质因素的存在，因为一个时代的大变
革，我们必须拿物质生活的矛盾来解释，而不能拿变革时代的意识来判
断这个时代的变革。我们推想禹治水以后，必定有广大肥沃土地出现，
而此时一定也有农业的兴起。我们看孟子所说的下面一段话，就是一个
证明：

> 当尧之时，天下犹未平，洪水横流，泛滥于天下，草木畅茂，
> 禽兽繁殖，五谷不登，禽兽逼人，兽蹄鸟迹之道，交于中国。尧独
> 忧之，举舜而敷治焉。舜使益掌火，益烈山泽而焚之，禽兽逃匿，
> 禹疏九河，瀹济漯，而注诸海，决汝汉，排淮泗，而注之江，然后
> 中国可得而食也。当是时也，禹八年于外，三过其门而不入，虽欲
> 耕得乎？后稷教民稼穑，树艺五谷，五谷熟而民人育。人之有道也，
> 饱食暖衣，逸居而无教，则近于禽兽。圣人有忧之，使契为司徒，
> 教以人伦，父子有亲，君臣有义，夫妇有别，长幼有序，朋友有信。

孟子这段话自然是加上了后来伦理学的粉饰，因为当时的社会只是在向有阶级的社会发展，还不会有像后来阶级社会那样的所谓五伦的礼教。但是大禹治水这个事实，我们无论如何不能否认，不管他治水的人是不是大禹，或者还不只大禹，而总之有治水这个事实。中国常常讲"神州禹甸"，各地方祀禹的专庙，随地皆有，这不能认为是偶然的迷信。

夏禹传子这个大变革，不仅把"传贤"的制度打破了，而且使那些天帝、流星、长虹……下凡来和女人性交便产生圣人的"奇迹"，到启的时候为止，也都打破了。在人间的社会中，再也见不着那些神异的奇迹了。有的，只有后代谶纬家们根据传说的一些附会。

甲骨文的发现，对于这个问题，更能有所证明。殷代的男系先世，在甲骨文中也能叙至夒，较《史记》所载，仅缺"昭明""昌若""曹圉"。现在把这两说所叙出的殷代世系，对照地写在下面（括弧内为甲骨文所叙出者）：

《史记》：帝喾（甲骨文：夒）——契（高、卨）——昭明——相土（土）——昌若——曹圉——冥（季）——振即核（王亥）——（恒——王恒）——微（上甲）——报丁（反丁）——报乙（反乙）——报丙（反丙）——主壬（示壬）——主癸（示癸）——天乙即汤，唐（大乙）。

上表据《史记》、王国维的《卜辞中所见先公先王考》、董作宾的《甲骨文断代研究例》（载《庆祝蔡元培先生六十五岁论文集》）。

《竹书纪年》载殷之先世自契至汤共十四世，与《史记·殷本纪》所载相差不多。据《史记·夏本纪》和《竹书纪年》所载，夏代世系，自禹迄桀共十七君，十四世。上表列殷之先世自契至汤，共十五世。周之先世，据《史记》说："自后稷尧封之邰，积德累善，凡十余世，公刘避桀居豳。"周人自己叙述自弃至其建国前之先世，亦为十余世，传说中又称"契""弃""禹"为同时。在同一传说时期中，彼此男系世系可如此相当，不能认为巧合。因此，我们可以从传说式的记载和甲骨文对他们世系的叙述中，看出大致相当于传说中之启的时代，是中国由母系社会到男系社会的分水线。男系氏族社会与母系氏族社会之主要分别，就在于男系社会为男系承袭，母系社会为女系承袭；因而男系氏族社会产生后之唯一的标志，就是母系承袭遭到排斥，而男系之父子兄弟的世相承袭，得到坚固的确立。男系的世系，自此得以明白地叙述出来。传说中之夏代的世系，据传说所载，可以叙述如下：

启——太康——仲康——相——少康——杼——芬——芒——泄——不降——扃——厪——孔甲——昊——发——癸（据《竹书纪年》）

夏后帝启——帝太康（子）——帝中康（弟）——帝相（子）——帝少康（子）——帝杼（子）——帝槐（子）——帝芒（子）——帝泄（子）——帝不降（子）——帝扃（弟）——帝厪（子）——帝孔甲（帝不降子）——帝皋（子）——帝发（子）——帝履癸（子）（据《史记·夏本纪》）

由母系到男系这个大变革虽然成功了，然而却不能说是没有经过风波的。据《孟子·万章上》说：

舜荐禹于天，十有七年。舜崩，三年之丧毕，禹避舜之子于阳城，天下之民从之，若尧崩之后，不从尧之子而从舜也。禹荐益于天，七年，禹崩，三年之丧毕，益避禹之子于箕山之阴，朝觐讼狱者，不之益而之启，曰吾君之子也。讴歌者不讴歌益而讴歌启，曰，吾君之子也。丹朱之不肖，舜之子亦不肖。舜之相尧，禹之相舜也，历年多，施泽于民久，启贤，能敬承继禹之道。益之相舜也，历年少，施泽于民未久。舜禹益相去久远，其子之贤不肖，皆天也，非人之所能为也。莫之为而为者天也，莫之致而至者命也。

《史记·夏本纪》也说：

> 帝禹东巡狩至于会稽而崩，以天下授益。三年之丧毕，益让帝
> 禹之子启而辟居箕山之阳。禹子启贤，天下属意焉，及禹崩，虽授
> 益，益之佐禹日浅，天下未洽，故诸侯皆去益而朝启，曰，吾君帝
> 禹之子也，于是启遂即天子之位。

孟子和司马迁等不能了解社会进化的真相而又想以"禹子独贤""天命有定"来粉饰后来阶级社会的文明，就把禹传子的事实写做"天与人归"的样子。但是据《竹书纪年》及《国策》等的记载则有些不同。《国策·燕策》说：

> （禹）及老，而以启为不足任天下，传之益也。

随着又说：

> 启与支党攻益而夺之天下。

这显然是有了斗争。这个斗争并不是因为益要禹传贤，启要禹传子，益本来和禹同为军务总统官，处于同等地位，并不须禹再对他作什么传贤的；根本上乃是旧秩序同新秩序的斗争。这乃是益的同僚者禹死了，他根本就不赞成由禹的儿子启来当选补充，他还是主张维持从来的习惯，极力排斥男系的承继。这在古本《竹书纪年》中是说得很明白的：

> 益干启位，启杀之。

《史通》引《竹书》亦说："益为启所杀。"《楚辞·天问》亦云："启伐益作后。"这不是明白在说益干涉启来补充他父亲的位置，他们之间才发生纠纷的吗？因而儒家之所谓"禹属益，益避启"，便成了十足的瞎说。"天下之民，朝觐、讼狱、讴歌者不之益而之启"的原因，就是因为新社会的因素，已经把旧社会的藩篱冲破，他们不仅已一致地把启选举出来，而且还一致地拥护启作他们革新的领袖，并坚决反对益的守旧，这才是这一传说的真实内容。

自然一个新社会的产生，究竟不是容易的。启他们把益所领导的反动势力消灭下去了，不久第二个反动势力又死灰复燃起来。《竹书纪年》说：

> "王帅师伐有扈，大战于甘。"洪兴祖注云："有扈以尧与贤，启独与子，故伐启。启伐灭之。"

从上面这些记载看来，这个大变革，还是经过许多斗争才达到的。

宗法家族制度在中国历史发展中的特殊作用

中国的社会，直到现在，还多多少少保存着一种特殊的家族制度。中国每个家族都有一个姓氏，同姓的男女，无论他几千年前的祖宗是不是同一个人；几千里外的氏族是不是同一宗派；只要是同姓，就不许结婚。家族中常有好几世父系的后代，和他们的妻室，都居住在同一田庄中，共同耕种，共同衣食，而所得的盈余，概归公有。即使年代久远，人口发达，逐渐分居，而仍常有公共的祠堂，作为公共的财产和团结一族的机关。家族会议和族长的威权都是很大的，尤其是族长的威权最大，甚至族内人的生死权都操在他手里。这是中国占绝大多数的汉族所特有的制度。这种制度是如何产生的呢？有人说：

> 信天命之宗教的观念，与家族主义之精神，一经、一纬，永远支配中国民族之思想，即政治、文学、宗教、道德等，与夫一切人文现象，亦无不受其影响。

因而就有人以为中国家族制度的强固，是由于后来孔子信天命、重孝弟的学说支配了中国社会的结果。但是我们知道一切法律、政治、宗教、艺术、思想或哲学，都是社会的上层建筑，我们只能认为孔子的伦理道德学说，是由于有了产生中国家族制度的经济基础，才发生这种学说，虽然上层建筑也能倒转来影响社会，可是我们不能倒果为因，如唯心主义者的观点那样。

又有人说：

> 中国家族制度的坚强，是因为汉族受了外族侵入的威胁，失去了政治上的优越地位，不能不发达家族主义，力图坚实社会组织以图自存。如五胡乱华以后，"家谱"世系之风最盛。社会的尊荣，不在于朝廷的爵位，而在于氏族的清华。如范阳之卢氏、陇西之李氏、荥阳之郑氏、清河博陵之二崔氏、琅琊之王氏，虽唐时李氏有天子之尊，亦不得不列于崔卢二氏之下，氏族制度灭亡已久而犹有这种现象，非用抵抗外族的侵凌，保持本族的文化等意义，不能说明这种奇怪的事实。

他不知道，中国汉族被外族征服后而终能征服外族的原因，不在于有坚强家族制度，而在于社会的经济制度比较地占着优势。正如普列汉诺夫所说："一方面是由于被征服的社会的经济制度所决定的，另一方面是由于征服者的社会的经济制度所决定的。"他又说：

> 经济发展的进程对于某一民族的性质具有重大的影响，有时会使它的战斗力减少，以致无力抵抗在经济上比较落后的但却习惯于战争的敌人。所以，爱好和平的农业部落常常遭受善战的民族的侵略。拉采尔说，"半开化"的民族由于采用征服的方法结合农业和游牧这两种要素的结果，便常常有最巩固的国家组织。这种意见一般说来不论如何公正，但是我们还应该记住，就是在这种情形下，（最好的例子是中国）经济落后的征服者渐渐地会完全服从于经济比较发达的被征服民族的影响。

因此中国家族制度的特点，应该以社会的经济制度来说明，而不能以上层建筑、社会心理来说明。

人类在从游牧生产第一步转到农业生产的时代，这时土地占有还是保存着共有的形式，某一氏族或部落的分子，都每日大家共同在他们共有的土地上工作，所获得的生产品，按照户口的需要而分给。

历史不断地进展，土地使用的形式也逐渐地变化，人口不断地增加，使各个氏族的人数有了大量的发展，于是，在农业技术极原始的生产过程中，遂发生因一集团人数过多而在农作上有了困难，不只如此，因居处上的便利，儿童的抚育，早已在氏族人口迅速的增加中，逐渐分为许多血统家族的集团。于是，土地也随着家族关系的分裂而分裂使用了。但这种分裂使用，还没有变成个人或家族私有，不过在工作上是形成为分裂形式，而改变了以前的那一种共同工作按户口分配消费品的情形。

这种组织的形式，在日尔曼的民族中叫做"马可"（Mark），在俄国叫做"米尔"（Mir）。

在这一制度中，最大的特色，是每每实行一种家族换耕制度，如在俄国的米尔，将他那一氏族所公有的土地，按期均分与各家去耕种，期限或为一年，或为数年，期满再行分配。

他们分配的形式和手续，是将一村的公地，分为许多长而狭的片段，配合几片为一份，每家各得一份，片段虽有肥瘠的区分，但配合时务求其平均。每家所得耕地的面积，大概是占有一对牛（如已使用牛耕的话）耕种两日的大小。每个村落，除分配给各家族外，还留着一片公地，由大家共同工作，作为公共消费之用。分配的主持，是各村的长老会议。当分配土地时，由长老召集各家族的代表来抽签，抽着那一份就得那一份。候期满后，又再举行抽签的分配。至于牧场、森林、水道、渔猎区域以及其他公众需要使用的，都不分配，留为全村公众使用。自然在这种形式之下，绝不会有土地的买卖和私有。

中国现还存在的家族制度，有着悠久的历史。虽然中国自秦以后，土地可以买卖，可以私有，而家族中总还存在家族共有的形迹。我们现在还常常看见在买卖土地的契约上写着"……本人因近支亲房无人承买，愿将某处田地若干亩，出让于某某……"，立约后如果在一定期间内，族中有人出来竞买，则还是同一族的人有优先权，这几乎是一种不成文法，这不能不认为是宗法家族制度根深蒂固存在的遗迹。因此，我认为中国的家族制度，是建立在农村公社的经济基础上。因为中国的地理环境最适宜于农业，它的社会发展的特点，也与农业有关系，因而以后家长制的奴隶经济及封建制的特点，以及阶级的发生和君主专制政体的建立，都是由这里发生的。

恩格斯说：

> 母权制的颠覆是女性的世界史的失败。男子在家庭中也握着支配权，女子已被贱视、被隶属，成为满足男子欲望的工具与生产子女的机器。……

> 已经确立的男子独裁的第一种作用，如今由正在生长的家长制家族（Patriarchal family）的中间形态中显示出来。它的最重要的特征，并不是后面要讲到的一夫多妻制，而是"一国的自由人及非自由人在家长的父权之下组成为一家族。在塞姆人的形态中，家长过一夫多妻制的生活，非自由人也有妻子，而整个组织的目的是在一定的地域中放牧畜群"。它的本质是非自由人的同化与父权。故这种家族形态的理想型式是罗马的家族。家族（Familia）这一词，本来并不含有由感伤性（Sentimentality）与家庭不睦所组成有如今日俗人所理想之意味。在罗马人中间，当初连主要的夫妻及其子女都不相关，只是应用于奴隶罢了。Famulus 意思是家内的奴隶，而Familia 便是属于一个男子的奴隶之总体。在给雅斯（Gajus）时代，"家族即父的遗产"（Familia, id est patrimonium）尚由遗言以传授。

这一语由罗马人所发明，以期表现一种新的社会有机体，即在父权之下，家长有妻、子及许多奴隶，且照罗马法，有对他们的生杀予夺之权。"所以这一语并不比拉丁部落之武装的家族制度来得早，那个家族制度是在农业及合法的奴隶制度发生之后，又在属于雅利安人种的意大利人从希腊人分派之后发生的。"马克思附加着说："近代的家族，因当开始时与农业有了关系，所以在胎种中，不惟包含奴隶制（Servitus），也包含农奴制。它是具体而微地包含以后在社会及由社会所发生的国家中所更普遍发展的一切对立。"

这一种的家族形态，表示了由对偶婚到一夫一妻制的过渡。为确保妻的贞操以及父系的稳固，故将女子完全引渡到男子的权力之下；夫之杀妻，只不过行使他的权力罢了。

跟着家长制家族的发生，我们就进于成文历史的领域，在这领域上，比较法学是能给我们以多大援助的。而且事实上它确于此引起很大的进步。今日在塞尔维亚人（Serbians）及保加利亚人（Bulgarians）间，于 Zadruga（友谊）与 Bratstwo（同胞）名义之下，又在东方诸民族间，于多少变化的形态之下，尚可见到的那种家长制家属共同体（Patriarchal household community），证明它之成为由集团婚发生的母权家族与近代世界的一夫一妻家族间之过渡阶段者，实是马克西姆科瓦勒勿斯基（Tableau etc.de la famille et de la propriete，Stockholm，1890，p.60-100）之功。这个至少在旧世界的文化民族，雅利安人及塞姆人间，似可以有确证的。

南斯拉夫的撒多格（Zadruga），供给此种家族共同体今尚存在的最好实例。它包括一父所生的几代子孙以及他们的妻，他们一起住在一处田地上，共同耕地，由共同的贮藏中以衣以食，且共同的占有收获的盈余。这一共同体由家长（Domacin）管理，他对外有代表团体之权，故得出卖细微的物品，掌管出纳，并对出纳及通常的事务经营负有责任，他由大家选出，却不一定是最年长者。一般女子与她的工作由通常为家长之妻的主妇（Domacica）指挥。她当少女选夫的时期，还有重要的且常是最后决定的发言权。但最高的权力，在于由全部成年男女组成的集会，即家族会。家长对这个集会负责。集会决定重要的决议，行使对家人的裁判，以及重要物件尤其是土地等等的卖买。证明在今日的俄罗斯也有这种家族共同体之存在，还不过是十年前的事。……我们将再说到科瓦勒勿斯基的如下的结论，即家长的家族共同体也是这样的一个过渡阶级，为伴着个别耕作以及耕地与草地之最初为定期的以后为永远的分配之村落共产体或马可（Mark）共产体所由以发达的。

说到这种家属共同体内部的家族生活，有必须注意之点，即至少在俄罗斯，家长常有对共同体的年轻女子，特别是他的媳妇（daughters-in-law）滥用他的地位，且把她们成为自己的后房（Harem）之评判。俄罗斯的民歌对于这点有最明显的表示。

在说到因母权制之颠覆而急速发达的一夫一妻制之前，容我再就一夫多妻制与一妻多夫制说几句话。这两种婚姻形态，在不能在同一地域并行的限度内（这显然不是事实），只能算是例外，即所谓历史的奢侈生产品而已。……事实上一夫多妻制显然是奴隶制度的产物，以某种例外的情形为限。在塞姆人的家长制家族，只有家长自身，至多也不过他的几个儿子能过一夫多妻制的生活，其余诸人必须以一妻为满足。在一切东方诸国，今日尚属如此。一夫多妻制是富人及贵族的特权，且大概由女奴隶的购入以实现。民众的大部分是过一夫一妻制的生活的。在印度及西藏的一妻多夫制也同样是个例外。……一夫一妻制是不基于自然的条件，而基于经济的条件，即在私有财产对于原始的自然发生的共有财产而占胜利的基础上所建立的最初之家族形态。在家族内的男子之支配与可以专成为他的后裔且命定为他的财产继承人的子女的生产——这种种便是为希腊人所公言的一夫一妻制之唯一的目的。……这样看来，一夫一妻制决不是为和解夫妇而现于历史，更不是当作最高的婚姻形态而出现的。反之，它却是当作男性压迫女性，当作为以前历史所未知的两性斗争之宣言而出现的。在一八四六年由马克思和我所写的一篇未刊的旧稿中，我发见如下的一节文字："最初的分业是为生子女的男女间的分业。"而到现在我更得附加几句：历史上所表现最初的阶级对抗是与一夫一妻制中男女的对抗之发展相一致的，而最初的阶级压迫是与由男性对女性的压迫相一致的。

中国的家族、私有财产及国家之起源，正和恩格斯所描写的情形一样，而且因为中国宗法社会的家族，开始就和农业有密切关系，这种家族含有奴隶制度和农奴制度的幼芽，后来就发展为家长制的奴隶经济。因为地理环境的关系，以致中国的奴隶制度和封建制度都有一些特殊的地方。而阶级的发生和国家君主专制政体的成立也有许多特点，因而在研究中国社会发展的学者中，发生种种不同的意见，甚至有认为中国的社会是不可解之谜。但中国也是人类社会，绝对不会在人类社会发展的共同法则之外，另有一条法则。

氏族社会发展到半开化的高级阶段时代，由于更有效用的金属工具的发明，因而开始发现田园农业的特色，使家族对于土地之占领的倾向从而发展；同时牧畜业更臻于全盛。因生产方法的进步，财产的积累也较前更大。这样：第一，使男子的权力更超于以前各时代之上；第二，使氏族的内部的成员间，逐渐显出贫富的破绽来；第三，商业也因而较原始的交换有更进一步的发展；第四，俘虏之作为奴隶而被使用，在家长制的经济中，更能表示其意义出来。

随着男系氏族社会的成立，氏族内使用的奴隶以及家长制的奴隶经济，都渐渐地发生。据下面的传说：

> 启用兵以伐有扈氏，有扈遂为牧竖也。
>
> 有扈牧竖，云何而逢。
>
> 该秉季德、厥父是臧，胡终弊于有扈，牧夫牛羊。

这就是以被征服的氏族成员，或由战争得来的俘虏作为奴隶使用的事情。

古代还有罚罪为奴的事情。如启伐有扈时在《甘誓》上说："用命，赏于祖，不用命，戮于社，予则孥戮汝。""箕子为之奴"。"罪人不孥"。

奴隶的使用既已存在，便应该有约束奴隶的形迹发现，下面的传说，似乎正是暗示这一问题的影子。

"（帝芬即槐）三十六年作圜土"。郑注："圜土者，狱城也，聚罢民其中，困苦以教之为善也。"

"夏曰夏台，殷曰羑里，周曰囹圄"。

在氏族社会中，只有对待奴隶和俘虏才须用这种"圜土"、"狱城"和"台"。对于氏族内的成员，是不容有这种事情存在的。"罢民"当然就是终日被驱使，而不得片刻休止的奴隶。

当牧畜为主要生产事业时，所得的俘虏和有罪的人，使之为牧竖，为生产上的奴隶，这是很自然的。但这种多半是家长制的家内奴隶经济，与希腊罗马式的奴隶制经济不同。家长制的奴隶经济和后来之希腊罗马式的奴隶制经济不同的地方，照我看来，则在前者奴隶为家族的公产，后者奴隶则完全存在于私有制度之下；前者还不曾以奴隶为绝对的唯一的生产者，后者则奴隶主完全靠剥夺奴隶的劳动而生活。

由于中国的土地肥美，远古时代地广人稀，而发展的地面又不是滨海，交通不便，自然以发展农业为最适宜，家长式的农村公社也最适合于这个经济条件，因而家长制的家内奴隶经济，就奠下了牢固基础。父之于其妻子无论如何奴役之而吸饮其血汗，人都不能认为是一种剥削，因为妻子就是为他牺牲了生命，也是应该的，而且认为是最高的道德，所以孝为百行先的学说，就由此得到根据，尊祖敬宗，崇拜祖先，一切人伦道德之学说，都建筑在这一基础上。父有无限的权威，因而家长就有无限的权威，由是而作民父母的元后天子，自然更当有无限的权威，这样就造成中国专制君主的威权，而再加以天命神权之说，使之更加稳固。表面看来，中国古代的社会好似无阶级无剥削，而其实阶级剥削就寓于家族之中。一、二代共同居住的家族，尚能掩盖其剥削压迫于亲爱感情之中，至于三代、四代、五代同居之家族，则其矛盾冲突，剥削压迫的情形，随处都能表现。所以五世同堂的张公，其要诀即在"百忍"，难道这一句名言，还不够表现他的家族中的矛盾冲突吗？中国家族制度的保存至今，原因就在于它的农业的经济基础上。中国以后的奴隶制和封建制的许多重大的特点，都和这个宗法家族制度有着密切的关系。

秦改变土地制度对中国社会经济发展的影响

有人说中国自秦废封建以后就没有封建了。法西斯蒂的走狗托洛茨基派及陈独秀派，也说中国没有封建了。他们的根据是，自秦以来中国的土地就可以自由买卖，商业资本已流入农村。马基雅尔说："中国土地占有分配的本身，在任何严重程度上，都不能说是封建关系的残余，如果注意考察一下中国地主土地占有制的历史，那末，毫无疑义地可以看出，现在地主土地私有制并不是封建残余。中国地主取得土地的方法，是买卖，是高利贷剥削，利用金钱的威权。"瓦尔格说："中国土地并不是世袭的祖业，为封建主累代相传，他可以自由买卖，因此，他的主人就常常变换，如在资本主义制度之下一样。"

为什么中国土地私有制被弄得这样糊涂呢？一种是托洛茨基匪徒，想否认中国封建残余的存在，来否认中国现阶段的革命资产阶级民主性；一种是他们不了解现在资本主义的土地私有制是被资本主义生产所改变了形态的土地私有制。他们把资本主义以前和现代资本主义的两个土地私有制的关系混为一谈。列宁说：

> 英国的条件，是现代土地所有制，即被资本主义生产改变了的土地所有制得到最完美发展的唯一条件。……马克思在《资本论》第3卷（第2册第156页）中就指出过，资本主义生产方式开始发展时在历史上所遇到的那种土地所有制形式，是不适合资本主义的。资本主义自己从封建地主、农民村社、氏族等旧的土地占有制形式中，创造出相应的土地关系形式。

我们应该知道，土地可以自由买卖，这并不是资本主义土地所有制的特征，氏族社会末期与封建社会都曾经有过。恩格斯说：

> 在成文历史所涉及的时代，土地已被分割而转归私人所有了，这正是野蛮期高级阶段末期已经比较发展了的商品生产及与它相适应的商品交易所固有的。除了谷物以外，并已生产葡萄酒与植物油了；爱琴海的海上贸易，已越来越脱离腓尼基人而大半落到亚蒂加的希腊人手中去了。由于土地的买卖，由于农业和手工业、商业和航海间分工的进一步发展，氏族、胞族和部落的成员都很快地杂居起来。

> 亚蒂加小农的破产是和保护他们的旧的氏族联系的松弛一致的。债务契据和土地抵押（雅典人已经发明了典当办法）既不理会氏族，也不理会胞族了。而旧的氏族制度既没有货币，也没有押金，又没

有货币债务。因此，贵族的日益繁荣的货币统治，为了保护债权者以对付债务者，为了认可货币所有者对于小农的剥削，也造成了一种新的习惯法。在亚蒂加的土地上到处都插着抵押的牌子，上面写着这一块地已以多少钱抵押给某某人了。没有插这种牌子的田地，大半都已是因未按期付还押金或利息而出售，转归贵族高利贷者所有的了；农民只要被允许作佃户依旧耕种原地，能得自己劳动生产品的六分之一以维持生活，将其余六分之五以地租方式交给新主人，那他就谢天谢地了。

各个人占有原来由氏族或部落给予他们的小块土地的权利，现在已经如此牢固起来，以致这些小块地也作为世袭财产而属于他们了。他们最近期间所最力图达到的，正是要解脱氏族公社对这小块地的所有权，因为这种所有权对他们已成为桎梏了。这种桎梏已经消失了，但新的土地所有权也是不久就消失了。对土地的完全而自由的所有权，不仅是意味着可以毫无阻碍和毫无限制地占有它，而且是意味着可以把它出让。当土地还是氏族的财产的时候，这种可能性是不存在的。而当新的土地占有者彻底摆脱氏族和部落最高所有权桎梏的时候，他也就打破了以前使他跟土地不可分地联系在一起的束缚。这件事的意义何在，跟土地所有权同时发明出来的货币已给他说明了。土地如今已可以成为能出卖和抵押的商品了。土地所有权刚一确立，抵押就被发现了（见关于雅典一节）。正如淫婚制和卖淫现象紧跟着一夫一妻制行走一样，从此典当制也紧跟着土地所有权行走了。你曾希望有完全的、自由的、可以出让的土地所有权，现在你来接受它好了："这是所想要得到的东西啊，乔治·但丁！"

由此看来，秦虽废封建诸侯，土地可以自由买卖，并不能从此做出结论说：中国已经没有封建了。郭沫若说：秦统一天下才算完成了中国的封建。在某种意义上可以这样说。然而我以为中国有宗法社会残余特别浓厚的特点，使它停滞于不发展的初期封建的地位，秦之改革不过造成另一种的初期封建形式。现在我们从改革以后的土地关系及其流弊来看，也可以了然于中国何以迟迟不能发展到资本主义制度的原因。

秦改变土地制度的情形，据《汉书·食货志》说：

> 秦孝公用商鞅之法，尽坏井田，开阡陌，更制贡赋之法，至始皇并天下，提封万里，撮粟尺布，一夫之役，毕专以自予，因地而税人，令黔首自实田（秦废井田，听民垦辟弃地，不计多少，即为永业，无所稽考，乃令黔首自实田以定赋。——原注），田租口赋盐铁之利，二十倍于古，豪猾放之，耕其田者，见税十五（言贫人无田，而垦豪富之田，十分之中以五输田主也。——原注）。

秦统一天下后数十年，汉武帝时，董仲舒说：

> （秦）用商鞅之法，改帝王之制，除井田，使民得买卖，于是富者田连阡陌，贫者无立锥之地。……汉兴循而未改。古井田之法虽难猝行，宜稍近古，限民名田，以赡不足，塞兼并之路。

现在我们来看秦改革土地制和从前有些什么不同的特点。

第一，变更从前贡赋的制度，定出一种田赋（我们现在叫作钱粮），把全国土地的田赋都归于皇帝（国家的最高统治者），令人民自己报明他有许多田地、不限制他有多少，只按其田地定出应纳多少田赋，这些田地就安他的名字，就归他永远私有，永远管业，所以叫作"名田"。这个有田地的人就叫作粮户，政府每年就按粮户来收粮，这就叫作"因地而税人"。至于怎样来使用这些土地，谁来使用这些土地（或自耕或佃与人种），政府是不过问的。如果买卖土地时经过政府的税契，也可以更换名字，把主权移给新买主。但也常常有卖田不卖粮或少卖粮，或者少卖田多卖粮，而甚至有"飞洒"等弊病。这是国家对于土地的关系，只是按粮户来收粮，而不过问土地。第二，土地可以自由买卖，有钱的人及豪强有力者，就占田一天比一天多，他必须佃与无田或田少的人耕种，而收其十分之五的田租，所谓"耕其田者见税十五"，也就是现在我们所谓平分制的佃农制。由这里很明显地看出，田赋和田租分开了，田赋是土地私有者对于国家所纳的粮；田租则是土地使用者（佃农）对于土地私有者（地主）所纳的租。现在土地对人是由两种关系而变为三种关系，添了在中间剥削的一个地主阶级。这个变革的结果，使商业高利贷资本能购买土地来剥削农民，商业资本找到了一个出路，不必再往前发展了。而另一方面农民要得到土地，就必须花费很大一笔资本，土地本身原是没有任何价值的，而现在被攫为私有财产，也居然有价格了。在封建诸侯时代，土地是被封建主垄断了的。而土地可以自由买卖以后，也并没有阻止新兴地主垄断土地，而且加紧了垄断土地的过程。所以我们在历史上常常看到"豪强兼并""土地集中于富者之手"的呼声。如董仲舒说："富者田连阡陌，贫者无立锥之地。"仲长统说："豪人货殖，馆舍布于州郡，田亩连于方国。"豪富垄断土地，政府纵然减免田赋，而地主则随时加租，农民仍得不到一点实惠，如汉末的学者荀悦说："古者什一而税，以为天下之中正也，今汉氏或百一而税，可谓鲜矣。然豪强富人占田逾限，官收百一之赋，民输大半之税。官家之惠，优于三代；豪强之暴，酷于亡秦。是上惠不通，威福分于豪强也。"第三，土地集中于地主之手，农民受到残酷的剥削，结果必引起农民的大暴动，如西汉末的赤眉暴动，东汉末的黄巾暴动，唐的黄巢，元的白莲教，明之李自成、张献忠，清之太平革命，几乎每二三百年必有一次农民大暴动的发生，好像有一定的周期似的。这不能不说是秦改革土地制后，所表现出的农民与地主的阶级斗争。

均田制度的发生和衰灭

汉末代表农民的黄巾暴动，虽然被地主、官僚和商人的联合镇压下去，而没有解决土地问题，但斗争仍然绵延不断。这样继续不断长期混乱的结果，使社会生产破坏得更加厉害，农民因战争的关系，一方面大批死亡，一方面流离转徙。有许多耕地所有者在战争中死亡了；也有许多耕地所有者长期或短期地离开他的耕地逃亡他乡。因此，就有许多没有主的耕地，也有许多没有耕地的农民，于是争夺侵占土地的纷争，就成了当时社会中一项严重的问题。在这个争夺侵占的过程中，豪强的官吏、地主、商人等自然会更凶横无忌地掠取，而贫弱无力的农民，仍然得不到土地。所以后魏孝文帝时，李安世上书说："窃见州郡之民，或因年俭流移，弃卖田地，漂居异乡，事涉数世。三长既立，始返旧墟。庐井荒毁，桑榆改植，事已历远，易生假冒。强宗豪族，肆其侵凌，远认魏晋之家，近引亲旧之验，又年载稍久，乡老所惑，群证虽多，莫可取据，各附亲知，互有长短，两证徒具，听者犹疑，争讼迁延，连纪不判。良畴委而不开，柔桑枯而不采，……欲令家丰岁储，人给资用，其可得乎？愚谓今虽桑井难复，宜各均量，审其经术，令分艺有准，力业相称，细民获资生之利，豪右靡余地之盈，则无私之泽，乃播均于兆庶，如阜如山，可有积于比户矣。"土地所有权的纷争，使土地荒废，而许多农民又无地种，这自然就成了社会上急待解决的问题。而另一方面，政府的收入当时自然以土地税为大宗。经过这样长久的混乱，耕地占有的转变，已很难查考，而所有权的纷争不决，也要影响到岁收。因此，政府也不能不想办法来解决这一迫切的问题。这就成了均田制试行的条件。

西晋时定计人授田法：男子一人占田七十亩，女子一人占田三十亩；其外丁男课田五十亩，丁女二十亩；次丁男半之，次丁女则不课。男女年十六以上至六十为正丁，丁男之户岁输绢三匹，绵三斤。年十五以下至十三,六十一以上至六十五为次丁，女及次丁男为户者半输。这个田制，在当时无法实行。故一般农民耕地是没有分配着，而赋税则要按这一制度去缴纳。占有广大耕地的地主、商人、富农，反可借此免掉他们大批的耕地税。这自然又要引起广大农民的反抗，不久而西晋亡。晋东渡后，成帝时，始度量百姓田，取十分之一，规定亩税米三升。这是因为江南和中原不同。中原有绵延不断的战争及胡人的蹂躏，扫荡了许多城市乡村，地广人稀，生产凋敝。而江南则是产米之区，土地肥沃，生产正在向前发展，又加以人多南移，地狭人稠，计人授田之法，更不能行，所以按亩收税。经济中心南移，江南更成了中国财赋之区，许多专制君主，虽偏安一隅，也自觉满足。后来因这种按地收税的办法不方便，还是恢复按户收税的办法。如《文献通考·田赋（二）》所载："孝武帝太元二年，除度定田收租之制，王公以下，口税三斛，惟蠲在役之身。八年，又增税米口五石。""按晋制，丁男一人授田七十亩，以亩收三升计之，当口税二斛一斗，以亩收二升计之，当口税一斛四斗。今除度定田收租之制，而口税二斛增至五石，则赋颇重矣。"这是已将耕地税改成丁口税了。

西晋的占田制度，可以说完全没有实行。到了后魏孝文帝太和九年才颁布了均田制度。据《魏书·食货志》及《文献通考·田赋考》所载，我们可以分别性质、按类改写如下（圆括弧和六角括弧内字是我加的）：

（一）受田种类及数量：

    （甲）正田数：诸男夫十五以上，受露田（不栽树的叫露田）四十亩，妇人二十亩。

    （1）奴婢依良丁。

（2）牛一头，受田三十亩，限四牛。

（乙）倍田数：〔诸初次〕所授之田，率倍之。二易之田，再倍之。以供耕休及还受之盈缩。

（1）诸一人之分，正从正，倍从倍，不得隔越他畔。

（2）诸地狭之处，有进丁受田而不乐迁者，则以其家桑田为正田分。又不足，不给倍田，又不足，家内人别减分。

（3）诸土广民稀之处，随力所及，官借民种荐，后有来居者，依法封授。

（4）诸桑田通入倍田分，于分虽盈，〔身〕没则还田，不得以充露田之数，不足者以露田充倍〔田〕。

（丙）桑田数：诸初受田者，男夫一人，给田二十亩，课荐余种桑五十树，枣五株，榆三根。

（1）非桑之土，夫给一亩，依法课荐榆枣。

（2）奴各依良。

（3）限三年种毕，不毕，夺其不毕之地。

（4）于桑榆地分杂荐余果及多种桑榆者不禁。

（丁）麻田数：诸麻布之土，男夫及课，别给麻田十亩，妇人五亩。

（1）奴婢依良。

（2）皆从还受之法。

（戊）宅田数：诸民有新居者，三口给地一亩，以为居室。

（1）奴婢五口给一亩。

（2）男女十五〔岁〕以上，因其地分，口课种菜五分亩之一。

（二）受田还田手续和类别：

（己）普通国民。诸民年及课，则受田。老免，及身没则还田。

　　（1）奴婢、牛，随有无以还受。

　　（2）诸桑田，不在还受之限。

　　（3）诸应还之田，不得种桑榆枣果，种者以违令论，地入还分。

　　（4）诸桑田皆为世业，身终不还，恒从见口，有盈者无受无还，不足者，受种如法。盈者得卖其盈，不足者得买所不足。不得卖其分，亦不得买过所足。

（庚）特种国民一。诸有举户老小癃残无授田者，年十一以上及癃者，各授以半夫田。

　　（1）年逾七十者不还所受。

　　（2）寡妇守志者，虽免课，亦授妇田。

（辛）特种国民二。诸远流、配谪、无子孙及户绝者，墟宅桑榆尽为公田，以供授受。

　　（1）授受之次给其所亲。

　　（2）未给之间（未至正月之时间）亦借其所亲。

（三）受田还田之时间及地点：

　　（壬）时间：诸还受民田，恒以正月。

　　　　（1）若始受田而身亡及买卖奴婢、牛者，皆至明年正月，乃得还受。

　　　　（2）若同时俱受，先贫后富，再倍之田，放此为法。

　　（癸）地点：进丁受田者，恒从所近。

　　　　（1）乐迁者，听逐空荒，不限异州他郡，唯不听避劳就逸。

　　　　（2）其地足之处，不得无故而移。

此外对于官吏则以公田为其俸禄。《魏书·食货志》又说："诸宰民之官，各随地给公田：刺史十五顷（百亩为顷），太守十顷，治中别驾各八顷，县令郡丞六顷，更代相付，卖者坐如律。"

至于对皇族贵族个人给田之数，旧史虽无明文，而北齐依后魏之制，对贵族等的奴婢受田，有以下的规定：

奴婢受田者，亲王止三百人，嗣王二百人，第二品嗣王以下及庶姓王百五十人，正三品以上及皇宗百人，七品以上八十人，八品以下至庶人六十人。

我们在历史上所看见的材料，从后魏至隋唐几百年中间，各朝代受田的数目虽然有多少的不同，而耕地制度，完全是一贯的。所以我们可以把这一时期，划为中国土地制度历史中的均田制度时期。

古人对于这个制度，大半都是好的批评，如《通考·田赋（二）》说："或谓井田之废已久，骤行均田，夺有余以予不足，必致烦扰以兴怨讟，不知后魏何以能行？然观其立法，所受者露田，诸桑田不在还受之限，……令其从便买卖，以合均给之数，……与王莽所行异矣，此所以稍久而无弊欤。"顾炎武在《日知录》第十卷上，极力称颂这法令说："足为后世法"，"创百世之规"。现在竟有认这个制度为"解放奴婢""土地国有"者。现在，让我们来分析一下这个制度的精神。

如果我们只从"均"这个字的意义去看，很容易使人认为这制度的精神，是在使土地分配的均平，或者说限制个人多占土地，而把土地分配给无地或少地的农民。但是这种看法完全不对。

首先我们看这个法令，耕地的分配，除人外，为后魏时牛一头可分地三十亩，北齐时牛一头可分地六十亩，一牛比一人只少十亩二十亩，一家可有四牛。这种规定是谁得利益呢？我们可以断定说是富农至少是中农得利益，而绝不是贫农得利益。富农和中农有牛一头，可分得差不多等于一个正丁的耕地，这种制度是不是利于富农呢？是不是为富农向贫农耕地强占剥削加了一层保障呢？北齐时宋世良曾上书请以富家牛田，先给贫民，这正是表明当时贫农的耕地反在这一制度下大批地被富有的地主、富农、商人所占有了。所以这一制度是代表地主富农的利益的。

第二，这制度中奴婢分田的规定，绝不能看作是"解放奴婢"，反而是保障贵族、官僚、商人、地主、富农等多占土地的法令。当时社会除大批被压迫的农民外，还有很多的奴隶更悲惨地受着残酷的剥削和压迫。在这时的贵族、官僚、地主、商人、富农，是把奴婢看成为一种生产的工具和资本，和牛马一样的性质，故在耕地分配中，亦规定了奴隶的占有。从后魏一直到隋，在政府所颁布的耕地办法中，皆规定一奴婢所得的和一良丁一样，而贵族、官僚、地主、商人、富农所有的奴隶，有非常大的数目。北齐的命令中，虽然对奴隶数有限制，但规定多的可有三百人，少的还有六十。也就是说一个贵族、官僚、地主、商人、富农，至少可以占有六十个以上至三百个农民的耕地。这不是代表贵族、地主、商人、富农的利益是什么？

第三，当时的赋税制度，更表明是代表地主阶级的利益，如后魏的制度，奴任耕，婢任织，数至八口，便与一夫一妇出同一之调（布帛之征）。耕牛则每二十头，征与一夫一妇等额之粟帛。这就是说奴隶八人，可占有农民八人所占的土地，而赋税只纳农民一夫一妇的数量。牛二十头所占的耕地相当于十五个农民的分地，而所缴纳的赋税也只及农民一夫一妇的数量。贵族、地主、商人、富农可有大批的奴隶和多数的耕牛，因奴隶和耕牛就可以占有广大的耕地，然而他们反可以出最轻的赋税。这真是多么好听的代表贵族、官僚、地主、商人、富农的法制呀！

这种分配耕地的办法，绝不能看作是平均地权，而是地主统治阶级的一种欺骗。

　　至于土地买卖问题，虽然露田规定不得买卖，而有许多文件和事实证明，土地买卖仍在暗中进行。唐初规定一夫给田一百亩，以二十亩为永业，其余为口分，贫无以葬者，永业可买卖。自狭乡移宽乡者，口分田也可买卖。若遇远役或外住，无人耕守的，得将他的田贴赁（租）或质（当）于他人。官人永业田及赐田，出卖及贴赁或质于人皆不禁。可见当时的耕地法令，虽然没有完全放任农民耕地的自由买卖，但是，对买卖田地已开始公开承认。也就是说，在某种条件下，耕地可以自由买卖、贴赁与抵押了。

　　均田制度本身既不能解决土地问题，而在唐时，这种欺骗农民、有影无形的均田制度，也逐渐地根本消灭。而土地集中于豪强之手的呼声，也一天比一天激烈。杨炎之改租庸调为两税法，正是因为当时广大的农民失掉耕地，而不能负担这种苛刻的赋税，影响政府的收入，于是不得不废除租庸调之制，而改为按照财产耕地征收的两税制。杨炎的两税法，只是改良政府的收税制，而不能解决农民的土地问题。农民为土地而斗争的火焰遂在黄巢大暴动中爆发出来。

武后临朝的事变

　　太宗在位之二十三年，病没，太子治嗣位，是为高宗。不久即有武后临朝专政的事变。这一事变的历史记载不能全信，而一切的批评也不是完全正确的。因为在私有财产发展，男子绝对专制和奴役女子时代，更加以中国家长式的所谓"三纲"的专制学说，毫不承认女子的人格，所以旧史所记的事实，一定挟有许多偏见和诬蔑。但即以这些痛恨女子干政的人，也不能不承认她有善用人才，克平边患的功绩。现在把旧史中所记的略述如下：

据说武后本为太宗的才人，故荆州都督武士彟之女。太宗没，才人年二十六，与群妾出为尼。会高宗的王皇后与萧淑妃争宠，王皇后密令武氏蓄发，并劝高宗纳之。既入，拜昭仪，后及萧妃皆宠弛。后高宗竟废后而以武氏代之。高宗旋患风眩，不能视百司奏事，或使武氏决之。武氏性明敏，涉猎文史，处事皆称旨。由是委以政事，专黜陟，决生杀，故权同人主。时人视之与皇帝并尊，号为"二圣"。高宗在位三十四年，由武后执政就有二十四年，再加中宗和改号为周的时间，总共由武后执政就有四十六年。这四十六年中，内政修明，外患宁息，不可不说是武后之功。旧史也说武后以一妇人而有中国丈夫男子之心性，故其行事亦颇有为寻常人主之所未能及者。其优点有二：

（1）善用名臣。武氏有权略，善用人，故人才竞为之用。将相之中，如魏元忠之公正，娄师德之谨守，姚元崇之纯直，狄仁杰之宽厚，都是难得的人才。武氏尤信重仁杰，称为"国老"而不名，仁杰好面折廷诤，武氏每屈意以从。仁杰虽身在周，志在唐室，武氏侄承嗣三思，皆营求为皇太子，武氏亦欲之。以问宰相，众莫敢对。仁杰曰："臣观天人未厌唐德。比匈奴（突厥）犯边，陛下使梁王三思，募勇士于市，逾月不及千人。庐陵王代之，不浃日辄五万。今欲继统，非庐陵王莫可。"武氏不悦，罢议。一日，仁杰与王方庆同对，因进词曰："文皇帝（太宗世民）身蹈锋镝，勤劳而有天下，传之子孙，先帝（高宗治）寝疾，诏陛下监国，陛下掩神器而取之，十有余年，又欲以三思为后，且姑侄与母子孰亲？陛下立庐陵王，则千秋万岁后常享宗庙，三思立庙不祔姑。"武氏感悟，即日遣人迎庐陵王于房州，立为太子。仁杰又尝荐张柬之及桓彦范、敬晖等数十人，卒成反正之功。又徐敬业以匡复庐陵王为词，起兵讨伐武后，移檄州县。武氏读其檄文至"一抔之土未干，六尺之孤何托"，即急问谁作的。或对曰："骆宾王"。武氏叹曰："宰相之过也，人有如此才而使之流落不偶乎？"这也可见她爱惜人才。

（2）能平边患。武氏承太宗、高宗筹边之功业，平突厥，服吐蕃，破契丹，其调兵遣将，颇得其宜，故能平定边患。

高宗没，子哲立，是为中宗。首先即立妃韦氏为皇后，而欲以韦氏父玄贞为侍中。裴炎固执不可。哲怒曰："我以天下与韦玄贞，何不可，而惜侍中郎耶？"炎惧，白武氏，武氏即以此理由废哲为庐陵王，幽之于房州，立其弟豫王旦，是为睿宗。但这不过虚设，而实欲代唐。武氏先自号圣母神皇，更名曰曌（音照）临朝称制，至中宗即位之第七年，武氏改朝号为周，称神圣皇帝，以豫王旦为皇嗣，改姓武氏。后听狄仁杰之言，召回庐陵王，立为太子。武氏自以为是周朝之后，以周朝名义统治十六年。时武氏年已老（八十一岁），病甚，宰相不得见者屡月。嬖宠之张易之、张昌宗及武三思等谋变。中宗即位之二十一年，宰相张柬之等乃诛易之、昌宗，请武氏传位太子。中宗哲遂复位，上武氏尊号曰则天大圣皇帝，徙居上阳宫，恢复唐朝国号。是年，武氏死，年八十二岁。

中宗复位，仍立韦氏为皇后，不仅不除武三思，而反以为司空，使得与韦氏勾结，首先陷害张柬之等五个谋反正的功臣。中宗复位之六年，竟被他们毒死。豫王旦之子隆基起兵讨平韦氏及其党羽，奉旦为皇帝，是为睿宗。明年，睿宗传位其子隆基，是为玄宗，尊睿宗为太上皇。总计武氏临朝四十六年，中国的经济、人口都有很大的发展，给玄宗时代的开元、天宝盛世，打下了一个基础。

南宋的和战之争

金人陷汴京，挟徽、钦二宗和宋朝宗室北去后，宗泽等劝赵构趋南京（河南商丘县）即帝位，是为高宗。宗泽、李纲等收复失地论者，累表请构还汴京，以维系人心。而构也和晋元帝的心事一样，想偷安江南。同时又有小人黄潜善、汪伯彦等劝幸东南，故遂南渡。高宗于是定都杭州，并改为临安府，这就表明了他无恢复失地之心。从此和战之争闹得很厉害，而构竟用卖国的秦桧，杀主战的岳飞以成和议。千古无不骂秦桧为奸，敬岳飞为忠者。但是近来有些直接间接作日本走狗的所谓"学者"，为南京政府听任日本帝国主义占领东三省、热河等地而不顾的不抵抗政策作辩护，硬说秦桧"深谋远虑""公忠体国"，反诬岳飞是"专横军阀，应当翦除"。这真是别具肺肠了。

我们解剖和战之争的内容，也可以说是阶级斗争的反映。靖康之乱以后，中国遍地都起暴动。这是人民深痛外族之侵凌，亡国之惨祸，人人思执干戈以救国和自救的表现。人民痛恨地主官僚对外则无能，对内则压迫，因此反抗女真的民族斗争和反抗地主豪强的社会斗争，是很难分开的。聪明的人自然能了解到国难当前，只有同仇敌忾、一致对外，才可以鼓舞民气、缓和内争。所以在当时政府里面，主张民族斗争的，便主张招抚义军来收复失地；而那些反对社会斗争的，因为害怕群众，便甚至于反对民族斗争，宁与死敌求和，也不愿对人民让步。外交既然决定于统治者对内的利益，国安得不亡。下面我们举几件事实就可以证明。

在北宋初亡时，李纲、宗泽等收复论者，对河北、山东的义军，极意招抚。《宋史·宗泽传》说：

　　山东盗起，执政谓其多以义师为名，请下令止勤王。泽疏曰："自敌围京城，忠义之士愤懑争奋。……今河东西不从敌国而保山砦者，不知其几。诸处节义之士自黥其面，而争先救驾者，复不知其几。此诏一出，臣思草泽之夫，一旦解体，仓卒有急，谁复有愿忠效义之心哉？"

李纲论当时义军说：

今河东所失者，恒、代、太原、泽、潞、汾、晋，余郡犹存也。河北所失者不过真定、怀、卫、浚四州而已，其余三十余郡皆为朝廷守。两路士民兵将所以戴宋者，其心甚坚，皆推豪杰以为首领。多者数万，少者亦不下万人。

当时河北义军信仰张所。李成、孔彦舟等聚众各数十万，皆以勤王为名，愿得张所为帅。至于太行山，当时更是义军的大本营。《宋史·高宗本纪》"建炎元年"条说：

王彦及金人战，败绩，奔太行山聚众。

后来张浚主张岳飞联络太行山砦。六年后，太行忠义社还有来归附岳飞军的。但是以后南宋政府厉行秦桧的着衣吃饭主义，把北方义军早抛在脑后去了。三四十年后（孝宗初年）南宋政府讨论和战时，主战派还援引北方的义军，主和派却反对并蔑视他们。前者的代表是张浚，后者的代表是史浩，二人曾在殿上争辩。

浚曰："中原久陷，今不取，豪杰必起而收之。"

浩曰："中原决无豪杰，若有之，何不起而亡金？"

浚曰："彼民间无寸铁，不能自起，待我兵至为内应。"

浩曰："胜、广以锄耰棘矜亡秦，必待我兵，非豪杰矣。

约一百二十年后（理宗嘉熙年间），北方的义军仍然保存着他们的势力。国家虽未能恢复，家族则赖以保存。如《宋史·董槐传》说：

当是时，宋与金为邻国，而襄、汉、扬、楚之间，豪杰皆自相结，以保其族。

根据这些材料，我们可以断定，当时义军的势力一定不小，政府若能利用，一定可以驱逐金人，收复失地。但可恨高宗即位以来，常抱和金之心，故用主和的秦桧而杀英勇的岳飞。

当宗泽累请构还京而构反南渡时，金人闻之，知宋无能为，乃起燕京八路之兵，分三道南侵。金乌珠（又作兀术）由沧州渡河攻山东，欲侵汴京，为宗泽所扼。宗泽招集义军，谋大举；河北真定有地方官马扩等集兵于五马山砦，迎信王榛为主以总制诸砦，两河民兵四起响应。构闻信王将南下，不仅不取夹攻金人之势，反而率兵南移，让金人去消灭他，以免有人与之争皇位。宗泽忧愤死后，汴京卒为金人所破。乌珠渡江逼构至临安，并追至象山，构逃至温州，几乎被乌珠活捉去了。乌珠饱掠后北归，至镇江，韩世忠在江中与之接战，世忠夫人梁氏亲执桴鼓助战，人人奋勇，乌珠不能渡江，窘甚，始知宋兵不可轻视。后金援兵来，宋兵有黄天荡之败，乌珠乃得过江北归。从此金人不敢渡江。可见稍一抵抗，敌就不敢横行无惧。

其他如秦陇方面，则有吴玠、吴璘弟兄，奋勇屡败金人，使川蜀得以无事。

但是，最可惜的是岳飞请乘金人不备，长驱以取中原，构竟不用。南渡诸将中，岳飞功名甚高，而其后罹祸亦最惨。先是，宋室南渡之初，民变蜂起，大者数十万，小者数万人，江淮楚粤到处皆是。宋派诸将"征讨"，随"剿"随起。惟有岳飞与韩世忠数立"奇功"。洞庭杨太声势最盛，飞招降其骁将，急攻水寨，太穷蹙赴水死，湖湘遂"定"。既"定"南方，飞乃北向中原，败金人的傀儡刘豫于唐邓间。飞连疏请用兵伐金。及傀儡伪齐刘豫亡，飞思取中原益急，可恨构乞和于金人之心甚切，和议开而飞志因之中阻！

初，秦桧从二帝至燕，金太宗晟以桧赐达赉，为其所信任。及达赉南侵，又以桧从行，桧与妻王氏旋遁而南。构闻之，命桧见宰执，桧无耻地说："如欲天下无事，须是南自南，北自北。"既而入对，桧首奏所草与达赉求和书，构大喜，遂以为相。因为桧知构求和心切，而朝臣无敢主张专意求和者，故桧一言而得大用。桧派人与达赉议和，事已成，适逢达赉与金太宗之长子博勒郭被诛，而乌珠反对和议，故战事还是继续。当时宋朝将士多激于爱国热忱，屡与金战，未尝不胜，而河南之地，终不能收复的原因，则为秦桧主和之议所阻碍。金将萨里干初入陕西，颇得胜利，未几为吴璘所拒，遂有扶风之败，而刘锜亦大败乌珠于顺昌（安徽阜阳县）。金兵素以骑兵分左右翼，号"拐子马"，皆用女真人，专以攻坚，战酣然后用，至是亦为锜兵所杀。乌珠平日所恃以为强者，十损七八，急还汴自守。金人甚惧，燕京重宝珍品都北徙。而岳飞平素本以恢复中原自任，及是遂大举北伐，败金人于京西，蔡州一带州县，于此尽复，捷报日数至，宋人气势大振。飞留大军于颍昌，命诸将分道出战，自以轻骑住郾城，兵势甚锐。乌珠以"拐子马"万五千来，飞戒步卒以麻扎刀入阵，勿仰视，第斫马足，飞军奋击，遂大破之。乌珠大恸，合师十二万，次于临颍，又为张宪所破。乌珠夜遁，中原大震。飞使梁兴会两河太行忠义豪杰义军，连败金兵。怀、卫诸州尽复。金人山东、河北之交通路断。金人大恐。飞进军至朱仙镇，距汴京四十五里。两河豪杰李通等，亦率众归飞。自燕以南，金号令不行，乌珠欲签军以抗飞，河北无一人应者。金兵多降附，飞大喜，谓其部下曰："直抵黄龙府（辽宁省开原县），与诸军痛饮尔。"方指日渡河，而秦桧欲划淮以北与金和，讽台臣请班师，飞不可；桧乃先调张俊、杨沂中等大将归，而复上言飞孤军不可久留。飞一日奉十二金牌，乃愤惋泣下，东面再拜曰："十年之功，废于一旦！"不得已自郾城引兵而还。乌珠闻信大喜，遣兵追之不及，而河南新复府皆为金所有。秦桧遣人向乌珠求和，乌珠曰："必杀飞，始可和。"桧亦以飞不死，终梗和议，己必及祸。于是遂收飞及其子云其将张宪等数十人诬杀之。飞死时年才三十九。天下闻飞父子冤死，无不痛惜。韩世忠不平，质秦桧，桧曰："飞子云与宪书，虽不明，其事体莫须有？"世忠怫然曰："'莫须有'三字，何以服天下！"

岳飞死，和议成，从此南宋可以偷且夕之安，时为构在位之十六年（一一四一年）。此后不仅无恢复中原之望，而且终至亡国。这些不抵抗主义者，成了民族极大的罪人。

宋　学

中国的哲学，在《易经》时代本来就有一线光明，就是以物质运动来解释宇宙，所谓"变动不居，周流六虚"；以矛盾冲突来解释运动，所谓"上下无常，刚柔相易"。它所谓"上下""刚柔""阴阳"等等，不过是代表整体中内在的矛盾的两部分，本来是平等而无所轩轾的。到了孔子，就用形而上的理论，把它固定起来，而且把整体中的矛盾两部分分作阴阳二元，用阴阳二元来配合天地、日月、明暗、春夏秋冬、上下、前后、高低、刚柔、强弱、动静、吉凶、福祸、尊卑、贵贱等等，使得矛盾的双方，变成两个不平等的东西来确定宇宙和人间的所谓秩序。例如孔子传《易》说："天尊地卑，乾坤定矣。卑高以陈，贵贱位矣。动静有常，刚柔断矣。方以类聚，物以群分，吉凶生矣。"《序卦传》说："有天地然后有万物，有万物然后有男女，有男女然后有夫妇，有夫妇然后有父子，有父子然后有君臣，有君臣然后有上下，有上下然后礼义有所措"。《下象传》之家人卦说："家人，女正位乎内，男正位乎外，男女正，天地之大义也。家人有严君焉，父母之谓也。父父、子子、兄兄、弟弟、夫夫、妇妇而家道正，正家而天下定矣。"《说卦传》说："昔者圣人之作《易》也，将以顺性命之理。是以立天之道曰阴与阳，立地之道曰柔与刚，立人之道曰仁与义。"孔子以仁义二字为人道的极致，与天道之阴阳、地道之柔刚并列，而为天地人三才之大道。孔子就是以这个原理来树立他的伦理学的根基的。

孔子的学说，在汉以前，并没有在中国占着统治地位。自从汉武帝用董仲舒的建议，才尊崇儒术，罢黜百家，孔子学说才独尊。但是孔子的学说只发展了实用伦理的一部分，把哲学思想的一部分弃掉了。因此，有思想的人，不能不另找出路。从魏晋到唐，可称为老学和佛学发达时代。魏晋时代的哲学也可以说"是东汉末年，琐碎的考据和前此妖妄不经的迷信合而为一"的一个反动。再进一步，就索性研究到佛学。佛学在思想逻辑上也有它相当的价值，但是它的"万象皆空"的厌世思想，太偏于"出世"了。所以到了两宋时代，就要再一变而为"入世"。（虽然唐时韩愈已经发动反佛归儒，但没有大的成绩。）宋学发生的原因有二：（一）是魏晋以来，社会上的气节败坏极了，所以这时候的学者，都要讲究砥砺气节，孙复（泰山）等是这一派的代表；（二）是这时候国势衰弱了，社会也凋敝极了，要想挽回国势，救济社会，就得讲究经世之学，胡瑗（安定）、范仲淹等是这一派的代表。这两派的思想，再参以性理学说，把修己治人打成一片，则是张载（横渠）等一派。而宋学最重要的，就在于把哲学说与伦理说联系起来，从而发生了儒家的新哲学。

朱熹（晦庵）要算是集宋学的大成。他的学问可以代表（一）修己治人，一以贯之，和（二）承佛老之后的反动力，返而求之于儒的两种思想。前一种是吸收魏晋到唐时老学和佛学的精华，以建设一新的儒学，革新儒家不重哲学的传统。后一种则系承佛老学说大盛之后，矫其过甚之弊，而还之于实用。这两种都是当时学术界很自然发生的思想。朱熹能够代表它，所以朱熹可算是宋学中的正统派。

在宋学兴起之后，学术思想界起了一个大革命。"尽祧汉唐诸儒，而自以为直接孔门的心传"是宋学的一个特色。因此就发生"道统"之说，把周、程、张、朱，直接孟子。到元代修宋史，就于儒林传之外，别立道学传，把宋学和前此的儒学都分开了。

以后有陆九渊和明代的王阳明说朱子即物穷理之说太支离，要扼要地先启发人的本心之明。于是就成了和朱子对峙的陆王派。

现在我们来看宋学的实质是甚么和它及于社会政治上的影响如何。

宋学自然是孔子学说进一步的发展，它的哲学思想，具体表现于周敦颐的《太极图说》。《太极图说》的全文如下：

> 无极而太极。太极动而生阳，动极而静，静而生阴，静极复动，一动一静，互为其根，分阴分阳，两仪立焉。阳变阴合，而生水、火、木、金、土，五气顺布，四时行焉。五行，一阴阳也；阴阳，一太极也；太极本无极也；五行之生也，各一其性。无极之真，二五之精，妙合而凝；乾道成男，坤道成女，二气交感，化生万物，万物生生，而变化无穷焉；惟人也，得其秀而最灵。形既生矣，神发知矣，五性感动而善恶分、万事出矣。圣人定之以中正仁义，而主静，立人极焉。故圣人与天地合其德，日月合其明，四时合其序，鬼神合其吉凶。君子修之，吉；小人悖之，凶。故曰：立天之道，曰阴与阳，立地之道，曰柔与刚，立人之道，曰仁与义。又曰：原始反终，故知死生之说。大哉《易》也！斯其至矣。

《太极图说》的内容，前半为哲学说，后半为伦理说。《易》只说太极，没有说无极，无极是老子所用的话。但这里有一根本的不同点，就是《易》的太极是活动的，周子的太极为静止的，因此我们可以看出，《易》是辩证的，而周子是机械的。周子以本体为静止的思想，亦本于老子。所以周子的《太极图说》，乃调和《易》之思想与老子学说的东西。

还有张载（横渠）的哲学说，以其宇宙观之深远精密为特色。张子是排佛老及其他宋儒之说，而自成一家之宇宙观。他以佛教之宇宙观为执无而不知有，老子之宇宙观是由无生有，皆不完善。他亦不用周子太极之语，不述邵子（康节）先天之学，不借程子（明道）理气之说，而独以太虚解释宇宙之本体，创太虚论。张子以太虚为宇宙之本体。太虚者何？无形之气也。气之凝集而静时，谓之阴；气之发散而动时，谓之阳。故阴乃气之静，阳乃气之动。阴、阳二气，即太虚之实质又属性也。气非生自太虚，太虚即气，气即太虚，太虚与气无所谓分别。盖其说为气的一元论。

张子以太虚为宇宙之本体，以为宇宙间万物，悉由此本体太虚之活动而生，太虚自身有活动的本性。由活动的本性而言，张子名太虚为太和，以为太虚与太和，其名虽异，其实则同。太虚因其内含于自身之本性，不得不必然地活动，或凝聚，或发散。凝聚时生形而为万物，发散时失形而归太虚，万物即由太虚之聚散而生灭。然太虚不因聚散而变更其本质，集而为万物，散而归太虚，仅其状态相异，本质则无殊。

张子之太虚说，由虚生气，非老子之由无生有。然太虚即气之思想，明明与老子之虚无论及《易》之太极两仪说相合。而且其现象论，亦受佛教思想的影响。但终不能再进一步，说明物质运动的原因。

朱子网罗诸家之学说而融合调和之以建设自己的学说，集这一时代思想之大成。其学说大要如下：

朱子之宇宙论，乃以周子之《太极图说》与程伊川之理气二元论而融合之者。周子说宇宙之本体为无极而太极；伊川以理气之二元为宇宙之原理；朱子则调和此两说，以宇宙之本体为太极，以太极为理气二元之综合。其宇宙论之特点，即在于以太极归着于理气之二元。其实他是企图立一超物质的神秘的所谓道。请看其理气论说：宇宙之本体，太极也。太极，即无极也，即超绝时间及空间无始无终，永久不灭者也。太极与理为同一物，不过其名异耳。太极即理，理即太极。

视为横于万物之底的实在，即太极；视为与气相对的宇宙原理，即为理。太极为唯一之绝对；理与气为相对之原理。理必与气相对而存，有理则有气，有气则有理，无无理之气，亦无无气之理。若更以理气作用之方面区别理气，则理为形而上之道，为万物生成之原理，气为形而下之器，为由理铸型之质料。理与气不能分时之前后，惟由其自存的资格言之，则理为根本的，气为附随的。所谓"有此理便有此气，理者气之本也"。即由自存的地位上而定其本末也。夫对气而有理，对理而有气，理气虽可相对地区别，然不能离为二物。理常在气中，非在气外，理气乃同一物也。

图解如下：

理—形而上之道—（万物发生之原理）—根本的
气—形而下之器—（万物铸成之质料）—附随的 } 难分时之前后

朱子想以太极综合理气二元，然结局不能脱离理气二元论。他极力主张以太极为理，理与气为一物，此不过形式上之总合，理与气依然对立为二原理。如依其说于此发生一疑问：若太极为理，理与气相对，则太极之理与理气相对之理，同一物耶？抑二物耶？由其说观之，自为同一物。既为同一物，则由理生气之理由不明矣。关于此点，朱子自亦无何等说明，而且也不能说明。因为他不了解自然界辩证的真理、运动发展的学说，而把宇宙的本体看作超绝时间及空间，无始无终，永久不灭不变，与黑格尔所谓永恒之真理一样，是唯心论的理论。

朱子有许多特殊见解，仍值得宝贵。如他说："太极之判，始生一奇一耦，而为一画者二，是为两仪，其数则阳一，而阴二。在河图洛书则奇耦是也"。朱子答袁枢曰："如所论两仪，有曰乾之画奇，坤之画耦，只此乾坤字便未稳当，盖仪匹也，如俗语所谓一双一对云耳，自此再变至第三画八卦已成，方有乾坤之名。当其为一画之时，方有一奇一耦，只可谓之阴阳，未得谓之乾坤也。"这虽有对立相等的曙光，而他终不解运动的真理。

他的理气二元的理论，以为万物之种类不同，是由于气有清浊而生。他说，理无差别，气有清浊。万物生成有禀清爽之气者，有禀昏浊之气者；因其气之不同，故理不能完全平等实现于万物之中，此万物所以有异同也。万物中禀最清之气而生者，为人；其他万物，则禀较人皆浊之气而生；然人类中有等级，其他万物中更有等级，其种别不能一一画数之也。

朱子又把人性分为本然性和气质性，把人心分为人心与道心，把人类分为圣与凡。由此建立他伦理道德的学说，尊卑、上下、贵贱、长幼、君臣、父子、夫妇等等所谓大义名分。不平等不自由的孔教，就由此确立。朱子著《通鉴纲目》，根据春秋笔法，于历代帝王之事迹，加以褒贬，以明大义名分；同时又鼓吹爱国的精神，奖励忠孝节义等等。就他好的一方面说，其于振拔陷溺之人心，挽回污浊之习俗，实有一定的功绩。特别是对家族自治，他想出了许多所谓修身齐家的办法来，在社会上亦有其一定的作用。就他坏的一方面说，则是大义名分之说过严，甚至说"君要臣死，臣不得不死"，"父虽不慈，子不得不孝"，"夫虽不义，妇不得不顺"，以礼教来束缚思想。因此，中国受了儒家很深的毒害，在社会上没有平等自由的思想，在政治上没有民主的精神。虽然主因是在于中国的经济长期停滞，很少发展，而这种锢闭的思想也不是没有影响的。

元末和明末的农民起义

中国的土地农民问题没有得到适当的解决，总是每二三百年要发生一次农民大暴动。元末全国蜂起的农民大暴动，终把元朝政权推翻，结果由农民破产的流氓无产者朱元璋做了皇帝。朱元璋是利用全国各族人民反对元朝统治者的民族思想、利用农民暴动取得胜利的，而他自己又是贫农出身，但是并没有建立起农民阶级的政权，因为农民只能在极端残酷的压迫和剥削之下，自发地起来反抗、暴动，甚至于将它头上的旧统治政权推翻，而以后它就不管了，或者将政权交予比较为当时人们所爱戴的皇帝，它就再不过问了。这是因为它的经济基础是庞大、散漫、无组织而不集中的，它绝对不能在这庞大散漫而无组织的基础上建立起有组织的政权来。而且它的经济地位，从富农到贫农，包含着极复杂的分子，故它只能成为一个极广大而又极散漫的阶级。所以农民没有无产阶级或资产阶级的领导就不能形成一个政权的中心。在这一必然原则之下，故朱元璋的政权，终究是代表地主阶级的官僚贵族政权。明初正逢大乱之后，遭战争最烈的地方，都成了无人的荒地。为得要耕种这些荒地，就实行了一种屯田制度。屯田有军屯、民屯二种：军屯是各地守卫的士兵，由政府给以耕地、耕牛、粮种，使他们从事耕种。边境的兵士以三分守城七分耕种，在内地的以二分守城八分耕种。民屯中有一部分是由农民多而地少的地方迁移来的贫民，或由边境来的难民。如天启初年御史张慎说："广宁失守，辽人转徙入关者不下百万，宜招集津门，以无家之众，垦不耕之田。"便诏从之，分处辽人万三千余户于顺天、永平、河间、保定。此外，又将许多罪犯移至某地屯田。由此可见屯田的土地就是政府直接管理的土地。它的剥削方法，据《通考》说，洪武时，"中书省请税太原、朔州等卫屯田，官给牛种者十税五，自备者税其四……明年十一月，又言河南、山东、北平、陕西、山西及直隶、淮安诸府屯田，凡官给种者十税五，自备者十税三"。洪武时，天下土田八百四十九万六千顷有奇，屯田就有八十九万三千余顷，占了全国耕地十分之一。此外还有皇庄、官庄。皇庄是直接属于皇帝及后妃的，官庄是皇帝赐予或卖归于贵族官僚的。其确数虽无从查考，由各方面事实推算，也不下于全国耕地十分之一。此外，地主商人兼并集中的土地数量就更大了。因此，农民多无土地，土地问题日趋严重，逐渐地和前代一样，限田的呼声到处发展起来。尤其是太监和贪官污吏，借皇庄、官庄的势力鱼肉人民，加以国家租税的繁重（辽饷、剿饷、练饷，名目繁多），富豪的残酷剥削，弄得农民痛苦不堪，于是李自成、张献忠所代表的农民大暴动就爆发了。明崇祯以前，农民借白莲教的组织，就常起事于山东、山西、河南、陕西、四川等省。崇祯元年（一六二八年）大饥荒，民众到处流离求食，遂在各地起事。陕西安塞高迎祥自称闯王，米脂人李自成自称闯将，延安张献忠自称八大王，附和他们的难民很多。农民起义遍及山西、陕西、河南、湖广、四川等省，延续达十余年，势力很大。崇祯十七年后，张献忠入四川。李自成则破西安，率兵由太原经大同、宣化、居庸关直逼北京。沿途守将多迎降。三月攻陷北京，崇祯皇帝自缢于煤山。未几，吴三桂引清兵入据北京。

从这些事实可以看出，无论元朝和明朝，都是由于农民起义而灭亡的。

鸦片战争以前中国的社会经济

在没有讲到帝国主义侵略中国及统治中国经济以前，首先，我们要讲到中国当时的社会经济情况。托洛茨基分子说帝国主义没有侵略中国以前，中国是商业资本主义社会，他们企图以中国土地可以自由买卖这一点，硬造出一个商业资本主义来否认中国封建经济的存在，这完全是反革命的理论。中国自来是受专制皇帝的统治，当时的皇帝是满洲的大地主，在他统治中国以后，占有广大的土地（所谓圈地等等），并且把这些土地分封给他的子弟、家族、亲戚（所谓王侯贵族）。还有满籍的军队（所谓八旗兵），也分了土地。满洲的官僚、商人也利用他们的势力、金钱，占买了许多土地。土地所有权大部分在贵族、王侯、官僚、商人等地主的手里，替他们耕种的就是农民，农民以一定的地租付给地主，除此以外，还要交纳赋税。当时社会的阶级，主要是地主与农民阶级的对立。农民依靠土地生活，受着地主残酷的剥削。那时的农民，主要的农产品（谷、麦等）并不是出卖，而是供给自己需要，供给地主官僚的需要，商品生产较少，这是自给自足的自然经济。农民交付地租主要地是用谷、麦等农产品，并且要额外养鸡鸭等孝敬地主，这在现在中国农村中还是这样。此外农民还要替地主做工，每月有好几天的无代价的劳动（现在中国农村中当地主嫁娶时，佃户也要去帮忙）。这样无代价的劳动，就是所谓劳役或徭役。

至于城市中的手工业，则隶属在老板组织的行会的势力之下，形成师傅与徒弟的阶级对立。但是因为中国生产方法的广大基础是小农业与家庭手工业合成一体，所以城市中的手工业大半是制造用具和奢侈品，虽然有相当的发展，而主要的纺织业则是与小农业配合的家庭手工业，因此工业不能不受自足自给的经济限制。这并不是说因为当时自然经济占统治地位，就完全没有商品经济，实际上商品经济已经很久就开始发展，尤其是粮食、盐、铁等等的流通，早已发生，而且有很多商人，势力已经很大，远如秦始皇时的吕不韦、汉武帝时的桑弘羊，近如清朝的盐商、票号都有很大的势力。可是商品经济究竟没有破坏乡村中自足自给的自然经济，而且商人赚了钱还是要去买土地、当地主，中国有句老话说："生意钱，一阵烟；锄头钱，万万年。"这就是说，商业很危险，只有土地是最可靠，火烧不了，水浸不坏，所以实际上许多商人本身就是地主。

这一切都证明当时中国社会，是封建的自然经济，清朝政府是封建势力的代表，商业资本依靠封建势力而存在与发展，封建势力也利用商业资本来达到一些必需的目的。所以我们说：中国当时是一个封建社会，各方面都证明了这一点。

研究中国近代史的关键

中国近代史就是从鸦片战争到现在约一百年的历史。

要了解中国最近百年来社会历史发展的情形，首先，就要了解中国社会经济的变迁。要了解中国社会经济的变迁，必须要与帝国主义侵略中国的问题密切联系起来看。虽然严格地说来，资本主义到一千九百年前后才能叫作帝国主义时代，但中国的落到半殖民地地位，实在是从鸦片战争时就开始，所以我们也可以更广泛地用帝国主义这一名称，但是要声明才能免去误会。假使不看到帝国主义对中国的侵略所发生的影响，不看到帝国主义在中国的作用，就没有法子来了解中国近代的社会经济情况，因为中国的经济，近百年来逐渐受到世界资本的束缚和压迫。在起初的时候，先进国家还只专谋它们的商业利益。在这时期，外国商人向中国伸出利爪。但是这个时期不久就更换为别一个时期。自从九十年代中间起，就开始了直接的帝国主义政策的时期。一方面因为欧美资本主义国家拥有极发达的工业，在自己的领域内已拥挤不堪。大大发展的资本，走遍全球，寻找销售商品的市场和贱价原料的市场。同时，资本家还在国外寻找宜于投资的地点来谋取利润。而这时，全世界已经分割尽了，差不多没有一块完全的空地没有被资本主义列强所占领。老大腐朽的中国自被日本战败后，更暴露了它的无能。日本这时已升到先进国的地位，大力向外扩张；沙俄也在远东积极实行侵略计划。帝国主义列强的竞争加剧起来，而贪欲的视线也就注射到中国身上去了。这个落后的、不发展的、拥有全人类四分之一人口的、藏有极大而尚未开发的天然富源的国家，就变成了全世界帝国主义猛兽底一块肥肉。世界帝国主义又好似一只大蜘蛛，在数十年内已将中国四万万人民束缚在它的巨网内。世界帝国主义既从军事上和政治上巩固了它的统治地位，就很厉害地剥削中国的劳动者，从中国榨取空前巨额的利润。中国不愿受这种奴役，曾几次起来反抗，企图恢复自己的独立，劳动民众曾不断地起来作斗争，但是屡次都遭受极严重的失败。并且每次新的失败总是巩固了世界帝国主义的地位。

猛兽般的帝国主义实行束缚中国的政策时，总是说中国不能自行发展自己的经济。它们力图证明中国不能独自复兴。据它们的意见，中国应该分给先进的帝国主义列强。然而完全瓜分中国，它们还是没有办到，因为中国人民的斗争以及它们自己相互间的仇恨妨碍了这件事情。它们没有能够分割掉这块肉饼。但是它们已经夺去中国极大的地域，作为它们的势力范围，已经使这个伟大国家的经济从属它们，已经在这个国家内确立了它们的政治统治。同时，帝国主义统治中国是通过中国的封建地主阶级来实现的，因此中国人民的革命必须是反对帝国主义、反对封建主义的民族民主革命。研究中国近代史的人必须深刻地认识到这一点，因为这是研究中国近代史的关键。

《中国新文字的文法》目录及引言部分 *

（1933 年 2 月）

中国新文字的文法

第一卷（共 256 页、载成七叠）

目　　录

引言

第一章

第一节　拼音的方法

---

* 录自荣县吴玉章故居陈列展档案，原文为手稿复制件。

附汉字"双声""叠韵"及"反切""四声"底简单说明。

第二节　词类的构造

（1）词根　（2）词头　（3）词尾　（4）词的移接法

第二章　词的种类和区分法

第一节　词的种类

（1）名词　（2）代名词　（3）动词　　（4）形容词

（5）副词　（6）介绍词　（7）接续词　（8）助词　（9）感叹词

第二节　词类的区分

词类九种分为五类

（1）实体词——名词、代名词　（2）说明词——动词

（3）区别词——形容词、副词　（4）关系词——介绍词、接续词

（5）情态词——助词、感叹词

第三章　句子的构造和分析法

第一节　句子的组织法

（1）字和词，短语和句子的分别

（2）句子的成分

a. 主要的成分　　（1）主语　　　　　　（2）说明语

b. 连带的成分　　（3）客语　　　　　　（4）补足语

c. 附加的成分　　（5）形容附加语　　　（6）副词附加语

第二节　简单句子的成分和图解法

（1）主要的成分　　第一　主语　　　　　　　　第二　说明语

（2）连带的成分　　第一　客语　　　　第二　补足语

（3）附加的成分　　第一　形容的附加语　　第二　副词的附加语

第四章　实体词的七格

（1）第一格——主格　　（2）第二格——领格

（3）第三格——补格　　（4）第四格——宾格

（5）第五格——副格　　（6）第六格——同格

（7）第七格——呼格

第五章　标点符号和标点法

中国新文字的文法

引　　言

　　文字是代表语言的东西。语言是用词儿和句子来造成的，词儿和句子又是拿我们说话里面一个一个的音段来造成的。有用一个音段就能够表示一个观念的，比方马、牛、羊、鸡、犬、豕；也有用几个音段才能够表示一个观念的，比方中国、革命、牡丹、芍药、社会主义。

　　中国的汉字多半是一个字表示一个音段，所以世界的语言学家，说中国是单音段（Monosyllable）的语言系统。其实，这话也不完全正确，因为中国通常所说的一个字，只能算是一个音段，不能说他都能够表示一个观念。现在我们要把表示一个音段和表示一个观念的东西分别清楚，因此，我们决定：把表示一个音段的叫作字；把表示一个观念的叫作词儿。

词儿是我们说话里边的基本单位。词儿有时是用一个音段造成的，有时是用几个音段造成的。汉字既是用一个单字代表一个音段，遇到多音段的词儿，就要写几个单字才能成为一个词儿，并且方块的汉字都是同等距离的连贯写着，不容易看出那几个汉字应该成为一个词儿。汉字写法拉丁化，首先就要去掉这些毛病，所以我们写字的方法，就必须要有详细的规定。

我们为什么要改用拉丁化的新文字呢？

我们大家都知道，欧洲各国的文字里面都是用声音符号（字母）来表示词儿的声音。凡是写出来的词儿，都是用一个或几个声音符号来造成的，这种表示声音的文字就叫做拼音文字。

中国的汉字最初是描画形体来表示一个物件的词儿，这个词儿就是这个物件的图样。比方"⊙""☽""馬"等等，就像"太阳""月亮""马儿"的样子一样。每一个事情也按照事情的意义表示出来，比方：古时"上""下"两个词儿写作"丄""丅"，这就是表示一个东西放在另外一个东西上面，就叫做上；一个东西放在另外一个东西下面，就叫做下。这种表示事情的词儿也象那事情的样子，因此，这种表示意义的文字就叫做象形文字。

这种象形文字，在世界上，只有中国文字这个系统和古代的埃及这些国家，才常常使用。可是，埃及在几千年以前，就已经不用这种象形文字了。我们可以说，现在世界上，只有中国还纯粹地保存着象形文字。

象形文字是很笨拙的，我们写这种文字的时候很感觉得不方便，所以汉字为了顺应事实的要求，已经从古文、大篆、小篆、隶书、草书、行书、楷书、简字等等，改变了七八次，早已不是原来的样子，一看见他就可以认识他的意思的样子了。因此，认识汉字就成了一个困难事情。

现在我们要逐渐地废除汉字，把中国象形文字，改成拼音的新文字。

这种新文字是采用拉丁字母来拼中国的音，只用二十八个字母，就可以拼出中国的一切声音。无论认识和不认识汉字的人，只要在几十天以内就可以学会这种新文字。中国广大的劳动群众可以用这种新文字来很快地、很容易地提高自己的文化，这就是我们改用新文字的原因。

我们要学会拉丁化的中国新文字，就要学会读音、写字，要懂得词儿和句子的意思并且是怎样构造起来的：只要作到这几点，就能够念书看报，就能够把自己想说的话写出来。现在举出几个重要点在下面。

1. 要学会新文字，随便能写能念，必须先要学会：一方面能够把每一个字里面的声音分解成单独的声音；一方面又能够把单独的声音结合成音段成词儿，而且要首先知道新文字里面所有的声音符号。这就是说：首先要认识字母和知道拼音。

2. 要学会读新文字的书和作新文字的文章，并且要明白地了解书中的意思和表示自己的意思，就必须：

第一，要知道新文字里面的"字"（音段）和"词儿"怎样写法，以及他们的分别；

第二，要知道新文字里面怎样用词儿和短语来造成句子。

最后还有一个特别重要的问题，就是研究中国文法底问题。有些人以为中国自来没有文法书，中国文字也没有一定的规则，所谓"文成法立""文章本天成，妙手偶得之"。甚至于说："中国文字变化莫测，不能以文法的规律来分析"。这种说法当然不正确。因为思想的规律，并不因民族的不同而发生区别，句子底逻辑的分析，也不因语言的不同而有特殊的差异，所以中国文字也一定是可以用文法来分析的。但是自从欧洲文字流行到中国以后，有些人又机械的把外国文法应用在中国文字里面来，也没有得到很好的效果。这个原因，象形文字的障碍，固然要占一半，而研究的方法不好，也要占一半。因为他们没有顾虑到中国文字和欧洲文字不同的特点，所以不能收得很好的效果。

我们知道，英、法、德、俄各国的文法书，差不多完全是注重在讲词类的变化，只要词类的变化弄清楚了，文法的功用已经大概完备了。而中国文法的词类则很简单，本身几乎完全没有变化，所以只是讲完了九品词，对于了解文义和作文上，还是没有什么帮助。

这是什么原因呢？

这是因为欧洲各国的文字，在实体词儿中间，有性、数和格的变化，在动词中间，还有时间等等变化，而且因为他们是拼音文字，词儿的各种变化，大半都是在他们的本身，所以，词类的变化就非常复杂。但是，在他们的变化中，就包含有文法的规则。

比方：在苏联远东的中国工人们，说俄国话的时候，常常把俄国话的"我"（я）和"我的"（мой，моя）弄得不清楚，俄国人听了这种不合文法，而且意义错误的话，非常好笑，而中国人反莫明其妙，这是因为中国的语言没有词类本身变化的习惯。

所以欧洲文字如果把词类的变化弄清楚了，句子和文章的组织也就很容易明白了。中国文字就大不相同，他的实体词既不注重性的分别，又不用冠词，实体词的本身也没有格的变化，动词的时间变化，也不在动词的本身上表现出来。所以词类就非常简单，这是因为中国是象形文字，他成了单音段（Monosyllable）的语言系统，一切文法的变化，不能在词类的本身上表现出来。可是这是不是说中国文字的词类没有变化呢？不，绝对不是的，中国文字虽然没有很多男性、女性、中性等等性的分别，而实体词的格变和动词的时间变化等等，同样是有的。不过不是拼音文字，就不能够有多音段的连写法来表示变化，所以就表现出本身毫无变化。表面看来，好像很简单，而实际上，难处就正在这里。所以中国文法，如果只照外国文法注重在九品词，那是没有很大的益处的。

如俄文中"Кто кого""Война войне"是非常好的句子，而且是列宁有名的口号。如果用中文直译出来就是"谁，谁""战争，战争"，他的意义完全不能明白，在这种句子中间，中文必须加上另外的词，才能把他的意思表现得出来，就是要译作"谁胜谁""战争对战争"，而俄文则只要有他本身的格底变化就够了。这是很明显的一个例子。因此，我们研究中国文法的方法，必须要把句子作单位，把各种词类在句子中的相互关系和适当的组织，弄得清清楚楚。不但要找出旧文字的理路，更要建设通俗的、合于科学系统的规律底新文字。这样才能算是真正的创造的中国新文字的新文法。

所以我们这部新文法书，有以下的两个目的和两个方法：

第一个目的就是我们要创造新文法的新文字。有人以为，我们采用新文字，不过是把汉字拉丁化，离掉汉字是完全不能表示思想底逻辑的。这是不对的。我们是要创造新文法的新文字。这就是说：要用新文法来改造中国的象形文字为拼音文字；要用新文法来改造不合于科学逻辑的规律、不合于活的语言的东方文字，成为合于科学的逻辑的分析，合于言文一致的、国际化的，而且合于大众的新文化底新文字。

第二个目的就是我们要吸收旧文化的精华来创造新文字和新文化。有人以为我们用新文字来代替汉字就是毁灭中国的文化，这是完全不对的。我们知道，文字是文化的工具，他和其他艺术、宗教、文学等等一样，是人类社会上层建筑物。他在相当的时期内，是帮助了社会的发展的。中国象形文字现在虽然变成了统治阶级愚弄人民的工具，但是他在适合于他的社会关系的时期，是帮助了中国的文化发展的，而且他在民族中的印象很深，不是用我们的空想，就可以把他废掉的。并且人类发展的成绩，也不能简单地一笔勾消，我们也正和列宁所说"要利用资本主义所遗留下来的一切文化，来建设社会主义"（1919 年三月列宁在列宁格勒露天大会的讲演）的意思一样，要利用中国古代和封建社会所遗留下来的不朽的文化，来创造新文字和建设新文化。不过，不扫清旧文字旧文化的腐朽和反动的因素，就不能产生出新文字和新文化。所以，我们虽然主张废除汉字，却并不是像有些人主张中国人废弃自己的语言文字，去学 Esperanto（世界语）的办法，因为，强迫一个民族放弃他自己的语言文字去学其他的语言文字，是最不合于人类进化的自然，而违反社会发展的规律，和列宁发展各民族的语言文字来作将来的溶成一种统一的语言文字底民族政策，正是相反的。

因此，在这个新旧过渡时代，我们一方面要很坚决地、纯粹地努力实行新文字，把东方的落后的象形文字的习惯，根本改造为新的合于科学、合于文法的拼音文字底习惯；一方面对于汉字的基本知识，就是所谓"小学"，我们也当加深去研究一番（这自然是对于研究文字学的人说，而不是对于一般的人说），使能真正了解旧文字和旧文化的精华，而把旧文字和旧文化对于新时代有利益的东西，丝毫不漏的吸收过来，利用已发展的文明来改造出崭新的合于新时代的文字和文化。我们要废除汉字，反主张加深研究汉字，好像是很奇怪的、很矛盾的，那里知道这正是辩证法的真理。

以上是我们的两个目的，下面再说我们的两个方法。

第一个方法就是用"句子作本位"来研究文法。中国从前大都是仿照欧洲文字，用Grammar的"词类本位"的文法组织，来研究中国文字，他仅把九品词类，分别汇集一些法式和例证，弄成九个各不相关的单位。这是文法书最不自然的组织，是研究文法最不自然的方法。和这个相反，我们先把句子底发展来研究，研究词类在句子中间各部分的种种位置和职权，然后继续地研究词类底细目，这是很自然的程序。句子从最简单的形式到极繁复的形式，仿佛像一种有机物底生长一样。文学上段落篇章的研究，也不过是引导学者去发现"怎样"及"为什么"，把许多句子结合成群，各群之间又是怎样的关系罢了。因而对于模范的读物，要怎样效法才算最有价值，这也是研究上很自然的趋势。所以用"句子作本位"来研究文法，是我们的第一个方法。

第二个方法是用"图解法"（Diagram）来分析句子。图解法的用处，在于使学者直接地灵活地一眼看清复杂句子中间各分句底功用、分句中间短语底功用、短语中间各词类底功用。用图解来分析句子、词类和短语的，那个为主，那个为从，他们彼此中间的关系就非常明确，他们应在那一个位置，担任什么职务，也是一目了然。这种方法能使学者对于文章和句子作委曲深奥的考究。

这部新文法书分作三本，第一本从认识字母起，到图解简单句子及实体词的七个格止，这是为教授初学新文字的人及中级学校学生用的。第二本是研究词类的细目，图解复杂的句子，研究发音学等等，这是为教授高级学校学生用的。第三本是研究作文和文章的段落篇章及修词学，这是为专门研究文学的人用的。这部书是想作为由象形文字过渡到拼音文字的一道桥梁，这是一个创造的工作。

新文字的创造工作是很伟大的事业，这不过是我的一个新意见，还希望同志们加以帮助和指正，来完成这个工作。

附注：用"句本位"和"图解法"来研究中文文法，数年前《新著国语文法》的著者黎锦熙先生，就有这样的主张，但是因为象形文字没有改为拼音文字，还是没有起很大的作用。本书采取黎著《国语文法》上的意见和材料很不少，不过本书的实质和结构，完全和他的不同，因为本书是要改造象形文字为拼音文字，是以文字革命为目的，根本上和他有很大的区别。

1933 年 2 月

吴玉章写于海参崴

为建立反帝统一战线而奋斗 *

——在共产国际第七次代表大会上的发言

（1935 年 8 月 11 日）

一、八月十一日上午的发言

王荣 [①]（苏维埃中国）：

（全场以热烈的掌声欢迎）

在中国，革命的统一战线问题同世界其他国家一样，是重要的，而且在目前是空前急迫的。反帝的人民统一战线在中国则更加重要，因为那里的民族危机已到了前所未有的程度。群众对于日寇的不断进攻和南京政府不断地退却投降所表现的愤怒，目前尤有急剧的增长。

为了驱逐日本帝国主义和打倒它的走狗，中国人民需要举国团结一致。但是谁能把这些不愿作日本帝国主义奴隶的革命群众组织进统一战线并领导他们摆脱民族危机呢？最近几年发生的事件表明，只有中国苏维埃和中国红军能够完成这一任务，因为只有他们能够组织和团结人民。

中国苏维埃和红军自成立以来，在为反帝统一战线而奋斗中做了些什么？又取得了哪些成就呢？

当日本帝国主义夺取山海关，并向热河推进时，中国苏维埃和红军

---

* 录自《吴玉章文集》上，重庆出版社 1987 年版，第 130 ～ 133 页。

① 王荣为吴玉章化名。文中为他以苏维埃中国代表身份在共产国际第七次代表大会上的两次发言。

为扩大反帝统一战线向中国各军队发出呼吁，号召他们根据以下三个条件订立抗日作战协定：停止进攻苏维埃区域，保证民众的民主权利，武装民众。这一呼吁在蒋介石攻打红军的前线军队的士兵中间引起了波动，并迫使高级指挥官陈诚和其他将军要求蒋介石"加派部队抗日"。

曾经在 1932 年 1 月为保卫上海而战的十九路军，于 1933 年 9 月响应了苏维埃的这一呼吁，并同苏维埃政府订立了抗日反蒋协定，结果福建人民政府成立了。这是统一战线的第一项成就。

目前红军主力已抵达四川、陕西和甘肃各省。由于这次征战，苏维埃政府管辖下的领土有了很大扩展，红军已增加到近五十万人。这种形势给人民大众带来了反抗日本帝国主义、同国民党进行斗争的更大勇气。

这一激励人民大众反抗日本帝国主义并有利于拯救国家的斗争形势，在国民党阵营中引起了更大的动摇和分裂。苏维埃和红军表示，为了进一步扩大民族革命统一战线，甚至要联合那些动摇的、不可靠的、暂时的追随者。例如，当红军进抵成都附近时，国民党指挥官邓锡侯，像报上所报道的那样，同红军订立了互不侵犯协定，而且在五月份，当他接到蒋介石进攻红军的命令时，他没有执行命令，而是撤退了，因此使红军得以占领非常重要的战略关隘土门。这种特殊类型的反国民党统一战线是特别重要的。这是统一战线的第二项成就。

所有这些成就都证明了这样的事实，即苏维埃和红军能够正确地应用统一战线策略。这就是他们之所以总是得到广大劳动群众的支持，能够成功地粉碎敌人不断发动的战役的原因之一。

但是党在运用统一战线的策略时也犯了许多错误。王明同志已十分详尽地谈到了这些缺点和错误，并进行了布尔什维克式的批评。我们犯这些错误是由于我们的某些同志尚未认识到中国已出现了新的形势，革命的社会基础已大为扩大，等等。这些同志害怕实行统一战线的一贯政策，坚持残留的旧宗派主义倾向。因此，反对宗派主义倾向和反对所有其他倾向的斗争，就成为成功地实行统一战线策略的必不可少的条件。

世界已迫近战争与革命的新阶段，革命危机日益加深。就中国来说，在那里革命形势的出现已达四年，即反对战争和干涉的形势，目前又出现了某种新的局面，即日本强盗的攻势变得更加猛烈，国民党的统治已遭到彻底失败，民族危机已达顶点。我们的党、苏维埃和红军必须以大无畏的精神促进广泛的反帝、反国民党的统一战线，为建立一个指挥神圣民族革命战争的国防政府而奋斗。

一切不愿当亡国奴的力量，一切有爱国天良的官兵们，一切愿意参加神圣救国斗争的党派和团体，一切热爱祖国的侨胞们，中国的一切被压迫民族——蒙古族、回族、朝鲜族等等，以及一切有民族意识的国民党的热血青年们，都应当联合在一个民族战线之中！（掌声）

二、八月十一日晚讨论季米特洛夫报告时的发言

王荣（中国）：

（全场以热烈的掌声欢迎）

为建立反对帝国主义及其代理人的人民统一战线而进行斗争的中坚力量是中华苏维埃。它所发出的组成联合反帝政府的呼吁，已经一次又一次地在国民党军队的官兵当中唤起了广泛的共鸣。从反对蒋介石的六次"围剿"中取得的经验以及满洲游击队整整一年的抵抗表明，我们有一切可能得到最广泛的群众支持，并把帝国主义赶出中国。（掌声）

王荣自传 *

（1935 年 10 月 8 日）

　　我姓吴名永珊，字树人，号玉章，假名布烈宁，在共产国际第七次大会时又改名王荣，四川荣县荣川乡人，一八七八年十二月生，汉族。原籍福建长汀县，在二百年前移住此地，世为农民。家中有地十余亩，年可收二十余石粮食，有一所房子，现在家中只有妻子一人，可以自给。我与家中断绝关系已有十年，我是智识分子，作教员。

　　我的父亲名世敏，号学斋，他是农民，有地四十余亩，一八八六年就去世了。母亲也是农民家庭的女儿，一八九二年也去世了。我有两个哥哥、两个姐姐。现只有大哥还在，余皆去世了。大哥本是农民，但很喜欢念书，曾参加一九一一年的革命运动。因此，辛亥革命成功后，曾被四川同志推他作了几个月县长，因与他们不合去职了。现在他年虽七十多岁，还是很同情我们革命运动的。他生活很困难，在上海寄食于一个旧同志家里，我五年没有与他通过信了。我有一妻一子一女，女已出嫁多年，子现在苏联国家电气计画处作工程师，妻还在家乡。我的亲戚大半是农民，没有当过白军的兵和官及警察的。家中知道我在苏联。

　　我幼时即念书，曾在四川成都旧的尊经书院读过书。因家中经济困难，就回家在人家私塾教了二年学。年不过得三十余元，不能维持生活。

---

　　* 录自荣县吴玉章故居陈列展档案，原文为手稿。

一九○二年因变法维新的热潮，激动我冒险到日本去，一面求生路，一面求学识。向亲朋借贷二百余元到日本后，在日本东京成城中学毕业，后考入第六高等学校，照例补得官费，学费问题得以解决。一九一一年毕业，转入东京大学，未入校即回国作革命工作。一九一三年又到法国入巴黎大学肄业三年，研究政治经济。我没有什么专门技术，我的日文能看书说话，英文法文稍懂一点。一九二七年我到莫斯科后，曾在中国劳动共产主义大学学习，一九三○年毕业，俄文勉强能看书。关于中国新文字，我写了一本文法和中国文字史。关于南昌暴动，我有一本记事。因为是初到莫斯科时写的，现在看来，很多错误。关于中国土地农民问题也写有一小册子。

我初念书的时候就不喜欢八股，很喜欢历史时事。一八九八年戊戌政变时，我是一个热心于变法维新的宣传者。一九○○年义和团之变及八国联军入京都大大激刺了我。一方面破产的小资产阶级的家庭，生活日益困难，使我不能不找出路。一九○二年梁启超的《新民丛报》及各种新刊物到了四川，引起了我冒险和舍身为国的精神，即典衣质地借得路费去出游日本。一九○三年正月到日本后不久，即因沙俄不遵约撤驻旅顺之兵，与留日学生数百人组织拒俄学生会。一九○五年孙中山到日本即约同数十同志组织同盟会，从此我即从事革命工作。我任同盟会的评议员兼管暗杀部的工作。一九一○年春汪精卫等炸清摄政王之役都由我准备。一九○七—○八年在东京办一《四川》杂志，仅出三期，被日本封禁，指我登载了侮辱日皇及鼓吹暗杀的文章，判我罪应监禁，从宽改为罚金一百元。一九一一年三月廿九广州暴动之役，我是担任在日本运购军火。我赶到广州时，即夜就起事。事败我逃回四川，正值四川铁路风潮紧急之时，全省人民已动员起来，如发狂一样，向成都进发。我们县中的民团也起来向成都进攻。七月我同几个同盟会人就把本县县官赶走，成立了一个临时的县政府，随即去进攻邻县威远和自流井，未能攻下。清政府派端方率武昌新军入川。八月武昌起义胜利，端方在资州被部下士兵杀了。我当时正到内江，遂在内江宣布独立，与资州起义军会合。同时成都重庆的暴动也得到胜利，我被四川军政府派为组织中央革命政府代表。一九一二年一月到南京，南京政府已成立。孙中山就派我在总统府秘书处作工。不久南北和议成，政权交于袁世凯。我和许多同志都认为革命没有成功，但是一般人以为袁世凯是汉人且有才干经验，只要有国会监督他就够了，于是把革命的同盟会取消改为国会式的国民党。我这时虽知前途危险，但无办法。我在一九〇三年看见幸德秋水新出版的《社会主义神髓》就非常喜欢社会主义。随后孙中山常说他的民生主义就是社会主义，但没有具体的办法。南北和议成，满清政府已推倒，这时我想到欧洲留学完成我的学习。当南京政府取消时，我同总统府秘书长胡汉民提议，秘书处不愿到袁世凯方面去的人，因从前有功革命的，都由政府派到各国留学，得到南京政府的允许，因此，我就被派到法国留学。汪精卫、李石曾等也要到法，他们盛倡教育救国论，主张不做官不做议员，有高尚名流之概，并宣传苦鲁泡特金的科学的无政府共产主义。我因从前革命关系同他们很好，就和他们一致主张，共同组织留法勤工俭学会、华法教育会等。我特为在四川宣传，并主张在各县公费中每年借数百元帮助留法学生，并向老同盟会员熊克武等捐款。因此，四川各县都贷费与穷学生，因而留法勤工学生特别多。一九一三年上海南京反袁的所谓"第二次革命暴动"我也参加。一九一六年云南出兵讨袁时，我同李石曾等在巴黎伦敦作反对日本二十一条及袁世凯借款的运动。一九一七年因希望中国参加世界大战来取消日本廿一条，我回到北京，路过安南曾在华侨中为华法教育会捐得数千元交与李石曾。在北京与李石曾等办一勤工俭学预备学校。一九一八在广东与西南政府作反段祺瑞北洋军阀运动，并与杨永泰政学系反孙中山派作斗争。一九一九年"五四"运动后回到四川，当时人民苦于连年的军阀战争，联省自治之说盛行。我从前曾同李石曾说过我们应组织一种团体，他说我们无政府主义是不要组织的，我心里总怀疑。我读了日本人作的所谓《过激派》一书，知道布尔什维克的组织及列宁片段的言论，使我非常敬服崇拜。尤其是列宁说"一切革命的根本问题都是政权问题"和"没有一个好的党就不能作革命"，这就打破了我从前相信无政府主义的观点，而转向列宁主义，但仍不知应从何着手。一九二一年乘自治风潮高涨时，我就抄写了列宁一些言论作一篇号召自治的文章，发起全川自治联合会，各县都风起云涌的赞成。不过三月，各县都派了代表来开了成立大会，声势压倒了当时的省议会。军阀刘湘、杨森就想来利用，我不为所动，他们就用钱来收买。有些分子即动摇，我立刻把他解散了。因此杨刘极恨我，要通缉我。这时我感觉没有一个好□的党不能做事。一九二二年我任成都高等师范校长，聘恽代英同志为教员。当时四川虽有社会主义青年团的秘密组织，但尚无共产党。我以年过四十不能加入，只组织社会主义研究会，与少数同志从事研究社会主义。一九二三年才秘密组织"中国青年共产党"，有党员约三十人，出一"赤党"□德，因为当时四川军阀连年战争，与外间交通断绝，不知陈独秀等已组织中国共产党。一九二四年一月，刘湘杨森攻入成都，首先即欲逮捕我。因有学生群众的庇护，未能下手。后因"五一"群众大示威游行，杨森大骂，遂下令捕我。我遂潜逃出省，由贵州湖南间道逃到北京。一九二五年四月我到北京即加入中国共产党并把四川所组织的"中国青年共产党"解散，劝同志们都加入中国共产党成为统一组织。只有傅双无反对。他以后叛党去作刘文辉的秘书长。我加入共产党是在北京大学支部由李国暄、童庸生介绍，赵世炎同志当时在北京负责和我谈过一次话。不久我又到上海，恽代英同志又为我介绍到中央与陈独秀谈话。陈独秀也是熟识的人，相见甚欢。他以我和国民党有很深的历史关系，又有相当的信仰，中央就派我到国民党中去作工。当时戴季陶是上海国民党执行部委员，他同我关系自来很好。他要我回四川去改组国民党并到广东去与汪胡等商量。我在"五卅"运动后即到广东，汪精卫、胡汉民特别是廖仲恺都因旧时关系好，一见我就非常高兴，给我以全权回川组织国民党，并选举代表来开第二次大会。我八月回到重庆，立刻成立国民党支部，办理选举。在二十天内成立一个新的中法大学。中学部有学生七八十人，实际上就成了我们的党校。当时我们党在四川只有重庆特支是最高党部，我被选为组织部长。这时四川国民党右派石青阳等与我们斗争，我们把他打败。选举国民党大会代表，我们得到完全胜利。十二月我到广东，因为我工作成绩特别好，即推我为大会秘书长来筹备大会。当时国民党右派在西山开会极力攻击左派，大会有开不成之势。我坚决主张按时开会，动员我党的积极分子积极筹备，遂于一九二六年一月一日照期在广州开一盛大的国民党第二次大会。这就稳固了国民党与共产党合作的基础。大会选举我为中央执行委员。毕会后仍要我回四川去作工。我回到重庆后将黔军彭汉章、王天培两师运动过来编为国民革命第九、十两军。九月我又到广州开国民党执监扩大会，开始了反蒋运动。十二月我同宋庆龄、邓演达、徐谦、宋子文、孙科等到武汉成立武汉政府。一九二七年一月三日收回汉口英租界。蒋介石企图将政府移到南昌，因此开展了反蒋斗争。三月国民党三中全会开会，反蒋得到完全胜利。我被选为国民党中央常务委员兼秘书处秘书。当时我党中央派我为国民党中央党部党团干事。五月我党开第五次大会，我被选为大会代表。七月十五武汉国民党叛变时，何键派兵搜查我住处，欲逮捕我。我逃到南昌，参加八一南昌暴动，被选为革命委员会委员兼秘书处处长，同叶贺军队南征。十月在汕头失败后逃到上海。十一月由我党中央派到莫斯科。一九二八年入中国劳动共产主义大学学习。一九三〇毕业后由联共中央派到远东伯力共大作工，十二月又由远东边疆党部派到海参崴中国党校当教员，直到一九三三年七月，由共产国际中国代表团调到莫斯科，派在东大作教员，并担任了一年中国部的主任，参加代表团工作。一九三五年作出席共产国际第七次大会的代表。我一九二八年转入联共为候补党员。一九三一年八月转为联共正式党员，党票号数是二四五四四三五。一九三二到三三年在海参崴党校被选为党支部委员任宣传工作。一九三〇年清党时，清党委员会认为清过了，一九三三——三四年清党，因当时中国代表团拟马上派我回国作工，为保持秘密，没有清党。我在工作中都表现很积极，在海参崴党校及莫斯科东大都得到突击队员的奖证。我曾介绍刘伯承、吴鸣和、许甦魂、彭泽民等同志入党。

我在共大毕业，马克思列宁主义的书籍中文译出的大概都看过，我感觉我的人生观完全改变了。我深刻地相信马克思的辩证唯物论和科学的社会主义，马克思、恩格斯、列宁、斯大林所阐发的革命理论与策略和布尔塞维克党的组织等等。我以为不仅我个人的思想大有进步，就是中国全国的思想进步这十年来要超过五千年的历史，简直应该说是为中国历史开了一个新纪元。我自己是非常欣幸我从陈腐的社会中走上了光明大道。虽以身殉现在革命的事业，也是非常荣幸的。

我对教育有些经验，我能作秘密工作，我在党内没有参加过任何小组派别，我在共大及远东直到现在都积极与各种不良倾向斗争，特别是和反革命的托洛茨基派作过坚决的斗争。我没犯过错误，没有受过党的处罚，没有开除过党籍，没有与党断绝过关系，工作没有中断过。

参加过学生运动工作，参加南昌暴动，在一九二五——二七年在国民党中公开活动。

　　在中国我受过蒋介石南京政府的通缉，在四川受过刘湘杨森的通缉，上海、南京、武汉、广州、香港、成都、重庆等处不能活动，我没有被捕过。

　　我是中央派到莫斯科来学习的，路上没有破坏过秘密工作。

　　王明同志、林祖涵同志、吴治觉同志、陈运南同志都可以证明我的履历。

巴黎救国报为停刊事告读者书*

（1935 年 12 月 9 日）

　　巴黎救国报为旅欧华侨呼吁救国报而□□□之报纸，出版以来，言论正大，深中时□，颇为国内外爱国同胞所爱读，乃竟有破坏分子，阴谋迫害，致该报不得已宣告停刊。此辈破坏分子，惟知自己党派私利，不顾国家灾祸，肆意妄为，甚至连本国人在海外主张救国之报纸，亦必摧残而后快。其实彼等应知皮之不存，毛将安附？当国难之深，已如今日，彼等仍与爱国势力为仇，正不知国亡家破以后，彼尚能为覆巢下之完卵否也。倾接到救国报为停刊告读者书，读之真令人愤慨不已！特□刊布于左，以见我救国同人如何坚贞不屈，彼破坏分子如何丧良无耻。

告 读 者 书

亲爱的读者们！海内外同胞们！

　　本报自今年五月出版以来，承蒙东北义军将领、兄弟，各地同胞、同业，或惠捐款项，或代为推销，或投稿件，或登广告，或予以精神及编辑上之援助，推诚爱护，与日俱增。同人等方以为本报将长期与读者相见，我们的努力将在救国事业上略尽微劳，因此近数月来益发奋勉，

————————

* 录自《救国时报》1935 年 12 月 9 日。

正在多方设法，筹改日刊。不意正在这时候，本报却因环境的关系，不能与读者相见了。

在本报第十六期刚要发行之际，同人忽接到法政府通知，说是经阁议通过，停止邮寄本报。同人等对于居留国法律素无不合，今无端被令停止发行，必系日人或南京政府从中构陷所致。□□解说以后，仍可恢复发行，不意奔走近月，终致事与愿违，日人或南京政府构陷甚力，必欲摧残本报而后快意。同人等寄居他国，虽爱国有心，而改变环境无力，因此不得不于此时宣告停刊，别图将来为祖国尽力之地。同人等此数月来节衣缩食，含辛茹苦，原图略尽国民天责，今不幸乃竟受此挫折，实不胜悲愤，而一想及国内外同胞对于本报信托之深，期望之切，爱护帮助之周至，又令人兴奋感动！因此当与我各亲爱读者即将告别之顷，遥想河北烽烟及上海震恐状况，同人等不能不将充满心头要说的话，扼要为亲爱的读者告，为全国同胞告：

本报宗旨在抗日救国，其被日人视为眼中之钉，固无足怪，其必为日人所迫害，亦早在我们的意料之中，但如果南京政府对于本国人在海外主张救国之报纸亦必欲加以摧残，则其动机与行动，实与其四年来降日媚外，迫害爱国行为之种种初无二致。本报对于南京政府虽有所指谪，然一本事实，为有目共见。且本报对于蒋介石及国民党仍以同胞态度相待，一再声言，只问抗日与否，不问其他，倘能抗日，即属同仇。此种态度，自问廓然大公，足以代表全国人之公意。本报现虽被迫停刊，同人等仍不肯以自身所受之痛苦而改变我们以全国人民之心为心的态度。日寇是我们的死敌，反对日寇，我们一息尚存，此志不懈。至于国内，我们仍只问反日不反日，不问其是什么人，什么党，甚至于不问其曾给了我们些什么迫害。抗日者便是我们的朋友，谁不抗日，谁要帮助日寇来压迫本国抗日反日势力，我们为国家民族计，只有誓死反对到底。这是同人等所欲为读者告者之一。

日寇对我之侵略日益加剧，我国底危机日益加深，这是眼前的事实；但我国民奋起抗日救国之决心亦日益加深，这也是眼前的事实。近月以来，如东北义勇军将领通电全国，呼吁出兵关外，一致救亡，如十九路军将领陈铭枢等发起组织中华革命大同盟，如中国共产党及红军通电全国军政领袖、各机关、各法团及全体人民，呼吁一致团结，进行抗日，如北平各教授、学生之反对"华北自治"通电，如天津市军警之奋勇击退日本数千便衣队，如北海市民之纷纷组织反日活动，如工商界同胞发行杀敌牌火柴等之种种反日宣传，至于海外同胞，则如美国留学生及华侨近来所发起之各种救国组织及所提出之各种救国要求，如菲岛侨胞武装自卫会之活动，如各地主张抗日救国报纸之风起云涌，凡此种种，皆是我国民抗日高潮渤起底表现，也是我万众一心，抗日必操胜算的预兆。因此我们虽暂遭挫折，我们并不感觉灰心失意，我们更要劝我亲爱的读者们决不要感觉灰心失意。救国这一伟大事业，决不能只是一帆风顺，毫无波折，我们只要看准了义所当为，只要看准了最后胜利终必属我，我们便只有不避艰苦，奋勇前进。即以华侨救国报纸而论，本报虽不幸停刊，同人相信继本报而起者必即有其人。以国家之危如此，以救国热潮之高如此，决无人能令救国言论机关中断，亦决无人忍令其中断。这是同人所欲为读者告者之二。

在救国运动中，揭发奸慝，唤醒同胞，发扬公意，指明方略之言论固属重要，而本共认之真理，共认之方略，起而作直接的实际救国行动，尤属重要。本报前曾揭载我国救国各实力派方面所提之组织国防政府抗日联军之主张，复承各侨胞纷纷投稿讨论如何实行组织。同人等认为在现下一切救国之呼吁与主张中，像这样具体而马上可以实行的方案，尚不多见，正拟从此方面扩大讨论，并进而发起各种运动，以期我们的救国运动得到实际的进展。现在此愿未遂，本报已停。当此临别之顷，同人等只有以此项任务奉托于我亲爱之读者及我全体爱国同胞。人遇忧危，便益觉亲者之更可亲，仇敌之更可恨。同人等当此有志莫中之时，这种感觉方其迫切。人之爱国，孰不如我，我同胞中必有能秉前仆后继之精神，将同人今日所未曾为，所未能为者，更进而扩大之；故本报今日所受之挫折或转足予我国的救国运动以激动而促其进展亦未可知。为祸为福是在我救国同胞底自己努力而已。这是同人所欲为读者告者之三。

读者诸君，同人所想奉告的话，现在只能如此，同人现虽感受莫大之不便，但比之我东北及平津同胞所受的苦痛和恐怖，可谓尚不足道。同人等必多方设法，为国自效，决不因此自馁，愿与全国同胞在民族战场上英勇地再见。

巴黎救国报同人　谨启

附白：

（一）前承各方惠捐本报筹改日刊基金，本报现皆妥为保存，将来或捐赠其他救国团体，或移作别项救国事业之用，一切账目准登报声明。

（二）凡在本报惠登广告尚未满期者，本报结束后，当努力代为介绍其他救国华侨报纸续登。否则照账退还多余的广告费。

（三）凡订阅本报全年或半年者，本报结束后，当按照所余报费，代订其他救国报纸补足，或代购值相当的书籍奉上。

（四）在本报结束期内，所有各方来信，请寄下列地址：①

---

① 原文下缺。

本报致全国大中小学全体同学快邮代电 *

（1935 年 12 月 28 日）

全国各报馆各通讯社转全国各大中小学同学公鉴：因为河北五省的情形日益危急，因为殷汝耕、宋哲元卖国贼甘作第二溥仪，因为我们整个国家的存亡日益逼近最后关头，我北平的同学们奋起作救国运动于前，我京津冀汉以及全国各地的同学们复继起于后，虽经日寇嗾使国贼作残酷的压迫，使我们可亲可敬的北平同学们再二再三地血染故京，死亡枕藉，但我全国同学因为正义所在，因为国家兴亡的责任所在，毫不退却，不数日间，学生救国运动已汹涌奔腾于全国，而继涨增高之势，且方兴未艾。同人等在海外得到消息，实不胜兴奋和感动，除已另发快电，表示我们海外华侨对诸同学的运动的无限同情，誓为后盾外，现在特再用代电详述我们对于学生救国运动的意见，作为我全国同学们行动上的参考。

同人等认为在今日而谈救国，我们首先应把握住当前最有效的救国方法。我们现在的环境和四年前国难初发生时的情形大大不同。一方面，因为南京政府四年来的投降政策，使我们眼前的抗日救国问题比"九一八"事变初发生时的，要更复杂，更艰苦，更需要广大的力量。但另一方面，我国民的抗日阵容，却也比四年前的更为整齐雄大。全国同

---

* 录自《救国时报》1935 年 12 月 28 日，第 2 版。

胞已有了更高的准备和决心，各进步的政治集团间已有了一致救国的要求或谅解，自中国共产党中国苏维埃政府号召不分党派，不问信仰，不问过去关系，全国联合，共同组织国防政府抗日联军以来，全民统一战线更已进而走到组织时期和具体行动时期。现下十九路军将领陈蒋蔡等已有中国民族革命大同盟之组织，欧美留学生与华侨及南洋各地侨胞亦有国防政府抗日联军促成会、武汉自卫会、统一救亡会等组织。即国民党各派别间，关于对日问题亦有了激烈的争论，该党有民族天良的份子也感到亲日政策，只有使国家归于灭亡，于是起而作反日的活动。从以上这些事实看来，我国人民，较之四年前之尚有仓惶失措的情形者实大有不同。作为主要救国力量之一的学生运动，正该把握住这一历史的趋势而力促其更快实现，这正是全国人民共通的要求，这正是当前最有效的救国方法。在现在这样复杂的救国任务之前，决非任何一支军队，一个政党，一种势力底单独行动，所能胜任，因此我们要集合全国的人力、物力、财力、武力来形成全民统一战线，来实现人民统一救国的政治组织（如国防政府）和武装组织（如抗日联军），这样来保证救国运动的胜利。我们要促进一切政党，一切势力，如国民党各派别、共产党、中华民族革命同盟、宪政党、第三党……及一切军队为救国而联合。我们要反对拘于党派成见而妨碍救国联合的势力和人物。殷逆汝耕是南京的官吏，南京军队是全国人民所供给的武力，南京政府有讨伐他的叛国官吏的义务，我们有要求南京政府用人民供养的军队来讨伐叛逆保卫国土底权利。但我们的主要目的是抗日救国。我们都知道，没有抵抗便谈不上救国，没有实力便谈不上抵抗，没有全国不分党派彼此的大联合，便谈不上实力。这是同人等所要为我全国同学说的的第一点。

最近国内电讯传来，知道北方同学们已在呼吁工商各界继起援助学生救国运动，而汉口广州的工胞则已经奋起和学生一致行动。这些消息非常使我们快慰。足见同人等在上边所说的全民统一救国的话，已在萌动起来。在政治党派方面，我们要求不分党见，一致联合，在民众方面，我们便同样该要求不分职业，一致联合。救国是全体人民底事业，所以应由全体人民参加，救国需要全民的伟大的实力，只有广泛的联合才会有这样的实力。同人等希望我全国工农军党商学都一致在救国战线上组织起来，而我全国同学们既已发起运动，更应当开展自己的救国运动，去促进各界的救国运动，去联合各界的救国运动。我纯洁高尚的青年同学们，在救国运动史上素著光荣，倘能使救国运动之发展深入到社会各阶层，使社会各阶层的救国运动和学生的救国运动声气互通，一致行动，这可以给救国运动以最丰富的实力，可以使学生运动本身发生更宏大更深远的效果而达到抗日救国的目的。五四运动所以能够成为我国反帝反封建运动之先声，五卅运动所以能够成为一九二五年至一九二七年大革命之序幕，都是因为学生运动一发展起来便马上和工农市民兵士的运动联合一致的原故。而"九一八"事变发生时，学生救国运动虽曾亦如今日，到处爆发，但尚未及与各界救国运动发生联系时已被南京政府暴力压息，故国家命运的危险遂日甚一日而至于现在。这些往事正可作为我们今日的殷鉴。这是同人等所要为我同学们说的的第二点。

同人等复得到消息，谓南京政府拟以强迫早放寒假的办法来作为其瓦解学生运动的手段之一。而北平同学的鲜血，更给了我们应该加紧戒备的警号！同人等盼望同学们能够随时随地提防奸人的破坏，第一要巩固自己所直接隶属的学校组织，如某校的学生自治会或学生救亡会等；第二要形成和巩固自己所在的地方组织，如某城某市的学生救亡会等，第三要扩大和联络各地方组织使成为全省的、全国的组织。我们要发动联合全国同学来召集学生救亡大会等有力的运动。我们要知道，组织便是力量，我们能巩固我们的组织，扩大我们的组织，便有力量来打击奸人们对于救国运动的破坏，来使我们的救国运动坚持到底。这是同人等所要向同学们说的的第三点。

同人等因居留国外，获夺各方消息比较自由，对于切实救国问题的了解比较容易。故不惮辞费，为同学们陈辞如上。同人等相信人同此心，心同此理，现在国家危急情势显然，凡是诚意救国的人主张大都一致。同人等以上所言，或已在同学们底见到和考虑中，盼望急起直进，澈底求其实现。自"九一八"学生运动惨被迫害以来，消歇竟至四年之久，言之痛心。今幸得同学们以大无畏之精神，再起与外寇国贼相搏斗，这实在是我们国家民族之幸。我们相信凡是能为民族群众澈底努力的人，必能得到最后胜利，愿同学们坚持到底，我们当大声疾呼，唤起海外同胞为同学们的后盾。

巴黎救国时报同人叩

一九三六——中国人民抗日救国年 *

（1936 年 1 月 4 日）

　　四年以来，日帝国主义的侵掠与南京政府的投降卖国政策造成了中国民族空前的危机，半个中国的领土已经变了颜色，一万万以上的人民，已经成了异族的奴隶。也许有人从此丧失了民族的自信心，而发生"国事已无可为"的悲观观念。如认为中国须在五十年后才能抗日，便是这一流的论调。

　　但是，我们坚决相信，中国民族是不会亡的；而且"多难兴邦"，也许四年来的灾难唤醒了中国人民，从一九三六年开始中国民族历史的新的转变。这不是记者故作新年吉祥语，也不仅是从最近百年事实的观察，帝国主义对中国的进攻，每次都遇到了民族的严重的抵抗，引起中国民族巨大的反帝革命运动，使帝国主义者不得不暂时却步。而是就目前现存的事实，使我们相信，一九三六年会要成为中国民族革命运动空前发展的一年，会要成为中国人民抗日救国年。中国人民四年来的积愤欲泄，已经无可遏止。现今轰轰烈烈奔腾全国的学生运动，不过这一怒潮的开始而已。单就此次学生运动本身而言，北平一发，不数日而全国响应，证明这一积愤的普遍。在北平处日寇与卖国贼高压之下而学生仍然以赤

---

　　* 录自《救国时报》1936 年 1 月 4 日，第 1 版，为该报社论。

手空拳，冒枪弹之危险，义不顾身，坚持奋斗，在其他各地，不管南京之禁令，不管军警之压迫，举行游行演讲，结队赴京请愿，不达目的则实行群众绝食，以图当局万一之感动。其悲壮热烈若是，正表示积愤之深刻。尤其是参加群众之异常普遍，而其口号与行动则完全一致，是像征全国人民已有团结一致抗日救国之决心。

如果进一步从各方面观察，便可证明上面的推论是有根据的。我东北四省的同胞在日寇铁蹄之下已经四年了。不只是□□□的仇恨未见柔化，并且抗日义军的奋斗，前仆后继，久战不衰。国内一切在民众中有影响，有实力的政派，多已有团结一致，御侮救国的表示与行动。如果我们不为日寇汉奸的宣传所蒙蔽，则我们不能不承认中国共产党最近两次宣言和主张是真正民族大义之所在，是救亡之正确途径，而应当为一切愿意救国的人们所赞成。保卫上海之前十九路军将领已组织中华民族革命大同盟，并闻已有许多政派名人的参加。在我们海外更易看得清楚的事实，如在美国华侨中共产党与致公堂，宪政党等已有亲密之合作，并联合了各种华侨的组织，成立了抗日救国会。在我们旅居之巴黎，各派救国大联合亦已有端倪可寻。这种从广大人民群众心坎中所发出之呼声，一切政党派别和各种人民组织所一致进行的运动，是无论任何反动力量所不能禁阻遏抑的。

至于南京蒋介石之流，如果看清了民众潮流之所趋，而具有悔过之诚意，则全国人民当不会绝其自新之路。若是仍继续一贯的降日卖国政策，将众怒难犯，将见全国人民群起而讨，即蒋介石之部下，蓝衣社组织之中亦将不乏爱国志士，举起抗日讨贼之旗，从最近第一军参谋长激于义愤在中山陵园怀书自杀的事实，已足证此论断之不谬，那时蒋介石众叛亲离，将不免与袁世凯同一结局，固可断言也。

一切事变的运转固常有出人意料之外者，然吾人按现有的事实而考察其发展，则一九三六年要造成中国人民抗日救国运动的巨潮的总的趋势是很明显的。四万万人的义愤，四万万人的团结是不可战胜的力量，日本帝国主义的侵略会受到意外的打击，而大中华民族将开展出自己的新的历史。那么一九三六年就会成为永远不忘的中国人民抗日救国年。

纪念中国辛亥革命廿五周年的一个回忆 *

（1936 年 10 月 13 日）

　　中国辛亥革命的胜利到今天已经有了廿五周年。就是说有了一个世纪四分之一的时间。然而现在的情形怎样？看罢！东三省、热河已经成为日本帝国主义的殖民地，不仅北五省和内蒙古名实将亡，即整个中国灭亡之祸，已迫在眉睫。这对我们从事革命运动数十年的人，实在是无上的耻辱。正当日寇重新又重新地进攻中国到万分紧急的时候，我们纪念我们的国庆，只有悲愤填膺，长歌当哭。但是我并不悲观失望。这话在专门愚弄中国官僚军阀惯了的日本野心家听来，或者以为滑稽。但是，我敢以四十年的革命经验而傲然自负地向日本法西斯军阀官僚说，最后的胜利是我们的！

　　我以为中国辛亥革命起义以后闹到一个世纪四分之一的长时间还没有成功，经过这样长时间的痛苦，应该有一个转变。而现在果然有了转变的事实。自从去年八月一日我们共产党中央审度时势发表宣言号召全国结成统一战线来抗日救国以后，得到全国民众的赞许与响应，不仅全国各地各界抗日救国的组织如风起云涌，而且各地抗日救国的实际斗争也日趋发展。自去年十二月北平学生开始英勇的抗日斗争，逐渐发展到全国各地各界反日运动的高涨。如成都反对日本设领事的风潮，广东北

　　* 原载于《救国时报》1936 年 10 月 13 日第 61 期，录自《吴玉章抗战言论选集》，中国出版社 1938 年初版，中国人民大学印刷厂 1959 年重印，第 1 ～ 12 页。

海的事变以及上海汉口的事变，在在都表现民众已万分不能再忍耐，而自动起来部份地表现要求驱逐日寇的行动。这些事变的原因，自然是日本的挑衅，或者故意制造出来，以便其军事占领的企图，而民众抗日斗争，已经广大而深刻地表现出来，这是事实。这和一九一一年革命起义前夜的情形有些类似。我在回忆当年实际斗争的经验中，实有几点可以作我们现在救国统一战线的教训。

现在只把一九一一年我在四川铁路风潮中工作的经验，作一有系统的叙述。大家都知道一九一一年三月廿九日（旧历）革命同盟会所组织的广州起义失败后，在极端白色恐怖之下，牺牲了一大部份优秀的干部，革命的力量遭到了重大的损伤，不惟清室庆幸以为从此可免革命的危险，就是有许多革命党人，也自认为非再有十年预备，休言起义。然而不过五个月的工夫，革命的危机又到来而革命竟得到胜利。这是不是怪事呢？不是的。只有不懂得革命客观条件和不相信群众力量的人，才会认为怪事。

一、群众力量的发动

自来每个革命的成功，必定是动员了广大民众，各阶层的革命力量。什么东西能够发动这些群众呢？第一是国家的存亡问题，第二是人民切身的利益问题。四川铁路风潮之所以能发动极广大的民众，使他能坚持到底，成为革命的主要动力，就在于他包含了这两个条件。而且在这两个条件之下，建立了各党派各阶层的统一战线，革命党人又善于利用这一统一战线，才得到了革命的胜利。原来民办川汉铁路的提议人，是我们初到日本留学的一些学生。当时收回利权之说，盛极一时，如沪杭甬铁路的收回，重庆五矿开采权之收回，不惜出重大的代价，把满清久已允许外国人的权利收回来。当时的一般舆论，都以为外人握着我们的矿山铁路，就和握着我们的生命一样，所以矿山铁路无论如何不可落在外国人手里。在这种情形之下成立的川汉铁路公司，自然就带有民族解放的政治性。所以当满清假铁路国有之名，把川汉粤汉两铁路收回国有而转卖与美国的时候，湖南、湖北、广东、四川四省的民众都群起反对，而四川更为利害，成为反帝的一种运动。这就比推倒满清压迫汉族的民族主义运动要来得更有劲，而且不仅立宪党当时和我们成立统一战线，就是保皇党当时也不能不加入统一战线。这就把握着了中国半殖民地的第一个矛盾，这才建立了统一战线的真实基础，这是第一。其次，川汉铁路的股本是从每个农民的土地上所谓租股年年征收得来的，当宣传农民使其热心缴纳租股时，不惜过于夸大铁路营业的利息，往往有利市百倍的夸大辞。所以农民虽年年苦于租税的繁重而总以为一旦铁路成功，有十倍利息之希望，不敢不勉力缴股，使铁路得早修成。现在忽然被清廷将其希望打断，而且拿来借款媚外，这就无异火上加油，怎能不引起全省七千万人愤怒呢！

二、统一战线的成立

当四川铁路风潮建立在反帝运动的正确路线上时，他就动员了广大的民众，把各党各派各阶层反帝的革命力量都联成一起，结成了一个广大的统一战线。当然这个统一战线不是有何种形式，不但无任何组织和政纲，而且也无各党派的代表作形式上的接洽，不过事实上造成了一个统一战线。当我在广州起义失败逃到日本后，不久就酝酿着铁路国有的风潮，当时同盟会就派我到四川去工作。五月（旧历下同）中我一到宜昌，就感觉到人民大有不愿安于旧生活的情绪，言辞间对于广州起义的失败表示惋惜，闰六月我到重庆与谢持杨庶堪等密谈，知成都已成立了保路同志会，市民捧光绪的牌位向总督赵尔丰请求代奏政府收回铁路国有成命，竟被其卫队用排枪击毙多人，演出极大的惨剧。我翌日即由重庆到我故乡的荣县，见沿途各城镇都高供着光绪的牌位，两边写有"铁路准其民有，庶政归诸舆论"一付对联。这两句话，是已死的光绪底上谕中所原有的句子，特写出来以表明宣统这个现政府是违反了光绪的意旨的。各处满街都弥幔着黄布，俨然是皇帝死了的"国丧"一样，行人都要下马下轿才准过去。初看实觉有点滑稽，我一想到这是人民反对政府的一种表示，就觉得极有兴趣。为什么有这些现象呢？因为在这个运动中有许多是当时的立宪党人，该党原是康有为梁启超的保皇党转变来的，所以其中还有不少的保皇党人，最著名的就是邓孝可，他当时是这个运动中主要人物之一，他想在人民意识中树立光绪的偶像，另一方面借先皇来反对现政府，也免得戴上革命党的帽子。他这一种行动，形式上是反动的，客观上却帮助了革命。当时社会中的政治派别有秘密的同盟会，初形成的立宪党和旧式的哥老会，都联成一起了。满清末年，所谓预备立宪，各省都设有谘议局，谘议局中大半都为立宪党员，这次铁路风潮，谘议局起了极大的作用，他反对赵尔丰，反对满清政府所谓铁路国有政策，他们要斗争，就不能不拉拢群众。他们对于革命同盟会是怕与之联合，而且他也无从去找这个秘密的组织，所以他们首先就联合哥老会来组织保路同志会，谘议员罗纶作了该会的会长。在成都就以保路同志会为中心来与赵尔丰作斗争。哥老会中因数年来革命党人的活动，革命党的影响很大，而且我在日本曾与孙武焦大丰等全国会党领袖组织共进会以作同盟会与哥老会的联络机关，所以立宪党与哥老会合作，几乎就是与革命党合作。

三、军队工作的重要

赵尔丰枪杀请愿市民后，并逮捕谘议局议长议员蒲殿俊罗纶邓孝可等十余人，于是保路同志会就号召全省人民起来集中成都与赵尔丰作武装斗争。当我刚抵荣县城门，正值革命党员龙鸣剑王子湘（天杰）二同志率数百武装民团去救援成都，龙同志一见我即大喜曰："你回来就有办法了，我率队上前线去。一切前途大计，望你细心筹划。"遂慷慨握别而去。岂知这一别竟成了与龙同志的永别了。龙王率队出发后，地主高利贷的当铺主人郭慎之即拟约操权的几个豪绅控龙于县知事，诬他劫夺公款，我立刻召集群众会议，给他一个严重打击，并由群众议决按租劝捐来帮助民军，并于各乡加紧训练民团以为后备。当时成都已被同志会和附近各县民团包围，新式军队受了革命的影响，不肯打革命的民军，但亦不肯和革命党一致行动，赵尔丰只有护身的卫队数百可听他的命令来保护他的衙门。同志会受立宪党的领导自然不肯用坚决革命的手段与赵尔丰作战。因此，成都就成了僵局。我们本想龙王两同志率真正革命的队伍去团结各种革命力量，用武力来消灭赵尔丰，以便建立革命政权。不幸龙王所率队伍，在仁寿县秦皇寺会同哥老会领袖秦载赓队伍与旧式的巡防军作战失利。龙同志因军事上的失败，大为痛愤，得急病死于嘉定。龙同志和我同留学日本，入同盟会，为革命党极有力干部之一。他回国后，在成都优级师范当教员，又被选为谘议局议员，铁路风潮起，知立宪党所领导的斗争必无结果，非自己有武力不足以完成革命，所以他特回到他的家乡荣县龙潭场率其平素所训练的数百健儿作真正的武装革命斗争，他的死是革命的一大损失。战事失利龙同志病殁后，王同志即率领民团回荣县城，立刻派人到我家乡请我去决定大计。这时县知事和郭劣绅等已闻风而逃，于是我们就宣布独立，成立革命政权，以由广安新来的革命党员蒲洵为荣县知事。这时是阴历八月四日，比武昌起义还早半月，当时为了统一战线没有打出革命的口号和旗帜。不久秦载赓的队伍，及井研仁寿的民团都集中到荣县，我们就进攻威远县城，即日克复。乘胜又进攻自流井，因此地驻有大队巡防军遂遇着反革命顽强的抵抗。进攻数次都未得手，遂相持不决。这时满政府以四川完全陷于革命混乱状态，因急命端方率武汉新军二旅入川援助赵尔丰，此时我深感到我们在军队中的工作太薄弱。民间只有土枪，几乎一枝新式枪都没有，我就决计要办一个军事训练班，恰好成都军官学校学生方朝珍、刘厚等四同志正从学校里偷跑出来，特来找我，我就约他们来教练军事。可怜此时连一枝洋号都找不出来，更不说快枪。我们的武装真薄弱幼稚得可怜了。但是我们的革命精神是十分健旺的。在自流井这一战线上敌我相持一个多月，因交通阻隔，外边消息不灵通，微闻端方将率兵入川，后又有武昌革命军起义的传说，我就利用这些材料来鼓动士气。到旧历九月末，各处巡防军逐渐集中自流井，又闻端方大军已快逼近成都，人心不免有些惊惶。各同志请我快想救急办法，我与同志约，我立刻出外设法，一星期后一定有援兵到来，务望坚守我们的革命根据地。因为我知道孙武等在武汉新军中作了许多工作，端方所率队伍一定有不少的同志在内，而且孙武一定会要他们来帮助我。所以我敢大胆这样说。同志以我素来不说假话，且以我常说的事变发展的前途，往往以后事实证明为不错。虽不知道我在什么地方去找救兵，却坚决相信我的话，愿意死守。十月一号我与吴庶咸同志偷过敌人防线，到自流井，与当地党组织计议后，二人连夜轻骑赴内江。因当地同志颇多，又有广州起义牺牲了的喻烈士云纪的家庭可作我们藏身之地。三号我们到内江时，正值端方军队经过，遂得与军中同志密约，他们于资州杀端方，我即于内江起义，五号军队反正，端方在资州被杀，内江知事闻风逃去。六号晨喻烈士之父亲及当地同志召集群众大会于天后宫的露天大戏台之前，到数千人，我在戏台上宣布革命宗旨，主张树立革命政权，立刻展开革命旗帜，群众欢呼万岁，声震屋瓦。我当时恍然如意大利的马志尼在舞台上宣布独立一幕的重演，我从奔走革命以来最荣幸快活之事，无过于此。当时群众一致举我为革命军政府行政部长，举吴庶咸为军政部长，立刻入县公署办事。当群众拥护我们到县衙门时，康宝忠董修武两同志奉省城同志命特来约我到成都去起义，远道经由我家跟踪追寻到此。他们一见我就说："你何必在这些小地方着手呢？省城同志都预备好了，专等你去举义，你立刻同我们去吧！"我说此地今天才组织起来，不能立刻离开，你们先回去告诉同志们，努力为之，我一星期后即来。他们就立刻回成都去了。这时我们还不知道重庆已经独立，七日在资州反正的新军由陈镇藩同志率领回到内江，我们开会欢迎。我要他把兵留在四川。他说现在军心还是十分动摇，而且武汉战事还很激烈，我要率队快快地返武汉，只求沿途替我疏通，川事望你好自为之，他给我四十余支快枪而去。我们的武器还是薄弱。幸而成都新军中有一夏之时同志在当排长，乘奉命出省讨伐同志会，即枪击其连长，率一连兵士二百余人，大炮一尊，直奔重庆，得城内张培爵、杨庶堪、谢持诸同志的响应于十月二号已占领重庆。我们军队中有这一点力量就发生了这样大的作用，于是重庆成立蜀军政府以张培爵夏之时为正副都督。而成都因赵尔丰知大势已去，愿将政权交于谘议局，十月八日成都也成立四川军政府，以蒲殿俊朱庆澜为正副都督。到此时四川全省在形式上虽然归了革命，而因我们忽略了军队中的工作，使革命不能彻底，造成成（成都）渝（重庆）对立的局面，在另一种形式之下，造成了这个局面一直延长了许多年，发生了不断的战争，完全和中国南北对峙的命运一样。这是革命军事工作不注意的一个大教训。

四、革命政党的作用

中国辛亥革命之所以能够胜利，当然要归功于同盟会的组织力量，虽然他的组织者有许多重大缺点。我感觉得四川铁路风潮之所以成为革命的主要力量，就是因为四川许多较好的留日学生，都是同盟会会员，他们的坚忍性、沉毅勇敢性、团结性实在是在各省同志之上。章太炎先生尝说："同盟会中只有四川人是可靠的。"这当然是他愤激时的气话，但四川同盟会会员在第一次革命中实起了很大的作用。因为四川是多年闭塞而落后的，到了新的经济发展，忽然得了一种新的空气，所以吸收得很快。我在四川同志中是受到他们的爱戴的，他们真实能作革命党人对于事业的忠实，对于同志的真诚的模范。我认为这一点也是革命成功的要素。

五、革命中干部人才的作用

在四川铁路风潮中，我们看出：凡是一个运动中，没有有力的人才在其中活动，不会有巨大的影响，革命党人自不用说，如张培爵、杨庶堪、谢持、朱叔痴、杨吉甫、任鸿隽等在学界中的作用，吕超、向育仁等在保定军官学生中的作用，黄复生、董修武、余际唐等在党的组织上的作用，还有其他各种干才，举不胜举。就是非革命党的人如张表方、徐子休等负一时重望而又真诚爱国的人，在这一运动中，也起了很大的作用。如果无论各党各派的人才团结在一条战线上，这个力量是不可限量的。

现在国事危殆到十二万分，当我在写这篇文章时，正接着吕超、黄复生、杨庶堪、谢持、余际唐、杨吉甫等为反对日本帝国主义非法在成都设领宣言。使我非常兴奋，决然以为中国必有战胜日寇之一日。署名这宣言上的许多人，大半是我们在辛亥革命中的战友。我兴奋，虽然我和他们在最近十年因政治主张的不同而分道扬镳，可是到现在国难紧急的时候，我们的意见又逐渐一致，所以我希望我们大家能重行携手，一致团结抗日救国，收复失地，使中国民族和社会得到真正的解放来完成我们辛亥革命未完成的任务。

中国历史大纲 *

（1936 年）

第一章 绪论

一、研究中国历史的意义。

人类的历史就是人类自己发展的过程。一切过去的历史，除了原始社会以外，都是阶级斗争的历史。因此，现在我们研究过去的历史，主要地是研究阶级社会的产生、发展和衰落的历史，是研究阶级斗争的历史。

历史是革命斗争的有力工具。我们应该知道人类真正的历史，知道劳动者被奴役和解放的历史；应该知道我们从哪里来和往哪里去。因为，这能百倍地坚强我们奋斗的信心和给我们以获得胜利必需条件的知识。

二、研究中国历史应选择的材料。

中国古书记载中国历史的起源，本来就不一致。《尚书》是开始于唐虞；《稽古录》是开始于伏羲；《史记》是开始于黄帝。虽然这些材料不是可靠的，但在一定程度上反映了中国远古悠久的历史。根据最近考古学研究的结果，中国的古文物只出到商代，而商代还是金石并用的时代，

---

* 录自《吴玉章文集》下，重庆出版社 1987 年版，第 809 ～ 841 页。

文字刚才产生，生产工具和农业还很幼稚，还没有发现铁器的证明。因此，我们以为从商代起中国才算有了真正可考的历史，商代以前的古书记载，只能看作神话传说式的记载。

三、研究中国历史的方法。

我们要研究人类的历史，特别是有成文史以前的历史，只有用马克思的历史唯物辩证法来作我们解剖人类社会的唯一武器。马克思虽然没有论古代社会的专书，而恩格斯却根据摩尔根数十年实地研究的结果，写成《家庭、私有制和国家的起源》一部伟大的著作。恩格斯在这本书的原序上说："以下各章，在某种程度上是为执行遗言而作。不是别人，正是卡尔·马克思曾准备联系于他——在某种限度内我可以说是我们两人——对历史作唯物主义研究所得的结论来阐述摩尔根研究所得的结果，并且只是这样来阐明这些结果的全部意义。须知摩尔根在美国那里按照自己的方式重新发现了四十年前已由马克思发现的历史唯物主义见解，并且他本着这个见解，在把野蛮期和文明期相对照时得出了大致跟马克思所得出的相同的结果。"因此，我们可以把摩尔根研究所得的结论，看作是合乎马克思的唯物史观的。

人类社会历史发展的法则是一元的，均有其一般性、共同性。中国社会历史的发展，当然也不能在这个共同法则之外，另有一个途径。

因此，我们就把摩尔根研究所得的结论作为我们判断旧史材料真假的武器。

根据摩尔根古代社会的研究，史前时期社会进化的阶段可排列如下表（略）。

四、中国的领土。

五、中国的人种及各民族分布的情形。

六、中国历史的范围。

我们讲中国历史应该是包括全中国各民族的历史。但事实上，所有的旧历史材料和历来的习惯，都以汉族的历史为中国历史，而对满蒙各族如辽、金、元、清等朝代虽有部分的历史，都只记载其皇室或与汉族有关的事实，并且存在着许多民族歧视的偏见。至于回、藏、苗、瑶、黎、彝等各族的历史，几乎完全没有。现在我们应该把各民族的历史汇合起来作成中国的历史。虽然材料很少，事实上有许多困难，但是我们要照这个目的作去。

七、中国历史的编年纪事和时代的划分。

历史课程，应在年代的联系性中，叙述最重要的事变和事实及历史人物的评价。不能把社会经济形态抽象的定义简单地教给学生，拿抽象的社会学的公式代替有年代联系的具体叙述的历史。因此，我们必须根据旧中国历史编年纪事的材料来叙述中国历史。自然这不是死板地按年叙述，而是于相当必要时附以纪年。纪年应用西历纪元。现在我们把中国几千年的历史，分为上古史、中古史、近古史、近代史四大时代：

甲、上古史。

从太古到周朝末年秦统一中国止（公元前二二一年）。这中间又分为两个时期：（一）从太古到夏朝末，这是神话传说的时期；（二）从商朝到秦统一中国，这是一方面有出土文物，一方面有比较可靠的文字记载的时期。

乙、中古史。

自秦统一中国到五代末年宋平定中国止（公元前二二一年到公元九五九年）。

丙、近古史。

自宋平定中国到鸦片战争止（公元九五九年到一八四〇年）。

丁、近代史。

近代史又分为两个时期：

（一）自鸦片战争到"五四"运动止（公元一八四〇年到一九一九年）；

（二）自"五四"运动到现在（公元一九一九年到一九三五年）。

第二章　上古史

甲、从太古到夏朝末，这是神话传说时期。

一、用恩格斯所作《家庭、私有制和国家的起源》作我们研究上古史的指南。

二、中国历史的年代。

自孔子作《春秋》，开始用编年纪事，中国历史才有可考的年代。但是春秋以前至少还有几千年的历史。一切神话传说虽不尽可靠，而黄帝首创甲子记年之说法，还一直流传到现在。（中国民间现在还是用甲子记年。）照黄帝的甲子推算，黄帝的元年为中华民国纪元（公元一九一二年）前四千六百零八年。至旧史书所载，从伏羲到黄帝还约有一千八百年。所以我们可以说，中国已有五千年以上的历史。仰韶各期所发现之新石器时代的实物，皆为五千年以上的遗物，可为一证。

三、从原始群团到氏族社会的各种特征：

1. 关于生活的情形。

据古书所载，太古的人，没有居室，穴居野处，食草木之实，鸟兽之肉，茹毛饮血，还没有发明火。有巢氏始为巢居，燧人氏才发明火。衣服则为树木之皮叶或禽兽的羽毛皮革。

2. 关于两性的情形。

据《吕氏春秋》说：太古没有君主，当时是聚生群处，人知有母而不知有父，没有亲戚兄弟夫妇男女之别，没有上下长幼之道。这是原始杂交群团的情形。

3．关于发明火的传说。

燧人氏钻木取火，以燧石相击而发现火。因他发明火，就叫他燧人氏。

4．初期的生产方法。

从采集时代进化到渔猎时代，古书都有许多的记载。

5．由血族群婚到彭那鲁亚制。

竹书笺注说：上古男女无别，伏羲始制嫁娶，女娲氏与伏羲同母，佐伏羲制嫁娶。直到现在民间还奉女娲为神媒。这时才开始排斥兄弟姊妹间的结婚而进行彭那鲁亚制，这只是说同姓不婚，而不是现在的嫁娶礼仪。

6．上古时代无制令而只有社会习惯的强制力。

《淮南子》说：伏羲女娲，不设法度。神界无制令而民从。神农之世，政刑不用而治。所谓"无制令"就是野蛮时代的状态。

四、图腾制度存在的形迹。

原始时代的人类，每个部落都有一个动物或无生物作为其部落的名称，即所谓图腾时代。在中国的古代，氏族的名称，大概都采取动物或无生物的名称。如黄帝之族叫有蟜氏，神农氏即神龙氏，黄帝少典之族叫有熊氏，舜之先族叫穷蝉氏，尧之族叫有骀氏等等，就是例证。

五、母系氏族社会和对偶婚存在的形迹。

母系制度的主要特征是，子女属于母的氏族，以母的姓氏为姓氏，即"以氏为姓"。（中国的姓大都从女旁，如姚、姜……）其婚姻关系，是男子出嫁，女子娶夫。

《春秋公羊传》说："圣人皆无父，感天而生。"所以古书上都说，上古时代的帝王都是感神异而生，民知有母而不知有父。实际上因为后代的帝王，追溯他们的男系世系，一追溯到母系时代，就无法去追叙，只得造出这些神话来。这正可以说明母系制度存在的事实。

古书载尧把他的女儿娥皇、女英姊妹嫁给舜作妻子。《孟子》上说，舜的弟象要娶其二嫂，入舜室，见舜在床弹琴，可见娥皇、女英姊妹为舜、象共同的妻子。这可以说明对偶婚的形式。

六、发明工具的各种传说。

伏羲作结绳而为网罟，开始打渔打猎和牧畜。神农作耒耜，开始种植。黄帝制衣裳，造舟车，制弓矢，服牛乘马。昆吾作陶器。嫘祖发明养蚕。医药的发明，农业的发明，甲子、历数的发明，都可以证明中国社会到尧舜时代，已进到半开化时代。

七、适应于这时代的生产方式是原始公社制度。

中国尧舜以前的所谓大同世界，其实就是一种原始公社社会。

八、部族联合民主制度的存在。

尧让位于舜，舜让位于禹，都是经过推选，这可以证明部族联合民主制度是存在过的。

九、这一时期的文化。

宗教有许多幼稚的迷信，特别是崇拜祖先成为中国的特点。艺术方面，伏羲造琴瑟，黄帝作甲子，定九章算术，作盖天仪，作调历，造文字，造律吕，唐尧置闰法时令，舜作五弦琴，夏禹铸九鼎，黄帝造指南车，自然有许多是不可信的。思想的发展，有伏羲的河图和他所画的八卦，这是中国哲学思想的起源。

十、夏禹治水的功绩及社会生产的一大进步。

夏禹治洪水，导黄河，在山西、陕西、河南、河北、山东，沿黄河流域，开拓了广大的可以发展农业的耕地。建立了一夫受田五十亩的制度，并立贡法，这就安下了中国特殊的家族制度的经济基础。

十一、启开始传子的制度，是母系氏族社会转到男系氏族社会的一大变革。

中国古代社会有一重要的传说，就是尧舜传贤，禹独传子。尧舜皆传贤，及禹而德衰，不传贤而传子启，尧舜之子皆不肖，而启独贤。

我们应当认为禹传子的事实，不是禹的德衰，也不是启的独贤，而是社会本身的一大变革。

在古代阶级关系还不存在的社会中，基于物质条件发展所引起的变革的结果，不是阶级的剥削关系的转变，而常常归结为血统的家族关系的转变。

根据恩格斯的意见，社会的发展，是以劳动生产力的发展为动力；但是在劳动尚不曾呈现为剥削对象时，社会制度是受血统关系支配的。我们正可以拿这个原则来解释这一问题。就是说夏传子的事实，是由母系氏族社会转到男系氏族社会的一大革命，是血统关系支配权发生了大变化。这个变化是由于遗产继承权有了变化而来的。恩格斯说："随着财富的增加，财富一方面使丈夫在家庭中占有比妻子更有权势的地位，另一方面又产生了利用这个增强了的地位来为子女利益而改变一般继承制度的意图。不过，当血统还按母权制认定的时候，这是不可能的。因此，必须废止母权制，而它也就被废止了。这并不像我们今日所设想的那样困难。须知这一革命，虽是人类所经历过的最急进的革命之一，但它却不需要侵害到氏族中的任何一个活着的成员。它的全体成员，仍能保持他们原来的样子。只要有一个简单的决定，说今后氏族的男性成员的子女应留在本氏族以内，而妇女的子女应离开本氏族，转到他们父亲的氏族里去，那就行了。这样就废止了按照女系确定血统和依母权制继承的制度，而确立了按男系确定血统和父系的继承权。"这个革命的产生一定有它的经济物质的因素存在。禹治水以后，有广大肥沃的土地出现，农业勃兴起来，这就是这一革命的经济基础。

十二、宗法家族和农村公社在中国社会中的特殊力量。

中国社会直到现在，还保存着一种特殊的家族制度。中国每个家族都有一个姓氏。同姓的男女，无论他几千年前的祖宗是不是同一个人的子孙，几千里外的氏族是不是同一宗派，只要是同姓就不许结婚。家族中常有好几世父系的后代和他们的妻室，都居住在同一田庄中，共同耕种，共同衣食，而所得的盈余，概归公有。即使年代久远，人口增加，逐渐分居，而仍常有公共的祠堂或祖庙，作为公共的财产和团结一族的机关，家族会议和族长的威权是很大的。甚至族内一切人的生死权都操在他手里。他成为独立而自足自给的社会组成的有机体。这是中国占绝大多数的汉族所特有的制度。

这种家族制度，有很长久的历史。虽然中国自秦以后，土地可以自由买卖，可以私有，而家族中总还存在家族共有财产的形迹。我们现在还常常看见在买卖土地的契约上写着："……本人因近支亲房无人承买，愿将某处田地若干亩，出让于某某……"立约后，如果在一定期间内，族中有人出来竞买，则还是同一族的人有优先权。这几乎等于一种不成文法。这不能不认为是宗法家族制度还根深柢固地存在。因此，我认为中国的家族制度，是建立在农村公社的经济基础上。因为中国的地理环境最适宜于农业，它的社会发展的特点，也必然是与农业有关系。（因而中国古代的所谓"井田制"也不能说它完全没有根据。）

恩格斯指出：母权的崩溃与宗法家族的兴起，是第一次阶级压迫和女性为男性所压迫的历史相密合。家族这个字的意义就含有家内奴隶的意思。马克思认为近代的家族，不仅含有奴隶制度的幼芽，而且还有农奴制度的幼芽，因为它一开始就和农业有连带关系。它不过是包含着一切后来社会中和国家中更广大地发展起来的矛盾的缩影罢了。

中国的家族、私产及国家的起源，正和恩格斯所描□的情形一样。而且因为中国宗法社会的家族，开始就和农业有密切关系，这种家族含有奴隶制度和农奴制度的幼芽，后来就发展为家长制的奴隶经济。因为中国的地理环境关系，使它的奴隶制度和封建制度都有一些特殊的地方，因而阶级的发生和国家君主专制政体的成立也有许多特点。在研究中国社会发展的学者中，发生种种不同的意见，甚至有认中国社会为不可解之谜。但中国社会也是人类社会，绝对不会在人类社会发展的共同法则之外，另有一条法则。

氏族社会发展到半开化的高级阶段时期，由于更有效用的金属工具发明了（禹铸九鼎，可见已发明铜），于是开始发现田园农业的特色，使家族对于土地占领的倾向，从而发展；牧畜业更达到全盛时代。因生产方法的进步，财产的积累较前更大。这样：第一，使男子的权力更超于以前各时代之上；第二，使氏族内部的成员间，渐显出贫富的破绽来；第三，商业也因而较原始的交换有更进一步的发展；第四，俘虏之作为奴隶而被使用，在家长制的经济中，更能表示其意义出来。

随着男系氏族社会的成立，氏族内使用的奴隶以及家长制的奴隶经济，都渐渐地发生。据古书所载，启伐有扈氏，灭之，以其人为牧牛羊的奴隶。就此可见这时已有战争，及由战争得来的俘虏作为奴隶使用的事情。

在夏朝，帝芬作圜土。圜土就是罚作苦工的奴隶的监狱。在氏族社会中，只有对待奴隶和俘虏才须用监狱，对氏族内的人是不容有这种事情的。

当牧畜还为主要生产时，所得的俘虏和有罪的人，使之为牧牛羊的奴隶，这是很自然的。但这种多半还是家长制的家内奴隶经济，与希腊、罗马式的奴隶制经济不同。家长制的奴隶经济和后来的希腊、罗马式的奴隶经济不同的地方，照我看来，则在前者奴隶为家族的公产，后者奴隶则完全存在于私有制度之下；前者还不曾以奴隶为绝对的唯一的生产者，后者则奴隶主完全靠剥夺奴隶的劳动而生活。

由于中国的土地肥美，古时地广人稀，发展的地方又不是海滨，自然以发展农业为适宜。家长式的农村公社也最适合于这种经济条件。因而家长制的家内奴隶经济，就奠下了巩固的基础。作家长的父亲，对于其妻子儿女，无论如何奴役而吸饮其血汗，谁都不能认为是一种剥削，因为妻子儿女，就是为其丈夫及父亲牺牲了生命，也认为义当如此，而且认为是最高的道德。后来孔子以孝为百行之先的伦理学说，正是建筑在这一基础上。父有无限的权威，因而家长就有无限的权威，由这里推论出去，作人民父母的君主天子，自然更当有无限的权威。再加以天命人权之说，就造成中国专制君主的理论。表面看来，中国的社会，好像无阶级、无剥削，而其实阶级剥削早就混迹在家族之中。一二代共同居住的家族，还能掩盖其剥削压迫于亲爱感情之中，至于三代四代五代同居的家族，则其矛盾冲突、剥削压迫的情形，随处都能表现。所以有名的五世同堂的张公，其治家的要诀，即在"百忍"。难道这一句名言，还不够表现他的家族中的矛盾冲突吗？

中国家族制度的保存至今，原因就在于它的农业经济基础上。它使以后的奴隶制和封建制的发展，具有中国的特点。

马克思说："前资本主义各国生产方式的内部坚固性和结构，对于商业的分解作用，是一种障碍；这种障碍，在英国对印度和中国的通商上，得到了切实的证明。在印度和中国，生产方式的广阔基础，是由小农业和家内工业的统一形成的。在印度，还有以土地共有为基础的村落共同体的形态；并且在中国这也是原始的形态。"马克思的这些见解，对于研究中国古代历史，具有重要的意义。

第三章　上古史

乙、从商朝到周朝末秦统一天下止，这是一方面有出土文物，
一方面有比较可靠的文字记载的时期。

一、商汤伐桀是中国国家形成的表现。

中国现在所发现的出土文物是非常之少的，而且只发现了商代的实
物。有些人就企图把商代以前的历史，一笔勾销，认为一切记载都是不
可靠的。我认为一方面出土文物是最重要的；另外一方面在还没有证明
某一事实确是错误以前，我们不能把旧书的记载完全抹煞。如孔子、孟
子的书，大家都认为是比较可靠的书籍，其中有许多地方，我们可以作
为研究的材料。孟子说：

> 汤居亳，与葛为邻。葛伯放而不祀。汤使人问之曰：何为不祀。
> 曰，无以供牺牲也。汤使遗之牛羊。葛伯食之，又不以祀。汤又使
> 人问之曰，何为不祀。曰，无以供粢盛也。汤使亳众往为之耕，老
> 弱馈食。葛伯率其民，要其有酒食黍稻者夺之，不授者杀之。有童
> 子以黍肉饷，杀而夺之。书曰，葛伯仇饷，此之谓也。为其杀是童
> 子而征之，四海之内，皆曰非富天下也，为匹夫匹妇复仇也。汤始
> 征，自葛载，十一征而无敌于天下。东面而征，西夷怨，南面而征，
> 北狄怨，曰，奚为后我，民之望之，若大旱之望雨也，归市者弗止，
> 芸者不变，诛其君，吊其民，如时雨降，民大悦，书曰，徯我后，
> 后来其无罚。

从上面这个记载看来，商汤时代，牧畜与农业并重，都市商业有相
当的发展，阶级形成，阶级斗争已扩大，表现在发生了战争，需要有国

家来统治。所以汤的东征西讨和以后灭夏桀而有天下，所谓开征诛革命的新局面，我们应当认为是中国社会形成国家而进到奴隶制的开始。

二、商汤建国后的设施。

传说商汤灭夏建国后，定公、侯、伯、子、男五等的爵禄官职。对于土地则为井田之制而立助法。建学校。养耆老。制定官刑。铸造金币。

三、盘庚迁殷，商业发展，奴隶制也更发展。

商代六百余年中，因河决之患，数迁都城。盘庚迁于殷，改国号曰殷。从《易经》的旅卦上奴隶作为商品交易的记载看来，奴隶制度已渐发展。但并不曾发展到像古代希腊、罗马那样的奴隶制度。

四、周武王灭殷，奴隶制度又发生了变化。

周武王革殷之命而为天子，即大封诸侯于天下，所有土地分割殆尽。在新兴诸侯手中握有兵权，掌有土地及一切行政权力。诸侯所依靠者为其家臣侍卫，为报酬其功劳和使其为己用，又复将其土地分给他们的所谓卿、大夫、士等等，仕者皆有采地，作为世禄，这样就造成了中央权力不集中，结果形成为割据的局势，造成梯形的等级制度。在春秋时代有五霸，在战国时代有七雄，国家处于极不统一的状态。

五、这一时期技术发展的情形。

周代已用犁后来并用铁犁来耕地，各种用具有很多的发明，社会上的分工愈显著。管仲相桓公，以渔、盐、铁之利而霸诸侯，同时水利大兴，商业繁盛。

六、这一时期的文化有特别的发展。

殷代的思想，表现于《易经》上的，有一部分辩证的哲理。《易》的原理认为：宇宙的本原为太极，太极本身中含有相反相成的二元曰阴阳，又曰两仪。两仪生四象（春夏秋冬），四象生八卦。图解见下页。

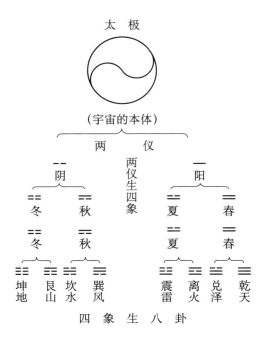

周朝的春秋时代，出了一个大思想家孔子。孔子把《易经》的辩证哲理丢掉了，而转为折衷的实践伦理学。他在中国社会中的影响最大，他的思想一直支配着中国社会的整个封建时代。它是中国经济基础的反映。它影响到中国的宗教与世界不同。它不是宗教而有宗教的作用。孔子的中心思想为中庸之道。他的伦理学说：（一）轻学理，重实践，（二）以自近及远为实践道德的要旨，最重家庭道德；（三）以孝为家庭道德的中心，以孝为百行之本，以父子之道为天性；（四）重孝之结果，主张尊祖敬宗，崇拜祖先；（五）提倡大义名分，鼓吹尊王复古，排斥革命思想。战国时代有诸子百家，著书立说，思想最为发达。

中国的象形文字能维持几千年，也是世界上一个特殊的现象。在现有的殷墟出土文物看来，殷朝的文字发展还很幼稚。到周宣王时，太史籀才整理出来，作成大篆，文字才有很大的进步。

七、这一时代的人物。

成汤、伊尹、傅说、箕子、吕尚、文王、武王、周公、孔子、孟子、管仲、子产、老子、庄子、墨子、荀子、列子、商鞅、乐毅、荆轲、聂政、鲁仲连、蔺相如、廉颇……

第四章　中古史

甲、秦汉及三国时期。

一、秦统一天下的原因。

由社会发展的形势看来，战国末年，大多数人民的要求，可以说是土地、和平、统一这三件大事情。首先是农民苦于租税的剥削，苦于列国不断的战争和当兵徭役的痛苦，亟望自己可以自由地得到土地及国家的和平、统一。其次是商业和高利贷这时有很大的积累。但是中国一般民众的心理和治国的学说，都是重农抑商。这几乎是不变的传统。如管仲、子产、商鞅等的政策，都是压制商人。可是，商业不但不会因政治上的压迫而衰落，反而因社会财富的增加而日益发展起来。这些积累起来的财富，因种种关系还没有达到可以发展工业资本的可能，而政治上又都重农抑商，这自然就使它不能不流入农村。最初是以高利贷形式出现。始而押当土地，随后极望可以收买土地。可是当时土地是不能自由买卖的，所以这时新兴的商人阶层，也渴望土地、和平与统一。

秦孝公用商鞅变法，开土地可以自由买卖之端，就是适应这时大多数民众的要求。而秦也就由此征服六国，统一天下。这就是秦统一天下的第一个原因。

秦大兴水利，开郑国渠等等，农业技术有了很大的进步，这就是秦统一天下的第二个原因。

二、秦初的大变革及新的建设。

秦王嬴政统一天下后，自称始皇帝，尽改古帝王之制。首先是改革土地制度，废封建诸侯制，改为郡县制，分天下为三十六郡，均直隶于皇帝，使中国成为一个统一的国家，令人民得自由买卖土地。统一文字及度量衡。废去龟贝玉的货币而制定金属货币。建筑万里长城、河渠、道路，都是伟大的工程。

三、秦定土地私有制在中国经济发展上的影响和各家的争论。

秦废封建这一问题，引起了不少的争论。有人说中国自秦废封建以后就没有封建了。法西斯的走狗托洛茨基分子等叛徒，也说中国没有封建了。他们的根据是，自秦以来中国的土地就可以自由买卖，商业资本已流入农村。马基雅尔也说："中国土地占有分配的本身，在任何严重程度上，都不能说是封建关系的残余。如果注意考察一下中国地主土地占有制的历史，那末，毫无疑义地可以看出，现在地主土地私有制并不是封建残余。中国地主取得土地的方法，是买卖，是高利贷剥削，利用金钱的威权。"瓦尔格说："中国土地并不是世袭的祖业，为封建主累代相传，他可以自由买卖，因此，他的主人就常常变换，如在资本主义制度之下一样。"

为甚么中国土地私有制被弄得这样糊涂呢？一种是托洛茨基分子，想否认中国封建残余的存在，来否认中国现阶段的革命的资产阶级民主性；一种是他们不了解现在资本主义的土地私有制是被资本主义生产所改变了形态的土地私有制。他们把资本主义以前的和现代资本主义的两个土地私有制的关系，混为一谈。我们知道，土地可以自由买卖，这并不是资本主义土地所有制的特征，古代社会与封建社会都曾经有过。恩格斯在《家庭、私有制和国家的起源》上说："在成文历史所涉及的时代，土地已被分割而转归私人所有了……。由于土地的买卖，由于农业和手工业、商业和航海间分工的进一步发展，氏族、胞族和部落的成员都很快地杂居起来。"

由此看来，秦虽废除了封建诸侯的形式，土地可以自由买卖，但不能说中国就已经没有封建了。郭沫若说：秦统一天下才算完成了中国的封建。在某种意义上或者可以这样说。总之，秦的土地制度改革不过是造成了特殊的封建形式。现在我们从改革以后的土地关系及流弊来看，也可以了然于中国何以迟迟不能发展到资本主义制度的一个主要原因。

四、土地制度改革后的特点和弊害。

现在我们来看秦改革土地制度后和从前有些什么不同的特点。

第一，变更从前贡赋的制度，定出一种田赋（后来叫作钱粮），把全国的土地田赋都归于皇帝（国家的最高统治者）。令人民自己报明他有几何田地，不限制他有多少，只按照他的田地，定出他应纳多少田赋。这些田地就安上他的名字，就归他私有，永远管业，所以叫作"名田"。这个有田地的人就叫作粮户。政府每年就按粮户来收粮，这就叫作"因地而税人"。至于怎样来使用这些土地、谁来使用这些土地（或自耕或佃与人耕种），政府是不过问的。买卖土地时，经过政府的税契，也可以更换名字，把主权移给新买主。但也常常有卖田不卖粮或少卖粮，或少卖田多卖粮等弊病。这是国家对于土地的关系，只是按粮户来收粮，而不过问土地。

第二，土地可以自由买卖，有钱的人及豪强有力者，占田就一天比一天多。他必须佃与无田或田少的人去耕种，而收其十分之五的田租，所谓"耕其田者见税十五"。也就是现在我们所谓平分制的佃农制。由这里很明显地看出，田赋和田租分开了：田赋是土地私有者对于国家所纳的粮；田租则是土地使用者（佃农）对土地私有者（地主）所纳的租。现在土地对于人是由两种关系而变为三种关系，添了在中间剥削的一个地主阶级。这个变革的结果，使商业高利贷资本找到了一个出路，可以从兼并土地中得利而不必再往前发展了。另一方面，农民要得到土地，就必须花费一笔资本。土地本身原是没有任何价值的，而现在被攫为私有财产，也居然有价格了。在封建诸侯时代，土地是被封建主垄断了的。而土地可以自由买卖以后，也并没有阻止新兴地主的垄断土地，而且加紧了垄断土地的过程。所以我们在历史上常常看到"豪强兼并"，"土地集中于富者之手"的呼声。如汉董仲舒说："富者田连阡陌，贫者无立锥之地。"仲长统说："豪人货殖，馆舍布于州郡，田亩连于方国。"豪富垄断土地，政府即使减免田赋，而地主仍随时加租，农民得不到一点实惠。如汉末的学者荀悦说："古者什一而税，以为天下之中正也，今汉氏或百一而税，可谓鲜矣。然豪强富人占田逾限，官收百一之赋，民输大半之税。官家之惠，优于三代；豪强之暴，酷于亡秦。是上惠不通，威福分于豪强也。"

第三，土地集中于地主之手，农民受到残酷的剥削，结果必引起农民的大暴动。如秦末陈胜、吴广的起义，西汉末赤眉、铜马的起义，东汉末黄巾的起义，唐的黄巢，元的白莲教，明的李自成、张献忠，清的太平天国革命。几乎每二三百年必有一次农民大暴动的发生，好像有一定的周期似的，这不能不说是秦改革土地制度后，所表现出的农民与地主的阶级斗争。

五、秦很快灭亡的原因。

秦统一天下后不过十五年就灭亡了，它的原因如下：

第一，宗法社会的残余还很浓厚，家族自治体的分散的庄园式的自足的小农经济（自夏到周每家都只有五十亩至多不过一百亩地，到了商軼变法，又定每家有二男以上不分居者加倍抽税），不适合于专制的庞大的中央集权的统一国家。因为集权的国家，只有建筑在集中经济的阶级上才有巩固的可能。第二，当时的商业资本，不仅没有向前发展，反而因土地可以自由买卖，使它流入农村，成了分散而停滞的经济。它利用封建地主的形式来更加剥削农民（高利贷），加重了盘剥人民的寄生的性质。结果不但把积累了的资本分散了，而且转到落后的自然经济。第三，因北方匈奴的侵略，强迫农民戍边，并筑万里长城及各种巨大的工程，以致民穷财尽。

六、楚汉的战争。

七、汉高祖刘邦以安定民生的约法三章，除秦苛政，并厉行重农抑商政策，都是为适应农民的愿望。

八、汉武帝的文事武功。平定匈奴，打通西域，是中国经济发展的表现。

九、土地集中在地主手中，引起农民大暴动（赤眉、铜马起义）。王莽欲行井田制来解决土地问题，未能实行而西汉及王莽皆灭亡了。农民暴动扫荡了千百城池，杀戮了成千成万的地主，而地主对起义农民的屠杀尤为严重，因此人口死亡了三分之二，以致有地广人稀的现象。

十、东汉光武帝乘大乱之后继高祖重农政策，使农民得以安定。但不过二百年，农民又在地主兼并之下深受自身无地可耕的痛苦，农民又大暴动起来（黄巾起义）。这次地主官僚有了经验，不久就把农民暴动镇压下去。但又酿成地主军阀割据的局势，魏蜀吴三国形成，而东汉亦亡。

自秦至三国末的五百年（四百八十五年）中，秦和两汉四百四十年间为中国统一而强盛的时代，到三国又开始了分崩割据的形势。现把这一时期社会发展的情形，分述如下：

1. 这一时期的社会生活基础。

（a）社会的生活基础。除北方长城以北的少数民族，仍以游牧为生外，占人口绝大多数的民族（汉族）完全以农业为生活基础。农业技术已很发达，耕耘器具，皆极巧便，穿渭渠、白渠以及导河等水利大兴。至于塞外之地，如蒙古、西域多半是草原和大沙漠，又离海洋很远，所以居民多年还停滞在游牧时代，而且常常南下侵入内地。

（b）这一时代的工艺技术有很大的发展。例如冶铁铸铜，都有极进步的表现。在秦有咸阳的十二金人，重各二十四万斤，可见熔造工程的伟大。汉武帝起柏梁台，作承露盘，盘高二十丈，大七围，以铜为之，上有仙人掌以承露。又有井斡楼，积叠百层，高五十丈（约一百五十米），形若井斡，或四角，或八角，备具匠心。

（c）商业的繁盛，在《史记》《汉书》等的记载中，都有详细的事实。

2. 这时期社会的结构。

（a）家族与婚姻形式。古代最重世系，世系的尊贵与否，常由姓氏来分别。夏、商、周三代时，氏和姓是有分别的：姓是拿来别婚姻，所谓同姓不婚；氏是拿来明贵贱，只有国内的贵者才得称氏。自秦并六国后，旧时世家裔胄，存留者都衰落，而新兴的平民家族，就代替了旧的家族。婚姻制度，平民则为一夫一妻制，而有钱有势的人则为多妻制，汉朝君主，后宫多至三四千人，且设有各种等级的女官以管理之。

（b）政治。中国的国家组织形式，到秦时起了一大变化。秦废封建诸侯，立郡县制，直到现在，大半都是用这一制度。

（c）阶级。以严格的马克思主义的观点来说，秦汉时代的阶级，就是地主与农民是对立的两个阶级。社会上虽有奴隶的使用和卖身为奴及官奴婢等等的存在，但不能说等于奴隶制度时代的奴隶。

东汉时代形成一种知识分子的力量。古代学校大都为贵族子弟而设，汉武帝时始择民间的优秀子弟诣太学受业，这才开始使平民得入太学。东汉末质帝时，太学生达三万人，甚至主持舆论，率其徒以非议朝政，竟至酿成党锢之祸。所谓清议，使权奸不能不畏惧。这可以说是中国学生运动的开始。

3. 这一时期的文化。

（a）文字。秦李斯作小篆，中国文字始归于统一。程邈作隶书，东汉许慎作《说文解字》，中国才开始有字典。

（b）文学历史的著作，所谓汉文章，称为中国极盛时代。

（c）科技艺术。汉张衡改革旧制，造浑天仪及候风地动仪。医学、建筑、绘画、雕刻都有长足的进步，并发明了造纸。

（d）思想与宗教。汉武帝从董仲舒之议，尊崇孔子，罢黜百家，定于一尊，以此来束缚人民的思想。宗教则为多神教，佛教开始流入中国。

4. 这一时期的历史人物。

李斯、贾谊、晁错、董仲舒、张骞、班超、苏武、司马迁、班固、许慎、郑玄、诸葛亮、郭泰、李膺、陈蕃、张角、樊崇、曹操、刘备……

第五章　中古史
乙、两晋南北朝隋唐及五代时期。

一、这一时期共约七百年，有以下的几个特点：

（a）农民与地主绵延不断的阶级斗争，以及封建主的分裂割据和争权夺地之争使国势衰微，国土分崩离析，北方各文化落后的民族，乘势南侵，所谓五胡乱华，占据黄河流域的中原至三四百年之久，人民固然受苦，而民族却多同化。

（b）这一时期是均田制度的发生和衰灭时期，土地农民问题对每个朝代都是极严重的问题。西晋时定计人授田法，未能实行而国已亡。后魏孝文帝实行均田法。到唐中叶又完全废去，仍许人民自由买卖土地，恢复了秦时制度。土地问题始终没有解决。

（c）国民经济重心由北部移到东南部，农业地理上有了很大的变迁，形成许多分散的区域，使国家不能统一。

（d）这一时期门第氏族、姓氏谱牒之风最盛。这是因为五胡乱华，中原人民得不到国家的保护，只有依靠其农业的生产经济能力所形成的家族来团结自治，以图苟且偷安，这就更巩固了宗法社会的残余。

（e）佛教盛行，印度及西方文化流入中国，思想上起了一大变化。

二、西晋的兴亡。

三、晋东渡后，偏安于南部一隅，和北方五种民族十六国对立。

四、南朝宋、齐、梁、陈的兴亡。北朝后魏的兴盛与分裂为东西魏及其灭亡。

五、隋统一中国后的建设及其很快灭亡的原因。

六、唐统一中国后，疆土之广，超过汉代。

七、唐末藩镇之祸。

八、以黄巢为代表的农民起义。

九、五代之乱。

十、这一时期中国的工艺技术有许多发明和进步，有许多伟大的建筑工程。

十一、文字上有音韵学的发展和守温字母的创造。

十二、这一时期的历史人物。

第六章 近古史
甲、宋元时期。

一、近古史和中古史的比较有以下几个特点：

（a）民族意识的加强而却没有造成单一民族的国家。

原来中国是一个多民族的国家，而开化最早、文化最高的，要算汉族。虽然汉族也不是纯粹的一个民族，然而从最初的部落杂处，经过多年混血和同化的过程，实造成了东亚的一个伟大的中国民族。东亚的一切文明都以它为中心，这是不可否认的事实。自秦汉到五代，虽有北方异民族的部落向内地骚扰，甚至如五胡、北魏的割据中原，前后达数百年之久，然而一方面，它们是入居内地多年，只算是中国人民，而且除据有中国的土地外，别无根据地；另一方面，他们没有特殊的文字，而且极力想和汉族同化，如匈奴的刘渊自称是汉朝的外孙，改姓刘氏，而其族遂多改为刘姓，鲜卑拓跋氏的北魏孝文帝改姓元氏，命其族都改为汉姓，禁止胡服胡语，沙陀的李克用志在存唐，所以他的国号也叫作唐。这些都表明这些民族还没有发展到结成一个民族的地步，因而也就只有部落的意识而缺少民族的意识。到了契丹的辽，和以后的金、元、清等就不同了：辽从东北（满洲）较好的地方发展起来侵入内地，有自己可以独立的土地，并有自己的语言文字。金朝据有中国之半，当世宗、章宗时，都很思念女真旧俗。世宗谓其族人只通汉文汉语，不通晓其本国文字语言为忘本。元朝的蒙古族、清朝的满族，都发生同样的感慨，而且种族之界线很严。这是表明北方民族意识的加强。而汉族以征服者的地位数次转而为被征服者，民族的意识也更加激烈。因而自宋以来，失地亡国的哀思，民族英雄的奋斗，都在诗歌史实中表现出来。如岳飞、文天祥、张世杰、陆秀夫、史可法等等以及成千成万的民族英雄，都是慷慨捐躯，从容就义，以热血来为民族争生存，至今犹凛凛有生气。民族斗争从此加激。但是民族意识虽然加强，而却不能如欧洲十八、十九世纪一样，造成单一民族的国家。这是因为中国经济发展不平衡，而且一般的都还没有发展到资本主义的原因。

（b）商业资本有很大的发展而却没有发展到资本主义。

中国商业发展，到元朝可谓极盛，但没有发展到资本主义。其原因有二：一是中国历代厉行重农抑商政策，到元朝才特重工商。元朝统治者挟其游牧民族的战斗威力和中国已发展的工商业力量，所以能征服亚洲的极大部及欧洲的一部。但蒙古人所恃的武力，并无经济的基础，故不久即一败涂地。而且它发展的只是陆路交通，又远隔以辽阔的沙漠和荒地，所以武力一衰，即无法维持。二是中国系一个大的农业国家，更加以宗法社会残余深厚地存在着，自足自给的经济阻碍了工商业的发展。这是中国未能发展到资本主义的主要原因。

（c）思想上更锢闭于孔子的折衷伦理学说而埋没了宇宙的真理。

中国的哲学在《易经》时代，本有一线光明。就是它拿物质（虽然没有用物质这一名称，而用一个易字，易就是变动的意思）运动来解释宇宙，所谓"变动不居，周流六虚"。以矛盾冲突来解释运动，所谓"上下无常，刚柔相易"。它所谓"上下""刚柔""阴阳"等等不过是代表一个整体中内在的矛盾的两部分，本来是无大小轻重的不同，而是对立的相等。到了孔子，就用形而上学的理论，把它固定起来，而且把整体中的矛盾两部分，分作阴阳二元，用阴阳二元来配合天地、日月、明暗、上下、前后、高低、刚柔、强弱、动静、吉凶、祸福、尊卑、贵贱、男女等等，使矛盾的一致的真理，变成两个不平等的东西，来确定宇宙和人类社会的所谓"秩序"。孔子就以这种所谓"形而上者谓之道"的原理来树立他的伦理学的根基。

孔子的学说，在汉以前，并没有在中国占着统治地位，自得汉武帝的尊崇，孔子的学说才独尊，这自然是封建统治阶级的意志的反映。但是孔子的学说，只发展了《易经》实践伦理学的一部分，把哲学思想的一部分丢掉了。因此，有高深思想的人，对此是不能满意的。自从佛教流入中国，印度及西方的哲学也传入中国，所以从魏晋到唐和五代，佛教在中国大流行。一方面固由于人民的迷信，一方面也因佛学在思维逻辑上，有相当的价值，比孔子学说要深远些。但是佛学的"万象皆空"的厌世思想，太偏于"出世"了。所以唐代就起了一种反动，如韩愈、傅奕的排佛，引起社会的欢迎，到了两宋时代，就出了新的孔子学说，即所谓宋学。

宋学是把哲学和伦理学联系起来，如周敦颐的《太极图说》及张横渠的太虚论，都有部分的哲理。《太极图说》以为太极本于无极。"无极之真，二五之精，妙合而凝"。中国的哲学用从一到十的数目字来表示，这本于传说中伏羲时代的河图，所谓"二五之精，妙合而凝"。可以用河图图解如下：

朱子河图论：

一与六共宗而居乎北，

二与七为朋而居乎南，

三与八同道而居乎东，

四与九为友而君乎西，

五与十相守而居乎中。

附注：中国古字"×"为五，"+"为十。所以图之中心的四条交叉线，就是五和十两个字。

周子以为宇宙间充满了太极，太极本身含有一阴一阳，是为两仪。阳变阴合而生水、火、木、金、土五行。分作方位可以为北、南、东、西、中。五行各有一阴阳，就是各有一个奇数，各有一个偶数，就是说，五行各有一个太极，因为一奇一偶就是一阴一阳，一阴一阳就是一个太极。因此天地间何时何地都离不了一个太极。这就是"二五之精（十个数目字的精华），妙合而凝"的原理。

我认为这个理论和辩证法的一部分"矛盾的一致"的法则有某些相合之处，不过周子不懂得物质因矛盾冲突而发生运动的真理罢了。

至于张子（横渠）的太虚论则以为：太虚是宇宙的本体，宇宙的万物，都由这个本体太虚的活动而生；太虚因其内含于自身之本性，不得不必然的活动；或凝聚，或发散。凝聚时生形而为万物，发散时失形而归太虚，万物即由太虚之聚散而发生和消灭，但是，太虚并不因聚散而变更其本质。

张子能说明物质必然的要活动，但为什么会活动则尚不能说明。

朱熹要算是集宋学的大成者。但他和孔子一样，只发展了伦理学的一部分，而且更机械地把人心束缚于所谓大义名分，他提倡的一套所谓礼教，成了统治阶级、特权阶级压迫人的工具。

（d）知识分子的士大夫阶层，在中国政治社会中的特殊作用。

中国的象形文字，学起来很困难，因此识字的人就很少。专制君主都采取愚民政策，自然不愿去改良文字，普及教育。因此，读书识字就成了专门职业，而且是官僚的候补者，因而就产生了封建时代的知识分子，即所谓士大夫阶层。他们是孔子的信徒，在社会中有特权，差不多同欧洲的教士僧侣一样。

二、宋统一中国的情形和对内对外的政策。

宋太祖是五代末周世宗的一个勇将。周世宗以国人痛心于契丹的侵略，人人思收复失地，驱逐强寇，他深知道攘外即可以安内。他自将伐辽，收复了瀛、莫、易三州，将进取幽州（北平），不幸病没。宋太祖赵匡胤马上就受了拥戴，黄袍加身，人人以为他必能继承周世宗的遗志。可是赵匡胤没有远识，以为攘外必先安内，因而力图国内的武力统一，打了二十年的内战，国内虽勉强地统一了，而外患却更加深，以致使中国境内开少数文化落后的民族征服多数文化较高的民族之端，民族间残酷的斗争，绵延到将近千年之久。这不能不算他是一个误国的罪人。

三、北宋的积弱。

四、王安石的变法。

五、辽的灭亡，金的兴起，和这些国家民族的社会政治生活情形。

六、北宋的灭亡。

七、义军的抗战。南宋的偏安及其对金人一味主和的亡国策略。

八、南宋名将岳飞朱仙镇的胜利及秦桧杀岳飞的惨剧。

九、金的灭亡。

十、蒙古民族发展的情形。成吉思汗的兴起及元朝统一中国的经过。

十一、南宋的灭亡。

十二、元朝的军事及疆域的广大。

十三、元朝的国家组织形式。

十四、元朝特重工商业，使中国商业有很大的发展。

十五、白莲教领导下的农民大暴动。

十六、元朝的灭亡。

十七、这一时代的历史人物。

第七章　近古史
乙、明清时期。

一、明朝的灭亡元朝，是经济较发展的汉族战胜了经济落后的蒙古族。也就是经济落后的征服者渐渐投降到了经济较发展的被征服民族的影响之下的最好例证。

二、明代郑和下"西洋"之举，是中国经济文化发展到南洋群岛的表现。

三、明代的所谓倭寇及日本军阀丰臣秀吉侵略中国的野心和中国驱逐日寇。

四、明代的宦官权臣及党祸。

五、土地问题不能解决，李自成张献忠代表的农民大暴动，满族乘机征服汉族。

六、清朝的兴起及其社会经济发展的情形和建国的经过。

七、明朝的灭亡。

八、清代的政治军事。

九、清朝对待汉族的政策。

十、近代的蒙、回、藏及清朝对于它们的政策。

十一、近代的西南各少数民族。

十二、清朝的中衰和嘉庆时白莲教的暴动。

十三、中国与西欧各国交涉的初期。

（a）西人的东来。

（b）基督教初入中国的情形。

（c）中、俄初期的交涉。

（d）中国西南沿海一带最初对待外人的情形。

（e）英国以鸦片输入中国及中国人对于英国人的仇恨。

十四、明清对于土地农民问题的策略的比较。

明朝的"皇庄"，清朝的"圈地""旗地""屯田"等等，都是政府强夺民田来分封贵族的办法，再加以豪强贵族及地主势家，用经济以外的势力来侵占土地的，常常见于史书的记载中。土地在直接生产的农民之手的，实居少数。至明代，赋税的繁重使农民不堪其苦。清朝有"永不加赋"的明令，许多人都认为是超越前代的德政。但后来也巧立许多名目来剥削农民。

十五、这一时期工商业发展的情形。

十六、这一时期学术思想的发展。

十七、这一时期文学艺术的发展。

十八、这一时期的历史人物。

第八章　近代史

甲、鸦片战争到"五四"运动（公元一八四〇年到一九一九年）。

一、鸦片战争前中国社会经济一般的状况。

二、清朝政府对内对外的政策。

三、国际间一般的形势。

四、鸦片战争的原因、结果和影响。

五、太平革命的原因。

六、太平革命的性质、动力及其政纲。

七、太平革命失败的原因及其历史意义。

八、英法联军之役及天津条约。

九、中法战争及其结果。

十、中日战争及马关条约。

十一、中国战败后列强分割中国及势力范围的划分。

十二、戊戌变法及守旧派的政变。

十三、义和团运动。

十四、八国联军占领北京与辛丑条约。

十五、日俄战争与俄国一九〇五年革命对于中国的影响。

十六、中国革命同盟会的成立与革命运动的发展。

十七、辛亥革命的胜利与中华民国的成立。

十八、辛亥革命失败的原因及其经验教训。

十九、第一次世界大战的爆发。日本占领山东及二十一条亡国条约的签字。

二十、袁世凯称帝与云南起义。

二十一、参加世界大战问题与张勋复辟。

二十二、国会南迁与广州护法政府的成立。

二十三、俄国十月革命对于中国的影响。

二十四、世界大战中中国民族资本主义的发展。

二十五、中国在巴黎凡尔赛和会上的失败。

二十六、新文化运动与"五四"爱国运动。

二十七、这一时期的历史人物。

第九章　近代史

乙、"五四"运动到现在（公元一九一九年到一九三五年）。

一、中国共产党的产生。

二、中国工人运动的发展，海员罢工与京汉铁路大罢工。

三、华盛顿会议的意义及其对于中国的影响。

四、国共合作，革命统一战线的成立。

五、苏联与中国建立正式邦交，交还沙俄侵占中国的一切权利及其对于中国人民的影响。

六、曹锟贿选总统与吴佩孚的失败及国民军的成立。

七、工人罢工浪潮的高涨和工会组织的发展。

八、上海"五卅"惨案及广州沙基惨案的发生。

九、广州国民政府成立与国民党第二次全国代表大会。

十、国民革命军北伐占领长江流域。

十一、国民政府迁移武汉，收回汉口、九江英租界。

十二、上海工人第三次起义胜利，占领上海，国民革命军占领南京。

十三、帝国主义炮击南京。蒋介石背叛革命，屠杀上海工人，在南京成立反革命的政府与武汉的革命政府对立。

十四、工人农民运动更加发展。有些地区的农民运动发展到实行土地革命。

十五、武汉国民政府第二次北伐的胜利。

十六、长沙发生马日事变，武汉国民党汪精卫等背叛革命。

十七、第一次大革命失败的原因与教训。

十八、南昌起义与广州公社的失败。

十九、大革命失败，国际帝国主义得南京政府的帮助重新巩固了已经动摇的统治。新关税制仍继续不平等的条约。南京政府与苏联断绝国交，枪杀广州苏联领事馆人员及副领事。

二十、日本帝国主义又公然出兵山东，占领济南和胶济铁路，南京政府毫不抵抗。

二十一、南京政府蒋介石与张作霖、李宗仁、唐生智、张发奎、冯玉祥、阎锡山等的连年军阀混战。

二十二、南京政府占领北京后，所谓国民党一党专政、全国统一政权的反革命实质。

二十三、南京政府起草土地法、劳动法的骗局。

二十四、南京政府的苛捐杂税及财政的紊乱。

二十五、农村破产，工人失业，水灾、旱灾及外货充斥，工商业倒闭。

二十六、国民党军阀武力抢夺中东铁路的冒险行为及进攻苏联的战争。

二十七、工农运动的重新高涨。

二十八、中国红军的发展及苏维埃中央政府的成立。

二十九、日本占领东三省及南京政府的不抵抗政策。

三十、日本进攻上海，上海工人及市民群众与十九路军英勇的抗战，使日寇计不得逞。南京政府与日本订立淞沪协定，压制人民反日运动。

三十一、中国苏维埃政府对日本宣战，号召全国人民及军队联合一致进行民族革命战争。

三十二、日本进攻山海关、平津，占领热河。南京政府与日本订立塘沽协定。吉鸿昌、冯玉祥等与二十九军张北抗日与长城一带的英勇战争。

三十三、红军北上抗日先遣队方志敏等被蒋介石"围剿"捕杀。

三十四、红军冲破蒋介石与帝国主义的"围剿"，绕道西征，北上抗日。

三十五、东三省反日游击运动数年来的英勇斗争。

三十六、日本占领华北的积极行动——组织冀东傀儡政府及冀察政务委员会，强迫华北五省"独立"。

三十七、中国共产党和苏维埃政府发布"八一"宣言，号召各党派、各军队结成统一战线，以抗日救亡。

三十八、北平学生又发动反日运动，全国响应，上海成立各界救国联合会，抗日潮流汹涌澎湃。

布列宁简历 *

（1937 年 2 月 22 日）

姓名：Н. И. Буренин

1878 年生于中国四川省。

1903—1911 年往日本留学，毕业于日本第六高等学校。在留学中参加中国革命运动，一九一一年参加广州及四川革命起义，1913 年参加南京上海的第二次革命，革命失败后，1913 年十二月到法国巴黎，入巴黎法科大学肄业三年。1917 年回国参加反北洋军阀运动，在上海参加"五四"运动。1922 年在四川成都任高等师范学校校长。1925 年加入中国共产党，参加 1925—1927 年中国大革命运动。1927 年中国革命暂时失败即到莫斯科，入中国劳动共产主义大学。1930 年毕业后，派到海参崴中国党校任教员。1933 年中共代表团调来莫斯科作工作。1933 年九月任东大中国部主任和教员。1935 年解放主任职务专任教员，参加共产国际第七次大会。1925 年九月到 1926 年八月作特别工作，1926 年十月到现在任东大教员。

Буренин

1937 年正月 12 日

---

* 录自荣县吴玉章故居陈列展档案，原文为手稿。布列宁（Буренин）系吴玉章化名。

全国奋起抵御日寇之新进攻 *

（1937 年 7 月 10 日）

　　七月八日晨，日寇军队悍然在北平附近芦沟桥武装挑衅，突向廿九军第三十七师兵营及民房轰击，致我方军民死伤二百余名，使我北方政治经济文化中心之平津均受极大之震撼。幸赖首当其冲的廿九军将士，深明大义，当机立断，英勇抵抗，续以肉搏，使日寇遭受迎头痛击之下狼藉败退。廿九军将士，这种抗敌御侮，保土卫国的精神，应受到全国人民之赞扬与钦仰。我们敢代表海内外一切爱国同胞，谨向抗日卫国廿九军三十七师将士们表示万分的敬意与拥护！

　　日寇在芦沟桥的暴行，不是偶然的又一"事件"，而是日寇夺我北方亡我全国的侵略政策中一个有计划有准备的步骤。日寇久已视我国北方为"帝国必要的原料场与缓冲地带"，所以在"华北特殊性"这样无耻的借口下，不断对我国北方作多管齐下的侵略，得寸进尺，毫无忌惮。然而，日寇侵略益急，我国民众反抗亦愈烈。年来抗日高潮，澎湃发展。因之，南京政府以至冀察当局在全国民意督促之下，在对日政策上，虽仍未能尽符民意，实行坚决抗日国策，但亦不复如前此之一味退让，予取予求，日寇所谓"华北特殊性"的各种要求未能尽达目的。日寇情急智短，乃决施用所谓"断然手段"。善于"乘机应变"的日寇近卫内阁，

---

　　* 录自《救国时报》1937 年 7 月 10 日，第 1 版，为该报社论。

趁着日英瓜分中国的谈判仍在进行，趁着德意法西斯更加公开侵略西班牙，欧洲局势紧张，趁着我国国共及其他党派合作、和平统一尚未完全成功的时机，就计划、准备并发动了对我的武装挑衅。很显然的，其目的不仅在威胁我国当局接纳其对北方之各种要求，而且欲一举占领我国北方之咽喉，以便侵占平津，进而再囊括冀绥晋陕鲁豫等省以至全中国。日寇的挑衅，既然是原定的计划，既然有巨大的阴谋，则日寇绝对不会因在芦沟桥遭受挫折而放下屠刀。可见日寇所以签订停战协定，只是一种缓兵之计，以便更加调集大军，扼占要隘，乘机卷土重来，向我大举进攻，以求达到其原定的目标。形势危急，真到了空前的地步。

乃卖国无耻之亲日派份子竟极力宣传，谓芦沟桥的冲突为"地方"事件。这显然是企图麻痹我国的人心，阻挠及破坏我国援助廿九军及全国御侮抗战的运动，以便利日寇从容实现其侵占北方、灭我全国的毒谋。谁都记得，在"九一八"事变，上海战争，长城抗战等事变当中，亲日派份子都曾施用这种技俩在所谓"地方"事件名义之下，拒绝了全国动员的援助，以至国土丧失，耻辱重重！国人如不善忘，如不愿永沦为日寇之奴隶，则对于亲日派这种卖国无耻之狡谋应立即与以一致之打击。

当此万分紧急关头，负国家重任的南京政府之一举一动，其影响于国家民族者殊为重大。据九日电讯，南京当局对于日寇之挑衅，表示三项愿望：（一）双方停止军事行动，（二）避免事件扩大，（三）和平解决。南京当局于事变发展过程中有何重要设施，电讯简略，一时难得详尽之报告；但只就电讯所说而言，不能不使人感觉到南京当局在这样万分急迫的生死关头，仍未能坚决实行抗敌卫国的政策，而仍在亲日派挟持之下，做其"和平解决"的迷梦。既然日寇在我领土上悍然挑衅和武装进攻，则所谓双方停止军事行动，避免事件扩大，和平解决等等的主张，不特是损辱我国应有的国度，而且简直是等于与虎谋皮。九一八以来多次血的教训证明这种让步投降的"和平"，只是更加助长日寇的凶焰，放肆其侵略野心而更无所忌惮。这是全国人民特别是南京政府应当永矢不忘的教训。

我们要大声疾呼告我海内外全体同胞：芦沟桥的事件，实为民族生死存亡的严重关头，只有全体同胞一致奋起，抱宁为玉碎，勿为瓦全之决心，实行全国之总动员，准备全国之总抵抗，才能保卫国土，熄灭日寇的凶焰，并进而收复失地，争取中华民族的完全独立与自由。

首先我们希望南京政府能坚决改变其退让误国的政策，立即为实行全国总抵抗之动员：第一，在军事上立即动员全国军队，首先是沿平汉津浦两路的军队，迅速北上，增援二十九军，同时加强沿海各地之防御；立即恢复张学良将军之军职，使更加巩固东北父老所寄托的东北军之团结与抗日的决心；立即恢复有沪战经验之十九路军，并派赴前线抗战；立即允许红军东出抗日，使抗日前线，能得此有觉悟、有纪律、最英勇坚决之人民红军为之中坚，以更加兴奋士气，而摧毁日寇之进攻。第二，为着更加巩固和平统一与全国之团结，须立即罢斥卖国无耻之亲日派，驱逐托洛茨基匪徒份子，以肃清南京政府中之日寇奸细，并巩固整个后方；立即实行国共合作，摈斥亲日派破坏国共合作，破坏民族团结之诡谋（如要求红军领袖毛泽东朱德辞职之无理由的有害于民族的条件），以便集中全国人材，巩固抗敌御侮之全国最高领导。第三，为动员全国人民，一致赴敌，须立即开放全国救国运动与言论出版集会结社之完全自由，首先是释放救联七领袖和全国一切政治犯，使四万万同胞能各自发挥自己的意志与能力，为抗日救国而牺牲。

在东北各省的地方当局方面，首先是冀察政务委员会及二十九军当局，必须负起守土卫国之天职，坚决抗战到底，不对日寇作任何之退让妥协。晋绥鲁豫各省当局，必须了解，在民族大难之前，实无"闭关自守"之可言，而且"唇亡齿寒"，冀察不保，北方各省势必随之俱亡，因此须立即奋起，动员各省的力量，增援二十九军，以抵御日寇之进攻。

在全国人民方面，首先是在抗日前线上的北方各省的民众组织，工人和学生的团体，必须发挥前此援助上海抗战、绥远抗战之经验，与日寇抗战的军队以一切精神上物质上的援助；同时更加统一自己的力量，肃清一切日寇奸细和托洛茨基匪徒份子，以巩固自己的组织，并要求政府武装民众，以便参加对日抗战。

有在喜峰口抗日光荣历史之二十九军，现在又为抵抗凶横日寇之新进攻而英勇喋血了。我国上下，必须明白，抗敌御侮不只是二十九军的责任，而是全国人民特别是政府当局与全国军队之共同天职。必须大家把国家兴亡的责任负担起来，学习东北抗日联军与日寇奋斗到底，誓死不屈的民族英雄的榜样，动员四万万之力量，筑成比钢铁还坚固的反日民族统一战线，发动积极的，全国一致的自卫抗战，才能打出一条民族的生路。

论述我胜日败之理由（节选）*

（1937 年 11 月 3 日）

　　……当你们大家喜笑欢腾过圣诞节和新年的现在，不幸的中国人民正在遭受着日寇的杀戮和焚烧。现在中国抗日战争我军虽然退出了上海和南京，这只是战略的问题，正如蒋委员长所说：此一抗战之力量不是在南京或其他在城市，而是在于全国之乡村及全民之决心，无论目前形势变化如何，吾人必须毫不屈服而向前挺进。国共合作了，中国军队统一了，中国民众奋起了，这都是抗日胜利的保证，加上中国有用不尽的富源，有无数的后备军，充分的使得我们相信最后的胜利必然是属于我们的。日本后备军的缺乏，财政的困难，原料的不足，民众的厌战，处处证明日寇无法持久。只要我国上下一心，坚决抗战到底，日寇的失败是必不可免的。最后要求法国人民援助中国，抵制日货，以促侵略者早日崩溃，这是为了中国人民的解放，也是为了世界和平。

　　…………

---

　　* 录自《救国时报》1937 年 12 月 25 日，第 3 版，为《法国"中国人民之友社"召集抵制日货大会》报道节选。

在救济西班牙儿童妇女及难民之国际大会上的
讲演（摘要）*

（1937 年 11 月 23 日）

　　西班牙人民和中国人民之斗争，不但是为了自己民族的独立与自由，而且是为了捍卫世界之和平、正义、民主和进步。

　　现在全中国人民在国共及其他反日党派合作基础上在中央政府领导坚决抗战中，已达到全国空前的统一和一致。中国军队退出上海与政府迁赴重庆，不是表示中国之失败和退让，而正是证明全中国上下抱着决心坚决抗战到底。我上海将士英勇抗战为国牺牲之精神与我第八路军在山西获得伟大胜利，及满洲游击队的坚苦斗争，证明中华民族之不可战胜。世界一切爱护民主和平国家的政府和人民，予中国和平人民以切实之援助。

---

* 录自《救国时报》1937 年 11 月 23 日，第 3 版，为记者通讯稿。

履历书 *

（1937 年）

姓名：Буренин（吴玉章）

性别：男子

国籍：中国

我是 1878 年十二月生在中国四川省荣县的乡村里，父亲是中农，他有田地约五十亩，他在 1886 年死了。1892 年我的母亲又死了。父母死后，我们弟兄三人各分得遗产十余亩。我在 1884 年，在家里开始念书。1896 年我到成都"尊经书院"（高级中文学校）学习中国文字学。到 1900 年毕业后，回荣县作小学教员。因为每年只有三十六元的工资，生活十分困难，又加以 1894 年中国和日本战争失败，割地赔款；1900 年，八国联军占领北京，满清政府和列强订立了最耻辱的条约；1900 年富有票运动失败，唐才常等被杀。这一切事实，都非常地激刺我的脑筋，使我深恨帝国主义的横暴，和满清政府的腐朽专横，有反帝反满的思想。当 1898 年，所谓"百日执政"的时候，我在乡间是一个"变法维新"的热烈宣传者，颇引起许多人的惊怪，和官吏的注意。有这种种原因，逼迫我不能住在家里。1903 年正月，我就出国到日本东京。因为日本有几百中国留学生，革命风潮闹得很大，我想去联合他们。同年三月，因为

* 录自荣县吴玉章故居陈列展档案，原文为吴玉章在苏联所写履历（1878—1931 年）手稿。

沙皇的俄国，不肯照条约撤退驻满洲旅顺的兵队，我同几百留学生就发起组织"拒俄学生会"（Антирусскийассоциациястудентов）。满清政府说我们"名为拒俄，实则革命"，请日本政府压迫我们，把我们的会解散了。当时我看了日本社会党幸德秋水作的《社会主义神髓》使我非常信仰社会主义。1903 年十月我入日本东京成城中学校。1906 年毕业后考入日本冈山第六高等学校工科。1911 年毕业后送入东京大学电气机械科。因为中国第一次革命爆发，我就回国作革命的实际工作。当我在日本学习的过程中，我一面学习，一面还是积极地作革命运动。1905 年孙中山到日本，我们就把从前的几个革命团体合并起来，组织一个统一的革命同盟会，我在同盟会里担任评议员的工作。1908—1909 年我担任《四川》杂志的总编辑，因为发表了革命的激烈言论和记载了日本幸德秋水等的"红旗"事件，辱骂了日本天皇，我就受了日本帝国主义法庭的审判，判决应监禁六个月，从轻改为"犹豫执行"，罚金一百元。

我在同盟会中，又担任暗杀部的任务。1909 年，我们在南京、汉口作了暗杀端方的工作，在广东作了暗杀李准的工作，都未成功。1910 年在北京作了暗杀清摄政王的工作，汪精卫等被捕，事情也失败了。1911 年三月二十九广州暴动，我在这个运动中，是担任在日本秘密购买和运输军械的工作，我也到了广州参加暴动。暴动失败，我得逃出，又往四川去作革命运动。因为这个时候，四川正因为铁路问题，全省民众起来反抗政府，罢工罢课罢市风潮，闹得很利害。我七月里回到了四川荣县，在这县里组织暴动，赶跑了县知事，组织了人民自治政府。八月进攻威远县，占领了县城。九月进攻自流井，两次都没有攻下，因为他们有兵队防守。十月我秘密往内江县组织暴动，占领了县城，同时资州驻兵把端方杀了，投降我们。成都、重庆的暴动都同时得了胜利，四川的重要城市都到革命军的手里。十月十日武昌暴动成功，中国第一次革命从此就得了很大的胜利。组织中央临时政府的时候，我被派为四川代表。1912 年正月孙中山作临时大总统的时候，我作过总统府秘书。我对于革命政府与袁世凯议和是很反对的。1913 年我又参加二次革命，在上海、南京参加暴动，被袁世凯通缉，我就逃往法国。1914 年我入巴黎法科大学，研究政治经济学。当时汪精卫、蔡元培、李石曾等都在巴黎，我就同他们一起组织"华法教育会""勤工俭学会"，使中国受压迫的工人学生教员等很便利地能到法国，以作工来求学。这部分人有很多后来成了中国共产党的干部。1916 年袁世凯死后，中国革命又高涨，我又回国参加革命运动。

我同汪精卫、蔡元培、吴稚晖、李石曾都是相信无政府主义的。自从 1917 年俄国无产阶级十月革命成功以后，列宁的学说很快的传到中国。我看了列宁无产阶级专政的理论，和马克思与列宁驳无政府主义的名论，我就非常欢喜地洗清了无政府主义的幻想，而坚决地信仰马克思主义、列宁主义。1918—1919 年我参加了孙中山等在广东反帝反军阀的运动。在 1919 年五四运动时，我在上海参加总罢工运动。1920—1921 年我在四川发起组织人民自治政府来反对军阀割据制度，被军阀刘湘通缉。但熊克武却想利用我来拉拢群众，所以同我接近，间或给我一点帮助。1922 年到 1924 年我担任四川成都高等师范学校校长，我就利用这个时机，发起社会主义研究组，在成都教育和组织工人。并秘密地组织了"中国青年共产党"的团体，有党员约四十人，因为当时四川军阀连年战争，和外省的交通断绝，不知道陈独秀等已经组织了中国共产党。后来（1925 年）我到了北京，就立刻加入中国共产党，并把"中国青年共产党"解散了。

1924 年我在成都组织五一节的游行示威，参加者有几千人，吓得军阀杨森又通缉我。我从贵州、湖南间道，1925 年才逃到北京。1925 年四月我在北京加入中国共产党。党以为我是老同盟会党员，可以在国民党内活动，所以党就派我到国民党内去作工作。我参加上海"五卅"运动后，就到广东，正遇着省港罢工运动和六月二十三沙基惨案的发生，这时广东反帝反军阀运动特别高涨。七月一日广东成立国民政府。廖仲恺、汪精卫等要我到四川去改组新的国民党。我八月到了重庆，立刻组织好了国民党的四川省党部，与反对共产党的份子石青阳、谢持等作了坚决的斗争，得到了很大的胜利，并组织了一个中法大学，作为我党秘密训练党员的机关。我党的重庆特别支部选举我为组织部长。1926 年正月国民党在广州开第二次代表大会，我担任大会的秘书长。大会又选举我为国民党中央执行委员。二月我又回四川运动王天培、彭汉章两师，何光烈的两旅，归入广东国民革命军。1926 年十月国民革命军占领了武汉。十二月国民政府由广东迁到武汉，我就在武汉担任国民党中央党部的工作，我党派我为国民党中央的党团干事。我在这个时候和蒋介石作了激烈的斗争。1927 年三月国民党开第三次中央全体会议，我被全会选为国民党中央执行委员会常务委员兼秘书，在这时期中我又同汪精卫斗争。同年七月武汉政府和国民党叛变革命后，我逃往南昌，同着周恩来、恽代英、张国焘、朱德、李立三等同志组织八月一日的南昌暴动。暴动胜利后，组织革命委员会，我担任革命委员会的秘书长。八月四日我随同贺龙、叶挺的军队进攻广东。十月在汕头战败后，我逃到上海。1927 年十一月由中共中央派我到莫斯科，我在中国问题研究院工作六个月后，又入中国劳动共产主义大学学习。1930 年毕业后，联共中央派我到伯力，我在伯力担任远东共产主义大学中国部主任的工作。1930 年十一月又由边疆党部派我到海参崴中国党校担任教员的工作。我继续作这个工作到今年七月。我在学校作工是一个突击员，受了几次奖赏。

我是 1925 年入党的中共党员，1928 年在中国劳动共产主义大学党支部转为联共候补党员。1929—1930 年清党的时候，我和本支部内的托尔茨基派与右派作了激烈的斗争。我清党的结果，清党委员会认为清洗过了。我在党内没有受过处罚。1931 年在远东边疆中国党校党支部转为联共正式党员。党证的号……①

①　1937 年由干部交我时只到此页。——作者原注

中国能战胜日本 *

（1938 年 2 月中旬）

日本法西斯军阀侵略中国底战争，经过六个月后，已经进到一个新阶段，已经进到中华全国上下一致，更加团结，更有决心，更有计划，更有组织地来抗战底新阶段，就是进到长期抗战底阶段。现在全世界爱好和平的人士，都关心到这一战争底前途究竟怎样？我们要推测这一战争底前途，首先就应知道：

（一）日本法西斯军阀侵略中国底目的与手段

日本法西斯军阀在中国新的军事进攻底目的，是在占领东三省和热河以后，更进一步地实现田中奏折所早已拟定的完全灭亡中国，准备占领印度、安南、菲律滨群岛、南洋群岛、澳洲，以及准备进行反对苏联、美国和英国的"大战"，以便夺取大日本帝国在全世界的统治底计划。他这一目的，在言论上的表现，从前则有日本田中首相奏折说："若欲征服中国，必先占领满蒙，若欲征服世界，必先占领中国。"最近则有日本末次内相更具体地说："天皇的命令托付我们，必须使白种人在'日本的使命'前面退出远东。"末次解释其所谓"日本的使命"说："我相信，黄

---

* 录自《吴玉章抗战言论选集》，中国出版社 1938 年初版，中国人民大学印刷厂 1959 年重印，第 13 ～ 28 页。此文是吴玉章对《中国民族自卫战争之前途》加以相当补充和修改而成。1937 年 12 月 21 日，世界反战反法西斯委员会举办记者招待会，吴玉章作了《中国民族自卫战争之前途》的演讲，并刊于《救国时报》1938 年 1 月 1 日第 3 版。

种人将享受天赋的幸福，而白种人的优势已届末日。白种人所加于黄种人的桎梏，必须消灭。自然，要迅速实现这个目的，不能不引起世界战争，但是我们即使采取小心谨慎的步骤，结果也还不能不是世界战争，因为这是天运使然。主要的问题在于实现我们的使命，不以次要的计划而踌躇起来⋯⋯。"最后末次又说道："为了要打破中国的抗战，绝对需要停止英国对中国的援助，虽或出之于战争，亦在所不惜。"末次今年一月这一段凶悍无耻的狂言，引起了全世界人类莫大的愤激。他充分说明了日本对中国底侵略，只是举行反对欧美白种人各国的十字军的初步。日本军阀这一目的在事实上的表现，远之则在日本强占满洲后，列强一切利益都被排除；近之则在日本占领平、津、上海后，一切国际条约都被破坏。日军司令松井大将声言："只能有皇军底威力，不承认有外国底权利。"很明显的，日本法西斯军阀进攻中国底目的，不仅在灭亡中国，奴役中国人民，而尤在企图征服一切黄种人，奴役他们，强迫他们去与白种人作人种底战争而征服世界。

我们中国人是人道主义和国际主义者，认为一切人民，一切民族，各色人种，都是平等的，都是有人权，都有独立、自由、自决和自主底权利。对于各国各民族底文化学术，都当作人类宝贵的遗产与功绩，都应当异常尊重。反对任何人种与民族压迫其他的人种与民族。日本法西斯军阀那种无耻狂言，不仅表示他们思想底落后，而且表示他们言行底昏乱。如他说反对白种人，则何以又和德、意同盟？如他说为黄种人谋幸福，则何以特别残酷地屠杀压迫高丽琉球和中国人民？可见日寇的一切言词，都不过是侵略野心底一种借口：欲侵略中国北部则以防止苏联赤化为口实；欲侵略中国南部则以解脱英国及白种人底桎梏为号召。其欺诈之情，虽三岁小孩亦不能骗，而欲欺举世已经进化到现代底文明人类，徒表现日本军阀底野蛮无识罢了。

至于日本法西斯军阀横蛮的手段则尤可令人愤恨。日本自明治维新以来，社会上虽然有很大的进步，而政治上还是被封建残余底军阀所把持。他们因为一八九四年的中日战争，一九〇四年的日俄战争，都侥幸得了胜利，就以为他的海陆军是世界无敌，遂助长了他们军事冒险底野心。他们在国内拼命压迫和剥削工农，利用其贱价劳动以腾宾政策，甚至公然走私来与列强竞争市场，扩张军备。他们只知道强权，儿童都强施以军事杀人训练，不知道什么叫人道和公理，因而无论什么卑鄙野蛮的行动，他们都做得出来。自一九三一年他制造事实，借口来发生"九一八"事变，强占了中国东北四省底领土，假造了满洲傀儡国，屠杀了成千成万的人民，奸淫掳掠，白药吗啡，凡是毒害人民，绝灭人道之事，无不尽量施行，七年来为中国人民所疾首痛心，亦为世界人士所咨嗟太息，尤以自去年七月开战后，杀戮中国和平居民及妇女儿童更为残酷，飞机轰炸遍于十七行省，不分昼夜，不论地方，任意肆行屠杀，致使中国人民无时无地不在仓皇逃命底状态中，例如广州一日炸毙人民三千，南京一市，屠杀人民五万，所过城市，尽为丘墟，学校文化机关，毁为平地，虽洪水猛兽不能比其凶残。事实具在，世界周知，不必一一详述。

日本军阀底兽行，不仅施之于中国民众，而且施之于列强侨民，甚至炸英国大使，炸美国军舰，横行租界，擅改关税，蔑视国际公法，毁弃国际条约，这充分证明了日本军阀手段底野蛮不惜与全世界文明人类为敌。他武力侵略满洲首先破坏国际联盟条约，随即退出国际联盟，屡次宣布在东方有特殊利益，有自由行动之权，都无非欲排除国际势力，摆脱条约拘束，以便任意消灭和蹂躏中国人民，以达到他称霸世界的目的。因此，日本法西斯军阀武装进攻中国的目的，不仅在于企图灭亡我五千年文明古国，奴役我伟大而和平的中华民族，而且是向着世界和平正义挑衅，向着世界一切进步民主人类进攻。同时，中国人民一致团结，英勇抗战，这也不仅是为了中华民族自己底生存、自由和独立，而且也是为了捍卫世界和平与安全，为了主持世界正义和人道，为了拯救世界底文明与文化。

（二）中国抗战的意义与前途

中国反抗日本法西斯军阀的民族自卫战争，是否有胜利的可能？我们的答复是：有胜利的可能。下面我要指出五点可以获得胜利的重要因素：

一 因全国统一而促成抗战，因抗战而完成全国统一

六年来日寇不断地侵略中国，使中国陷于亡国灭种之危机，最近两年，全国民众都已觉悟到"要生存、唯有战"。但是国内分崩离析是不能抵御强寇的，因而有"停止内战、一致抗日"之要求。中国过去不仅国民党与共产党对立，南京政府军队与苏维埃政府红军对立，就是同属于国民党的各省，如广东、广西、四川、云南以及山西、山东、河北等，都还不是完全统一于国民政府，这是不可讳言的事实。

自从一九三五年八月一日，中国苏维埃政府和中共中央发出统一战线十大纲领，号召全民联合一致抗日救国之宣言后，受到全国之欢迎。国民党明达的领袖如孙夫人宋庆龄、李石曾先生等曾屡次向国民党中央提议实行统一战线以抗日救国。一九三六年六月的西南事变和十二月的西安事变，都是为了要求出兵抗日而发生争执，可是却都得到和平解决，收了停止内战之实效。这不能不说是中国前途一个极大的转变。

一九三七年上半年，统一战线虽然有极大的发展，然进步还是很慢。但自芦沟桥事变发生，即急转直下，以蒋委员长为首之国民政府，见全国抗战之民气万分热烈而且全国统一之机会已经成熟，遂决心抗战，召集全国各党各派各地方之领袖及行政长官，开国防会议，前此意见纷歧，甚至多年敌对之各方领袖，如李宗仁、白崇禧、刘湘、阎锡山，和共产

党要人朱德、周恩来、秦博古、叶剑英等都到了南京，南京中央政府编从前之中国工农红军为国民革命军第八路军，以从前红军首领朱德、彭德怀为总、副司令，改苏区为陕甘宁边区归中央政府直辖，任有军事天才之白崇禧为总参谋长，这样一来，事实上全国军民各政完完全全统一于中央政府之下。这是数十年来中国所未有之好现象。

所以我们可以得一个结论说：因全国统一而促成抗战，因抗战而完成了全国统一，而全国统一精神团结，是保证我们抗战得到胜利的第一个大因素。

新年前夜，我中央政府局部改组，为要吸收各党各派底人才及使政府与人民联合一致，扩张国防会议委员为七十五人，由各省市、蒙藏、华侨推举，逐渐进行民主制度。这样就更能巩固民族统一战线。至于日本从前在日俄战争时所夸耀的举国一致，到现在是没有了。大家知道，日本多数国民对于日本军阀灭亡中国、吞并亚洲、称霸全球之冒险行为是反对的。只要看去年初日本议会因大多数议员反对日德反共军事协定而被解散，四月三十日的新选举结果，反对政府的议员反占了大多数，就是一个证明。自去年七月开始战争以来，在日本国内，在前线上发现不少反对战争之文件与事实，不过为军阀武力所威胁压迫，尚多潜伏未发罢了。然而我们常常看见日本政府大批的捕人，教授、学生，议员被捕的动至数百人，这已经明白表现反战的运动是潜伏着，而增长着。何况日本军阀内部又有萨磨派、长门派之分，海军陆军又有南进北进政策不同之别，其内部实埋伏着危险的炸弹。

以全国统一之中国与内部分歧之日本战，只要中国坚持抗战到底，最后之胜利必属于中国。

二 抗战到底、英勇坚决、为国牺牲之精神是中国这一抗战中之特色

中国人民受了日寇六年多之欺侮屠杀，国破家亡，因此义愤填膺，

万众一心，莫不思除此破坏和平的人类蟊贼，抗战以来，我前方将士及后方民众英勇牺牲之精神，已为中外报纸所称颂。如守芦沟桥及丰台之二十九军与上海抗战将近三月之空军与陆军之英勇奋斗，第八路军在山西平型关一带之击溃强寇，都是在历史上写下了光荣之一页，尤其是坚守上海宝山之一营，奋斗到最后一个人，最后一滴血，上海闸北守四行仓库之八百壮士，在数万日寇陆海空军包围轰炸之下，在三百万租界上人民全体注视之火山中，从容抗敌至数昼夜。尤其可歌可泣的是一个十三岁女孩感于这些壮士之英勇，两次偷渡苏州河敌人防线送国旗与慰劳品给这些壮士。当日寇占领天津时，强迫一个中国汽车夫为他开一军用汽车，满载军火和日兵十数人，到了白河边，这汽车夫竟开足马力向白河中心冲去，连人带械一齐沉没，自己也一同牺牲。其他许多英勇抗战与杀敌之事实，书不胜书。中国军队的武器虽比日兵弱，中国军队的战斗力和士气则比日兵强，这是中外舆论所公认。这个原因就在于中国将士知道这次战争是为中国民族生存而战，为国家之独立自由而战，为正义人道而战，是民族自卫的神圣的战争，为这一战争而牺牲是人类最光荣的事业。所以自抗战以来，将士宁愿抗战而死，不愿缴械而生，没有一个愿作俘虏，而日本兵士则被中国俘虏的很多。师出无名，士气不振，日本军阀欲提高士气命全国作所谓"精神动员"之运动，但也无济于事。这正是古人所谓"师直为壮，曲为老"，不是人力所能假造的。可是，我们并不敢以半年来军队与民众能舍身卫国即引为满足，而忘记了我国军队与民众中的弱点。相反的，我们更当加紧军队中的政治训练和民众中的动员和组织工作，使能本其爱国热情，在一致抗日的目标之下，巩固地团结起来，组织起来。因此，新年我政府改组时，在军事委员会下，特设立政治部，以改良民众运动工作。蒋委员长一月初的谈话说："军队改组二月内可以完成。"这样上下一致地努力，我国军队质量必能

迅速提高，过去弱点必能迅速消除，现在，将组织成广大的近代的有坚
强战斗力的民族革命军队，这是中国士兵在战斗力和精神上都比日本占
优胜的地位。

三　中国的人力物力可以供长期战争之应用

中国有四万万五千万人口，一千一百余万平方公里的土地，现在虽
然满洲内蒙及华北之一部和华东之一角被日本占据，而还有四分之三以
上的土地和人口，可供我们应用。中国常备军队将近三百万，地方人民
的自卫队不下千万，后备军之补充是不困难的。中国中央政府之预算虽
然不大，但这是限于中央，而各地方还有大部分经费未入预算。中国平
时养兵最多，即到战时，所增加的经费不如世界近代国家所增加的那样
浩大，而且中国军队最能吃苦耐劳，经费虽然穷困，还能长久支持。至
于给养方面，中国地大物博，人口众多，而且乡村中多半是自给自足的
经济，这对于敌人封锁和长期抗战都不致发生不能克服的困难。尤所庆
幸的是，两年前我国币制改革有了伟大的成功，不仅币制统一了，而且
国币的信用确立了，因而在半年来的抗战中，我国金融在国内外都有出
人意外的安定表现，国际信用大大地提高。军事工业方面，现在我们还
有河南巩县、湖北汉阳、四川成都、重庆、广州、云南、广西、陕西等
兵工厂及其他各省较小的兵工厂。煤铁有大冶、萍乡及重庆、安徽、山
西一带丰富的存储，有汉阳的炼钢铁厂。自然我们的军事工业是太微弱
了，我们当在抗战过程中如英勇的西班牙人民一样，发展我们的军事工
业，这是可能的，因为我们有各种丰富的原料，广大的人工。

至于日本土地不过三十八万平方里，人口不过六千余万的一个岛
国，平时不过三十万常备军，战时虽能动员二三百万，但军费每日必增
加二千五百万到三千万元，所以开战以来，日本所预算的二十万万战费，
只能支持到一九三七年年底。现在日本财政已感到困难，人民痛苦不堪，

多不能负担浩大的战费。再加工商业停顿，战事延长下去，必发生极大恐慌，日本军事工业原料，全靠由外国输入，就军事上最重要的煤油说，百分之九十都靠外国输入，棉花、铁矿、煤、橡皮等都靠外国输入。日本之弱点就在于它人力物力之薄弱，利在速战速决，而中国则利于持久战，消耗战。日本军阀总以为中国人民如一盘散沙，万不能团结一致，但是这一着他们算错了，他们不知道近十年来广大的中国民众，因为政府赶修公路，交通发达，航空邮电及无线电站底大大发展，已不是闭关自守时代。再加以内忧外患，经过种种困难，特别是经过日寇六年来的无理侵略，蛮横压迫，经过无数艰难困苦的斗争，社会经济生活上都起了巨大的变化。尤其是近年各党各派及青年学生的抗日救国统一战线的运动，更勃勃有生气。再加以这次日寇的飞机大炮，无情地促成我们全国总动员，谁也不能躲避，非起来救国以自救不可。只要把这些不能不发愤起来的民众组织起来，就是不可战胜不可限量的力量。因此，就人力和物力上看来，只要中国坚持抗战到底，中国必获最后之胜利。

四　在战略上中国占有种种之优势

远东战事的形势，过去由于种种的关系，日本在北方占领了河北及察绥三省和山西之一部，在东部占领了上海南京，这固然予我国抗战运动以很大之打击，但这决不能说日本已获决定之胜利，日本准备战争之野心，在田中奏折中说得很明白，他说："为要占领中国，必先占领满蒙，为要霸占全世界，必先霸占中国。"所以他多年就拼命的扩充军备，中国是爱好和平的国家，军备是远不如日本的。所以我国准备抗战，最早就料到战事一起，沿海一带及某些重要城市，可能遭到日寇的蹂躏。但我们坚决相信，在全国一致坚决抗战中，假使敌人冒险深入，必遭受最大之打击和失败。如我第八路军会同各路军队及游击队曾予深入之日军以极大之打击，恢复了山西河北察绥各县，截断敌人之交通，使敌人不但不敢前进，反而有个个被击破，常被包围消灭之危险，敌人已觉应付不暇。现在我军虽然由上海南京杭州撤退，而太湖南北，上海附近及江浙全省各乡村游击队蜂起，扰乱敌人后方，巨大的湖州城及上海郊外之南汇县川沙太仓县都已为游击队收复。此后我们依靠山川之形势，武装全体人民，坚壁清野与敌人作长期的灵活的机动的大游击战争；训练新兵，扩充军备，待其疲劳后与之决战。

日本方面则劳师远征，一兵不能得一兵之用，假定派一百万兵到中国，能上前线作战的将不到五十万人，战线越是扩大延长，兵力自必单薄，限于地势，而又为四周人民所仇视，必有陷于四面楚歌如拿破仑在莫斯科西班牙失败之惨剧。

我们就上面四点看来，所以，上海南京之不守，我们并不悲观失望，就是敌人自己也知道不是战事已经得到胜利，就是近卫前日也警告其国民说："南京之占领，只能算战事之开始。"

今后更残酷之战争，正摆在我们眼前，我们有必胜之决心，有可胜之前途。但终不能以空言意志，来战胜全副武器之敌人，我们必然要尽我们之一切能力，巩固全国之统一，发扬英勇之精神，团结和开发人力和物力，利用我们地理环境之优势，来与日寇周旋。

五 最后就国际环境看来也是十分于我有利而对日本不利的

现在国际上一切和平人士与民主国家，都一致同情中国，而反对日本侵略政策，而国际上对我国之同情和援助，更使我们能战胜日本。因为我们知道我们工业之不发达，新式武器及交通工具之缺乏，专门技术人才及医药材料等等之万分不足，在在都需要国际之援助。我可以代表中国人民，对一切爱好和平和民主国家的政府和人民所给我们精神上与物质上的莫大帮助，表示深切的谢忱。同时希望各友邦更进一步更积极地更实际地帮助中国，或在个人行动上，绝对抵制日货，或在工厂中拒绝为日寇造军需品，或在火车轮船码头上拒绝给日寇运输，或从经济上制裁日本，或在集体安全上作共同行动，因为空言是无济于事的，何况日本的所谓"大陆政策"是在实行"为要霸占全世界，必先霸占中国"。所以今天战争的火焰虽然远在中国燃烧着，说不定明天就会延烧到欧洲来。事实上这个火焰是与欧洲的火花联系着，而巨大的地雷又在各地埋伏着，时时都有爆发的可能。

（三）最后的胜利是属于中国

现在日本乘欧洲多事之秋，以为列强无暇过问远东问题，故敢耀武扬威，破坏一切国际条约，屠杀轰炸中国和平居民，尚以为不足，甚至扰乱租界，轰炸列强使馆、兵船、轮船之事，层见迭出，时时威胁香港、安南，声言要炸滇越铁路。其实日本是外强中干，已如上述，尤其是日本人民受了日本军阀的残酷压迫和剥削，现在又受着战争的痛苦，反战情绪，革命种子，到处潜伏着。我们对于好战蛮横的日本军阀是万分痛恨，而对于日本国民仍是友爱的，因为我们是国际主义者，而不是狭义的民族爱国主义者。所以援助中国制止日本军阀之侵略战争，不仅是救护中国而且也是救护日本人民，同时，也就是拯救世界人类，使脱出战争浩劫。

世界尊重人道，爱护和平，主张民主、自由平等，博爱的人士与国家，必能给为争取独立、自由、平等而坚苦抗战的中国人民以巨大的援助，世界历史上不少急公好义，尊重正义人权的国家，如法国援助美国、波兰等的独立战争，成为历史上最光荣的事业。现在援助中国，加强中国抗日力量，就是维持世界和平，拥护正义人道。我们诚能得爱好和平的人士与国家的帮助。以全国统一精诚团结抗战到底之精神，竭尽其能力为国家民族之生存而战，为正义人道而战，为世界和平而战，我们相信必能战胜内受人民反对，外受列强敌视之日本好战法西斯军阀。

对《新华日报》记者发表的谈话*

（1938 年 4 月 24 日）

 我在国外多年，这次回到在对日抗战中的祖国来，心中觉得无限的愉快。我虽远在海外，但从国外的报纸和各方面的消息知道，国内的各党派抗日救国的团结已日趋巩固与扩大，全国人民对抗战有了更坚强的信心，尤其是这次国民党临时代表大会的良好收获，符合民众抗战时期要求的抗战建国纲领的公布，以及最近台儿庄的重大胜利，这一切都显示出我们已开始走向胜利之路，自由幸福的新中国的曙光已照耀在我们前面。但是，我希望我们不要因这初步的胜利而松懈了我们的团结；反之，我们要更加强抗日民族统一战线，全国要更团结一致，集中力量在

---

 * 录自《新华日报》1938 年 4 月 25 日，第 2 版，原题为《努力国际宣传之革命前辈吴玉章先生昨飞汉对本报记者发表谈话》。谈话文前有记者报道："当年与中山先生共同领导革命的老同盟会会员，在一九二五一二七年大革命时代，曾任国民党中央委员会常务委员，同时，又是中国共产党的著名领导者的吴玉章先生回国了，昨天上午从香港搭欧亚机来武汉。本报记者以吴先生为中国革命的前辈，他始终坚定地站在革命的立场，不屈不挠地继续为中国的自由解放而斗争，抗战以来，吴先生在欧洲各国努力国际宣传，这次从海外归来，对于抗战大业，对于各党各派精诚团结的抗日民族统一战线必有很多的贡献，特代表本报前往机场欢迎。同往欢迎的还有共产党中央委员会代表陈绍禹先生，八路军驻汉办事处代表吴克坚先生等五六人。/ 十一点半钟，廿二号欧亚机从东南角上飞来了。吴先生下机后，即与欢迎者一一含笑握手。吴先生年约五十余，瘦长身材，头发已经花白了，态度和蔼，完全是个忠厚长者的风姿。记者向吴先生表示欢迎之意后，请他发表一点意见，当承发表如下的谈话。"

政府和统帅指导之下给日寇以致命的打击。假使我们以团结获得了初步胜利，则惟有以更坚固的团结才能赶走日本强盗出中国，使中华民族获得澈底的自由与解放。我国各党派的救亡阵线一天天巩固起来，则最后胜利也就一天天和我们接近起来。

我们在这次抗战中绝不是孤立的，我们有着伟大的国际同情，这种同情正是我们获得最后胜利的一个重要因素。关于这方面，我在国外，见闻较多，不禁常常为这种深厚的同情所感动。世界爱好和平的国家与社会人士，尤其是工农劳苦大众，多热烈地同情并且援助中国。各国民众及各种国际团体，他们发起不买日货运动，拒绝为日轮装卸货物，向日本领事馆示威，成立各种援助中国的委员会。他们常说："反对日本帝国主义不但是中国人民的任务，而且是全世界人类的任务。""中国人民的反日斗争，也就是我们的斗争。"不过，我们应该知道，我们因为有了国共及各抗日党派的抗日民族统一战线的树立而坚决抗战，我们才能得到这样广大的国际同情。我们只有以举国一致更奋勇坚苦的抗战，来争取更广泛的同情。当然，在外交上我们也要努力确立独立自主的外交政策，站在主动的地位联合爱好和平的国家，使国际形势有利于我。

我是特为作国际宣传到欧洲去，并蒙我国反侵略分会派我出席伦敦国际反侵略大会。关于此事当作较详细的叙述，今天无暇多谈。总之，国际宣传要特别加意注重。敌人在国际间的宣传很厉害，印了大量的各种文字的刊物、画报、小册子到处散发。我们当扩大我们的国际宣传，对敌人在国际间的各种反宣传给以迎头痛击，使国际人士不致为敌人的烟幕所迷惑。听说政治部第三厅将展开广大范围的国际宣传工作，这是值得我们欣慰的。

总之，只要我们能对内精诚团结，巩固各党各派的抗日民族统一战线，对外联合一切和平势力坚决反对侵略，则最后的胜利是有绝对的把握的！

　　至于我个人，愿意以我全部的力量贡献给全国同胞，为民族的解放，为国家独立的战争，而奋斗到最后一滴血。

在欢迎国际反侵略运动大会代表色斯大会上讲国际援助 *

（1938 年 4 月 27 日）

第一个问题，为甚么世界爱和平的人士和国家特别是劳动群众热烈同情援助我们？（一）因为中国是有着广大土地人民，充足人力物力的国家，在抗战中，确实有着战胜日本的资格。（二）最重要的，最基本的，是我国能建立起民族统一战线，万众一心地向敌人战斗。（三）因为我国有着进步的，坚强的国民党和共产党，他们都有悠久的革命历史和多年的斗争经验，他们的团结，作成了使各党派和全体民众团结的榜样。（四）中国人民有杀身成仁，舍身取义的牺牲精神。（五）世界人士知道中国抗战胜利就是给世界和平的保障。日本是第二次世界大战的挑战者，如能把它打倒，就是挽救了世界的和平！第二个问题，国际是怎样援华反日的呢？世界上的德意外，各国政府与人民都是同情援助中国的，不论宗教的，反战反法西的，妇女的，青年，学生，救济的各种，社团都曾特别为援华反日而召集大会，他们到街上去募捐，到商店里劝人不要买卖日货，游行示威，巴黎工厂的工友罢工拒绝日人的参观和购买，飞机各埠码头工友不装运日货。反侵略大会在未开前，各国社团开宣传的

---

* 录自《新华日报》1938 年 4 月 28 日，第 2 版。吴玉章讲话前载："昨天全国十四团体发起的欢迎国际反侵略运动大会代表色斯先生大会的盛举，可真说是代表全国民众的了。"邵力子首致欢迎词，色斯接着讲话，"赞美我国团结"，"接着我国反侵略分会驻欧代表吴玉章先生开始致词了。他清楚地把国际宣传的各种问题替我们分析"。

准备的会议，有一千七八百次。参加大会的有廿一个国家代表，廿五个国际性的团体，一共有七八百人，在色斯先生主席之下展开了热烈的场面。宣布开会的时候，全场肃立向中华民国致敬，对蒋委员长，宋庆龄女士，宋子文先生等的贺电表示风暴般的兴奋和欢迎。在会后，还有人在两个大戏院中召集了万人的群众大会，我们全国一致抗战和前线后方英勇牺牲的精神，使全世界感动了，使我国国际地位提高了！在国外的华侨，是非常团结和爱国的。记得参加伦敦大会的代表团，有顾郭两大使，工商学各界代表，他们在会前后在英国领事馆里共同讨论怎样进行工作，这时真使我非常兴奋热烈。当初孙总理曾经被满清囚禁在这儿，这里遗留着总理英勇奋斗的精神，那时的政府，是压迫人民的，但是，现在呢？这里反应着国内的统一！第三个问题是怎样□□□际宣传呢？首先需要在国内建立总的国际宣传机关□□□国外宣传工作。希望第一，要统一国际宣传机关；第二，要有材料，在外国碰见同情者或争取同情者需要的最是事实材料，所以对通讯，像片，电影要更加强努力。其次，派代表团到国外去，且有在使节的互派中，才能使国际清楚正确的了解我们。在国外每个团体和会议，都需要中国名人，尤其去过前线的人演讲，如果有，是可以立刻召集十万人来听的。中国受敌侮辱的惨状，是欧美人民不能想像的，如果能把事实送给他们知道，一定能取得更多的同情的。只有全国一致拥护政府抗战到底，才能把保障世界和平的胜利摆在全世界。

中国抗日战争与国际工人阶级 *

（1938 年 5 月 1 日）

　　我新从欧洲回到举国一致英勇抗日的祖国来，适值全世界工人阶级战斗检阅日，我首先要向全国同胞报告国际工人阶级对于我国抗日的同情与援助。国际工人阶级深深知道要保持世界和平，首先就要使法西斯强盗在西班牙和中国底强暴行为，遭受失败。特别是要给世界上最野蛮、最残暴的日本法西斯军阀以致命的打击，因为他自一九三一年"九一八"以来，破坏国际条约，破坏国际联盟，是法西斯扰乱世界和平底祸首。

　　从抗日战争的前途看来，首先中国有一千一百余万平方公里的土地，四万万五千万人民，有这样广大的人力和物力，本身就具有战胜日本法西斯军阀的资格。其次，以国共两党合作为基础，联合各党各派，结成民族统一战线来进行万众一心、举国一致的民族自卫战争，这是两党明达领袖多年的愿望。自芦沟桥事变以来，以蒋委员长为首的国民政府，毅然顺从民意，决心抗战，使全国欣然，造成全国空前的统一和一致，迅速完成了抗日民族统一战线。这就建立了战胜日寇的伟大基础。最后，自抗战以来，我前方将士英勇牺牲底精神，尤为中外报纸及世界人士所称颂。如守芦沟桥底二十九军与上海抗战将近三月底我空军陆军的英勇奋斗，山西平型关、东阳关及津浦线台儿庄等处底击溃强敌，都

---

　　* 录自《吴玉章抗战言论选集》，中国出版社 1938 年初版，中国人民大学印刷厂 1959 年重印，第 39 ～ 43 页。

是在历史上写下了光荣的一页。尤其是坚守宝山、滕县等处的将士，奋斗到最后一个人，最后一滴血；上海守四行仓库的八百壮士的英勇等等，使世界人士闻之，莫不感激而泣。武汉"二·一八""四二九"空军底英勇壮烈伟大胜利，尤博得世人赞叹。这就说明，我武装虽比日寇弱，我民气士气却比日方强。因此，世界爱好和平的人士，特别是工人阶级，对于中国抗战前途有极大的希望，希望他能消灭战争底祸首——日本法西斯军阀，以便全世界共同来消灭法西斯主义。因此，他们认为反对日本法西斯军阀，不只是中国人的任务，而是全世界人类共同的任务。

各国工人阶级对于日寇的愤怒和对于中国的同情与援助，有许多具体的事实。例如美国旧金山、英国利物浦、法国马赛、印度及其他各国的海港等的海员和码头工人，屡次罢工不肯装卸日货，以致有许多船只，或原船返回日本，或空载而归。今年正月中旬巴黎附近的飞机工厂，有日本人去参观，想借此买飞机，工人得此消息，全厂二千余人立刻罢工示威，并向厂主声明，如卖飞机与日本即以罢工对付，日人鼠窜而去。当今年二月十二日国际反侵略大会在伦敦开幕时，英国海员即以罢运日货来实行大会的反日援华运动。由此可见，世界工人阶级，到处都站在反侵略的最前线。至于抵制日货的运动，由工人以至社会各阶层，更是广泛的进行。金钱及物质上的援助，首先是苏联工人国家红十字会的巨大捐款，巴黎市工人排斥日货，进行募捐的广大运动，法国中国人民之友社的募捐援救中国被难妇女儿童及送救护车运动等等。国际反侵略大会有工会委员会的专门决议案，对于反日援华有详细的规定，如果能切实执行，则对于中国抗战有极大的帮助。在国际工人阶级援华运动中，我们还看见工人阶级国际主义思想的发展而不抱狭义的民族爱国主义的偏见。例如：去年十一月十一日，日本在美国纽约、桑港、夏威夷等处的工会会员野崎、内田等发表了告全日本工人诸君书，力说日本军阀所谓"防共的圣战"不过是军阀、财阀的一种欺骗，号召日本工人阶级起来作反战斗争。这是非常值得我们欢迎的。我们中国人是人道主义和大同主义者，我们对于好战横蛮的日本军阀是万分痛恨，而对于日本国民，特别是对于日本工农劳苦群众，仍是友爱的。日本人民自来受着军阀的残酷压迫和剥削，现在又受着战争的痛苦，反战的情绪，到处都表现出来。我们痛心于日本军阀强迫日本劳动群众来屠杀我们无辜的人民，我们希望日本兵士与我们中国兵士联欢，掉转枪头来打倒日本军阀。因为我们的敌人，就是你们的敌人，只有打倒战争祸首——日本法西斯军阀，才能谋得日本人民的和平幸福和中国人民的和平幸福以及全世界人类的和平幸福。

我们在海外不下一千万的侨胞，对于祖国抗日救国战争，都是一致热烈来援助的，而还是以工友为最有力量，我海员工人同胞，遍于全世界，常常以不肯装运日货而全体罢工，即失业亦不顾，至于捐款买公债，还是以工人的数目为最大，如巴黎爱国捐买公债，工人总是占百分之八十以上，纽约衣联会经常捐款，而且买救护车及药品寄回中国，南洋华侨以工人占大多数，他们有日捐月捐，以他们劳苦所得的血汗钱，为祖国的抗战而一滴一滴地蓄积起来，闻已有二千万以上寄回祖国，而今后每月还要寄回一百五十万。最令我感动的是西贡妇女救灾会以他们每日微末的工资，经常不断地捐助祖国的战费。我希望海外有许多上万万、千万或百万的富豪，能如工人群众的急公好义，则于抗战前途有莫大的补益，我已看见胡文虎先生捐了二百万，我相信今后必有更多更大的数量。

我国工人阶级是富有革命的传统，在一九二五——一九二七年大革命中，已表现出来，当时工人的组织是很坚强的，会员有三百多万，作了革命的中心力量，现在在抗日救国的民族革命大战争中，工人阶级一定会显出他勇往直前、百折不挠、坚苦奋斗的伟大力量，我希望工人阶级坚固地团结起来，组织自己的工会来作民众组织的模范，来作抗日建国的中心力量。

吴玉章论统一战线 *

（1938 年 6 月 8 日）

　　今天蒙各位老同志盛筵招待，实不敢当得，兄弟离开故乡的四川，过着异国的生活，已经是十二年了，在这个时候，未能与各位老同志通音讯，觉得很对不起大家，但是今天，兄弟新由海外归来，得与许多老同志见面，知道各位老同志在各方面是那么样的努力，为国家民族作艰苦的奋斗，兄弟心里实在有一种说不出的欢喜和兴奋。

　　同这个心情一样，当兄弟一踏上我们祖国的土地的时候，就觉得今天的中国，已经不是过去的中国了，过去的中国对我们的印象是互相对立，互相猜嫉，一团糟糕，可是现在呢？不论政府和人民，军队和百姓，都一致团结起来了，特别是各党各派间以前敌对和歧视的态度也消失了。这在全民抗战的环境中，不能不说是一件最值得庆幸的事情。全国民众及各党派一致参加抗战，和坚持抗战，这就具备了抗战必胜的最主要的条件之一，这是我到中国境内后第一个良好的印象，我想在座的诸位同志亦具有同样的感想吧。

　　诸位同志大都是老同盟会的会员，对于过去同盟会奋斗的光荣历史，一定大家都亲身阅历而很清楚的记得，辛亥革命之所以能够成功，四川之所以成为这一革命的原动力，四川同志是尽了很大的力量，那种英勇

---

　　* 录自《新蜀报》1938 年 6 月 8 日，第 3 页。在重庆召开的同盟会员欢宴席上，新由国外归来参加抗战工作的吴玉章发表演说。

牺牲的精神值得全国民众敬佩。他们为什么能有这样大的力量，获得这样大的成绩呢？我以为他们是善于运用策略，他们不分阶层，不分社会地位，从名流张表方先生等及立宪党以至于哥老会、保路同志会，都一致联合起来了，反对以铁路来借款媚外，以这个题目结成了反对满清专制与帝国主义的统一战线，因此我说同盟会同志们过去亦是一个善于运用者，这话想来不会错呢？

其次我们前线抗日的将士，和后方爱国的民众英勇牺牲的精神，是值得宝贵的，就四川参加到前线的战士们来讲，他们的英勇，他们的牺牲奋斗的精神，我觉得同其他各省相比，并不觉得落后，无论是东战场、西战场，或者是北战场，没有一个地方没有我们四川同胞和将士的血迹。滕县一役，王铭章师长以血肉长城，抵抗敌人精锐部队至三四昼夜之久，奋斗到最后一个人，最后一滴血，王师长与城同亡，因而争得台儿庄之胜利，可算得抗战中模范军人，至陈师长静珊亦名誉负伤，广德一役，饶国华师长以身殉国，以及许许多多将士在前方浴血牺牲，足见吾川将士在全面抗战中，尽了极大作用。现在川军又由我老同盟会员王方舟同志及王治易主席领导出川，我相信以他们将士的英勇善战，一定为川人争得光荣，为民族求得解放，兄弟个人更觉得这一切都使我坚信抗战前途是很光明的。

再就目前全国民众热烈参加抗战的情形，就兄弟归来所得的印象来说，亦觉得令人感动，特别是一般青年男女学生，热心的到城市和农村里宣传，演剧、歌咏，到处都在活跃，都表现他们热烈的情绪，这一广大的生力军、后备军，都是我民族复兴的元气。

国内情形如此，那么我们今日的国际环境又是怎样呢？他们对于我们抗战是否有利呢？兄弟久住在海外，对于这个问题，可以答复说，现在国际环境，对于中国抗日是有利的。本来帝国主义国家间，对于半殖民地的行动，每每是一致的，所以以前驻北平的外国大使公使，他们有公使团的组织，对中国许多行动，他们都是一致的，但是现在由于日帝国主义的相继不断的侵略，损害了其他帝国主义在华的利益，因而英美法各国都同情中国的抗战，援助中国的抗战，至于苏联那更不必说了，他自始至终，都是中国的朋友，极力帮助中国反对日人的侵略。现在中国的敌人，只有日本军阀法西斯一个，至于日帝国主义者，除了法西斯而外，没有其他援助，目前中国的国际环境，比任何一个时候都好。

有了以上这些条件，兄弟相信目前中国抗战，一定能获得最后胜利！

现在徐州失守，敌人欲遂其速战速决的企图，拼命冒险进攻，在各地疯狂地轰炸，有些人以为寇深国危，深为前途虑，但我们知道，日寇已超过使用了他准备对我作战的力量，他这一度的猛攻不过是孤注的一掷，我们不与他作最后的决战以保存实力以遂我长期抗战的目的。日寇必不能长久支持，蒋委员长说得好："我们的决战不在城市，而在广大的乡村，因此我们不必以失去一些城市而就悲观失望，主要的是在我们能否坚持抗战到底。"坚持抗战的主要条件，是巩固统一战线，巩固统一战线的关键，是在我们国共两党的精诚合作为基础。我现在虽然是共产党员，我过去也是很老的同盟会员，和国民党员，在个人和党的立场上、组织上固然有分别，而在我希望国民党的发展，也同我希望我们共产党的发展一样。在抗战建国的过程中，我必与老同志们一致努力，我们同我们的总理，中山先生共同奋斗了二十年，我们应本他药石之言，"革命尚未成功，同志仍须努力"，去实现他的遗嘱，所谓"必须唤起民众，及联合世界上以平等待我之民族，共同奋斗……"。

打倒日本帝国主义！

中华民族解放万岁！

从国内外环境来证明中国抗战必胜建国必成 *

（1938 年 6 月 11、12 日）

　　我新从海外归来，细察我国内外的环境，觉得我国抗战建国有极光明的前途。首先我要向大家报告的是，全世界爱好和平的国家与民众，对于我国抗日的深厚的同情和多方援助。他们同情和援助中国的原因，主要的有以下五点：

　　第一是，中国有一千一百余万平方公里的土地，四万万五千万人民。有这样广大的人力和物力，本身就具有战胜日本法西斯军阀的资格；只要能够好好地利用这庞大的力量，胜利是有保障的。

　　第二个原因是，中国可以结成民族统一战线，来进行万众一心的斗争。近年来被法西斯蒂侵略的有阿比西尼亚、西班牙和中国。阿比西尼亚是北非洲黑种人最强悍的国家，但是他的经济文化太落后了，还停滞在部落时代，很难结成民族统一战线来与侵略者作斗争；西班牙是比较进步的国家，但是他本国内，就存在有财政资本的因素，因而国外的法西斯，就有在其本国内造成一部分法西斯军阀的可能，所以意德法西斯的侵略西班牙，是在西班牙内战名义掩护之下，这不仅不能使西班牙造成民族统一战线来反对法西斯国家的侵略，而且使有些

---

　　* 录自《新蜀报》1938 年 6 月 11 日第 3 页，1938 年 6 月 12 日第 2 页、第 3 页，参考上海《导报》1938 年 6 月 30 日第 1 版、1938 年 7 月 1 日第 1 版《论抗战必胜建国必成》（上、下）。

民主国家以不干涉内政为口实而不肯卖军火与西班牙政府。所以阿比西尼亚很快的失败了；西班牙就可很快地战胜内部的法西斯，但竟使战争延长到现在将近二年还不能解决。至于中国则不同，中国本是亚洲最古最文明最强大的国家，只因近百年来受了近代资本主义、帝国主义的侵略与压迫，沦于半殖民地的地位，近四十年来中国民众为革命而斗争，已不知流了多少热血，时时显出他进步英勇的精神！而日寇近七年来强横无理，不断侵略中国的土地，屠杀中国的人民，使中国陷于亡国灭种的危机。最近两年，全国民众都觉悟到"要生存，惟有战"。

但是，国内分崩离析是不能抵御强寇的，因而有"停止内战，一致抗日"底要求。自从一九三五年八月一日中国共产党中央和中国苏维埃政府，发出《为抗日救国告全国同胞书》，号召全国民众及各党各派联合一致抗日救国后，受到全国底欢迎。国民党明达的领袖如孙夫人、廖夫人、李石曾、张静江、于右任、冯玉祥、张知本、李烈钧、鹿钟麟、石瑛诸先生等数十人，曾屡次向国民党中央提议，实行统一战线抗日救国。到了去年七月，芦沟桥事件发生，以蒋委员长为首的国民政府，毅然顺从民意，决心抗战，召集各党各派的领袖到南京共商抗日大计，这就建立了抗日民族统一战线，而使中国完全统一了。这种局面，在中国是空前未有的，在世界上也从来少见的。这不能不说是中华优秀的民族能显出人类最好的模范。

第三是中国有了进步的坚强的政党。在欧美各国不反法西斯国家内不能造成全民的统一战线，就在各民主国家内也不能造成全民的统一战线，因为他们代表各阶级的政党，是难有共同的目标的。中国有伟大作用的两个大政党，国民党与共产党。国民党原来是工、农、小资产阶级及民族资产阶级的民族革命联盟，孙中山先生的三民主义，主观上并不是企图发展资本主义，而是想达到社会主义，他和共产党所信仰的共产主义，本不是不能相容的，所以国共两党是从前曾经合作，现在仍能合作的。由这两个坚强的政党作中心来团结各党各派以造成全民族的统一战线，不但是可能而且是合理的。

第四是中国人人舍生取义、杀身成仁、为国奋斗的牺牲精神。中国人民受了野蛮侵略者的压迫，过着非人的生活，为个人的生活而斗争，为国家民族的生存而斗争，环境迫得他们不得不奋斗！所以自抗日战争发生以来，无论前方的将士，后方的民众，都是英勇奋斗，做出许多可歌可泣的事情，这种流血，并不会白流的！

第五是中国抗日战争之胜利，就是世界人类和平进步的保障。日本法西斯军阀对内残酷地压榨劳苦群众，对外横暴地侵略弱小民族，实行其所谓独占亚洲称霸全球的大陆政策。首先无理地占领我东北四省，破坏国际条约，破坏国际联盟，充了法西斯扰乱世界和平底祸首；因而有意大利的侵略阿比西尼亚及意德扰乱西班牙等背约弃盟种种挑拨世界大战的局部战争。现在德并奥国，图吞捷克，战争的火焰，到处燃烧起来！世界资产阶级民主国家，因其国内外种种的矛盾，还不能完成集体安全来保障和平。中国对日抗战，能给世界大战挑拨者日本军阀法西斯以致命的打击，就等于给世界法西斯主义——就是战争以致命的打击！所以反对日本法西斯军阀，不但是中国人民的任务，而且是全世界人类的任务。中国人民反日的斗争，也就是为世界和平正义的斗争——因此，中国对日抗战，一定能得到世界先进人类的同情和援助。

我们知道了世界各国热烈地援助中国抗战的原因，我们就知道中华民族的抗日战争，绝不是孤军奋斗，而是有全世界广大的人类作我们的后盾。

各国在物质方面和精神方面的援助我们，这是事实。这些事实已经很可宝贵，但我们还希望各国更进一步的援助我们，这进一步的援助，并不是定要他们出兵，而是希望各国用集体安全的方法，来裁制侵略者，来执行国际盟约。为争取国际间的广大同情和进一步的援助，我们应作广大的国际宣传，并运用外交的方式才能办到。我们相信，因着日军的深入，各国为保持他们的利益，为制止战争，不能不援助中国。

上面所列举的几点，就是我国抗战必胜的保障。

现在我们要问一问："国共两党能否长久合作，来建立新的国家呢？"

有些人认为国共两党在抗战时期能够合作，抗战后不能合作来建国，甚至有人说："抗战失败了，是日本人的天下，抗战胜利了，是共产党苏维埃的天下。"

关于这个问题，王明同志解释得很清楚："第一个必须解答的问题，就是中国共产党在中国人民解放斗争现在阶段上放弃苏维埃化中国的口号的意义，以及中国共产党所提出的民主共和国的性质。中国共产党在现在阶段上放弃苏维埃化中国的口号，并将苏区改为中华民国的边区。这件事实，既不是仅仅将苏维埃改变一下名称，也不是玩弄一下什么暂时的手腕，而是真正地在一定革命斗争阶段上改变了自己的革命战略方针；即是中国共产党根据国际环境和国内条件的变更，根据在共同政治基础上团结全中国一切民族力量去实现抗日救国的任务，自动地由原来为苏维埃中国而奋斗的战略方针转变到为中华民主共和国而奋斗的战略方针。中国共产党所提的这一民主共和国的性质，虽不能不有别于过去历史时期中的资产阶级革命结果所形成的欧美某些旧式的民主共和国，但它还绝不是苏维埃式的或非资本主义性质的民主共和国，它将是而且一定是抗日民族统一战线政策胜利过程中产生的新式的民主共和国，即是一切参加对日抗战到底的各种力量所共有的民主共和国。由此可见，听信'抗日胜利了，是共产党苏维埃的天下'这种谣言的人，至少对于共产党在现在革命阶段上的政策的实质不曾真正了解。第二个必须解答的问题，就是中国现有的实际情形。中国现在的实际情形是：如果国共两党以合作的力量和方式达到驱逐日寇出境的胜利，那么，国民党在实际上证明其为中国人民的民族生存而奋斗的最大政党，国民党的领袖蒋先生及其他坚决领导抗战的人物将成为中国的不朽的民族英雄！那时候，谁能违反中国人民的意志，而进行推翻国民党的斗争呢？当然，同样，那时候，中国共产党也将是更加为中国人民所爱戴拥护的重要政党之一，谁也不能违反民意而进行打倒共产党的行动。那时候，很明显地，国共两党将因患难相共艰苦同尝而更加亲密携手地进行共同建国的工作。如果不幸而抗战失败，国共两党将为反对共同死敌而更加互助之不暇，更那里谈得上谁打倒谁呢？由此可见，听信'抗日胜利了，是共产党苏维埃的天下'这种谣言的人，不但是对于中国的实际情形太隔膜，而且是对于中国国民党的战斗力量和光明前途无信心。这显然是非常有害的事情。"

虽然目前在某些地方，有些不应有的磨擦，这是由于以下各种原因引起来的：第一是一种误解，例如第八路军出战，首先在山西平型关等处获得胜利时，各报宣传抗战必能获得胜利起见，热心登载八路军的战报，而不意竟引起一种误会，认为各报专为八路军宣传，后为避免误会起见，报上不再刊出八路军的字样，而不意又引起另一种误会，认八路军久无声息为"游而不击"，其实现在冀察晋边区四十余县的收复，挺进队深入平津及唐山一带的事实，可以打破这些误会。第二是因国共两党曾经有过多年敌对的关系，有些人还未能完全化除成见。第三是敌人间谍与汉奸等的遇事离间挑拨等等。但我相信这不过是暂时的现象，因为两党明达的领袖和健全的干部，必能亲密合作，和衷共济，很快地消除这些不应有的现象，来巩固以国共两党合作为基础的各党各派的统一战线，以达到抗战必胜、建国必成的目的。

诸位先生主持舆论，深望与敝报共同努力，完成我们指导民众的天职。

国际情势及抗战诸问题*

——在成都各界代表茶会上的讲演

（1938 年 6 月 19 日）

主席、各位先生、各位同志们，今天各团体代表热烈参加这个集会，这是说明大家了解今天的抗战和救亡图存事业的重大，希望多知道一点现状。兄弟今天简单把这个内容分三项来讲。

第一，国际情势。

欧战以后，世界发生两大矛盾，一个是战胜国家英、法、美、意和战败国家德、奥之间的矛盾，一个是资本主义各国和社会主义国家苏联的矛盾。这些矛盾使资本主义各国的阵营日益削弱，到了 1929 年世界经济恐慌，资本主义呈崩溃现象。为了挽救自身的灭亡，资本主义各国出现了财政资本专政的法西斯蒂政权，打倒了议会制度，用武力对内压迫人民，对外侵略别国土地，随时以最强暴的手段掀动战争。法西斯蒂是有世界性的，除了意大利、德国和军阀主义的日本而外，一切资本主义国家都多少有法西斯的存在。法西斯的国家首先是德、意、日，他们的侵略是一致的。1931 年日本强占了我国东三省；1934 年—1935 年，意大利就吞并阿比西尼亚；接着 1936 年德、意援助西班牙法西斯叛国的事

---

* 原载于成都《华西日报》1938 年 6 月 19 日，录自《吴玉章在四川》，自贡市、荣县纪念吴玉章同志诞辰一百一十周年活动筹备领导小组办公室编，荣教文准印字第 000157 号，1988 年版，第 39 ～ 43 页。

变也发生了，德、意、日结成了侵略阵线，法西斯在世界猖獗起来，战争的危险日益威胁全世界。在战后得了好处的国家，如英、法、美，为了保护自身已得的利益，已结成了维持和平的和平集团。这些国家，在国内不分党派，不分阶层团结成坚固地反法西斯的阵线；在国际便以集体安全来维持世界和平，反对法西斯的侵略战争，也结成了国际的组织。最近德国以日尔曼民族统一的口号，并吞奥国，威胁捷克，造成世界和平的重大危险；只是靠了捷克和法国和苏联的互助协定，靠了英国所表示的坚强态度，使德国不敢动手。但是法西斯是不会放弃冒险政策的，一有了机会，它随时都可以使用武力挑动战争。在这一切法西斯侵略事件中，中国的问题算是最严重的一个。中国有一千一百万平方公里的土地和四万万五千万的人民，假使日本吞并了中国，它就不但可以独霸远东，而且可以威胁世界。中国被日本灭亡时，英国在远东利益就根本丧失，澳洲和印度也将不保。日本天天嚷着进攻苏联，日本占领中国，无疑是苏联的重大危险。只有中国抗日成功，日本法西斯的危险才可以解决，欧洲的法西斯蒂才不敢十分乱动，世界和平也才可以维持。现在世界对中国的抗战一致重视，一致重视援助，因为他们认识了中国的斗争也就是他们的斗争，中国的任务也就是他们的任务。战后虚弱的资本主义国家是恐惧战争的，而法西斯却天天以战争威胁他们。他们要打击法西斯，就只有援助首先勇敢抵抗日本法西斯侵略的中国。我们的抗战并不孤独，我们是有十几万万人民的援助的。

第二，我们的抗战形势。

今天很光荣的得有陈静珊将军在座。陈将军在抗战中的战绩和王铭章将军的壮烈牺牲，以及上海宝山城的牺牲到最后一人，八百壮士的困守危楼，都是我们抗战精神的伟大表现，是使全世界人士钦佩景仰的。我们抗战中的军队，不管它过去是怎样的系统不同，作战都一样勇敢牺牲，表现出宝贵的民族精神。我们的抗战好像一次一次的比赛，精神是不断的提高。我们的空军从作战以来，一次比一次表现得更好。我们已停止兄弟阋墙，结成共同御侮的统一阵线。这是我们抗战胜利的最大把握，也是日本最怕的事情。它想尽办法来挑拨离间，不但没有成功，而且我们全国一致在以蒋委员长为首的国民政府领导之下，对它英勇地斗争了十一个月，不屈不挠，愈打愈烈。在抗战中我们团结日益加紧了，我们的武力日益加强了。我们决无缺乏外援之虞，自开战以来，英国军火不断从香港运来，不管日本对英国多少次的抗议，这一军火运输从未中断，除非日本进攻香港，占领广州，不能阻止这种接济。然而日本今天决不能够，也没有力量进攻香港，更不能占领广州。国联虽不能自己实行对日本有效裁制，但它允许了各个会员国自由以实力援助中国，抵制日本。至于苏联的有力支持中国，更是大家知道了的。前星期，蒋委员长在纪念周上也曾明白指示，我们要同苏联更亲密的合作。又说，就是日本今天归还了我们几省土地，都不能停止抗战，我们只有坚决抗战到底，争取最后胜利与最大的胜利。这些话指示了我们必须联合以平等待我的国家抗战到底。日本是不能应付我们的长期抗战的。还在去年开战的时候，就有德国人计算出来，日本每日的战费是一千五百万到三千万，一个月要九万万元，日本的全部武力原是以三分之二对付苏联，三分之一对付我们的，但早已超过了。一切事实指示出我们抗战是有光明前途的。广大的土地，众多的人民，英勇的战斗，统一的意志，有利的国际环境，和敌人无法克服的弱点，一件一件都是我们胜利的指标。失地是不要紧的，失地的民众已经拿起武器和敌人作战了。我们的团结不懈，胜利一定是我们的。这决不是愿望，而是经过冷静研究和事实证明的真理。我们不但可以驱逐日本法西斯的军队，而且可以在抗战中建立我们独立自由的、幸福的新中国。

第三，统一战线问题。

抗日的统一战线是以国共合作为基础的。国民党和共产党是中国最大和最有力的政党。过去确曾发生过武装斗争。但为了若干年国难日益严重，威胁了民族的全体生存，在芦沟桥事变之后，国民党国民政府号召各党派代表到南京开会，讨论国是，实行共同抗日。十一月以来，用这种统一行动造成了今天抗战的光明前途，得到全世界的同情和信任，证明统一阵线是中国抗战胜利的把握。今后只有更努力去巩固和发展它。目前小小的摩擦是有的，但这是可以克服的。因为这些摩擦是由下列三种原因而起。第一是误会。第二是残余的成见。第三是敌人的挑拨离间。只要大家开诚布公，误会是可以克服的；只要大家深切的觉悟，成见是可以化除的；只要大家亲爱精诚的团结起来，敌人的挑拨是决不会生效的。我在武汉曾见过蒋委员长，我看见我们各党各派的领袖是非常亲密的团结在最高领袖的领导之下，认定统一阵线的前途必然是巩固的。中华优秀民族、黄帝子孙，世界最古文明的国家，这决不是偶然的。鸦片战争以来的一百年，我们痛心疾首，切望着民族解放、国家独立、民众幸福。真心爱国爱民的人，想作民族英雄的人，决不会因小失大，决定会尽全力以巩固和扩大这个统一阵线。

各位先生，各位同志们，这是什么时代，是民族解放与复兴的时代，是全世界被压迫者翻身的时代。中华民族不但发动了自卫的神圣战争，也作了世界反法西斯和平阵线的先锋，这是十分光荣的历史任务。全世界同情和信任我们，我们首先打倒了日本帝国主义之后，一定可以用和平手段废除不平等条约，取得绝对平等的国际地位。我们有历史上所无的团结统一，我们有广大的土地，英勇的将士，聪明的人民，我们具备了一切战胜的因素。那怕寇深国危，我们的精神不渝，一定能够胜利建设起新的中国。

与《新华日报》记者谈对国民参政会意见
及回川感想（摘要）*

（1938 年 6 月 26 日）

自去年芦沟桥事件爆发全面抗战以来，瞬将一周年，最近国民参政会的成立，可以说是抗战必胜建国必成的又一有力保障！也就是我们建立民主共和国，踏上宪政大道的开端。这次国民参政会的组成份子，虽不是民选，可是确网罗了各党各派以及各社会阶层的人物，足证在我们抗战的进程中，国内的团结与统一，有了显著的进展。希望这次国民参政会，能够尽量发挥民意机关的职权，对抗战建国的大计，尽量向政府作善意的有效的建议，真实代表民众的意见，加强政府与民众间的紧密团结，以完成抗战建国的任务。对于这次被推任的参政员，希望大家抛弃小我，处处为国家民族的远大处设想，而且要切切实实的做，建立民主政治的基础。

故乡父老及同盟会时代的同志谢持、朱之洪、黄复生、吕超等，及留日留法留俄许多旧同学，高师，中法各校的同学会，各机关各法团各救国团体等热烈的欢迎与各亲友各知友大家开诚布公的交换许多救国意见，极为感动。

---

* 录自《新华日报》1938 年 6 月 27 日，第 2 版，原题为《吴玉章先生对参政会的意见：望大家切切实实的做建立民主政治的基础》。

　　四川青年，对目前抗战救亡，都以最高度的热忱来表示关怀。后方民气异常蓬勃，不过民间疾苦，仍极深重；改善民生，与相当的减轻民众负担，在目前的四川，极为迫切！

中国抗日战争底新阶段 *

（1938 年 6 月）

　　中国人民反抗日寇侵略底战争，已经进入了一个新阶段。这个新阶段是以中国军队从其首都南京撤退，中央政府在汉口局部底改组为其序幕。

　　新阶段的第一个特点，在军事上：（A）改变了消极的，被动的，步步退守的防御战略为积极的，主动的，灵活进攻的防御战略。本年一月初由汉口新改组的军事委员会在忧危震撼中，决定了新战略，蒋委员长亲率三十万精兵到陇海路前线，作攻势的防御战争，毅然惩办作战不力、放弃济南的津浦线总指挥韩复榘，代以英勇善战的李宗仁。这个战略的

---

　　* 录自《吴玉章抗战言论选集》，中国出版社 1938 年初版，中国人民大学印刷厂 1959 年重印，第 29 ～ 34 页。1938 年 2 月，身在巴黎的吴玉章作为世界反侵略大会（又称"国际反侵略大会"）中国分会的代表，与陶行知、李石曾、王礼锡等人出席于伦敦召开的世界反侵略大会，作了题为《中国抗日战争底新阶段》的演讲。1938 年 4 月 1 日《新华日报》第 3 版刊登同名文章，4 月 2 日该报刊登《对于吴玉章先生来论的声明》："昨日本报第三版所载吴玉章先生《中国抗日战争底新阶段》一文，此文乃吴先生在巴黎所写，其材料主要地系根据外国通讯社及报纸所发表者，因此，有个别材料与事实不相符合，例如吴先生文中所谓'今年正月中央政府更重新任命共产党领导毛泽东、朱德、周恩来、彭德怀等为军事委员会委员'一节，想系政府曾聘请毛泽东、周恩来两先生为国防参议会委员一事传闻之误，编者因来稿时间匆促，未及仔细校阅更正，特此声明，并向读者诸君致歉意！编者，4 月 1 日。"1938 年 4 月 8 日出版的《文摘》第 17 号亦刊载此文，在上述所言问题上做了改动。1938 年 6 月出版的《吴玉章抗战言论选集》，在上述所言问题上做了不同于《文摘》的改动。

改变，使津浦路北段的济宁、兖州，与南段的明光、淮河一带底日寇，二月以来，毫无进展。济宁、明光二城，彼此争夺至七八次之多，完全入于持久战的状态。同时杭州、芜湖一带底反攻，山西、河北一带，第八路军底常取攻势和配合游击战争，使日寇后方常受威胁，也造成了持久战的局势。（B）是加紧民众运动与军队中的政治工作。第八路军之所以能开拓战争底一个新局面，完全由于他军队本身政治训练的完善和对于民众运动的鼓励与发展。此外的军队与地方，由于当局的轻视或疑忌民众运动与军队政治工作，以致在作战中常感到孤军作战底种种困难，因此前线抗战的高级将领陈诚、胡宗南、张发奎等，曾电请政府，恳求加紧民众运动与军队政治工作。本年一月，军事委员会特别设立政治部来动员群众和加紧军队中的政治训练以适应时势底要求，这是动员全民参加抗战的一个新步骤，非常值得庆幸的一件事实。（C）是武装民众，发展了各地的抗日游击战争。游击战争在过去苏俄反对日寇的干涉战争中与现在满洲民众反对日寇的侵略中，都起了伟大的作用，但却有许多人总不免把他轻视。经过第八路军的许多奇绩底表现和蒋委员长离南京时，号召民众组织民军以自卫底宣言，各地的游击队就发展起来。现在不只山西、河北、河南、山东等各乡村中有广大的游击队，而且江苏、浙江、安徽各乡村的游击队，也蓬勃地发展了，使日寇疲于奔命。就以上三点看来，可以说现在中国是开始了长期抗战的新局面。

新阶段的第二个特点，在政治上：（A）更加坚强了抗日的决心。当南京战事紧急时，日本欲实现他一贯的"以华制华"底政策，曾一再地嗾使德国大使向我政府提出和议，政府中个别人员，亦不免发生动摇妥协底情绪，真有千钧一发底危机。幸而我全民热烈抗日底气焰，与蒋委员长十二月十七"贯彻抗战到底"，"争取国家民族最后胜利"底宣言，挽救了这个危机。这个全国上下，一致抗日，争取最后胜利底决心和信念，使中国人民的精神力量，随着日寇军队的进展而进展。这是我们对于日寇一个极大的胜利。（B）更加巩固和扩大了抗日民族统一战线。只有全国统一才能抗战，只有抗战才能促成全国统一，攘外即所以安内，在战争底第一阶段中，已经证明了这个真理。但是全国统一的关键，在于以我国两大政党——国民党共产党——亲密合作为基础的民族统一战线底建立。大家都知道，国民党已经实行了联共抗日的政策，红军已改编为国民革命军第八路军（后又名为国民革命军第十八集团军），苏区已改为中华民国的边区，归中央政府直辖，因此国共合作的基础，已经奠定。今年正月，中央政府增加国防参议会为七十五人，由各省市、蒙藏、华侨推举，以扩大抗战领导机关底逐渐民主化。这就更加巩固和扩大抗日民族统一战线。虽然这些设施还未达到中国现时环境所要求的应有程度，而且日本军阀、汉奸及托洛茨基匪徒，多方的威胁利诱挑拨离间，将更巧妙地进行，可是，我相信两党英明的领袖和我中华民族底优秀子孙，必能打破敌人的毒计阴谋。为争独立自由的民主共和国团结一致，抗战到底。（C）政治机构的改造。在新年的前夜，我中央政府举行了部分的改组与人员的更调，一面裁并了一些骈枝机关（如铁道部与交通部合并，经委与建委并入实业部），与空头衙署（如海军部）。这不但可以节省糜费，裁减冗员，扫除尸位素餐底旧习，而且可以使组织严密，工作紧张，养成实事求是的精神。一面在军事委员会下建立政治部来动员民众与提高兵士政治水平。这就使广大的民众能有组织地参加抗战。

新阶段的第三个特点，在社会上：因为许多大的和重要的城市，受了战争的破坏和日寇的轰炸、占领与屠杀，及无数的乡村被日寇轰炸烧毁，特别是学校及文化机关，遭其轰炸毁灭尤甚。这就不仅有极大数量的工人失业，农民破产，学生教员及一般知识份子都无家可归，而且使几千万或上万万的民众，无论贫富贵贱，男女老幼，妇女儿童，都骤然成了难民。这一悲惨的现象，一方面成了救济难民的一个严重问题，另方面又成了动员群众的自然动力。现在工人、农民、学生、教员，无论男女，参加游击队的，有极大的数量。团结起来，组织起来，到前线去，到民间去底各种口号，在中国整个社会中，广泛地流行着。如果我政府与社会上有力人士和政党与各职业团体能有计划地把这些民众组织和训练出来，作为抗战的后盾，这就是不可战胜底力量。

新阶段的第四个特点，在经济上：首先由于两年前我国币制改革有了伟大的成功，因而在抗战中我金融有出人意外底安定的表现，国际信用因此提高。我国财政日加巩固，这对于抗战前途有极大的意义。其次现在我政府与举国人士，都注意到如何改善工农生活，如何救济失业青年，如何增加生产，动员全国物力以应抗战底急需。特别是为战时事势所迫，不能不加紧地发展交通，建设国防军事工业。因为我们自知中国是工业落后的国家，如果不在短时期内，如西班牙一样，建立国防军事工业，则长期抗战不能确实保证有必胜的条件。自然这一伟大艰难底建设，不仅有赖于国内全民的艰苦奋斗，而尤有赖于国际爱好和平的友邦特别的帮助。

新阶段的第五个特点，在国际上：首先是由于中国抗日民族统一战线底更加巩固，由于中国政府底决不投降，由于中国军民一致的英勇抗战，引起了国际深厚的同情，得到了爱好和平民主底国家与民众底热烈援助。当战争初起时，人们都以为南京政府未必抵抗，在战争第一阶段中，人们又以为南京政府的抗日是暂时的，表面的。特别是日本军阀总打算中国会投降，而这一次却是打错了算盘，他的"三天灭亡中国"论，也被英勇的中国军队，打得粉碎。这就增高了中国的自信心和国际地位。其次是因为日本不仅横暴无理的侵略中国，凶残野蛮的屠杀中国人民，而竟敢破坏国际条约，残害列强侨民的生命财产，甚至炸英国大使，炸英美军舰，蹂躏上海租界，擅改中国关税，声言为了要驱逐白种人底势力出远东，不惜与英国开战。他深知某些列强惧怕战争，就以战争来恫吓。这不能不引起世界人士底愤恨。更加以日本法西斯军阀与意德法西斯国家结成侵略国家底集团来扰乱世界和平，因此，中国抗日的战争，成了保卫世界和平拥护正义人道的神圣战争。世界爱好和平，尊重民主的国家与人民，都一致起来声讨日寇底侵略行为。抵制日货，拒运日货，经济制裁日本，多方援助中国底呼声，震动了全世界。各国成立和扩大援华运动团体，如法国美国底中国人民之友社，英国底援华运动会以及世界反战反法西斯委员会等等作了不少帮助中国抗日的工作。而尤以最近世界和平会在伦敦所召集底世界援华抗日大会，最为盛大。

我们知道，世界和平是不可分离的。只要我们能够坚固保持抗日民族统一战线，与日寇坚决抗战到底，必然能使国内的民族复兴与发展，必然能得国际的同情与援助。最后的胜利一定是我们的。

一年来国际援华运动概况 *

（1938 年 7 月 7 日）

　　中国抵抗日本的侵略，不只是为求得自己的独立自由，而且也还带有打击法西势力，巩卫世界和平的意义。因此，毫无疑义，凡属爱好和平、具正义感的人都和我们站在一起。全世界一直在注视着我们的举止，期待着我们在望的胜利，并且与以一切精神、物质援助，使我们神圣任务得以早日完成。抗战一年来，随了日寇的残暴与我们战士的英勇，国际援华运动也在日益生长着。"援助中国，即援救世界和平"响遍全球；这是极大多数人类一致的呼声。我们受到人家的同情、鼓励、援助真是记述不了，感激不尽的。

　　经常的援华工作，由一些国际性的组织，如国联、国联同志会、国际反侵略运动大会（The International Peace Compaign）在主持。国际反侵略运动大会是其中最努力的一个。它拥有四万万会员，五十三个单位，四十七个国际团体单位。为了讨论如何援华反日，它于本年二月间，在伦敦召集了一个特别大会；与会的各国、各团体代表达七八百人；会议继续三天，组织了八个专门委员会（工会、消费者、合作社、议会、技术、宗教伦理、援华、宣传）来设计各该部门的援华反日工作。

　　工会委员会、消费者委员会、合作社委员会的主要议决案大体相同，

　　* 原载于《新华日报》1938 年 7 月 7 日第 8 版，录自汉口《半月文摘》1938 年第 3 卷第 1 期，第 16～18 页。

即是就其各委员会性质之本位励行抵制运动（包括日货之输入输出，设法拒绝制造、运输日本输出输入之军需品及其他货物），并吁请全世界人士、各国政府，断绝和日本的贸易往还。

国际反侵略运动大会曾二次派代表包德立与色斯到中国来视察，并且成立了中国分会。

国联同志会也是援华运动中极热心的一个团体。它和 I.P.C. 有很密切的关系。本年二月在伦敦开会时，对援华工作，曾作下列决议：

（一）吁请国联各会员国，以外交、财政、经济等项方法，制止日本侵略，并相互担保共同行动，促成上述办法之成功。

（二）要求国联各会员国政府，应立即依照国联决议，予中国以种种援助，如供给军需粮食药物等，以加强其抵抗力。

在过去十二月间，国际联盟也给了我们一些可能做到的援助。去年十月和今年五月间我们受到它两次赞扬、鼓励与保证。在物质上，国联捐赠中国的防疫费达一八四〇〇〇元。

最令人感动的是，各国人民自觉的热烈援华运动。这种为正义所激发出的努力正在世界到处滋长，从显贵到朴质的劳动者，自北欧到约翰牛斯堡，我们每天可以听得见到同情我们的舆论与实际援助行为的记载。

在以伦敦为运动中心的英国，抵制运动做得已很有成效。社会人士都已自动排斥日货，南威尔士矿工且发出宣言全体一致拒买日货。好多地方的码头工人、水手为了不愿起卸日货或输往日本的军需而罢工或竟因之失业。都市里不断地有援华委员会、中国人民之友等民众团体以及报纸杂志抗议日本暴行，或是为我们艰苦的境遇呼吁，如要政府禁止石油及军用品输日及替我国难民、伤兵筹募医药、金钱等。在国际反侵略运动大会开会的时候，伦敦曾举行了一个"中国周"。在二月十九那天游行的行列曾到日本大使馆去示威、责问。在伦敦市长主持下的救济中国难民捐募计达现金十万四千镑，衣物十三万件。

说起法国对我们的态度，大家一定可记得今年五月间法国外长庞莱在国联议席的那番热烈演说："整个法兰西民族，现均热烈愿望中国民族勇敢刻苦之精神，终有获得报酬之一日"，"中国为保卫独立主权与领土完整而抗战，其所发挥之爱国精神，业使全世界为之钦佩不已"。这种伟大的同情，实令我们感奋。为日机滥炸广州，天主教徒中国人民之友协会，与各党派议员都联名提出抗议；共产党、社会党人且通电号召全世界，共灭此人类之罪人。

新大陆的情形或者要更实际些。数字告诉我们，目前日本对美输出额，已较中日战前减低百分之五十二；美国人认为这是对付侵略者最好的办法，而实际日本确已吃了大亏。美国女人不再穿用由日本原料制成的丝袜了。"买一双丝袜便是送给日本人四排机枪子弹"的口号，使日本生丝在美国只销到二万六千包一月，比一九三六年的情形要坏五分之二强。不但丝业，在别的行业中，也踊起了排斥的高潮。日本的帽子、玩具、电料、渔业等等，到处受到抵制。

替中国难民募捐的事，时常在各地举行。在前总统胡佛领导下，旧金山发起了一个"一碗饭运动"，把节省下来的用费，捐赠我国。六月十七晚上，全美国至少有一百万人绝食，俾筹得一百万美金。拥有四百万工人的美国工人联合会已组成一个"救济中国平民委员会"，组织极为庞大，仅总部工作人员已有一百多，可能影响到的有四千万人。最近该会在总统公子西都奥罗斯福领导下，计划使两千城市，一致以收入所得捐助中国，预计可得一千万元。

一个很有意义的纪录就是美国官方发表的民意测验，表示出一般人民对中国态度已更趋积极好转。如去年九月间测验结果，同情我国者43%，同情日本者2%；一月半后则已进展至五十九与一之比了。此刻，一切在欧洲进行着的援华运动，这里都不例举。许多宗教团体及记者协会均吁请政府修改中立法，俾使侵略国不得借之取巧；而对中国应有更积极的援助。

在世界任何角落里，援华运动总在进行。加拿大派遣了医药队到中国；比利时在樊迪文领导下为我们呼吁；挪威工人为不肯起卸运输到日本的废铁而罢工；瑞典……远至南非的约翰牛斯堡也曾为中国难民募集了一千三百镑。澳洲雪梨、墨尔钵的工人援助拒绝运输废铁的中国工人而罢工。

我们抗战在印度赢得了更深的同情和了解。如太戈尔、尼赫鲁、波士屡屡为我们呼吁，全印报纸为我们声援。抵制日货在印度与在澳洲、菲律宾、安南、荷属东印度一样得着很大的成效。一年来，印度友人已举行三次热烈的"中国日"，通过同情于我国的议案，募集款物，并举行种种示威运动。最近由国民大会主席发起一个医药救护队，即将到中国战地服务。

我们不能忘却我们最可靠的友人，苏联。她对我们的援助实在不必多加渲染。我们只须引几句话，就可代替许多冗长叙述了："伟大的中国人民，奋起反抗日本法西军阀，全世界业已充分明了；日本决不能统治中国大地……苏联乃中国真正友人，在此艰难困苦时期，我人决未背弃彼等，将来亦决不如此"（《五·一》《真理报》），"英勇的西班牙与伟大的中国人民现正一致不顾牺牲，为国独立，争取生存权利与帝国主义强盗奋战，彼等流其鲜血，业经在全世界之前，表现群众伟业之敢千万人有空前之支持。神奇勇力以及战胜敌人不变志愿，我工农红军同情，一如全苏千百万人民，无条件的属于西班牙与中国战士"（五一节伏罗希洛夫致红军书）。这种同情、援助，是多么深刻而恳挚啊！

最后，我们最不能不大书特书的，英勇的西班牙政府军在其艰苦的斗争中，还时时挂念着我们的事情：军团司令利斯忒给我们的电报太令人感动了，他说，"中国与西班牙为维护整个人类抗战于沙场之上，深有莫大光荣"。真的，人家太爱护我们了。那些同情鼓励与援助实在是记述不了，感激不来的。

对日抗战与国际情势 *

（1938 年）

　　目前国际间经济危机的情势反映到政治上，很显明地已划分成两大堡垒。一方是主张侵略的，一方是主张和平的，所以世界上就有侵略阵线与和平阵线的对立。德国虽在欧战失败，但，自希特拉执政，重整军备，他不愿受束缚，一九三三年退出国联，一九三五年乘收回萨尔区域后，且以扩充军力为词，公然宣言废除凡尔塞和约军事条款，恢复强迫军役制度，增兵至卅六师团。一九三六年三月间借口法众院批准法苏互助协定，更宣布废止罗卡诺公约，恢复莱茵河军备，以致欧洲形势异常紧张，国社党主张收复从前的殖民地，合并奥国，尤其公然主张夺占苏联的乌克兰。意大利在欧战后，因其经济组织瓦解，人民生活困苦不堪，工农革命运动一时高涨，墨索里尼领导的法西斯党在地主大资产阶级资助之下，乘机夺取政权，用暴力压迫革命，主扩张领土，积极备战。日本近因军费继续膨胀，经济异常恐慌，同时法西势力抬头，少壮派为欲实现大陆政策，于是侵华就成为他们唯一的出路。德意日三国，因争夺殖民地的关系，站在一条线上，政治方面实行法西斯蒂化的民族主义，对内压迫民众，对外侵略弱小民族，这充分表现资本主义社会行将崩溃而作最后挣扎的斗争。苏联在欧战后，无产阶级革命成功，工农红军次

---

　　* 录自《文化国际》1938 年第 1 期，第 7 ～ 8 页，为吴玉章在中苏文化协会四川分会欢迎会席上讲演词。

第将帝制反革命军及帝国主义干涉军击败，一九二四年英、意、法、瑞典，丹麦等国承认苏联，而苏联便成为世界上新兴的社会主义国家。苏联在他主义的立场上说，是反侵略的，所以他主张：1.不愿任何民族略侵别个民族，他认为每个民族应该独立。2.他很愿意帮助世界上所有弱小民族反对资本帝国主义国家的侵略行为，而要达到解放殖民地的目的。3.实行真正和平政策，各国适应自己的环境，采行新的制度，不许他国干涉。英国受希特拉之威胁，感觉不安，乃于一九三四年英政府派外交次长艾登赴俄与史丹林面商，联合起来，保持世界和平。苏联过去认为国联是帝国主义的分赃机关，然而他为了实现集体安全起见，他以为国联在某种时间还可利用，因此他才加入国际联盟，增强保障和平的力量。在这经济政治危机情势极端矛盾的现实上，英法美因有较多的殖民地和较丰的资源，故不要求拿攻势战争的手段去应付，只有避免攻势战争，而主张和平，保持既得的权利。国联要执行条约，才能保持国际的和平。然而侵略国疯狂地重分殖民地，实行以挑拨战争的手段来恐吓，国联在东亚制止侵略战争尚无具体办法，故暴日毫无顾忌地侵略我国的领土和主权。

我国自芦沟桥抗战以来，将近一年，敌人原采速战速决的政策征服中国，然而我国各党各派精诚团结均一致地联合起来，在中央政府及蒋委员长领导之下，实行长期抗战，奋斗到底。孙中山先生说：中国是次殖民地的国家，要想独立生存，非努力把帝国主义的势力驱逐出境不可。目前日本是我们唯一的敌人，国际上各国如英、美、法、俄等国都同情我们英勇抗战，无论在精神上物质上均受他们的帮助，其中尤以苏联为最，他帮助我们许多军备和技术人才，反对日本帝国主义侵略的暴行。趁此国际形势转好的时候，我们应负起重大的使命，保卫领土，复兴民族。有人问：苏联为何不出兵？中国与苏联在友谊关系与利害关系上较为密切，在一般人的理想中以为他当然要出兵帮助中国，究竟他出不出兵还不敢断定，但是，据目前国际形势看来，事实上还不可能，苏联固是和平阵线的急先锋，日、德、意却同站在侵略阵线上，如果苏联出兵助我抗日，德意必然地挑拨他国掀起反苏战争的巨浪。在这集体安全的问题未解决时，苏联是不能单独出兵的，我国抗战，无异替代苏联攻打日本，所以现在只须苏联在物质上精神上继续接济，我们坚持长期抗战的主张，日本终归必败。

一个国家要生存，就要独立，如别国帮助争出的独立，结果帮助的国家也要占便宜，所以我们要自力更生，才能得到真正的独立而生存。自我抗战以来，全国武装同志都统一地团结起来，在政府领导之下，英勇抗战，如淞沪、滕县、台儿庄诸役，均能表现我军抗战的威力。最近前线为着变更策略计，稍移阵线，这不是失败，这在军事上有整个计划的，只要我们长期抗战，誓不屈服，最后胜利必属于我，抗战前途非常乐观而光明的。

研究中国历史的意义 *

（1938 年）

　　人类底历史就是人类自己发展底过程。历史是一种科学，它是要发现整个人类社会发展变化的规律底科学。但是，一切过去社会底历史，除了原始的状态以外，都是阶级斗争底历史。因此，现在我们研究过去的历史，主要地是研究阶级社会底产生、发展和衰落底科学；是研究阶级斗争底科学。

　　历史科学是为民族革命和社会革命而斗争底有力工具。我们应该知道人类真正的历史，劳动者奴役和解放底历史，应该知道我们从那里来和往那里去。因为，这能十倍地坚强我们奋斗底信心和给我们这种胜利条件底知识。

　　我们常常看见，凡一个民族，如果缺乏详实的历史记载，则会减弱民族自尊心和奋斗底自信心。章太炎说：

　　"余数见印度人言其旧无国史，今欲搜集为书，求杂史短书以为之质，亦不可得，语辄扼腕。"（《国故论衡·原经》）

　　章太炎深为印度人太息没有成文历史的痛苦。他以为：

　　中国"自秦以迄今兹，四夷交侵，王道中绝者数矣；然揖者不敢毁弃旧章，反正又易。藉不获济，而愤心时时见于行事，足以待后，故今

---

　　* 录自《解放》周刊 1938 年第 25 期，第 7 ～ 9 页。

国性不堕，民自知贵于戎狄，非《春秋》孰纲维是？孔子不布《春秋》（注），前人往，不能语后人，后人亦无以识前，乍被侵略，则相安于舆台之分，诗云：'宛其死矣，他人是愉'。此可为流涕长潸者也！"（同上）

（注）自孔子作《春秋》开始用编年纪事的例子，中国历史才有可考的年代，章太炎极推崇孔子这个功绩，这是他的卓见。因为历史必须在年代的联系性中，叙述最重要的事变和事实，才能给历史人物以确切的评价，否则不等于小说传奇，也只成了社会、经济形态抽象的定义而违背唯物史观。

他又说：

"天方荐瘥，载胥及溺，满洲亡而复起，日人又出其雷霆万钧之力以济之，诸夏阽危，不知胡底！如我学人，犹废经史而不习，忘民族之大闲，则必沦胥以尽，终为奴虏而已矣！"（一九三五年，《讲论读经有利而无弊》）

他又说：

"史之有关于国本者至大，秦灭六国，取六国之史悉焚之；朝鲜亡后，日人秘其史籍，不使韩人寓目；以今日中国情形观之，人不悦学，史传束阁，设天降丧乱，重罹外族入寇之祸，则不待新国教育三十年，汉祖、唐宗必已无人能知，而百年之后，炎、黄裔胄，决可尽化为异族矣！"（一九三三年，《讲读史与文化复兴之关系》）

章太炎为中国现代精通旧文学的文学家、历史家，他深深抱着民族主义和爱国思想，就是他从旧历史中领会得来。虽然他在文学上好用古字，崇拜古文，泥古非今，和他解放民族的革命思想与行动，大相矛盾；然而他上面所说这些话，却含有一部分真理。

现在我们处于资本主义底最后阶段——帝国主义的时代，痛心于我神洲古国的劳动民众，沈沦于半殖民地半封建的苦海中，认识了马克思科学的社会主义,使酣睡的牡狮,猛然惊起,跳跃于世界大革命的潮流中,有些革命家,薰染了十八世纪法国的革命思想,不承认一切的权威和过去历史上所认为神圣的东西。一切旧的宗教、哲学、宇宙观与人生观、社会与国家的制度等等,都要受到无情的批评。一切都要在理智面前裁决,凡是不能证实它的理性的东西,都被宣告消灭。这种怀疑的态度和革命的精神,是非常可贵的。但是,把一切旧的社会与国家形式,一切传统概念,都认为不合理性的,当作陈旧废物而抛弃,认为凡在现时以前的世界,都为一些偏见所指示,因而一切它的过去只值得叹息而轻蔑,它的历史不值得一顾。这样就不仅抹煞了人类发展进化历史所创造的文明,必然要走到空想的社会主义,而且恰好给反动势力和法西斯蒂留下一个有力的武器,使他们能够利用特殊的民族心理来欺骗民众。季米特洛夫在共产国际第七次代表大会上,报告《法西斯主义底进攻与共产国际为工人阶级反法西斯主义的统一而斗争的任务》说:

"法西斯蒂曲解每个民族底整个历史,以便把自己形容成为这个民族史上一切高尚英勇事迹底继承者,而对于一切有伤民族观念的耻辱事实都利用来反对法西斯主义底仇敌。在德国出版几百种书籍,其唯一的目的,就是按照法西斯主义的精神来假造德国民族底历史。初出茅庐的民族社会党的历史家拼命假造德国历史,把德国历史弄成这个样子:好像由于什么'历史的规律',在两千年来,都有一条发展线索贯串着,结果就有一个民族'救主'出现于历史舞台,这就是日耳曼民族底'救星'。祖籍奥国人,有名的'下士'!在这些书籍里,把日耳曼民族史上最伟大的人物,描写为法西斯蒂,而把伟大的农民运动,描写为法西斯蒂的嫡祖。

"墨索里尼拼命利用民族英雄加里波的英勇模范,来赚取政治资本。法国的法西斯蒂把女杰再·达尔克奉为自己的英雄。美国法西斯蒂借口美国独立战争底传统，华盛顿、林肯底传统。保加利亚的法西斯蒂利用七十年代的民族解放运动，及其光荣的民族英雄——列夫斯基、加拉查等人底声誉。

"有些共产党员认为所有这些事情都是与工人阶级底事业没有关系，宁愿袖手旁观，却不拿正确的历史眼光，真正马克思主义的、马克思列宁的、列宁斯大林的精神，来在劳动群众面前，说明他们本民族底历史，却不把共产党员目前的斗争与该民族过去的革命传统联系起来；这样就等于自愿地把民族史上一切宝贵事迹，奉送给法西斯蒂的历史曲解家，让他们愚弄民众。"（《论统一战线》一五六——一五八页）

中国现在的情形，也正和季米特洛夫所说的一样，反革命的历史曲解家，正在玩弄复古和尊孔的把戏，曲解历史底事实来欺骗民众。什么复古运动，读经运动，闹得乌烟瘴气。苏俄布勒斯特条约底事件，可以借作卖国的护符；卖国的秦桧，可以变为深谋远虑的爱国策士。这些历史曲解家不惜曲解事实，颠倒是非，以阿谀当世。特别是日本的法西斯蒂，在它已占领的中国的东北四省各地，一方面大倡孔子王道等教条，表示他是中国和东方文明底保护者；一方面在学校里强迫人人学日语，不许中国人读中国历史，企图消灭中国的民族性。我们如果轻视反动势力和法西斯蒂底这种骗人手腕，那就是罪恶。我们共产党员是国际主义者，毫不调和地根本反对各色各样的资产阶级的民族侵略主义，可是，我们并不是民族虚无主义者。如果谁认为，因为要用无产阶级的国际主义精神来教育工人和一切劳动者，他就可以，而且甚至于不得不唾弃广大劳动民众底一切民族观念，那末，他就大错而特错，他就毫不懂得列宁和斯大林关于民族问题的学说，列宁说：

"难道我们这些大俄民族的觉悟工人，没有民族自夸心吗？当然有！我们爱自己的语言，爱自己的祖国，我们所最努力工作的，就是要教育我们祖国的劳动群众（即祖国十分之九的人民），使他们成为觉悟的民主主义者和社会主义者。我们所最目击心伤的，就是暴虐无道的皇家刽子手、贵族和资本家，公然摧残压迫和侮辱我们的大好河山的祖国。我们引为自夸的，就是这种压迫政策，已经引起我们大俄人民底反抗：我们大俄人民已经推拥出拉吉雪夫、十二月党人、七十年代的平民革命家；我们大俄民族的工人阶级已经在一九〇五年造成强有力的群众的革命党……我们充满着民族自夸心，因为大俄民族也造成了革命的阶级，也证明了：大俄民族能够给人类标榜为为自由为社会主义而斗争的伟大模范，而不只是大批蹂躏被压迫的民众，大辟刑场监狱，大闹饥荒以及在神父、皇帝、地主和资本家面前大显卑躬屈节的丑态。

"我们充满着民族自夸心，正因为这个缘故，所以我们特别愤恨自己的以往的奴隶生活……以及现在的奴隶状况。现在的时候，又是那般地主，协同资本家，强迫我们东征西剿，去扑灭波兰和乌克兰，镇压波斯和中国的民主运动，使罗曼诺夫、色白林斯基、普利史克维赤这般玷污我们大俄民族名声的狐群狗党，更能作威作福。"（《列宁全集》第八卷，第八十一页，《大俄罗斯人底民族自夸心》）

我们中国有五千年的历史，其幅员底广大，仅次于苏联；全国面积约有一千一百余万平方公里，超过全欧各国面积的总和；而其人口底众多，则为任何国家所不及，总数约在四万万五千万以上。历代以来，有不少伟大的思想家、卓绝的军事家及出色的发明家，有异常丰富的典籍文艺：实为东亚文化的中心基础，有素称发达的农业和工业。

远在西历纪元两千年以前，中国已有了指南针的发明，而火药的应用，亦远在欧洲人以前。二世纪时，即有纸张底出现；七世纪时，已有刻版印刷底发明，到十一世纪时则更有活字印刷术底使用。其他如华美精致的金属品、陶瓷器及光泽美观经久的染料，亦为中国自古著名的特产。而爱国热忱及勤苦耐劳精神，尤为中华民族向来的特色。因此，中国人民有很强的民族自夸心。例如，当"九一八"日本占领满洲的时候，东三省三千万人民及全中国人民无不愤恨日本军阀之欺凌我大中华民国，莫不思起而反抗；就是在苏联远东的中国工人，一听到日本占领满洲的消息都说道"小日本子何敢占我们大国的土地"，平素也常常以大国人自居，充满着民族自夸心。正因为这个缘故，所以东北底游击运动和中国工农红军底革命战争，创造出最光荣的历史，他们能够发扬光大中华民族过去迭次推翻外族压迫统治的革命传统。我们大中华人民，已经推拥出洪秀全、孙中山及二十世纪初的平民革命家，创造了中华民国，我们大中华民族的工人阶级，已经在最近十七年来，造成强有力的群众的共产党。我们充满着民族自夸心，因为大中华民族，也造成了革命阶级，也证明了，中华民族能够给人类标榜为为自由为独立和为社会革命而斗争的伟大模范，而不是如日本人所骂的"中国人无爱国心""中国人没有五分钟的热心""中国人如一盘散沙""中国只是一块需要强国来占领的、无组织的领土""中国不能算是一个国家"等等胡说。自然，我们不应该受历史曲解家和日本走狗汉奸底欺骗。他们说："中国曾经几次被外族征服过，如蒙古人、满洲人都曾经征服过中国，统治了几百年，而终究还是被汉族征服了，因此，现在日本的侵略，我们是不怕的。"他们企图这样来安慰我们，以消灭我们救亡图存的民族爱国心，以掩饰他们不抵抗、求妥协和卖国的罪恶。我们应该知道蒙古民族和满洲民族与汉族的斗争，毕竟还是国内民族的斗争，和日本民族的侵略，其性质已大不同，即使勉强用来相比拟，我们也要好好地懂得下面两件事情：第一，我们有胜利的民族解放斗争底光荣历史，这不仅可以自夸，而且可以十分坚强我们胜利的自信心，这是很可宝贵的，但这个光荣历史是由坚苦斗争中得来，是由无数的有气节的民族英雄底热血换来，绝不是卑躬屈节、任人宰割、甘作亡国奴的人所能侥幸得到的。这只须一读岳飞的《满江红》、文天祥的《正气歌》、郑所南的《心史》、史可法的《答满清摄政王书》及其他许许多多慷慨激昂的文字和无数成仁取义民族英雄之事迹，就可以知道。第二，被征服的汉族能推翻征服者的蒙古人和满洲人底统治，最主要的是由于以前汉族底经济发展高于蒙古族和满族，因而汉族在经济上使它们不能不同化或降服，结果也就易于征服他们。至于现在的日本，它已是走到资本主义最后阶段的帝国主义，经济和一切技术都大大地高过我们。如果坐令日本帝国主义现在灭亡中国，绝不会像从前蒙古人满洲人一样，很容易地就把他们打倒了。我们只要看朝鲜、印度等殖民地，是怎样地受帝国主义的蹂躏和民族解放运动的难于胜利，就不能不惊醒了。

我们充满着民族自夸心。正因为这个缘故，所以我们特别愤恨自己的已往的奴隶生活以及现在的奴隶状况。尤其使人痛恨的是日本帝国主义以华制华的毒计，多方挑拨我们的国内战争，以便它坐收渔人之利，以灭亡中国。

我们大中华民族正处在亡国灭种的生死关头，只有深刻地研究我们的历史，唤起全民族的爱国精神，团结一致，结成牢不可破的、钢铁一般的民族统一战线，来推翻帝国主义的压迫，最迫切地是粉碎日本帝国主义的进攻，我们的民族革命和社会革命才能得到胜利。

编后记

　　《吴玉章全集》经中国人民大学党委书记张东刚教授和校长林尚立教授的科学决策和精心规划，在中国人民大学重大规划项目"吴玉章全集"（批准号 23XNLG07）获准立项的基础上，于 2023 年由中国人民大学出版社出版发行。回顾《全集》的出版，离不开中国人民大学党委副书记郑水泉教授、副校长王轶教授的科学统筹，离不开中国人民大学信息学院吴本立教授及其家人的全力支持，离不开中国人民大学图书馆、档案馆和校史馆的文献史料收藏和整理，更离不开中国人民大学复校以来历届领导和广大师生的共同期待。

　　《全集》的面世，使编者想起 1984 年夏秋，面对迫在眉睫的高校学分制教学改革，许多令人费解的困惑亟待解答。后来我们从当年 1 月发表的两篇回忆吴玉章老校长的文章中找到了答案。这年的 1 月 14 日，《人民日报》刊登了中共中央党校第一副校长、教育部原部长蒋南翔的文章《纪念我国无产阶级教育家吴玉章同志》。文章写道："吴玉章同志既是一位革命家，又是一位教育家"，也是"中国新型高等教育的开拓者"；"他不是'为教育而教育'，也不是抱有'教育救国'的空想"，更不"走旧中国盲目抄袭欧美教育的老路"①。不久，《人民日报》刊登中国人民大学名誉校长郭影秋的文章《吴老与中国人民大学——纪念吴玉章同志诞辰

---

① 蒋南翔. 纪念我国无产阶级教育家吴玉章同志. 人民日报，1984-01-14（4）.

一百零五周年》。郭影秋回忆："少奇同志说：中国人民大学'与过去旧大学有本质的不同，是为工农服务，是要教育出为工农服务的干部；只有用马克思列宁主义的基本观点，实事求是的精神，才能把工作做好，学习搞好，学校办好'。"①正是这两篇文章使我们解开心结，引导我们制定和实施了中国特色的学分制改革办法。我们敢于下这个决心，其中的力量源自吴老与时俱进的办学思想，源自吴老始终坚持党的领导者赋予中国人民大学的办学精神。此后，每当遇到难题我们都会想到吴老，想到从他的办学思想中寻找前行的路径和解疑释惑的方法。

1984 年 4 月 4 日，《人民日报》刊登中央军委副主席杨尚昆的署名文章《一辈子做好事 一贯的有益于革命——缅怀吴玉章同志》。他说："吴老从参加辛亥革命起，一生坚持革命，总是站在革命斗争的最前列，不断跟着时代前进。他一生勤奋工作和学习，孜孜不倦，从不松懈。他作风民主，和蔼可亲，十分关心爱护干部。他全心全意为人民服务，一贯有益于革命，是我们的光辉榜样，是建设社会主义精神文明的楷模。他的名字将与人民同在。"②这段话，使编者时时想到吴老的谆谆教诲，想到怎样从他那里获得面对和解决问题的方式方法。1987 年 10 月 15 日，邓小平"为建在中国人民大学的吴玉章雕像题字：'我国杰出的无产阶级革命家、教育家、历史学家、语言学家吴玉章'"③。这一崇高的评价，更使编者懂得了怎样完整准确地理解毛泽东那段感人肺腑的话，即："一个人做点好事并不难，难的是一辈子做好事，不做坏事，一贯的有益于广

① 郭影秋. 吴老与中国人民大学：纪念吴玉章同志诞辰一百零五周年. 人民日报，1984-01-23（5）.

② 杨尚昆. 一辈子做好事 一贯的有益于革命：缅怀吴玉章同志. 人民日报，1984-04-04（5）.

③ 中共中央文献研究室. 邓小平年谱：第 5 卷. 北京：中央文献出版社，2020：509.

大群众，一贯的有益于青年，一贯的有益于革命，艰苦奋斗几十年如一日，这才是最难最难的啊！"①学习吴老，不仅要学习他时刻以传承中华民族优秀文化律己为人，更要学习他有始有终、追求真理、与时俱进、养成育人、融通中外、依史鉴人、继往开来等精神品格和思想观念。诸如：1917年5月27日，他在《在北京留法俭学预备学校开学典礼上的演说》中谈道："留法俭学会……其目的约有四端：一曰扩张国民教育，二曰输入世界文明，三曰阐扬儒先哲理，四曰发达国民经济。"1940年1月，他在《六十自述》中说："俗话说：'作饭不难洗碗才难。'人都喜欢作热闹事不愿作冷背事。我以为前一事的善后作得好，后一事的发展才有望，所谓历史事件有连续性。只看见事的表面，而不考究其根基，是不能了解事之所以荣枯的根源。所以我认为：前事之结束，是后事的开始，特别更要重视。"1942年，他在《吴玉章自传》中写道："我奋斗不懈，为的是追求人生的真理，人类的解放，常人颇难了解，而我终于得到了人类最宝贵的马列主义，彻底了解了宇宙和人生的究竟，比那些糊涂一生的人快活得多。"1948年8月24日，他在华北大学成立大会上的讲话中说："世界在不断地进步，不是与日俱进，而是与时俱进"。1955年11月18日，他在《为贯彻执行提高教育质量的方针而斗争》中写道："我们不但要在政治生活和教学工作中养成勤恳朴实的作风，而且也要在科学研究和学习方面养成勤恳朴实的作风。"1956年5月，他在《为迅速赶上世界科学先进水平而奋斗》中提出："……使我国的科学技术特别是那些最急需的部门接近或达到世界先进水平！"同年8月，他又在《让青年发挥更多的独立精神》中讲道："如果青年能懂得中外古今更多的新知识，就会感觉世界的变化无穷，一人的知识有限，那末他也就骄傲不

---

① 吴玉章同志六秩寿诞 中共中央举行祝贺大会 毛泽东同志等亲临致祝词"学习他对于革命的坚持性". 新中华报，1940-01-24（4）.

起来了。"1964 年 1 月 1 日，他在《新年话家常》中说："把我们的后代培养成经得起风险的、真正可靠的革命事业接班人。"1966 年 10 月底，他在《给青年的话》中谈道："看问题，就要学会看历史，看历史发展。"

进入新世纪，编者在搜集整理吴老相关文献史料的过程中，时刻注重吴老"一面养成自治，一面接近社会"①的养成育人思想，应用其研究和解决实践党办大学的相关问题，并且有了许多收获，先后形成了《高校学生素质养成研究》《高校学生素质养成实践》《管理理论新探》《西学东渐三十年：关于建设中国特色世界一流大学的观察和思考》等成果。此间，为使吴老的思想观念受益于人，编者与中国人民大学校史馆的领导和同事通力合作编辑整理了《吴玉章论教育》一书，此书于 2021 年由中国人民大学出版社出版；同年，编者与四川荣县吴玉章故居陈列馆合作印发《吴玉章教育箴言（五十条）》（以下简称《箴言五十条》）。中国人民大学原党委书记程天权教授为《箴言五十条》题词："真理明白，大道至简。就吴老的五十条语录，一个人能照着实践了，所向无阻，一世无碍。"多年以来，编者收藏整理各类吴老相关文献史料等约 300 万字。因此，编者期待着能够编纂出版《全集》。万事俱备，只欠东风。

张东刚书记指出："红色基因是人大的底色、本色和亮色，其内核就是坚持教育为党和人民事业服务的方向，坚守为党育人、为国育才。传承好革命传统和红色基因的核心就在于让听党话、跟党走的信念成为师生的自觉追求。"②正因如此，在弘扬吴老红色教育家精神，努力建设中国特色世界一流大学的今天，《全集》的出版可谓顺势而成。在编纂《全集》的过程中，编者无时不感念延安五老之一的谢觉哉老人于 1948 年 8 月写的《走笔答吴玉章老》一诗："高清不肯染纤尘，垂老犹然日省身。

---

① 吴玉章. 吴玉章教育文集. 成都：四川教育出版社，1989：36.
② 涂铭，魏梦佳. 走新路 创新知 育新人. 瞭望，2023（18）：17.

石比坚兮松比直，谷论虚更海论深。童颜谁谓年龄暮，鹤发同迎世界新。况有三千诸弟子，东西南北立功勋。"这首诗不能不使人想起孔子晚年回乡，一面整理典籍、专修《春秋》，一面开展教育事业，收弟子三千人，其中精通六艺的著名弟子有 72 人的经历。吴老一生不断跟着时代前进，他不仅始终投身于中国的革命和建设事业，更从未离开中国的文化教育事业。为了这个国家，他成功地培养了万千干部人才。回看吴老一生，先后任四川荣县小学教员、北京/四川留法俭学预备学校校长、成都高等师范学校校长、重庆中法大学（中学部）校长、四川嘉陵高中校长、黄埔军校校务委员、苏联科学院远东分院中国部主任及海参崴远东工人列宁主义学校教员、莫斯科东方大学中国部主任和教员、陕北公学筹备委员会委员和董事会成员、延安鲁迅艺术学院院长、延安自然科学研究会主任、延安新文字干部学校校长、延安大学校长、陕甘宁边区政府文化工作委员会主任、华北大学校长、中国人民大学校长兼中央社会主义学院院长、中国教育工会全国委员会主席、中国科学院学术评审委员会委员、中国文字改革委员会主任等职务。吴老坚持始终的自律精神、通古达今的人文智慧、中西合璧的思想结晶，以及他科学总结的经典语录，无不值得后辈学人永远学习、研究、总结和传承。

在《全集》文献史料的准备阶段，中国驻摩尔多瓦共和国大使、中国人民大学校友闫文滨及时提供了相关文献史料及来源信息；与此同时，中国人民大学科研处、北京理工大学校史馆、四川大学档案馆和延安大学校史馆等单位，尤其是四川荣县吴玉章故居陈列馆，均给予了无私的援助。在实现《全集》文献史料电子版转化的阶段，中国人民大学党委宣传部陈卓副部长和杨默副编审等组织师生，以高度自觉和辛勤的工作，确保了《全集》达到编纂出版所需的时间要求和质量标准。在《全集》编辑出版阶段，中国人民大学出版社的编校团队，以严肃认真、加班加点、连续作战的方式，按时保质地实现了《全集》的顺利出版；校史馆王丹馆长和吕鹏军副编审更是自始至终于百忙中仍坚持为保障《全集》的编纂质量竭尽心力。令人难忘的是，每当编者遇到疑难请教专家学者时，他们都以不厌其烦的态度给予科学审慎的回复。他们是：中国人民大学哲学院张立波教授，马克思主义学院王向明教授、邱吉教授，中共党史党建学院刘辉教授、董佳教授和李坤睿副教授；复旦大学马克思主义学院杨德山教授；北京体育大学马克思主义学院李庚全教授；北京联合大学马克思主义学院郜世奇教授；延安大学历史文化学院张雪梅教授；四川荣县吴玉章故居陈列馆吕远红馆长；等等。需要特别感谢的还有那些为《全集》出版默默奉献的亲属、同人和朋友，是他们为《全集》的顺利出版提供了最有力的后援。在此，一并由衷致谢。

最后，需要说明的是，《全集》所收内容，均有鲜明的时代印记，反映了特定时代的思想观念，具有独特的史料研究价值，故在编纂中我们保持文献原貌，以给研究者提供可靠的研究资料。虽然已作诸多努力，但是《全集》编纂尚有不充分之处，待出版补集时进一步完善。

王学军　周石

2023 年 10 月 10 日

图书在版编目（CIP）数据

吴玉章全集.第一卷 / 王学军，周石主编. -- 北京：
中国人民大学出版社，2023.12
（中国人民大学校史文库 / 张东刚，林尚立总主编）
ISBN 978-7-300-32349-7

Ⅰ.①吴… Ⅱ.①王… ②周… Ⅲ.①吴玉章（
1878-1966）—全集 Ⅳ.① C52

中国国家版本馆 CIP 数据核字（2023）第 221247 号

中国人民大学校史文库
总主编 张东刚 林尚立
吴玉章全集 第一卷
主 编 王学军 周 石
Wu Yuzhang Quanji Di-yi Juan

出版发行	中国人民大学出版社	
社 址	北京中关村大街 31 号	**邮政编码** 100080
电 话	010-62511242（总编室）	010-62511770（质管部）
	010-82501766（邮购部）	010-62514148（门市部）
	010-62515195（发行公司）	010-62515275（盗版举报）
网 址	http://www.crup.com.cn	
经 销	新华书店	
印 刷	北京尚唐印刷包装有限公司	
开 本	720 mm×1000 mm 1/16	
印 张	32 插页 4	**版 次** 2023 年 12 月第 1 版
字 数	392 000	**印 次** 2024 年 5 月第 2 次印刷
		定 价 1180.00 元（全 6 卷）